세상에서 가장 짧은 프랑스사

France: A Short History
by Jeremy Black

이 책의 '역사 속의 역사' 및 부록의 '여행 정보'는
진성북스에서 독자의 이해를 돕기 위해 추가 및 편집했음을 밝힙니다.

세상에서 가장 짧은
프랑스사

제러미 블랙 지음 | 이주영 옮김

진성북스
JINSUNGBOOKS

차례

서문

군주, 공작, 궁중 여인들의 세계. 세어보니 말 여섯 마리 내지 여덟 마리가 이끄는 마차가 약 300대 정도…우리는 말 여덟 마리가 이끄는 대형 마차 안에서 국왕을 만났다. 국왕과 함께 부르고뉴 공작과 공작부인, 그리고 세 명의 다른 귀족 부인들이 있었다. 대형 마차들이 길이 20마일의 도로에 가득히 길게 늘어서 있었다.

1699년. 루이 14세를 만난 리처드 크리드Richard Creed는 베르사유 궁전의 웅장한 규모에 압도됐다. 당시 프랑스 왕가는 겨울맞이를 위해 궁전 안에서 이동 중이었다.

한편, 영국의 귀족이자 군인이었던 로버트 클라이브Robert Clive(후에 마약중독으로 자결) 일행은 1768년, 죽은 지 얼마 지나지 않은 범죄자 주검 23구가 프랑스 툴루즈 외곽 길가에 버려져 있는 충격적인 광경을 목격했다. 범죄자들은 네 개의 기둥 사이에 설치된 교수대에 매달려 있었다. 처형 직후 수레바퀴 위에 그대로 방치된 것들도 있었다.

프랑스를 찾은 사람들은 곧 프랑스 안에 존재하는 서로 다른 두 얼굴을 이처럼 마주할 수 있다. 실제 프랑스는 지방색도 다양하고 정체성과 사상도 복잡하다. 프랑스의 역사도 그만큼이나 풍부하고 복잡하다. 나는 주요한 사건들에 초점을 맞추어 큰 의미가 있는 현장들을 소개하면서 프랑스의 역사가 지닌 풍부하고 복잡한 모습을 보여주고 싶었다. 또한 프랑스가 지닌 독특함이 어떻게 형성되어 갔는지 설명하고 싶었다. 내가 이 책을 쓴 이유다.

프랑스의 과거 역사를 다양한 관점에서 해석해야 프랑스라는 나라를 이해할 수 있고, 여기서 더 나아가 지속적으로 토론을 발전시킬 수 있다. 오랫동안 프랑스의 역사는 단 하나의 관점에서 소개되어 왔던 것 같다. 그럼에도 비록 소수의 관점이긴 하나 프랑스의 역사를 다양하게 소개하려는 시도들은 있었다. 비시^{Vichy} 정부에 대한 해석이 대표적인데, 프랑스를 더욱 풍부한 관점에서 다양하게 바라볼 수 있는 초석이라 할 수 있겠다.

다양하게 해석되는 프랑스의 역사가 요즘의 관점에서는 아무래도 조금 더 모호하게 느껴질 수 있다. 여기에는 몇 가지 이유가 있다. 첫째, 정치의 범위를 고려할 때 현재 프랑스가 어떤 의미를 지니는지 명확한 방향이 제시되지 않아서이다. 둘째, 정치의 범위에 따라 프랑스 역사는 매우 다르게 해석될 수 있기 때문이다. 셋째, 프랑스 역사는 수 세기에 걸쳐 아주 오랫동안 만들어진 결과이기 때문이다. 프랑스는 오랜 역사의 나라이기에, 그만큼 오랫동안 기억되는 역사적인 상황도 많다. 1989년에 파리에서 열린 혁명 200주년 기념 컨퍼런스 강연 당시 무수히 많은 가로등에는 '방데 대학살^{Vendée Genocide}'이라 적힌 스티커가 덕지덕지 붙어 있었다. 방데 대학살(1793년~1794)은 혁명군이 왕당파의 반대를 잔혹하게 진압했던 사건이다. 현대에 들어 방데 대학살이 더욱 주목받는 이유는 프랑스에서 빈번하게 나타나는 격렬한 정치 대립과 자연스럽게 연결되는 사건이기 때문이다.

그런데 대중, 특히 외국인들은 이러한 상황을 고려하지 못하고 프랑스 역사를 자의적으로 해석한다. 더구나 프랑스의 역사와 정체성은 반드시 함께 가는 것이 아니기 때문에 잘못 해석하기 쉽다. 즉, 특정한 시기를 감안하지 않고 지나치게 정부 입장에서 이해한다거나 독립된 관점에서 구분되어져야 할 사안들을 무시한 채 해석할 수도 있다. 게다가 중심이 되는 사건만 집중해 바라볼 경우 주변 사건들의 연결고리와 우연성이 미치는 영향을 간과할 수도 있다.

이 책은 기존과는 다른 방식으로 프랑스 역사를 바라보려고 한다. 프랑스는 쉽게 위기에 빠질 수 있는 나라이다. 이 점에 주목해 프랑스를 시대별로 구분해서 다루되, 예상치 못한 사건과 결과에도 주목하려고 한다. 이러한 방식으로 접근하게 되면 단순하지 않은 프랑스의 역사를 그만큼 흥미롭게 이해할 수 있다. 또한 프랑스의 내부와 외부에서 어떤 정치적 사건들이 있었는지 더욱 집중할 수 있다.

늘 강조하는 이야기지만, **프랑스의 역사는 결코 전쟁의 그림자로부터 자유롭지 않다.**

한국어판 서문

프랑스 역사는 우리 모두에게 있어 진정 매력적이고 중요한 주제다. 이는 프랑스가 서구 문명의 발전에 중심적인 역할을 했을 뿐만 아니라, 아이티부터 베트남, 레바논부터 타히티, 마다가스카르부터 카옌에 이르기까지 세계 여러 지역의 특정 역사에도 크나큰 영향을 미쳤기 때문이다. 한편으로는, 프랑스가 20세기 중반에 이르기까지 세계에서 두 번째로 큰 제국을 통치하며 특히 동남아시아, 아프리카, 서인도 제도 등 많은 나라의 역사에 영향을 미쳤기 때문이기도 하다. 오늘날에도 프랑스는 남아메리카, 태평양, 인도양, 카리브해, 대서양에 영토를 보유하고 있다.

프랑스 식민지 지배의 유산은 오늘날에도 뚜렷하다. 아프리카와 동남아시아에서는 프랑스어가 여전히 공용어로 사용되고 있으며, 그들과의 정치적·경제적 관계 또한 계속 유지되고 있다. 그러나 식민지 시대의 착취와 차별에 대한 역사적 기억은 프랑스와 과거 식민지 국가 사이에서 복잡한 관계를 형성하고 있으며, 탈식민화 이후에도 복잡한 후유증을 남겼다. 프랑스 식민지 지배의 역사는 단순히 과거의 일이 아니라, 오늘날 국제 질서와 문화적 유산 속에서도 여전히 영향을 미치는 중요한 주제다.

동시에 프랑스는 자유와 평등, 박애라는 이상을 토대로 세계 시민으로서의 의식을 고양시킨 혁명의 중심지다. 프랑스 역사는 단순히 한 국가의 과거가 아니라, 인류의 공통된 유산의 일부다. 이 책이 보여주듯, 프랑스 역사는 세계 경제, 사회, 정치, 문화사의 주요 주제와 밀접하게 관련되어 있다. 사실, 프랑스는 이 모든 측면에서 많은 기여를 했으며, 특히 프랑스 혁명부터 민족주의에 이르는 현대 정치의 어휘와 실천을 형성하는 데 크게 이바지했다. 따라서 프랑스 역사를 이해하는 것은 단지 그들의 과거를 아는 것 이상으로, 우리가 세계 시민으로서 공유하는 가치와 책임을 재확인하는 일이기도 하다.

프랑스는 고대 로마와 갈리아의 교차점에서 시작되어 중세 유럽의 문화적 중심지로 자리 잡았으며 르네상스와 계몽주의를 통해 세계에 지적 혁신을 선사했다. 나폴레옹 법전은 세계 법률 체계에 영향을 미쳤고, 식민지 시대 확장을 통해 다양한 국가의 정치적, 문화적 지형을 변화시켰다. 특히 프랑스는 서구의 전통과 현대적 사고를 결합하여 새로운 모델을 제시하며 세계사의 전환점에서 주요한 역할을 해왔다. 이는 프랑스 역사가 단순히 강대국으로서의 역사가 아닌, 문화와 이념을 탄생시키고 또 전달했음을 의미한다.

과거의 프랑스가 그러했듯이, 오늘날의 프랑스 또한 여전히 많은 면에서 중요한 의미를 지니고 있다. 오늘날 프랑스는 유럽연합의 핵심 국가로서, 그리고 경제적·정치적 난관 속에서 과거의 가치와 현재의 실천을 유지하려 애쓰는 국가로서 중요한 역할을 하고 있다. 프랑스는 파리 기후협약의 주도적 역할을 통해 환경 문제 해결에 앞장서는 한편, 고유의 언어와 전통을 지키는 동시에, 다문화 사회로 변화하는 과정에서 다양한 도전에 직면해 있다. 이는 현대 자유민주주의와 전통적 서구 체계가 직면한 더 광범위한 위기의 일환으로서 프랑스 역사를 더욱 중요하게 만든다.

　선사 시대의 유적부터 로마령 프랑스를 지나 르네상스 프랑스, 앙리 4세와 루이 14세에 이르는 절대왕정 시대, 이러한 구체제에서 벗어나 혁명과 나폴레옹 제국을 거쳐 현대에 이르는 과정은 매우 역동적이며 또한 강렬하다. 오늘날의 프랑스를 이해하기 위해서는 바로 이 같은 과거를 돌아볼 필요가 있으며, 이 책은 바로 그 과정을 다루고 있다. 부디 한국 독자분들도 이 책을 통해 그 과정을 깨닫고 보다 넓은 시야로 세계사의 흐름을 바라볼 수 있기를 기대한다.

들어가는 글

프랑스 역사 연구의 의미는 무엇일까? 프랑스를 '자연적인' 실체로 생각해 오던 관행에 도전한다는 뜻이다. 프랑스를 자연적인 실체로 취급할 경우, 시간이 지나도 프랑스를 원래 그대로 통일된 개체로 생각하게 된다. 프랑스의 학자들은 지리학과 역사학이 한 나라의 성격과 발전상을 표현하는 주요 지표라고 오랫동안 주장해 왔다. 이처럼 19세기 프랑스 역사학자 파벌은 '결정론'이 아닌 '가능성론'을 강조해 왔다. 결정론에 따르면 모든 행동은 과거의 사건, 지리학 등 상황의 결과로 만들어진 것이다. 따라서 결정론에서는 개인의 선택에 따른 역할은 무시된다. 반면 가능성론에 따르면 **개인도 역사의 과정에 영향을 미칠 수 있다.** 프랑스의 역사 연구에서는 역사가 '가능성'에 영향을 받을 수 있다는 점을 받아들이면서도 여전히 지리 구조와 경제 요인이 결정적 요소라 강조하는 접근법을 따른다. 이러한 접근법은 단순히 프랑스라는 나라를 한 덩어리로 소개하는 것과 같다. 프랑스의 지리와 역사가 결합하여 독특한 특징이 나타난다고만 보는 것이다.

프랑스의 지리적 정체성

현재 프랑스라고 하면 주로 해협, 대서양, 피레네산맥, 지중해, 알프스 그리고 라인강처럼 자연적으로 생겨난 경계를 기본으로 하는 나라로 정의한다. 주요 분쟁 지역을 제외하면 라인강에서 해협까지의 지역은 1792년, 1870년, 1914년 그리고 1940년에 독일의 침략 경로로 나온 것이다. 당시 프랑스 사람들은 이러한 경계를 기준으로 그 앞에 놓인 지역에 사는 사람들이 된다.

그러나 이 책에서 보여주듯, 경계는 고정된 존재가 아니었다. 비단 프랑스뿐만 아니라 독일이나 폴란드도 마찬가지였다. **실제로 15세기까지 프랑스의 지리적 형태는 고정되어 있지 않았다.** 프랑스가 지배한 지역이지만 영국의 국왕들이 다스렸던 곳도 있었다. 프랑스와 독일 사이에 새로운 중간 국가를 만들려는 부르고뉴 공작들의 시도도 있었다. 이러한 상황은 1945년까지 프랑스의 국경, 특히 동부 국경의 경우에 적용됐다. 이것이 프랑스가 스페인이나 영국과는 다른 점이다. 앙리 2세가 1552년에 메츠^{Metz}, 툴^{Toul}, 베르됭^{Verdun}의 주교령을 얻었으나 1550년까지 프랑스 왕국은 라인강과 알프스산맥, 저지대 국가들로 진출하지 못했다. 독립된 사부아^{Savoy} 공국(피에몬테Piémont와 니스Nice가 합쳐진 국가)의 경계는 1601년까지 여전히 손강^{Saône}이었고(사부아 공국은 1860년에야 프랑스가 되었다), 잉글랜드는 1558년까지 칼레^{Calais}에 있었으며 (1544~1550년에 불로뉴에 속했다), 합스부르크^{Habsburg}는 알자스^{Alsace}, 아르투아^{Artois}, 프랑슈콩테$^{Franche-Comté}$에 각각 1648, 1659, 1678년까지 속해 있었다. 로렌^{Lorraine}은 1766년까지 독립 공국이었다.

당시 프랑스는 국경을 확장해야 할 상황이었다. 흔히 우리는 역사를 대할 때 과거의 국가를 현대 국가와 연결 지으려고 한다. 하지만 이런 방법은 오해의 소지를 낳을 수 있다. 실제로 프랑스는 팽창 정책을 통해 1768년 코르시카^{Corse}와 마찬가지로 한 번도 통치해 본 적이 없는 새로운 지역들을 편입했다. 게다가 프랑스가 확장 정책으로 차지한 지역 대부분은 프랑크족의 유산으로부터 9세기에 만들어진 중프랑크왕국 Middle Francia의 일부였다.

15세기에는 중프랑크 왕국의 많은 지역이 국제적으로 활력을 얻었다. 부르고뉴 공작들의 국가 확장 시도를 통해서였다. 이후 부르고뉴 유산의 많은 부분은 합스부르크 왕가, 특히 카를 5세 황제(재위 1519~1556년)와 그의 아들 스페인의 펠리페 2세(재위 1556~1598년)를 통해 얻은 것이다. 결과적으로 합스부르크와 발루아 사이의 갈등, 스페인과 프랑스 사이의 갈등은 부분적으로 부르고뉴와 프랑스 사이의 것이었고, 결국 해묵은 갈등으로 정착됐다.

많은 독일인에게 동프랑스의 팽창은 불변의 대상이 아니었다. 독일인들은 프랑스의 힘 또한 정복할 만한 대상으로 여겼다. 한편, 결과적으로 손강과 마른강, 그리고 라인강 사이의 땅은 프랑스가 패권을 차지했다. 그러나 다른 한편으로는 사실상 부르고뉴 공작들의 지위를 계승한 전통적인 합스부르크 동맹인 로레인 공작들의 군사력에 의지했다. 독일에서는 프랑스가 1648년에 알자스에서 획득한 지위를 베스트팔렌 조약으로 결정하는 것은 안 된다는 반대의견이 있었다. 1793년까지 해결하지 못한 논쟁이었다.

루이 14세(재위 1643~1715)는 프랑스가 알자스에서 차지한 영토와 정복한 지역들을 하나로 연결하기 위해 보다 적극적으로 동쪽으로 진격해 나갔다. 프랑스가 동부 국경을 차지하는 데 중요한 역할을 한 것이 1766년에 로렌을 계승할 수 있게 된 외교력(1738년 빈 조약Vienna Convention, 폴란드 계승전쟁繼承戰爭의 강화조약 이행), 군사력, 1681년 스트라스부르와 1733년 로렌 점령이었다. 1871년부터 1918년까지, 1940년부터 1945년까지 독일은 알자스 대부분과 로렌의 일부를 다시 점령했다. 이와는 별도로 프랑스의 정부 체제는 1814년, 1815년, 1870년, 1940년 독일의 성공적인 침략 결과로 몰락의 길을 걷게 된다. 게다가 더 오랜 시간 동안 국가의 성격은 크게 바뀌었고, 그에 따라 영토화가 어떻게 다뤄져야 하는지에 대한 생각도 크게 변모했다.

또한 프랑스 내에서는 지난 5천 년 동안 정치와 종교를 포함한 다채로운 영역의 논쟁이 있었는데, 특히 사회적 관계 부분에서 두드러졌다. 이러한 논쟁은 관광으로 프랑스를 찾아와 지역 요리를 먹거나 라로셸처럼 한때 개신교의 거점이었던 지역을 구경하는 사람들에게는 요원하게 느껴질지 모른다. 하지만 현재 일어나는 논쟁은 과거와 상상력에 있어 꽤 지배적이며, 서부 해안의 방데^{Vendée}에서처럼 현재의 메아리로 울리기도 한다.

프랑스 역사와 전쟁

전쟁은 프랑스의 역사에서 매우 중요하다. 매년 파리에서 프랑스 혁명기념일(바스티유 데이Bastille Day)에 군사력이 과시되는 것처럼 말이다. 국가, 지역 사회, 가족 모두가 전쟁을 베이스로 두고 있다. 동시에, 전쟁과 역사를 논하기는 너무 쉬워서 인적 비용을 과소평가할 수 있다. 장 마르탱 드 라 콜로니^{Jean Martin de La Colonie}는 1704년 영국의 공격에 맞선 프랑스의 대응을 다음과 같이 회상했다.

> 우리 모두 손을 맞잡고 싸우고 있었습니다. 방어벽을 움켜쥔 영국군을 뒤로 내던지면서 말이죠. 사람들은 총을 들고 영국군에게 미친 듯이 달려들었고 영국군의 내장을 총검으로 뚫으며 학살했습니다. 상처 입은 아군들을 그대로 밟고 지나갔으며 나아가 무기를 사용할 수 없을 정도로 꽉 붙들리면 손톱으로 상대의 눈을

도려내기까지 했습니다. (블레넘 전투Battle of Blenheim, 심한 안개로 시야가 차단된 채 분노한 농노들이 몇천의 아군을 살해)

민간인들도 고통을 겪었다. 1815년에 윌리엄 터너[William Turner] 소령은 다음과 같이 썼다. '모든 마을은 프로이센군에게 완전히 약탈당했다. 와인, 양주, 빵은 보이지 않는다. 시골에서 파리까지 온 나라가 프로이센군 병사들의 행진에 의해 폐허로 변했다.'

이처럼 황폐해진 프랑스의 모습은 마치 1792년부터 프랑스군이 독일 땅을 가혹하게 유린했던 과거에 대한 프로이센군의 보복처럼 보였다. 프랑스는 1815년과 1871년의 전쟁 패배로 상당한 배상금을 요구받는데, 특히 1914~1918년의 전쟁으로 인한 피해가 상당했다. 이는 왜 훗날 독일이 1919년에 막대한 전쟁 패배 배상금을 요구받았고, 1923년에 독일의 루르[Ruhr]가 점령됐는지를 보여준다. 이러한 배경은 제대로 다뤄지지 않을 때가 많지만, 전쟁의 참화와 무수한 피해들은 휘몰아치는 연대기의 페이지들 아래 대충 숨겨서는 안 될 진실이다. 그리고 아이러니하게도, 전쟁으로 파괴된 건물들은 현재 프랑스의 역사를 간직한 유명한 유적지로 이용되고 있다.

정치에서 핵심적인 요소는 전쟁이다. 전쟁은 국가의 환경 결정론이 틀렸다는 것을 증명했다. 즉, 국가가 차지한 토지와 경계가 처음부터 고정불변이 아님을 보여주는 핵심 지표가 '전쟁'이다. 지역을 기준으로 하는 역사 지리학, 즉 국가 지리는 환경을 그리 결정적인 힘으로 강조하지는 않고, 그보다는 환경과 인간사회의 상호작용을 강조했다. 대표적인 학자가 1899년 소르본 대학의 지리학 교수로 임명된 폴 비달 드 라 블랑슈[Paul Vidal de La Blache](1845~1918)다.
이는 환경을 역사의 중심 이슈로 보기보다는 인류의 발전을 돕는 배경이라고 주장하는 것이다. 이에 따라 관심의 대상은 인류, 다양한 인간 활동, 문화 지리, 국가 건설의 복잡한 과정으로 옮겨가게 된다.

무엇이 프랑스를 구성하는가?

라 블랑슈는 저서 『프랑스의 지리표 ^{Tableau de la géographie la France}』(1903) 에서 후천적으로 외부에서 온 영향력에 더욱 비중을 두었다. 그리고 7년 후에 발표한 논문에서는 프랑스 지역을 도심지 영향권을 기준으로 새로이 구분해야 한다고 제안했다. 지리적 조건이 아닌 인간이 만들어 간 환경에 포커스를 맞춘 시각이다.

블랑슈의 작업을 이어간 것은 뤼시앵 페브르^{Lucien Febvre}(1878~1956년)였다. 페브르는 영향력이라는 개념에 의문을 제기했고 인간과 환경 사이의 상호작용이라는 개념을 선호했다. 페브르는 특정 지역에서는 나름의 독자적인 삶의 방식이 존재한다고 주장했다. 그리고 그 방식들이 지리적 조건보다 더욱 다양하게 변모했다고 주장했다. 페브르의 이론을 입증하기 위해서는 역사와 지리학을 융합해야 했다. 이를 위해 1969년부터 1979년까지 공식적인 후원을 받아 프랑스 각 지역의 역사를 표기한 지도들이 등장하게 됐으나 예산 부족으로 흐지부지됐다.

프랑스 혁명이 일어나 국가 체계가 새롭게 바뀌기는 했지만, 이보다 훨씬 전에도 프랑스의 정부 시스템에는 많은 변화가 있었다. 예를 들어서 '선택구^{pays d'élection}'와 '국가구^{pays d'état}'로 불리던 다양한 유형의 지방 행정 구역에 관세가 다르게 적용됐다. 그리고 관습(봉건)법이 적용되는 지역과 성문(로마)법이 적용되는 지역이 나뉘어졌다. 현재 채널 제도^{諸島} ^{Channel Islands}는 앙시앵 레짐(프랑스 혁명 때 타도의 대상이 되었던 절대왕 정체제로 15세기경부터 1789년 혁명까지 프랑스의 구 정치 제도에 부여된 이름) 때 만들어진 지역 행정 조직을 여전히 간직하고 있다.

또한 같은 프랑스 영토지만 지역에 따라 풍습이 달랐다. 프랑스 북부에 있는 '5개의 큰 농장 지역cinq grosses fermes'과 프랑스 남부에 있는 '외국으로 간주한 지방provinces réputées étrangères'은 풍습이 서로 다르다. 세금도 중대 이슈였다. 프랑스는 필수 소금세(염세)를 그랑드 가벨grande gabelle, 프티트 가벨petite gabelle, 가벨 뒤 레텔gabelle du Rethel, 가벨 뒤 살린 gabelle du saline, 캬르 부이용quart-bouillon으로 나누었고, 과세 지역과 면세 지역이 포함됐다.

지방 법률과 지방정부의 불공평한 과세 기준으로 지역 정체성이 생겨났다. 동시대인들은 그 한계를 뼈에 새기고 있었다. 유사시에 구매했어야만 하는 소금의 필수 연간 최저 구매로 혹독한 대가를 치러야 했던 그랑드 가벨처럼. 이 지역들의 구분을 위해 재무장관인 자크 네케르 Jacques Necker 는 『소금세 지도Carte des gabelles』(1781)를 편찬했다.

이러한 제도로 프랑스 정부만의 특징이 만들어졌다. '프랑스'를 지배한 왕조의 유산은 자연적으로 발생한 국경 지역이 아니라 봉건적인 방식으로 얻은 소유물과 권리로 그려졌다. 예를 들어, 1697년부터 18세기 중반까지 프랑스가 1678년 병합한 부이용Bouillon을 놓고 리에주Liege의 영주령과 벌인 광범위한 협상을 묘사할 때는 11세기가 언급됐다. 이를 위해 환상적인 족보, 전설적인 중세 이야기, 그리고 소문에 근거한 고대 작가들이 중요한 역할을 했다.

그런데 이러한 상황은 1750년대부터 바뀌었다. 교역 공정에서 내륙국들을 없애는 방향으로 국경이 수정됐기 때문이다. 여기에 프랑스와 사부아-피에몬테Savoy-Piedmont 사이에 맺어진 1760년 토리노 조약Treaty of Turin에 따라 강 유역을 중심으로 알프스산맥의 경계가 그어졌고 8개의 지도가 통합됐다. 고전적인 국경 협상 방식이었다. 이보다 더 정확한 국경이 만들어지면서 생겨난 것이 근대 프랑스다.

한 마디로 원래 프랑스는 지리적, 문화적, 행정적으로 다양한 집단이 모인 지역이었다가 현재 '국가'라고 불리는 형태로 서서히 변화해 갔다. 프랑스를 겉으로 드러나는 국경과 정부 형태만으로 이해해서는 안 된다. 그러면 현재 프랑스가 된 땅이 지닌 역사를 왜곡된 방식으로 이해하게 된다.

1
선사 시대의 유산

꽃무늬 장식

프랑스 서북부 브르타뉴 지역의 카르나크^{Carnac}에는 지금으로부터 약 6,600년 전에 세워진 선사 시대의 유적인 2,753개의 입석이 있다. 이는 고대 프랑스의 흔적을 보여주는 인상적인 유물들이다. 지금으로부터 약 1만 7,000년 전에 만들어진 라스코 동굴의 유명한 동물벽화도 중요한 사적^{史跡}으로 인상적인 사진 작품들의 소재가 되었다. 하지만 안타깝게도 라스코 동굴 벽화는 세월의 흐름을 이기지 못하고 상당 부분 훼손됐다. 그래서 1963년 원래의 라스코 동굴은 폐쇄되고 실제 크기로 복제된 동굴에서 벽화를 볼 수밖에 없다.

프랑스 전역에서 발견된 고고학 발굴품들은 이미 많은 관광객의 큰 관심을 받고 있으나 **실제로는 이보다 훨씬 더 많은 관심을 받아야 할 정도로 가치가 높다.** 고대의 프랑스는 신화와는 별개로 현재와 연결되는 역사이기 때문이다. 특히, 프랑스를 처음으로 만든 선주민들과 그 유산들은 기원전 1세기에 로마인들이 오기 전부터 존재했는데, 이들은 현 프랑스의 국가 정체성을 유지하는 원동력이기도 하다. 실제로 선주

I. 카르나크 열석은 세련된 사회가 로마 정복으로 희생되었음을 강조하며 프랑스의 깊은 역사는 이미 로마에 정복되기 이전부터 시작되었음을 깨닫게 한다.

민 부족의 많은 이름들이 프랑스의 지명으로 그대로 남아 있다. 또한 그들의 유산을 연구해 정리한 특징을 통해서도 현재 프랑스에 그 흔적들이 얼마나 많이 남아 있는지 알 수 있다.

고대 인류의 삶

프랑스 역사에서 빙하기가 중요한 역할을 한 것은 사실이나, 실제로 빙하기는 따뜻한 시기가 교차하는 과정이 반복된 시기였기에 프랑스 대부분이 빙하로 뒤덮일 일은 없었다. 바로 이 시기에 인간이 살았던 흔적이 발견됐다. 베르동^{Verdon} 역사박물관은 약 40만 년 전부터 이 지역에 인류가 살았다고 언급했다. 특히 그들은 프랑스 남서부 도르도뉴^{Dordogne} 지역의 동굴 체계를 통해 약 3만 2,000년 전에 해부학적으로 현대 인간의 형태로 인간의 삶을 살았다는 증거를 제공한다. 동물들이 주요 소재로 등장하는 벽화는 피레네산맥^{Pyrenees}의 선사 시대 동굴, 특히 니오^{Nio}와 베달레하크^{Vedalehark}의 동굴, 그리고 쇼베 퐁 다르크^{Shobe Pont d'Ark}의 마시프 상트랄^{Masif Central}에서도 볼 수 있다.

인류를 지칭하는 학명으로 '크로마뇽인'이 등장했다. '크로마뇽'은 프랑스 남서부 도르도뉴 지역의 베제르^{Vézère} 계곡에 있는 바위 이름이다. 1868년 철도 연결을 앞두고 인부들이 채굴 작업을 하다가 우연히 인간의 유골을 발견한 곳이다. 이렇게 해서 '크로마뇽인'은 약 4만 8천 년 전부터 약 1만 5천 년 전까지 살았던 유럽 초기 현생 인류의 이름이 됐다.

마지막 최대 빙하기는 약 1만 6,000년 전에 끝났다. 이후에 기후가 온화해지면서 해수면이 약 100미터에서 120미터로 크게 변했다. 이에 따른 해안선의 후퇴로 영불해협^{la Manche}/영국해협^{the Channel}, 일부 동굴이 사라졌다. 날씨가 따뜻해지면서 동식물이 북쪽으로 활발히 이동했다. 이윽고 약 1만 5천 년 전에 뒤따랐던 인류는 경작과 목축 모두를 고도로 발달시켰다. 이는 라스코 동굴 주거지와 브르타뉴의 카르나크^{Carnac}, 로크마리아케르^{Locmariaquer}, 가브리니스^{Gavrinis} 등과 같은 거석문화 시대^{Megalithic Stone Age} 정착지의 기반이 됐다. 바위들을 정렬한 '열석^{alignments}'은 다양한 종교적 의식과 매우 관련이 깊어 보인다. 석기시대의 상징인 부싯돌 광산들은 매우 중요했고, 드롬^{Drôme}주의 바시외 앙 베르코르^{Vassieux-en-Vercors}에 있는 '선사 시대 박물관'이 그중 한 지역에 자리 잡고 있다.

생 미셸^{Saint Michel}의 고분은 바다에서도 볼 수 있는데, 고대사회가 매우 조직적이었다는 것을 상징적으로 보여준다. 넓이 125미터와 높이 10미터로 이루어진 이 고분은 약 7,000년 전 세계에서 가장 큰 석조물에 속했다. 고분의 위치는 거대한 지역을 아우르는 카르나크의 가장자리다. 거석들이 멀리 포르투갈과 발트해로부터 카르나크까지 운반됐다는 사실로 밝혀진 바, **신석기 시대에 넓은 무역망이 존재했다는 사실은 놀라움을 자아낸다.** 청동기 시대 후기의 도자기 디자인 역시 유럽을 가로지르는 연결고리가 존재했음을 명확히 증명한다.

켈트족이 살기 시작한 시점보다 훨씬 이전에도 정교한 문화재들이 있었다. 이 당시에도 사실, **프랑스는 변방이 아니라 훨씬 넓은 세계를 이루던 중요한 지역이었다.**

금속이 광범위하게 사용되던 시대로는 프랑스의 청동기 시대, 그리고 이후에 기원전 약 500년부터 시작되는 철기 시대가 속한다. 철제 쟁기를 활용해 숲을 개간하고 흙을 일구는 작업이 수월해졌다. 실제로 철기 시대에 프랑스 저지대 대부분이 나무들로 뒤덮였다. 이때 조성된 중요한 삼림 지역은 오늘날까지도 보존되고 있다. 철기 시대 프랑스에서는 고지대와 저지대가 완전히 구별됐고, 두 지역 간 인구 밀도도 명확한 차이를 보이게 됐다.

프랑스의 조상, 켈트

고고학자들은 오늘날 프랑스에 속한 여러 지역의 문화를 구분해 왔는데, 특히 할슈타트와 켈트를 구분했다. 교집합 구간이 있기는 하나 할슈타트는 기원전 900년경부터, 켈트는 기원전 500년경을 시작 시기로 간주했다. 현재 니에브르주에 있는 갈릭 비브락트$^{Gallic\ Bibracte}$에는 켈트 문명 미술관이 있다. 라텐 문화$^{La\ Tène\ culture}$(유럽 철기 시대 문화)를 이룬 켈트족은 많은 영토를 가지고 있었다. 특히 공작들이 지배하는 요새화된 언덕 꼭대기 마을들은 프랑스 남부, 특히 마살리아(Massalia, 마르세유)의 그리스 기지들의 여러 무역망의 거점들이었으며, 기원전 600년경에 설립되어 지중해 무역을 부양한 바로 그 니스와 아가테의 거점들이

기도 했다. 다른 해안 기지로는 니스와 마르세유 사이의 안티폴리스, 올비아, 타우로이스가, 이후 나르본 근처의 엠포리온, 코르시카 해안의 알랄리아 등이 포함됐다. 그리스인들은 지중해에서 북쪽으로 이동했고, 특히 생레미드프로방스^{Saint-Rémy-de-Provence} 근처 글라눔에 정착지를 건설했다. 그 후, 로마인들이 마을을 점령했다. 발굴이 이루어진 켈트족의 정착지는 엑스^{Aix} 바로 북쪽의 오피둠 당트르몽^{Oppidum d'Entremont}에 가면 볼 수 있다.

과거 로마인들은 현재 프랑스가 된 곳에 살았던 켈트족을 가리켜 '골족^{Gauls}'이라 불렀다. 물론 '골족'이라 불리던 켈트족이 차지한 영토가 현 프랑스의 영토보다 더 넓기는 했다. 갈리아 전쟁(기원전 58년~49년)에서 줄리어스 카이사르^{Julius Caesar}는 골족의 다양성과 분파에 주목했다. 골족은 풍성한 문명을 이루었다. 그들은 꽤 정교한 예술 작품을 꽃피울 수 있을 정도로 문명이 발달했는데, 빅스^{Vix} 마을의 보물이 대표적이다. 어느 2륜 전차에 묻힌 켈트족 여성의 무덤에서 발견된 보물이 컬렉션 형태로 부르고뉴 샤티용쉬르센^{Châtillon-sur-Seine}의 박물관에 전시되어 있다. **매력적인 도자기와 칼은 명백하게도 금속을 사용할 줄 알고 농업을 잘 아는 사회에서 만들어진 것이다.**
실제로 로마인들의 평가가 담긴 논평을 읽어보면 로마인들이 켈트족에게 깊은 인상을 받았다는 사실을 알 수 있다.

유럽의 기원

유럽의 기원은 고대 그리스 및 로마 문명에서 찾을 수 있다. 고대 그리스 신화 페니키아 왕의 딸인 에우로페의 이름에서 유래된 것으로 알려진 유럽은 고대 그리스인들에게 에게해를 기준으로 아시아와 구분되는 서쪽의 땅으로 인식되었다. 실제로 '유럽'이라는 용어를 가장 먼저 사용한 사람은 그리스의 역사가 헤로도토스로, 당시 유럽은 그리스를 제외한 북서쪽 너머의 땅들을 의미했다. 비록 유럽은 지리적으로는 아시아와 함께 유라시아 대륙의 일부지만 역사적으로는 아시아와 분리된 독자적인 대륙으로 간주되어 왔다. 다른 대륙과 비교했을 때 유럽은 상대적으로 작은 크기지만 풍부한 지형 및 기후를 통해 다채로운 문명을 꽃피울 수 있었다.

이보다 앞서, 인류가 최초로 유럽 대륙에 정착하여 농경 및 목축을 시작한 시점을 따져보면 선사 시대의 구석기 시대 및 신석기 혁명까지 거슬러 올라갈 수 있다. 신석기 문화가 유럽에 퍼지면서 정착민이 발생하여 초기 마을들이 형성되었고, 영국의 스톤헨지와 같은 메갈리식 유적 등 건축물이라 부를 만한 것들이 등장했다. 기원전 3000년경에는 유럽 대륙의 정착민들이 청동기 시대로 진입하였는데, 이 시기에는 켈트족 및 인도-유럽계 민족이 등장하며 유럽 민족들의 언어적, 문화적 뿌리가 형성된다.

보다 구체적인 유럽의 역사는 고대 문명에서 시작되는데, 특히 그리스 및 로마 문명은 유럽 문화 및 정치적 구조에 있어 지대한 영향을 미쳤다. 고대 그리스는 철학을 비롯해 민주주의와 과학적 사고 등 서양 문명의 토대를 마련했으며, 로마 제국은 유럽 전역에 걸쳐 도로를 개설하거나 법률 및 행정 체계를 확립하여 유럽이 하나가 되는 초기 모델을 제공했다. 또한 로마 제국은 유럽 전역에 도시를 건설하였으며, 그들의 언어인 라틴어는 유럽의 주요 언어로 발전했다.

　유럽 문명의 정체성은 크게 두 가지 사상적 조류에서 비롯되는데, 그리스 문화 및 철학을 바탕으로 하는 헬레니즘과 기독교 사상이다. 헬레니즘은 그리스 문화가 지중해를 비롯해 중동과 아시아에 걸쳐 확산된 것을 의미한다. 이를 통해 다양한 사상 체계가 발전하였고 자연현상에 대한 합리적 탐구 및 논리적 사고를 유럽에 뿌리내리게 한다. 반면 로마 제국 시기에 등장한 기독교 사상은 유럽 문명에 있어서 종교적, 도덕적 기반을 형성했는데, 유일신 신앙을 중심으로 삶의 목적과 의미를 초월적 존재와 연결했으며, 죄와 구원, 사랑과 자비라는 개념을 유럽의 보편적인 도적적 기준으로 만들었다. 결과적으로 이 두 사상은 서로 융합하며 오늘날 유럽의 철학적, 종교적 기반을 마련했다.

프랑스의 어원

프랑스 공화국, 약칭 프랑스는 서유럽의 본토와 남아메리카의 프랑스령 기아나, 프랑스령 폴리네시아를 비롯해 지구촌 여러 대륙에 걸친 해외 지역으로 이루어진 국가이다. EU 소속 국가 중 영토가 가장 넓으며 수도는 파리이다. 프랑스 본토는 남북으로는 지중해에서 영국 해협과 북해까지 이르고, 동서로는 라인강에서 대서양에 이른다. 그 지형적 모양으로 인해 프랑스인들은 종종 이곳을 '육각형'이라고도 부른다.

프랑스어 어휘의 대다수는 라틴어에서 유래했거나, 그리스어-라틴어 기원을 토대로 만들어졌다. 많은 단어들은 동일한 어원을 갖고 있기도 한데, 하나가 민중 라틴어로부터 수백 년에 걸쳐 발달한 것이라면 다른 하나는 고전 라틴어에서 직접 차용한 것이다. 갈리아어가 프랑스어에 어느 정도의 영향을 주었는지는 불명확하다. 갈리아어 어휘에서 유래한 단어로는 백여 개 남짓인데, 라틴어에서 갈리아어로 차용된 단어들인 char(전차)/charrue(쟁기), mouton(양), crème(크림) 등이 있다. 허나 이와 같은 표현들의 기원은 확실치 않다.

프랑스라는 단어의 어원은 라틴어로 '프랑크족의 땅'이라는 뜻을 지닌 프랑키아Francia에서 유래되었다. 프랑크라는 이름 자체는 고대 게르만어語에서 유래되었는데 '자유인'을 의미하는 단어인 프랑크Frank와 관련이 있는 것으로 알려져 있다. 어느 이론에 따르면, 고대 게르만어에서 프랑크는 노예처럼 일하는 것에 반대되는 '자유로운'이란 뜻을 내포하고 있다. 이 말은 오늘날 프랑스에서 프랑이란 단어로 남았는데, 실제로 프랑은 프랑스에서 2002년 유로가 사용되기 전까지 통화로 쓰였다.

이처럼 자유라는 단어와 연관이 깊은 프랑크족은 오늘날 프랑스와 독일, 이탈리아의 지역에 정착했던 게르만족의 일파로, 로마 제국의 쇠퇴와 함께 세력을 기르면서 481년부터 843년까지 거대한 프랑크 왕국을 세워 통치했다. 이 프랑크 왕국은 크게 전반기 메로빙거 왕조와 후반기 카롤링거 왕조로 나뉘는데, 전반기 메로빙거 왕조에서는 흩어진 채로 독립적으로 살고 있던 프랑크족들을 처음으로 통일하고 프랑크 왕국을 세워 왕을 자칭한 클로비스 1세, 후반기에는 클로비스 1세가 세운 프랑크 왕국이 4개로 쪼개지자 이를 재통일하고 거대한 제국을 건설한 샤를마뉴 대제가 대표적인 인물이다.

한편 거대했던 프랑크 왕국은 843년 베르됭 조약을 통해 세 아들에게 각각 서프랑크, 중프랑크, 동프랑크로 영토가 분할되었는데, 그중에서도 프랑스는 서프랑크 왕국을 지칭하는 말이 되었다. 비록 카롤링거 왕조는 987년까지 프랑스를 통치하였으나 프랑스의 공작이자 파리 백작이었던 위그 카페가 프랑크의 왕으로 즉위하며 그 막을 내렸다. 이후 카페 왕조, 발루아 왕조, 부르봉 왕조가 전쟁과 정략 결혼을 통하여 프랑스의 영토들을 통합하였으며, 1190년경에 이르자 존엄왕 필리프 2세는 프랑스 왕국의 전성기를 열었다. 바로 이 필리프 2세가 서프랑크 왕국을 '프랑스'로 개칭하면서부터 오늘날까지 이어져 오게 된다.

프랑스 민족의 정체성

프랑스는 15세기 말부터 1789년 프랑스혁명에 이르는 동안 세계 학문과 문화 발전을 주도한 나라 중 하나로, 자국 문화에 대한 자부심을 깊이 간직하고 있다. 프랑스 민족이라 하면 프랑스 혁명의 영향과 현대에도 이어지는 수많은 폭력 혁명 때문에 혁명의 민족, 저항의 민족과 같은 이미지가 있다. 거기에 더해 오늘날 수많은 이민자를 받아들이면서 프랑스는 인종의 용광로라는 별명으로도 불리고 있다. 이처럼 오랜 세월 국가를 이어온 프랑스 민족의 정체성을 지탱하는 뿌리에는 게르만계의 프랑크족과 라틴족, 그리고 켈트계의 골^{Gual}족 등 다양한 요소가 뒤섞여 있다.

앞서 프랑스의 지역에서 거주했던 골족은 갈리아 문화를 형성하는데 중요한 역할을 했는데, 이 영향은 훗날 로마와 프랑크 문화와 혼합되며 프랑스 민족의 정체성의 기반이 된다. '갈리아인'이라고도 불리는 골족은 기원전 5세기부터 약 1000년간 현재의 프랑스·벨기에·네덜란드·독일 서부에 살던 켈트족의 한 갈래다. 이들이 모여 별도의 단일 국가를 형성한 적은 없으며, 훗날 로마제국에 의해 정복됐다. 프랑스인들은 스스로를 골족(갈리아인)의 후예로 여기는데, 프랑스의 국가 상징도 '갈리아의 수탉'이다. 라틴어 'gallus'가 닭과 갈리아족을 동시에 의미하기 때문이다. 프랑스에서 가장 대중적인 만화인 『아스테릭스』 역시 로마제국에 맞서 싸우는 골족의 모험담을 다루고 있다.

이후 로마 제국이 켈트족이 거주하던 갈리아 지방을 점령하면서 해당 지역에 라틴 문화가 깊숙이 녹아들게 된다. 라틴인 혹은 로망스족은 인도유럽어족의 이탈리아어파 로망스어군의 언어를 사용하는 유럽의 주요 민족 집단이다. '라틴'이라 하는 것은 언어상의 구분(라틴어 계열의 언어를 사용)에 더 가까운 것이라, 인종 개념과는 확실히 다른 것이 특징이다. 프랑스의 언어 분야는 라틴어를 기초로 하여 오늘날의 말과 글이 형성되었으며, 법과 건축, 행정 시스템에서도 과거 로마의 전통을 찾아볼 수 있다.

한편 게르만족은 주로 4세기의 민족대이동 이전 스칸디나비아 반도와 게르마니아 지역에 거주하고 있던 민족을 의미하는데, 게르만족의 한 분파인 프랑크족은 481년부터 갈리아 지방에 정착하면서 메로빙거 및 카롤링거 왕조의 성립과 함께 중세 프랑스의 기초를 닦았다. 특히 프랑크 왕국은 기독교를 수용하며 프랑스의 종교적 정체성에 큰 영향을 끼쳤는데, 당시 프랑크인들은 주로 아리우스파였던 귀족층들을 제외하면 유일무일한 기독교화된 게르만족들이었다.

선사 시대 유적과 의미

프랑스 지역의 선사 시대 유적은 오늘날의 프랑스와 이어지는 증거이기도 하다. 기원전 1세기에 로마인들이 들어오기 전부터 존재한 이 유적들은 지금의 정체성을 유지하는 원동력으로 작용한다. 그만큼 프랑스에는 다양한 유적지가 있으며, 이들은 선사 시대 인류의 생활 방식, 믿음, 사회 구조 등을 이해하는 데 도움을 준다는 점에서 중요한 가치를 지닌다.

쇼베 동굴Chauvet Cave은 프랑스 동남부 아르데슈에 위치한 동굴로, 1994년 동굴 탐험가인 장 마리 쇼베 등에 의해 우연히 발견되었다. 이 동굴에는 후기 구석기 시대에 그려진 것으로 추정되는 동굴 벽화가 보존되어 있다. 73점이나 되는 사자 그림은 두려움이나 혐오스러운 존재가 아니라 마치 숭고한 존재처럼 그려지고 있다는 점에서 독특하다. 벽화에는 사자 뿐만이 아니라 코뿔소, 곰, 표범 등 여러 동물들이 그려져 있다. 바위 암벽에 새겨진 특정적인 예술품들은 알타미라 동굴과 라스코 동굴의 벽화만큼 정교하다고 평해지고 있다.

프랑스 남서쪽 도르도뉴 지역의 라스코 동굴Lascaux Caves은 1940년 마을 소년들에 의해 우연히 발견된 뒤 1979년에 유네스코의 세계유산으로 등재되었다. 이곳에는 오리냐크기期, Aurignacian 것으로 추정되는 동물의 채색 벽화가 있는데, 어떤 동굴보다도 훨씬 크고, 유물도 더 잘 보존되어 있다. 다만 일반인들에게 공개하기 시작한 1960년부터 푸른곰팡이가 기생하고 석회암 암벽에도 하얀 얼룩이 생기자 라스코 동굴은

1963년에 동굴 벽화의 일반 공개를 금지했다. 대신 일반 관람객을 위해 동굴이 발견된 바로 옆 장소에 모방한 동굴을 만들어 공개하고 있다.

카르나크 유적지, 혹은 카르나크 열석은 프랑스 서북부 브르타뉴 레지옹의 남부 해안에 위치한 모르비앙 데파르트망에 있는 카르나크 Carnac에서 발견되는 거석 기념물이다. 카르나크 유적지는 구체적으로는 수천 개의 석조 기념물로 구성되어 있는데, 정확히 언제 어느 집단에서 세웠는지는 명확하지 않지만 고대 사람들의 의식과 공동체 생활, 종교적 상징성을 지녔다는 점에서 큰 가치를 지니고 있다. 열석 주변에는 석기 시대 고분과 고인돌 등의 선사 시대 유적들이 다수 분포하고 있는데 이들은 제각기 조성 시기가 다른 것이 특징이다.

프랑스 피레네 산맥 끝자락 아리에쥐 지방의 니오 동굴 Niaux cave은 화살을 맞은 들소가 새겨진 동굴로 유명하다. 동굴의 입구는 매우 크고 길이가 약 2㎞에 이른다. 여러 갈래의 가지굴들의 길이를 합하면 15㎞에 달하며, 이러한 굴의 곳곳에 옛사람들의 흔적이 나타난다. 후기 구석기시대에서도 끝무렵인 막달레니앙 후기에 속하는 이 동굴에는 들소, 말, 산양, 족제비, 물고기 등의 많은 그림이 있다. 이러한 유적은 14,000년 전 원주민들의 사냥 방식을 알 수 있다는 점에서 중요하다.

프랑스의 신석기 문화

기원전 6000년경부터 석기의 제작 기술이 뗀석기에서 간석기로 바뀌며 신석기 시대로 접어든 프랑스의 신석기 문화는 크게 농업과 목축으로 대표된다. 당시의 사람들은 보리를 심고 면양이나 산양, 돼지를 기르는 등 농사와 목축을 통해 식량을 얻되, 필요할 경우 채집과 수렵으로 식량을 보충했던 것으로 추정된다. 선사 시대에서 한랭기를 거쳐 신석기 시대에는 농업이 발전하면서 식량 생산 방식을 비롯해 생활 방식마저 변화하였는데, 군락을 이루며 이동했던 원시 인류는 이제 다뉴브강 유역을 중심으로 정착 생활을 하게 되었고, 초기 마을이 형성되었다.

프랑스 갈리아 지역에서는 다양한 도기 기술이 발전하였는데 이는 사회적, 문화적 교류를 나타낸다. 카르나크의 석상처럼 이 시기에 세워진 돌로 된 기념물들은 신앙과 의식의 중심이 되었는데, 이러한 구조물은 공동체의 사회적 및 종교적 역할을 나타낸다. 프랑스 전역에서 발견되는 고인돌과 선돌, 열석 등 기념물은 신석기 시대의 것으로 추정된다.

프랑스의 신석기 시대는 농업의 등장을 비롯해 돌과 나무를 재료로 하는 도구와 도예의 발달, 그리고 더 크고 복잡한 정착촌의 성장이 이루어진 과도기로 특징되며 이는 흔히 '신석기 혁명'으로 불린다. 프랑스 북서부 브르타뉴 지방에서 일어난 신석기 혁명은 인구의 급격한 변화보다는 이민과 기술 교류에 의해 일어난 것으로 추측되는데, 이곳은 주요 거석 생산과 풀페네크 등과 같은 유적지로 특징되어 거석 문화의 '핵심 지역'으로 지정되기도 한다. 가장 오래된 기념물인 케언즈에는 왕자의 무덤과 돌기둥이 있다.

남쪽 해안의 모르비한 데파르트망에는 신석기 시대 사람들에 의해 세워진 가장 큰 석재 구조물인 로크마리케르 거석과 카르나크 거석 등 여러 구조물이 존재한다. 특히 가브리니스의 무덤은 브르타뉴 지역에 있는 선사 시대 유적 중에서도 유별나다. 이 무덤은 프랑스 브르타뉴 모르비앙 만에 있는 작은 섬 가브리니스에 있는데, 무덤은 큰 돌무지로 덮여 있으며 내부에는 길고 좁은 통로가 있다. 이 통로는 중심의 매장실까지 이어지는데, 통로와 매장실을 구성하는 석판들에는 나선형, 지그재그, 곡선 등 다양한 형태의 기하학적 무늬와 상징적인 조각이 새겨져 있다.

인도-유럽어족의 유래

인도-유럽어족^{Indo-European languages}은 전 세계에서 가장 널리 퍼진 언어 계통으로 UN 공식 언어 6개 중 4개가 인도유럽어족이며, 이 어족에 속하는 언어를 사용하는 인구수는 약 25억 명으로 추정된다. 중동, 동아시아, 동남아시아를 제외한 거의 모든 지역의 공식 언어 혹은 제2공용어이다.

어족을 설정하고 역추적-재구성을 연구하는 언어학 분야를 비교언어학이라고 하는데, 이는 인도-유럽어가 같은 어족임을 규명하는 과정에서 탄생했다. 이름 그대로 인도와 유럽에서 두루 쓰이는 주류 어족이며, 대항해시대를 기점으로 유럽인이 진출한 아메리카, 오세아니아 등 옛 식민지에서도 쓰인다. 인도-유럽어족은 약 4500년 전, 현재의 우크라이나, 남러시아 지역에서 사용되었을 것으로 추정된다.

인도-유럽어족의 발생 가설에는 크게 두 가지가 있는데, 기원전 4000년대 러시아 남부 흑해-카스피해에 걸친 초원지대에서 사용된 언어에서 출발했다는 스텝 발생설, 약 8000~9500년 전 아나톨리아 농경민의 사용어에서 출발했다는 아나톨리아 기원설이 그것이다. 스텝 발생설은 계급 및 계층 분화와 관련된 어휘가 보이고, 가축과 바퀴, 수레와 관련된 어휘가 나타나는 것에 착안한 것으로 오늘날 우크라이나 및 유럽 러시아 지역에서 발흥한 쿠르간 문화를 인도-유럽어족의 기원으로 보는 가설이다. 아나톨리아 기원설은 농경민의 인구 증가 및 이주를 언어 확장 원동력으로 볼 수 있는데, 매우 명확한 변화가 특징이다. 히타이트인들을 히타이트인을 포함한 아나톨리아어파 계통 민족들을 기원으로 본다.

인도유럽어족을 처음으로 발견, 연구한 사람은 1700년대에 영국의 인도 대법원장이었던 윌리엄 존스다. 당시 영국과 인도 사이의 문화적인 갈등이 너무 커지자, 영국 정부에서는 아시아 문화에 대해 가장 자세히 알고 있는 사람인 윌리엄 존스를 인도로 보내기로 결정한다. 기록에 따르면 윌리엄 존스는 언어에 관한 뛰어난 재능을 가진 사람이었는데, 그는 대학에 입학하기도 전부터 고전 그리스어, 라틴어, 히브리어, 그리고 한문 등을 마스터했다고 한다. 그는 평생 13개의 언어를 완벽히 구사했고 28가지 언어를 번역할 수 있었다고 전해진다.

인도-유럽어족 계열 언어 중 가장 오래된 사료는 기원전 1700년대에 설형 문자로 기록된 히타이트 시대의 명문이다. 이 사료는 돌에 문자를 각인시켜 작성한 것으로, 제작 시기가 인도-유럽어족이 처음 등장했던 기원전 4000년경에서 그리 멀지않은 시기인데다, 히타이트어가 재구된 인도유럽조어와 굉장히 유사하므로, 이 돌을 포함해 히타이트어로 된 사료는 인도-유럽어족을 재구성하는 데 요긴하게 이용된다.

2
로마령 프랑스

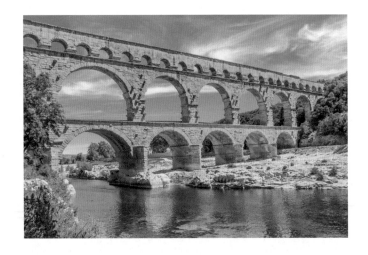

II. 수도교인 퐁 뒤 가르(가르 다리 Pont du Gard)는

로마의 시기에 프랑스에서 공공 기반 시설이 광범위하게 개발된 인상적인 사례다.

가르동강^{River Gardon}의 계곡으로 내려가 가르교(퐁 뒤 가르Pont du Gard)라는 다리를 올려다보자. 이 환상적인 수도교는 1세기에 만들어진 것으로 인근의 도시 네마수스^{Nemasus}(프랑스어로 '님Nîmes')에 물을 공급하는 역할을 했다. 3층으로 이루어진 아치는 실용성과 기술력이 만들어낸 승리였고, 뛰어난 박물관 자체는 이 지역의 매력을 한층 끌어올렸다. **하지만 로마의 지배권을 보장해 준 것은 전쟁이었다.** 기원전 49년 카이사르는 로마내 정적들을 지원하던 마살리아(지금의 마르세유)를 공격하면서 항구를 봉쇄한 후, 강력한 경사로를 만들고자 토양을 단단히 다지도록 명령했다. 이 과정에서 '모든 숲이 베어졌다.'

로마의 영토 확장과 저항

산륜^{散輪}으로 운반되던 두 개의 탑이 경사로에 놓였고 저항하던 적들을 향해 불을 내뿜었다. 침략자들은 탑을 향해 돌을 던졌으나 이내 다시 떨어지는 돌에 맞아 쓰러지기도 했다. 그럼에도 카이사르는 포기하지 않고 끝까지 싸워 승리했다. 로마는 북이탈리아에 살며 '키살피나 갈리아^{Cisalpine}(알프스 인접) ^{Gaul}'라 불렀던 켈트족을 정복했고, 이후에는 트란살피나 갈리아^{Transalpine Gaul}로 세력을 뻗어가려고 했다. 특히 그곳의 수도에 살던 살루비 부족을 물리치면서 기원전 125-121년에 남부 프랑스의 많은 부분을 지배하게 됐다. 이처럼 로마가 영토를 확장한 이유는 부분적으로는 카르타고에 맞서 로마를 지원했던 마살리아를 보호하기 위해서였다. 그러나 또 다른 중요한 이유로는 스페인의 풍요로운 지방으로 향하는 육로를 개척하고 지배력을 더 오래 유지하기 위해서였다. 로마는 현재 엑상프로방스^{Ax-en-Provence}인 아쿠아이 섹스티아이^{Aquae Sextiae}와 같은 요새를 건립하며 영토 확장에 종지부를 찍었다.

기원전 59년 북이탈리아와 남프랑스의 총독이 된 카이사르가 추구한 핵심 목표는 분명 권력 쟁취였다. 다음 해, 카이사르는 게르만족의 침략에 맞서 북으로 세력을 확장하면서 경쟁 부족들을 물리쳐 갔다. 기원전 56년에는 브르타뉴를 정복했고 베네티족을 바다에서 물리쳤다. 특히 기원전 52년은 전투에서 매우 중요한 해였다.

이윽고 카이사르는 아르베니족의 수장 베르생제토릭스^{Vercingétorix}를 중심으로 한 거센 저항에 부딪혔다. 이를 계기로 갈리아인들이 잠시 뭉쳤으나 이내 분열했다. 어쨌든 이 시기에 갈리아인들은 카이사르의 잔인하고 가차 없는 전술, 그리고 로마의 단련된 전투 방식과 마주해야만 했다. 카이사르의 부관이던 티투스 라비에누스$^{Titus\ Labienus}$는 현재 파리인 루테티아에서 벌어진 전투에서 베르생제토릭스^{Vercingétorix}의 부상^{浮上}을 지원했던 파리시족(루테티아에 살던 갈리아족)을 물리쳤다. 한편, 베르생제토릭스는 카이사르군에게 포위된 아바리쿰(부르주)^{Avaricum} (Bourges)을 탈환하지는 못했으나 고도의 무자비한 전술로 게르고비아^{Gergovia} 포위 작전에서 카이사르에게 패배를 안겨주었다.

하지만 베르생제토릭스는 알레시아^{Alesia}에서 카이사르군에게 포위됐다. 베르생제토릭스는 도랑과 흙더미로 둘러싸인 언덕 꼭대기의 마을에서 마지막 저항을 했다. 이후 베르생제토릭스는 배고픔을 더 이상 견딜 수 없어 탈출하려 했으나 그 시도는 무참히 좌절됐다. 구호군이 요새화된 외부의 방어선을 뚫지 못했던 것이다. 이 방어선은 구호군과 로마군 모두에게 결정적인 역할을 했다. 결국 베르생제토릭스는 항복했고 투옥되었다. 기원전 46년 로마에서 베르생제토릭스는 잠시 석방돼 카이사르의 개선식에 동원되었다가 다시 투옥된 후 처형당했다.

알레시아 유적지에는 베르생제토릭스의 동상이 우뚝 솟아 있다. 로마 이전의 프랑스를 보여주려는 의도로 나폴레옹 3세가 명령해 만들어진 동상이다. 분열되었던 종족들이 단결해 정복자 로마를 상대로 벌인 저항은 갈리아 민족의 용맹한 저항으로 기억되고 있다. 비록 패배라는 결과였음에도 프랑스는 영웅을 배출했다. 또한 프랑스는 로마 문명을 활용해 문명국으로 진일보할 수 있었다. 나폴레옹 3세는 이러한 과거의 역사를 높이 평가해 기념하고 싶었던 듯하다.

이후에도 로마와 얽힌 갈리아 도시 국가의 역사는 상대적으로 자랑스러운 시절로 평가받았다. 이러한 생각은 1959년부터 르네 고시니^{René Goscinny}가 내놓아 대중적으로 인기를 얻은 만화 시리즈 『아스테릭스^{Astérix}』에서 드러난다. 『아스테릭스』는 먼 옛날 갈리아가 탄탄한 요새를 세워 로마에 맞선 영웅적 저항을 그리고 있다. 로마의 통제를 받던 요새화된 지역은 라인강이 됐고 그곳을 중심으로 골족과 게르만족으로 나뉘었다. 이는 이후 프랑스의 문화적, 정치적 정체성에서 중대한 역할을 하게 된다.

갈리아의 로마화

로마인들은 갈리아 전체를 지배했다. 그런데 갈리아는 하나의 영토가 아니라 많은 지방으로 나뉘어 있었다. 영토 대부분은 갈리아 루그두넨시스^{Gallia Lugdunensis}에 있었지만, 일부는 벨기카^{Belgica}에, 또 아키타니아^{Aquitania}에 있었다. 루그두눔^{Lugdunum}(오늘날의 리옹)은 갈리아의 정치적 수도가 되었고 서기 3세기까지 경제 수도도 겸했다. 갈리아는 와인, 도자기, 금속 제품, 카마르그^{Camargue}산 소금 등 가치 있는 상품들을 이탈리아에 보급하는 역할을 했던 지역이다. 갈리아는 로마의 통치는 물론 문명의 영향을 동시에 받았다. 로마인들은 갈리아의 가치를 보고 개척한 셈이다. 기존의 마을들은 로마의 개발 모델을 따랐고 이를 기반으로 많은 도시들이 세워졌다. 로마는 이 도시들을 중시하며 관리했다. 이렇게 갈리아의 로마화가 가속됐다. 실제 현대 도시 시스템의 기반은 여기서 탄생했다. 주요 도시로 갈리아 나르보넨시스(現現 나르본), 톨로사 (현 툴루즈), 부르디갈라(현 보르도), 아우구스토두눔(현 오텡), 메디올 라눔 산토눔(현 생테스), 라푸르둠(현 바이욘) 등이 있다.

이들 도시에서는 지중해에 있는 로마 도시들처럼 사원, 원형 극장, 포럼이 생겨났는데, 지금도 관련 유적지 대부분이 남아 있다. 이 시기의 개선문에는 랭스의 마르스 요새가 포함되어 있으며 파리의 원형 극장 인 아렌 드 뤼테스는 눈여겨볼 만하다. 하지만 이 장소는 3세기 말 '바 바리안(야만인)'이라 불리던 이민족의 공격으로 무너지고 주요 대중목 욕탕들 역시 파괴됐는데, 그 유적들은 파리에 있는 클뤼니 미술관의 일 부가 되어 여전히 매력을 뽐내고 있다. 메츠^{Metz}의 목욕탕 유적은 지역 박물관에서 볼 수 있다. 오텡에는 상당한 규모의 극장과 두 개의 문을 포함해 광범위한 유적이 남아 있고 생테스에는 원형 극장과 게르마니 쿠스 광장이 남아 있다.

남쪽에는 더욱 인상적인 로마풍의 유적이 남아 있는데, 특히 아를 ^{Arles}에는 원형 극장인 메종 카레$^{Maison\ Carrée}$와 포르트 도귀스트^{Porte} $^{d'Auguste}$가 있다. 이는 보존 상태가 가장 좋은 님^{Nimes}의 원형 극장 중 하 나로 디자인, 전망, 접근성이 매우 탁월하다. 오랑주^{Orange}에는 보존이 잘된 로마식 극장이 있는데 아우구스투스 동상은 물론 좌석을 마주 보 는 무대 벽, 그리고 로마의 승리를 기념하는 아치가 있다.

로마의 마을은 베종라로멘$^{Vaison-la-Romaine}$에 있는 유적지를 통해 접할 수 있다. 도시들은 도로와 다리로 연결되어 있었는데, 일부는 님의 서쪽 에 있는 비아 도미티아$^{Via\ Domitia}$에서 볼 수 있다. 이 도로는 이탈리아에 서 콜 드 몽제네브르$^{Col\ de\ Montgenèvre}$를 지나 알프스를 건너 스페인으로 통한다. 로마인들은 갈리아에 약 2만 1,000킬로미터 길이의 도로를 건 설했다. 아우구스투스 황제 치하에서 갈리아를 재조직한 마르쿠스 빕

사니우스 아그리파$^{Marcus\ Vipsanius\ Agrippa}$는 루그두눔에서 비아 아그리파스로 통하는 도로를 개발했다. 하나는 선박이 브리타니아(지금의 영국)로 항해하는 불로뉴로 여행자들을 이끌었고, 또 다른 길은 루그두눔에서 콜로니아 아그리피나(지금의 콜로뉴)로 이어졌다. 그 외의 도로들은 마살리아에서 루그두눔까지 강을 따라 이어지거나 강의 틈새를 메웠다. 강의 틈새를 메운 도로들로는 갈리아 나르보넨시스에서 부르디갈라로 이어지는 비아 아키타니아, 그리고 루테티아에서 루아르 계곡, 루그두눔에서 메디올라눔 산토눔으로 이어지는 곳들이 대표적이다. 로마인들이 갈리아를 얼마나 중요하게 여겼는지를 증명해 주는 시스템이다. 이 같은 도로 시스템은 영국과 라인란트(Rhineland, 독일 라인강변 지역)의 영토에 혜택을 주었다.

로마 식민지 개척자들은 갈리아족의 땅에 정착하면서 갈리아족을 달래 로마 체제에 편입하고자 각종 방법을 사용했다. 부족 지도자들은 갈리아의 로마화 과정에 참여했는데, 이는 로마의 종교의식과 라틴어가 확산하는 계기가 되었다. 부족 지도자들은 갈리아족에게 로마 시민권의 혜택을 준다는 로마 식민지 개척자들의 회유책에 넘어갔다. 군대 징집도 문화 이동과 정치적 통합을 통해 '갈리아-로마' 정신을 만드는 데 기여했다. 영국, 스페인의 경우와 마찬가지로 로마화가 유독 두드러지게 이루어진 지역은 브리타니(지금의 브르타뉴)보다는 론 계곡이다. 론 계곡에는 리옹의 남쪽에서 30킬로미터 떨어진 곳에는 유럽에서 가장 중요한 고고학 유적지 중 하나인 생로맹앙갈비엔$^{Saint-Romain-en-Gal-Vienne}$의 갈로로맹$^{Gallo-romain}$ 박물관이 있다. 이곳에 서기 2세기의 축융소$^{fulling\ mill}$(양털을 축융하는 공장)라 할 수 있는 유적이 있다. 또 다른 장소로는 아를 박물관이 있다.

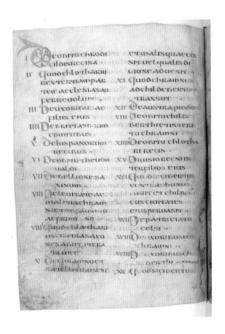

III. 투르의 그레고리우스Gregory of Tours가 쓴 『프랑크족의 역사Tours' Historia Francorum』는 특별함을 정의하는 핵심적 작품이었다. 중세 프랑스 생활에서 교회의 역할은 다면적일 뿐 아니라 중요했다.

이교와 기독교의 종교적 갈등

3세기까지 로마 제국은 외부 침입과 내부 문제, 특히 경제적 부담과 질병 문제로 총체적 난국에 빠졌다. 이에 3세기 후반과 4세기의 로마인들은 육중한 돌담으로 약 100개의 갈리아 도심을 요새로 만들었다. 프랑스 북부 르망Le Mans과 남서부의 페리괴Périgueux에 유적이 부분적으로 남아 있다. 이 외에도 규모가 작은 요새들도 많이 있었다. 게다가 엘리트 대부분이 도시를 떠나 시골 별장으로 이주해 어느 정도 보호를 받으며 자급자족과 같은 삶을 즐겼다. 마치 도시 당국의 간섭에서 자유로운 자치 지역과도 같았다. 이 시기에는 주요 대지주들이 자신의 땅을 소유한 자유농민들에게 강제를 행사해 농노로 전락시키는 중이었다.

한편, 종교 운동은 전역으로 퍼졌다. 아무리 빈번한 비밀 활동이 이어졌다고는 하지만, 기독교로의 자동 포교는 일어나지 않았다. 대단하게도, 이교異教는 2세기 동안 지속됐는데, 6세기에 가장 왕성했던 브르타뉴에서 크게 부흥했다. 광명의 신 '미트라Mithras'를 숭배하는 로마의 미트라교가 정착하여 프랑스 남부의 부르 생 앙데올Bourg-Saint-Andéol, 사라비Saravi, 나르보Narbo에 중심 본부를 두었으며, 2010년대에는 앙제, 코르시카, 마리아나를 포함한 지역에서 유적이 계속 발견됐다. 루그두눔과 비엔을 포함한 여러 지역에는 유대인 공동체가 있었다.

그럼에도 기독교는 로마의 제국 만신전Imperial Pantheon을 대신할 정도로 가장 중요한 종교였다. 이에 따라 생트Saintes, 투르Tours와 같은 주교들의 중심지 가치가 점점 높아졌다. 프랑스에서 가장 오래된 기독교 건물은 푸아티에Poitiers에 있는 성 요한 세례당이라고 할 수 있다. 초기 기독교인들은 순교의 위험을 감수했는데, 노예 출신 성녀 블랑딘은 177년 리옹에서 순교했고 루테티아의 최초 주교였던 성 드니는 몽마르트르 언덕에서 250년경 참수되었으나 이후 잘린 머리를 들고 걸으면서 설교했다는 전설이 있다. 전통에 따라 475년에 성녀 주느비에브는 성 드니가 죽은 곳에 예배당을 세웠다. 이 예배당이 지금의 생드니Saint-Denis 대성당이다. 이곳에 처음으로 안치된 왕은 639년에 별세한 프랑크 왕국의 다고베르트 1세였다. 그리고 코르시카와 모나코의 수호성인인 성녀 데보타가 303년 마리아나에서 순교했다고 전해진다. 마침내 기독교는 311년 갈리아에서 종교로 인정됐고, 392년 유일하게 공인된 종교가 된다.

로마의 종교 분열은 긴장감을 조성했으나 더 큰 어려움은 외부의 압력에서 왔다. 로마인들은 라인강을 건너온 야만족 '바바리아인'의 공격

앞에서 특정 종족들과 따로 협정을 맺었다. 이 가운데에는 원래 게르만 족이던 프랑크족도 포함되어 있었다. 협정에 따라 이들은 로마에 지원 군을 보냈으나 장기적으로는 북부 갈리아에서 바바리안의 영향력이 점 차 커져 대규모 공격을 부르는 결과를 낳았다. 일부 바바리안 종족과 로마의 관계는 언제나 임시 협정의 형태로 그다지 견고하지 못했는데, 5세기에 로갈리아 북부와 중부에서 로마 정부의 영향력이 쇠하자 불안 함은 높아졌다. 그러나 상호 협력은 이어졌다. 훈족이 메츠^{Metz}와 랭스 ^{Reims}를 약탈 후 451년 카탈루니아 평원(지금의 상파뉴)에서 전투가 벌 어졌다. 이때 프랑크족은 로마인들과 협력해 맞서 싸우면서 아틸라의 훈족을 물리쳤다.

켈트족 (골족)

켈트족 또는 골족은 프랑스를 비롯해 유럽 중부와 서부 지역을 중심으로 번성한 인도-유럽어족의 민족 집단이다. 이들은 기원전 약 1000년 경부터 1세기경까지 유럽 전역에 걸쳐 활동했는데, 주로 고대 그리스와 로마 문헌에서 '켈토이^{Keltoi}'로 언급되며 그 존재를 확인할 수 있다. 이들이 살았던 땅인 갈리아는 켈트를 지칭하는 라틴어의 'Gaiius'에서 비롯되었다. 이들은 훗날 로마의 율리우스 카이사르에게 복속당할 때까지 로마와 대립했다. 바지를 입고 땋은 머리에 날개 달린 투구를 쓰고 맥주를 마시는 이미지는 오늘날 켈트족을 떠올릴 때 쉽게 상상할 수 있는 것들이다.

켈트족은 갈리아를 비롯해 브리튼, 아일랜드 등으로 확산했는데, 그들은 뛰어난 무역 네트워크와 고도로 발달한 금속 기술로 인해 유럽 전역에 걸쳐 번성(위대한 팽창)했으나, 로마 제국의 확장과 침략으로 인해 쇠퇴하기 시작했다. 기원전 1세기부터는 로마 제국의 정복이 본격화되며 유럽 대륙 내 켈트족의 문화와 권력이 급격히 약화되었고, 대부분 로마 제국에 흡수되었다. 다만, 아일랜드나 스코틀랜드 등 로마의 영향력이 미치지 않은 지역에서는 그들의 문화가 지속적으로 전승되었다. 켈트족의 후손들은 20세기 중반부터 켈트족이라는 자신들의 정체성을 적극 표현하기 시작했고 이들 지역에는 켈트 국가라는 이름이 붙었으며 문화를 공유하는 지역을 묶어 켈틱 벨트라고 부른다. 켈틱 벨트에 속하는 지역은 아일랜드, 스코틀랜드, 웨일스, 콘월, 맨섬, 프랑스 브르타뉴 반도 등이 있다.

켈트족은 전사 문화를 중심으로 한 독특한 사회 구조를 가지고 있었으며 씨족사회를 형성했던 것이 특징이었다. 그들은 드루이드로 알려진 종교적 지도자를 중심으로 한 영적 세계관을 지녔으며 자연과의 조화를 중시했다. 이들은 고대의 '켈트 신화'를 보유하고 있었으나 기원전 1세기 갈리아 전쟁 등을 겪으며 로마인들에게 복속되는 과정을 거쳐 로마 신화에 흡수되고 만다. 다만 이 신화는 아서왕의 전설과 같이 영국의 민간 설화에 큰 영향을 미쳤고 프랑스에서는 켈트계 골족을 조상으로 두기에 어느 정도 연구가 이루어지고 있다.

프랑스 일대의 켈트족은 골족이라고도 부르는데, 오늘날 프랑스에서 켈트 문화와 언어의 마지막 보루는 브르타뉴의 북서부 지역에서 찾아볼 수 있다. 한편 우리나라에서도 이름이 알려진 만화 『아스테릭스』가 바로 이 켈트족이 로마에 저항하여 승리하는 내용을 다루는데, 프랑스에서는 이 만화를 통해 민족의식을 고취시키기도 한다.

갈리아 시대

갈리아^{Gallia} 또는 골^{Gaul}은 로마 제국에서 프랑스 지역을 칭하던 단어이다. 특히 갈리아 시대라 하면 대략적으로 기원전 5세기부터 로마 제국의 멸망 이전까지, 현재의 프랑스를 비롯해 벨기에, 룩셈부르크, 스위스 서부, 그리고 라인강 서쪽의 독일을 포함하는 지방이 공동의 지역으로 묶이던 시기라 할 수 있다. 이 지역에는 율리우스 카이사르가 본국 이탈리아에 포함시키기 전까지의 갈리아 키살피나(알프스 이남 북부 이탈리아)도 포함되어 있다.

갈리아 시대에는 철기를 적극적으로 활용하여 무기나 도구, 장신구 등을 제작했는데, 켈트족들은 당시 전투에서 철제 방패와 무기를 잘 활용하여 고대 그리스와 고대 로마를 자주 약탈했던 것으로 알려져 있다. 갈리아에서 지내던 원주민은 오늘날 켈트족으로 알려져 있지만 사실 켈트라는 민족 단위가 정말로 존재했는가에 대해서는 모호한 부분이 많다. 다만 그들이 켈트어와 문명을 공유했다는 점에서 같은 무리로 엮고는 한다. 이들은 통일된 국가를 만들지 않았고, 각 부족에서는 전사를 겸한 귀족들이 집회를 통해 행정관을 뽑고 농민을 지배했다.

한편 갈리아인들은 풍부한 자연자원을 바탕으로 경제적인 번영을 누렸는데, 철과 금, 소금, 와인 등이 주요 교역 품목이었다. 이들은 바닷가에 위치했다는 지리적 이점을 통해 지중해와 북유럽 지역 간의 무역 거점 역할을 했다. 갈리아인들은 그리스와 에트루리아와 같은 문화권과 교역을 활발히 하였고, 외부 문물도 적극적으로 받아들였다.

갈리아인들은 기원전 58년에서 50년 사이 카이사르가 이끄는 로마군과 전쟁을 벌였다. 카이사르는 갈리아 원정에서의 기록을 『갈리아 전쟁기』라는 책에 남겼는데, 이 책에는 그가 가장 고전했던 상대에 대한 기록도 남겨져 있다. 원정 이후 갈리아에는 여러 로마식 도시가 세워지는 등 로마화가 진행되었다. 또한 앞서 말했듯이 갈리아는 본래 스위스 일부와 이탈리아, 벨기에 등 넓은 지역을 포함했지만, 기원전 1세기 말 알프스 이남의 갈리아가 이탈리아에 편입되어 결국에는 현재 프랑스에 해당하는 지역이 갈리아에 해당하게 되었다. 이러한 로마화 과정에서 도로와 도시가 발전하였는데, 이 발전이 오늘날 프랑스의 역사와 문화 형성에 중요한 기틀이 되었다는 평을 받는다.

3
중세 초기

로마의 지배 이후, 프랑스는 분쟁으로 얼룩졌다. 이는 단순히 부족들과 군벌들 간의 분쟁으로 과소평가할만한 것이 아니었다. 스당^{Sedan} 지역은 대천사 미카엘이 악마와 대결한 곳이라 해서 특별한 장소가 되었다. 여기서 가까운 뫼즈 계곡^{Meuse Valley}, 브레통 해안^{Breton coast}의 몽돌^{Mont Dol} 등의 지역은 '선과 악의 결투장'이라는 극적인 표현으로 묘사됐다. 악마를 물리친 천사 미카엘은 호전적이거나 복수심에 불타는 이교도 신들과 이러한 신들을 숭배하는 거친 부족들에게 매혹적인 영감을 주었다. 악마가 실제로 존재한다는 믿음은 지명에도 반영되었다. 파리에 있는 300km의 깊은 카타콤에 붙여진 '지옥의 문', 톤레네^{Tonnerre}의 바닥에 있는 구멍에 붙여진 '포세 디옹^{Fosse Dionne}(신성한 구덩이)' 등이 대표적이다.

이에 비해 상대적으로 극적인 긴장감은 떨어지는 이야기일지도 모르지만, 일부 바바리안족은 더 멀리 떨어진 동쪽으로부터 온 다른 부족(훈족)에게 압박받았다. 이들은 압박을 견디다 못해 4세기 후반부터 갈리아로 이주했는데, 이 과정에서 일부는 북아프리카로 가는 길에 반달족, 서부 이베리아로 가는 길에 수에비엔족을 정복했다. 프랑크족, 부르고뉴족, 알레마니족, 서고트족 사이에 섞여 정착하기도 했다. 갈리아의 로마 행정가들은 410년대 중반부터 남서쪽의 서고트족과 투르네 지역의 살리안 프랑크족처럼 침략자들을 군인으로 고용하고 땅을 내주며 달래려 했다. 그러나 바바리안들은 로마 문화를 동경해 문화적으로, 군사적으로, 정치적으로 로마에 동화되어 갔으나 동시에 독립성을 유지하면서 세력을 키워 갔다. 서고트족의 툴루즈 왕국과 같은 일련의 공국을 형성한 것이 좋은 예다. 이 같은 공국들도 로마 제국의 다른 지역과 마찬가지로 로마의 통치를 받으면서 로마로부터 상당한 영향을 받았다. 결국 로마의 영향력이 어느 정도 유지되느냐에 따라 혼란이 생기거나 변화가 크게 일어났다. 예를 들어, 로마에 대한 수출이 현저히 감소하면 경제적 여파가 적지 않았다.

프랑크 왕국 최초의 왕조, 메로빙거

'자유롭거나 사나운 자들'이란 뜻을 지닌 프랑크족^{Franks}은 5세기에 프랑스, 벨기에, 독일의 많은 지역에서 지배적인 집단으로 자리 잡았다. 프랑크족은 현대의 지리적 위치를 반영하면서, 동시에 그 시대의 어떠한 정치적 분열도 표현하지 않기 위해 사용되는 중립적인 용어다. 이들은 초반에 벨기에와 독일이 근거지였지만 클로비스(재위 481~511)의 치하에 있던 수아송^{Soissons}에서 486년에 현재 프랑스 북부에 해당하는 로마령에 있던 시아그리우스 총독을 물리쳤다. 또한 클로비스는 507년, 프랑스 남부에서 서고트족을 몰아냈고 푸아티에 근방 보글라덴시스 ^{Vogladensis}(지금의 부이에^{Vouillé}) 광장에서 승리했으며, 동쪽의 알레마니족을 물리치기도 했다.

클로비스는 기독교(구교)로 개종해 어느 정도 통치자로서 정당성을 얻었고 갈로-로마 귀족들과 교회로부터 지지를 받았으며, 아리우스파에 대항하는 가톨릭 정통주의의 옹호자가 되었다. 랭스^{Reims}에 있는 생레미 대성당$^{Basilique \ Saint-Remi}$의 이름은 496년에 클로비스와 그의 전사들에게 세례를 준 주교의 이름으로 알려져 있다. 생레미 대성당에는 초기 로마네스크 양식이 엿보인다. 클로비스는 파리에 자신의 대저택을 세웠으며 다른 지역의 바바리안 통치자들, 특히 이탈리아의 오스트로고트족^{Ostrogoths}의 통치자인 비잔티움(동로마)의 지지에 힘입어 명예 집정관으로 임명됐다. 이러한 통치 형태는 로마 제국과 프랑스 왕국이 연결되어 있다는 감각을 키워주는 중요한 통과의례로(고트족은 권력의 중심이 툴루즈에 있었기 때문에 스페인을 주시했다), 정치적 안정을 위해 필요한 전략이었다. 전투에서 서고트족의 왕 알라리크 2세를 제거한 클로비스는 이내 툴루즈 점령에 나섰는데, 프랑크족의 영토가 확장될수록 아를과 같은 동남쪽 도시들의 영향력은 줄어들었다.

다른 바바리안 통치자들처럼 클로비스도 많은 인척들을 제거하며 왕국을 탄탄히 다져갔으나, 이내 아들과 손자들의 심각한 왕위 다툼이 왕국을 위기로 내몰았다. 클로비스는 메로빙거 왕조의 시조였기에 후손들에게 왕위가 세습됐다. 하지만 '영토의 분할상속'이라는 프랑크 왕국의 관습이 발목을 잡았다. 혼인과 상속의 체계가 확실히 자리 잡지 않은 상태이다 보니 영토의 분할상속으로 아들 네 명이 정치와 군사적으로 분열하는 결과를 낳았다. 통치자들은 아내 외에도 여러 여성을 두어 아들을 보는 경우가 많았는데 프랑크 왕국도 예외는 아니었다. 클로비스가 남긴 아들들이 혼인하여 일가를 구성하면서 왕국 통치에 야심을 보였다. 통일된 프랑크 왕국이 분열될 움직임을 보였다.

프랑크 왕국의 첫 번째 왕조는 '메로빙거 왕조'라고도 불린다. 이처럼 메로빙거 왕조가 분열되면서 이탈리아에 기반을 둔 동고트족이 534년에는 독립했던 부르고뉴를 정복했고 537년에 이르러 프로방스를 손에 넣으며 상당히 세력을 키웠는데, 남서쪽에서 서고트족을 몰아내는 패턴과 유사했다. 이는 훗날 프랑스의 범위를 넘어선 확장이기도 했다. 이 과정에서 튀링겐을 보호령으로 만들고(531년) 알레마니족과(536년) 바이에른족을 정복하며(555년) 540년에서 550년 사이에 북부 이탈리아를 지배했다. 프랑크족은 동쪽에 관심을 보이며 세력을 확장해 갔다. 이후 프랑스의 국왕들은 라인강에 도착하거나 라인강을 넘어 계속 진출하기도 했다. 하지만 프랑스는 영토를 확장하는 과정에서도 이베리아나 영국으로 향하지 않았다. 클로비스의 아들 중 한 명인 클로타르 1세는 수아송에 기반을 두었고 프랑크 왕국을 다시 통일했다(558년). 그는 셉티마니아(동부 랑그독)와 현재 브르타뉴에 해당하는 지역의 많은 부분을 제외한 현재 프랑스의 전 지역은 물론 오늘날의 스위스, 라인란트, 저지대의 대부분(벨기에와 네덜란드)에 해당하는 지역을 지배했다. 결국 561년 클로타르 1세 서거 이후, 남은 네 아들 사이에 분열이 일어나면서 새로운 갈등으로 이어졌다. 이러한 갈등은 오랫동안 여러 방식으로 표출되었다. 북동쪽의 아우스트라시아^{Austrasia}, 북서쪽의 네우스트리아^{Neustria}(수도: 파리), 그리고 부르고뉴까지 세 지역이 분열의 핵심이었다. 한편, 마르세유가 네우스트리아에, 엑스와 아비뇽이 부르고뉴에 속하면서 아키텐은 남동쪽 지역을 빼앗겼다. 이러한 상황은 이후 로타링기아의 분할을 예고했다. 중세 시대 영토 분할이 지닌 근시안적이며 자의적인 성격이 여실히 드러나는 순간이었다.

메로빙거 왕조의 분열과 위기

메로빙거 왕조는 정체성과 정통성을 부여하기 위해 게르만, 로마, 기독교를 포함한 다양한 전통을 활용했다. 특히 로마와 기독교에 대해서는 (이론상으로는 적어도 행정 담당 주요 인물이었던 공작들을 포함해) 귀족들보다는 왕실 사람들의 혈통을 더 고귀하게 봤다. 이에 따라 통치자와 귀족들이 분리되었다. 역사가 그레고리우스 투로넨시스의 저서 『열권의 역사서^{Decem Libri Historiarum}』에서 소개된 것처럼 왕실 사람들은 고귀한 혈통으로 대우받았다. 이 책은 투르의 주교 그레고리(기원전 538-594)가 쓴 『불어권 지역 역사^{Historia Francorum}』로 인기를 끌었는데 창조물, 기독교의 기원, 성 마르탱의 이야기, 그리고 그레고리의 투르를 설명하는 귀한 자료와도 같았다.

서로 뺏고 빼앗기는 시스템인 정치에서는 갈등과 다툼이 기본이다. 이틀 안에서 왕, 공작들, 다른 귀족들, 성직자들 모두 지주의 지위에 있었다. 그 결과 이들이 얻은 세금, 생산물, 서비스로 전체 제도가 유지되었다. 이러한 장원 제도는 자유로운 농부들(농노들)이 제공하는 농업 서비스를 기반으로 했다. 하지만 농노들은 고된 노동을 해도 제대로 된 보상을 거의 받지 못했다. 지주들이 거머쥐었던 부가 얼마나 대단했는지는 일드프랑스 생제르맹앙라예^{Saint-Germain en-Laye}에 있는 국립 고고학 미술관^{Musée d'archéologie nationale}에 보존되어 있는 메로빙거 문화의 보물 코너에서 확인할 수 있다. **이곳에서 볼 수 있듯 지주들은 부를 과시하는 다채롭고 사치스러운 상징물을 만들어냈다.** 교회의 건축도, 성직자 숭배를 위한 유물들도 역시 부를 과시하는 방법이었다. 당시에는 성자들의 유골이 발견된 장소 역시 성스럽게 여겨졌다. 의학이 거의 발달하지 않았기 때문에 성인들의 유골 숭배는 성공할 수 있었다. 교회는 권능, 권력, 부, 출세, 로마와의 연결을 보여주기 위해 꼭 필요한 기관이었다. 교회는 프랑크인과 로마인들이 연합된 귀족정치에 더욱 힘을 실어주었다.

메로빙거 왕조의 분열로 군주들과 귀족 계급이 권력을 공유하게 되었다. 빈번한 암살을 통해 유리한 고지를 점령해 온 군주와 귀족들에게 유력 집안 여성들과의 정략결혼은 당연한 일이었다. 한편 나름의 고유성을 지키려는 아우스트라시아와 부르고뉴, 왕국의 통일을 수호하는 네우스트리아 사이에도 대립이 있었다. 7세기 말, 메로빙거 왕조의 분열로 '궁중 시장'이나 주요 대신들이 독립하는 일이 늘어났다. 그나마 통치자와 신하들이 사회와 문화적으로 결속되어 있었기에 메로빙거 왕국은 붕괴를 면했다. 680년부터 아우스트라시아 궁전의 시장이었던 페펭 2세$^{Pepin\ of\ Herstal}$는 687년 네우스트리아와 부르고뉴를 정복했고, 프랑크 왕국의 실권자 자리에 올라 자신을 프랑크 왕국의 귀족이자 귀공자라고 칭한 후 저지대와 독일에서 프랑크인의 권력을 확장했다. 714년 페펭의 죽음은 '망치$^{the\ Hammer}$'라는 별명으로 불린 샤를 마르텔^{Martel}과 손자 사이의 내전으로 이어졌다. 메로빙거의 왕 킬페리쿠스^{Chilperic}가 패하면서 마르텔이 승리했다. 이후 그는 외부의 적들을 공략해 색슨족을 물리치고(718년) 서프리슬란트$^{West\ Frisia}$를 점령(719년)했으며, 720년부터 730년까지 일련의 전투에서 바이에른과 알레만니의 저항을 진압했다(720~730년). 732년에는 이슬람 침략자들을 푸아티에에서 물리치면서 크게 명성을 얻었다. 침략자들은 711년 서고트족을 분쇄하고 스페인과 포르투갈을 정복하며 북아프리카에서 올라온 세력이었다.

이에 교황의 지지를 받던 마르텔의 아들 페펭 3세$^{Pepin\ the\ Short}$는 751년 메로빙거 왕조의 마지막 왕인 킬데리쿠스 3세를 폐위시키고 카롤링거 왕조를 세웠다. 메로빙거의 상징인 킬데리쿠스의 긴 머리카락이 잘려 나갔고 아들과 함께 수도원에 감금됐다. 페펭은 계속해서 남프랑스의 저항을 제압하고 독일에서 전투를 벌였으며 롬바르드족에 대항해 이탈리아에 개입했다.

로마인들의 황제 샤를마뉴

페팽 3세의 아들이자 위대한 군사 지도자인 샤를마뉴(768~814년, 프랑크의 국왕으로 재위)는 메로빙거의 이전 국왕들보다 훨씬 성공적인 업적을 쌓았다. 비유하자면 이전 왕조인 부르봉보다 더 뛰어났던 나폴레옹의 사례와 비슷하다. 샤를마뉴와 나폴레옹은 '프랑스'와 '이탈리아' 사이를 경계 없이 오갔고 머나먼 독일까지 진군했다는 공통점이 있다. 나폴레옹의 제국과 마찬가지로 샤를마뉴의 제국도 제국주의 이데올로기뿐만 아니라 전투로 쌓은 부를 통해 유지됐다. 다만 샤를마뉴가 프랑크 왕국의 국왕에서 시작해 황제가 된 데에는 종교의 힘이 컸는데, 기독교를 전파하고 자신의 신성한 지위를 이용한 덕분이었다. 실제로 샤를마뉴는 승리를 거둔 이탈리아와의 연계를 내세우며 막강한 지위를 얻었다. 샤를마뉴는 엑스라샤펠^Aix-la Chapelle(독일 '아헨'의 프랑스어 지명)에 궁전을 지었고 800년부터 '로마인들의 황제'라는 배역에 충실했다. 하지만 이 때문에 샤를마뉴는 여러 개혁을 했어도 **프랑스 역사에서 진정한 프랑스의 통치자라는 평가를 받기 힘들다.**

후대의 왕들은 대관식에서 샤를마뉴의 검을 받게 되었고 손자인 대머리 왕 샤를을 위해 만들어진 '샤를마뉴 왕관'이라고 불리는 관을 쓰게 되었다. 프랑스에는 오세르^Auxerre의 생제르맹의 지하실과 생 스테판의 프레스코 벽화, 그리고 알자스의 오트마르스하임^Ottmarsheim에 있는 성 베드로 성당과 성 바오로 성당 등의 카롤링거 양식의 건축물이 비교적 적게 남아 있다.

817년과 843년에 샤를마뉴의 제국은 후계자들에 의해 분열되었다. 서부 왕국이 프랑스의 기반이라는 사실이 더욱 분명해졌다. 베르됭 조약(843)으로 현재의 프랑스(브르타뉴는 제외), 서부 독일과 거의 비슷한 왕국들이 만들어졌다. 덧붙이자면, 초기에는 현재의 북부 이탈리아, 저지대 그리고 그사이에 많은 영토를 포함하는 중간 왕국들이었다. 결국

870년의 메르센조약으로 알프스 북쪽의 중프랑크는 두 개로 분할됐다.

샤를마뉴 제국의 위기

프랑스 역사 속의 다른 왕조와 마찬가지로 샤를마뉴의 제국도 외부의 위협과 내부의 분열로 흔들렸다. 특히 새로운 야만인들, 특히 바이킹의 침략은 새로운 위기였다. 바이킹족은 854년과 872-73년에 앙제, 885년에 루앙을 점령했고 885~886년에 파리를 포위했다.

> 바이킹의 유럽 진출로 만들어진 유산은 프랑스 지도에 뚜렷하게 새겨져 있다. 이들은 대형 보트를 타고 유럽의 바다와 강을 휩쓸었다. 이에 따라 스칸디나비아로부터 온 세력이 팽창하면서 지도가 달라졌다. 습격은 성공으로 이어질 때도 많았으나 샤르트르 포위에서 실패한 후에 그들은 911년에 생클레르쉬르엡테$^{Saint-Clair-sur-Epte}$ 조약에 동의했다.
>
> 이를 통해 카롤링거의 통치자 샤를 3세는 바이킹족의 군벌 롤로^{Rollo}와 거래해 노르망디 공국을 넘겨줬다. 바이킹 정착민들은 이후 노르만족으로 알려졌고 이를 통해 프랑스는 노르만족과 노르망디를 얻었다.

바이킹의 약탈은 799년 루아르강 하구 느와르무티에^{Noirmoutier}와 841년 센강의 주미에주^{Jumièges}와 같은 부유한 수도원에 집중됐다. 이들에 대한 방어책으로 강을 따라 요새화된 다리들이 사용됐는데, 862년부터 센강의 퐁드라르슈$^{Pont-de-l'Arche}$에서, 873년에 루아르강의 레퐁드세$^{Les \ Ponts-de-Cé}$에서 사용되었음이 확실해 보인다.

프로방스에서 아랍인들은 머물던 지역이 정해져 있었고 존재감을 드러낸 시기도 제한적이었다. 그럼에도 아랍인들은 남부 프랑스, 특히 론 계곡을 공격했을 정도로 위협적이었다. 890년부터 972년까지 프락시네툼^{Fraxinetum}(지금의 라 가르드 프레네La Garde-Freinet)의 요새에서 프로방스의 사회적 분열로 이득을 본 덕분이다. 하지만 972년의 클뤼니의 제4수도원장 납치 사건으로 분노한 지역 귀족들이 아랍인들을 프락시네툼에서 몰아내는 계기가 되었다.

한편, 군주제의 약화로 그 재산이 귀족들에게 넘어갔고 지방 통치자들의 세력이 더욱 막강해졌다. 프랑크 왕국 카롤링거 왕조의 마지막 국왕은 루이 5세로 그에게는 후사가 없었다. 루이 5세가 987년에 사냥 중 요절하자 위그 카페$^{Hugues\ Capet}$가 귀족들의 집회를 통해 후계자로 선출되었다. 이와 비교하자면, 차라리 1066년 영국에서 에드워드 참회왕이 후계 없이 사망한 뒤 웨식스의 해롤드가 선출된 경우가 나왔다.

카페 왕조와 여러 문제

로베르 1세(재위 : 922~923년)의 손자이자 프랑크 왕국의 제1귀족 계급인 공작인 위그 카페는 나무랄 데 없는 혈통이었다. 그는 왕위 계승에서 '로렌의 샤를'의 대항마로 선택되었다. 로렌의 샤를과 달리 카페는 독일어가 아닌 프랑스어를 모국어로 구사하는 프랑스 귀족이었기 때문이다. 국가의 일반 원칙이 왕조보다 우선시 된 셈이었다. 훗날 14세기 초 발루아 왕조의 초대 국왕인 필리프 6세가 영국의 에드워드 3세를 제친 것도 같은 이유다.

바이외 태피스트리$^{Bayeux\ Tapestry}$는 중세의 위대한 역사적 예술품에 속하며 역사가들에게 훌륭한 시각적 자료가 된다. 하지만 엄밀히 말하면, 이름과 달리 태피스트리(여러 가지 색실로 그림을 짜 넣은 직물)가 아니라 자수에 가깝다. 그리고 거의 확실하지만 바이외의 것이 아니다(지금의 영국 캔터베리에서 만들어진 것으로 추정). 길이 70미터(231피트)에 달하는 직물로 대단히 진귀한 예술작품이다. 정치적으로 혼란한 유럽을 배경으로 지금은 '정복자'로 더욱 잘 알려진 노르망디 공작 윌리엄이 1066년 영국을 침공한 이야기를 상세하게 담고 있다. 침공 후 몇 년 안에 만들어진 것으로 생각되는데, 피비린내 나는 헤이스팅스 전투[Battle of Hastings] 장면을 재현한다. 여기에는 당시 영국의 국왕이었던 해롤드 고드윈슨[Harold Godwinson]이 눈에 화살을 맞아 죽은 장면이 있다.

이 태피스트리는 나폴레옹에 의해 파리로 옮겨졌고 프랑스가 점령당하는 동안 나치에게 다시 한번 빼앗겼으며 프랑스 혁명 중 거의 절단될 뻔했다. 따라서 태피스트리의 보존 자체는 가장 소중한 성과 중 하나다. 2018년 프랑스의 에마뉘엘 마크롱 대통령이 유럽의 정치적 소란을 잠재우고자 바이외 태피스트리를 영국에 임대하겠다고 선언한다. 이 선언은 많은 이들에게 놀라움을 안겨주었는데, 바이외 태피스트리가 처음으로 프랑스를 떠나게 되었기 때문이다.

위그 카페는 특히 라옹의 주교와 랭스의 대주교에게 후원받았는데, 교회는 중세 프랑스 전역에서 결속의 구심점이었다. 마르탱과 드니를 중심으로 국가를 대표하는 성인들에게 경외심을 표현하고 북부 프랑스의 주교들이 카페 왕조의 국왕들에게 지지를 보여준 것이 좋은 예다. 카페는 랭스에서 임명되어 대관식을 치렀으나 지위는 과거의 궁전 시장들 수준에 불과했다. 아무래도 카롤링거 왕조 전성기의 권력과 부, 명성에는 미치지 못하는 수준이었다.

웨식스 왕조 해럴드 2세의 아버지 고드윈^{Earl Godwine}은 궁정에서 시장과 비슷한 지위를 가졌는데, 비상사태에서의 역할을 강조한 덕분이다. 군주의 재량과 권력은 프랑스보다 영국이 훨씬 컸다. 그런데 이 때문에 영국은 오히려 표적이 됐다. 1066년 노르웨이의 국왕 하랄드 하드라다가 일으킨 공격은 바이킹의 영국 공격을 답습했다. 노르망디에 대한 윌리엄의 공격도 마찬가지였다. 한편 바이킹은 마음만 먹으면 루아르까지 진격할 수 있었으나, 노르웨이와 덴마크에서 멀리 떨어져 있는 카페 왕조의 프랑스는 바이킹에게 영국보다는 매력이 떨어지는 목표물이었다.

프랑스는 노르망디를 포함한 주변 자치령들이 완충 지역이 되어 준 덕을 톡톡히 봤지만, 이러한 보호는 부분적일 수밖에 없었다. 독일에 근거지를 둔 황제들, 특히 오토 왕조, 잘리어 왕조, 호엔슈타우펜 왕조 출신들은 이탈리아로 계속 진군했다. 프랑스는 이탈리아와 접근성에서 별 차이가 없었고, 특히 파리를 포함한 북동부 프랑스도 마찬가지였다. 하지만 프랑스는 이탈리아로 진군해 획득할 수 있었던 부, 명예, 권력 등을 제공하지 못했다. 초기의 카페 왕조 국왕들과 비교할 만한 대상으로는 교황들이 있다. 교황들은 자부심만은 하늘을 찌를 기세였지만 실상은 이탈리아의 일정 지역에서만 권한을 누리고 있었다. 그러나 역사가 보여주듯이 권력의 씨앗들은 이미 뿌려져 있었다.

프랑스의 경제적 발전

한편, 프랑스는 6세기 후반부터 인구가 점차 회복되면서 삼림 개간으로 경작지가 증가하는 등의 경제적 발전을 이루는 중이었다. 그리고 이러한 과정에서 새로운 정착지의 기반이었던 뇌프샤토^{Neufchâteau}('새로운 성'이라는 의미), 샤토누프두파페^{Châteauneuf-du-Pape}('교황의 새로운 성'이라는 의미) 등이 지명으로 남았다. 로마 시대 후 지속적 발전과 농업의 회복을 이끌며 집중적으로 개간에 공을 들였지만, 여전히 프랑스에는 광범위한 삼림 지대가 존재했다. 게다가 농업의 효율성이 낮다 보니 수많은 노동력의 투입에서 나온 적은 식량은 겨우 타자들, 특히 귀족들, 성직자들, 도시 사람들을 먹여 살릴 뿐이었다.

프랑스에서는 농업 기반의 피라미드형 사회 구조가 지배적이었다. 적어도 프랑스 혁명으로 사회와 정치가 달라지고 19세기 프랑스에 들어서 사회와 경제가 변할 때까지는 그러했다. 피라미드 꼭대기부터 순서대로 성직자/귀족/농민으로 이루어진 신분제도를 제안한 것은 라옹의 아달베롱 주교^{Bishop Adalbéron of Laon}였다. 이 대목은 아달베롱 주교가 쓴 『로베르 국왕(경건왕 Robert II, 1027-1030)에게 바치는 시』에서 나온다. 6세기 후반에 도시화가 이루어져 화폐가 사용되고 경제가 탄탄해지면서 680년에서 740년 사이에 북부 프랑스, 저지대 국가들 그리고 동부 잉글랜드의 세아타^{seatta}(작은 은화) 통화는 수백만에 달했다. 암흑기라 불린 7세기 후반에도 부분적으로 경제의 회복과 사회적 발전이 이루어졌다.

프랑스가 현대 국가로 발돋움하기까지의 과정은 복잡함의 연속이었다. 샤를마뉴 당시 마르슈^{Marches} 시스템(백작들의 통제를 받는 국경선들)이 개혁을 거쳐 더욱 강화되면서 샤를마뉴의 프랑스 왕국은 '육각형' 모양인 지금의 프랑스보다 좁아졌다. 그 결과 이에 해당하는 지역들은 자치적으로 변했다.

게르만의 대이동과 프랑크 왕국

게르만족의 대이동은 약 4세기부터 6세기 사이에 훈족의 침공에 의해 시작되어 서로마 제국의 붕괴와 함께 서유럽 문화권의 형성에 기여한 역사적인 사건을 일컫는다. 독일어 용어를 그대로 번역한 '민족 대이동기'라고 일컫기도 하며, 로마 및 그리스의 관점에서 '야만인의 침입기'라고도 한다. 그 시작과 끝이 언제 이루어졌는지에 대해서는 역사가들 사이에서도 의견이 분분하지만 대개 훈족이 유럽을 공격하던 때를 시작으로, 랑고바르드족이 이탈리아를 정복한 시기로 받아들여진다.

4세기 무렵 게르만족과 로마 사이에는 상당한 교류가 있었는데, 게르만족은 용병으로써 로마의 국방제도를 메워주거나 변경지대에 이주하여 땅을 경작하고 세금을 내기도 했다. 하지만 4세기 후반에 동방에서 나타난 훈족이 시진을 계속하며 게르만족 중에서도 가장 강했던 동고트족을 시작으로 나머지 게르만족들을 밀어나갔고, 이에 로마는 물밀듯이 몰려드는 게르만족을 받아들이게 되면서 로마와 게르만족의 융합이 더욱 빠르게 이루어졌다. 결국 게르만족은 서로마 각지에 정착하게 되었고, 로마 제국 역시 이들이 이민족으로서 정착하게끔 하는 조약들을 맺었다. 이들 중 로마와 친해진 친 로마파 부족과 훈족에게 정복당한 부족은 서로 칼을 겨누기도 했는데, 일례로 고트족은 로마 제국의 신민이 된 서고트족과 훈족에게 정복당한 동고트족으로 나뉘어 전쟁을 벌였다.

서로마 제국의 멸망이 대이동의 결과 혹은 원인이었는지는 의견이

상충하는 편이지만, 적어도 동로마 제국은 이들 이민족의 영향을 덜 입었고 1453년 콘스탄티노플이 함락되기 전까지 유지될 수 있었다. 이에 반해 오도아케르의 서로마 제국 멸망 이후에는 이 터에 흔히 '야만왕국'이라 일컬어지는 왕국들이 세워졌는데, 이들 중 가장 크게 성공한 국가가 바로 프랑크인들의 국가인 프랑크 왕국이다.

프랑크 왕국은 서로마 제국의 봉신을 자처했던 메로베우스의 손자인 클로비스가 아버지 킬데리크 1세의 사후 프랑크의 부족장 자리를 물려받은 뒤 오늘날 네덜란드 지방에 건국한 나라다. 이후 프랑크 왕국은 갈리아 지방으로 서서히 세력을 확장하여 꾸준히 프랑크족 통합에 나섰으며 한편으로는 다른 게르만족들과 결혼 동맹을 맺었다. 대표적으로는 동고트 왕국과 부르군트 왕국이 있으며 동로마 제국과도 유대관계를 맺었다. 무엇보다 클로비스는 부르군트 왕국의 공주 클로딜데와 결혼하면서 기존에 프랑크족들이 믿던 아리우스파 기독교에서 가톨릭으로 개종하게 되는데, 이는 프랑크 왕국의 미래에 지대한 영향을 끼친다.

메로빙거 왕조의 시작

메로빙거 왕조는 서게르만계 프랑크족이 세운 프랑크 왕국의 첫 번째 왕조로, 클로비스 1세가 481년 집권하면서 시작되었다. 왕조의 시조인 메로빙거는 프랑크족의 일파인 살리 프랑크족의 지도자이자 서로마 제국의 봉신으로 라인 강 전선 북부 일대를 이민족으로부터 지켜왔다. 476년 서로마 제국이 멸망하고 동게르만계 스키리족의 수장 오도아케르가 왕을 자처했지만 동로마 제국의 제노 황제를 비롯해 많은 이들이 그와 교류를 끊었다. 심지어 클로비스 1세의 아버지 킬데르크 1세는 원정대를 파견해 오도아케르가 장악한 이탈리아 북부를 공격하기도 했다.

킬데리크 1세가 승하하고 클로비스 1세가 등극할 무렵, 살리 프랑크족은 오늘날의 네덜란드 영토에 정착하여 살고 있었으며, 파리와 수아송 부근에는 서로마 제국의 잔존 세력이 수아송 왕국을 세웠다. 또한 알프스 산맥 부근에는 동게르만계 부르군트 왕국이, 프랑스 남서부와 스페인 북부에는 서고트 왕국이 버티고 있었다. 클로비스 1세는 이처럼 분할된 갈리아의 패권을 확보하겠다는 야심을 품고 원정을 감행했는데, 먼저 갈리아 북부 지방의 군소 부족들을 복종시키고, 486년 수아송 전투에서 수아송 왕국을 병합했다. 이후 그는 친척들이 이끄는 다른 프랑크족을 통합하기 위해 모략을 발휘해 이들을 하나하나 제거해나갔고 끝내 모든 경쟁자를 없애는 데 성공한다.

490년에 이르러 프랑크족의 통합을 달성한 클로비스 1세는 동고트 왕국의 테오도리쿠스 대왕과 자신의 여동생을 결혼시켜 우호관계를 맺고, 동로마 제국과도 유대관계를 맺었다. 특히 그는 부르군트 왕국의 공주였던 클로틸데와 결혼하며 아리우스파에서 가톨릭으로 개종하는데, 이를 통해 갈리아의 로마인과 로마화된 식민지인들을 자신의 편으로 만들 수 있었고, 그 기세를 몰아 갈리아 전역으로 세를 확장할 수 있었다. 507년에는 부이예 전투^{Battle of Vouillé}에서 서고트군을 격파했으며 508년에는 부하 및 일가족과 함께 가톨릭 세례를 공식적으로 받은 후 아우구스투스의 칭호를 받으며 공식적인 프랑크 왕국이 출범되었다.

클로비스 1세는 클로틸데 왕비로부터 세 아들을, 과거 결혼했던 여인으로부터 아들 하나를 얻었는데, 이들은 511년 클로비스 1세 사후 왕국의 영토를 나누어 지배했으며 이후 메로빙거 왕조는 수많은 분할과 통합을 거쳤다. 메로빙거 왕 중 마지막으로 실권을 쥐고 있었던 왕은 다고베르 1세인데, 그가 생드니 수도원으로 이송되어 639년 사망한 뒤 그의 아들들이 귀족들에게 휘둘리다가 이른 나이에 잇달아 사망하면서 메로빙거 왕조가 저물어가게 된다. 이후 카롤루스 가문 출신의 궁재이자 카롤루스 마르텔의 아버지, 그리고 피핀 3세의 조부인 피핀 2세는 강력한 권력을 행사하며 부르군트 분국을 손에 넣는 등 프랑크 왕국 전체의 실권을 장악한다.

카롤링거 왕조의 시작

카롤링거 왕조는 751년부터 987년까지 메로빙거 왕조를 대체한 프랑크 왕국의 두 번째 왕조이다. '카를의 후손'이라는 의미의 카롤링 가문은 본래 아우스트라시아 출신으로 메로빙거 왕조에 종사하는 궁재였으나 프랑크 왕국의 귀족이자 관료였던 피핀 1세가 실권을 잡아 왕조에 이른다. 카롤링거 왕조에 의해 구축된 프랑크 왕국은 오늘날의 프랑스와 독일, 이탈리아 3국으로 분할되며 현대로 이어지는 서유럽의 전신이다.

카롤링 가문의 시조에 대해서는 자료가 적지만 브라반트 지방의 영주였던 카를로만의 아들 란덴의 피핀 1세를 그 시조로 본다. 하지만 그의 아들인 피핀 2세는 당시 유럽에서 가장 부유했던 프리슬란트를 점령하는 등 왕과 같은 막강한 권력을 행사했음에도 두 아들이 모두 아버지보다 일찍 사망했기 때문에, 714년 피핀 2세 서거 후 궁재직은 12세의 어린 아들 테오드발트에게 돌아간다. 이후 피핀 2세의 서자였던 카롤루스 마르텔이 716년 권력을 장악, 귀족들을 종속시키고 반란을 진압하였으며, 테오드발트의 어머니로서 섭정을 했던 플렉트루드 왕비를 상대로 승리한다. 마침내 724년에는 프랑크 왕국의 왕 테우데리크 4세를 앞세워 궁재가 되는 데 성공한다.

귀족이었으나 왕과 다름없는 권력을 갖게 된 카롤루스 마르텔은 서자라는 약점을 여러 군공으로 극복하며 가문을 이어받았다. 다만 그는 왕조를 통치했음에도 왕위까지는 넘보지 않았는데, 737년 테우데리크 4세 사후에도 왕을 교체하지 않고 공석에 두며 왕조를 통치했다. 이후 카롤루스 마르텔은 그의 아들 피핀 3세에게 권력을 이양했는데, 아버지와 달리 피핀 3세는 751년 교황의 지원을 받아 메로빙거 왕조의 킬데리크 3세를 폐위하였고 스스로 왕위에 오른다. 이러한 교회의 지원에 대한 보답으로 피핀 3세는 교황에게 여러 군사적 도움을 주었는데, 이때 기증한 라벤나 일대의 토지는 교황령의 시초가 된다.

이후 피핀 3세는 정복을 계속하여 759년에는 나르본과 알안달루스 지역을 정복하는 데 성공했으며, 아바스 가문과 군사적 동맹을 맺어 우마이야 왕조를 견제하는 등 확장과 견제에 힘썼다. 피핀 3세는 768년 작센 원정을 준비 중 건강이 악화되어 세상을 뜨게 되면서 자연스레 자신의 아들에게 왕위를 넘겨주는데, 그가 바로 카롤링거 왕조의 제2대 왕이자 '유럽의 아버지', 서유럽에서 로마 제국 황제에 오른 첫 번째 인물이자 신성 로마 제국의 시조로 여겨지는 샤를마뉴(카롤루스)이다.

샤를마뉴 대제의 업적

샤를마뉴 또는 카롤루스 대제는 프랑크 왕국 카롤링거 왕조의 제2대 왕으로 서부와 중부 유럽 대부분을 차지함으로써 프랑크 왕국을 크게 확장했으며, 황제가 된 뒤로 교회를 통해 예술과 종교, 문화를 크게 발전시켜 카롤링거 르네상스를 일으켰다. 그는 서유럽과 중세시대를 대표하는 왕으로 '유럽의 아버지'로도 불리는데, 로마 제국 이후 처음으로 서유럽을 정복하여 정치적, 종교적으로 통일시킨 왕이다.

샤를마뉴는 동로마 제국이나 이슬람보다 경제적 기반이 빈약했던 프랑크 왕국을 비등한 제국으로 키워낸 군주로, 이러한 성장은 지속적이고 끊이지 않는 군사적 성공을 기반으로 했다. 실제로 샤를마뉴는 47년의 치세 동안 매년 전쟁에 나섰는데 초창기에는 작센족과 이탈리아의 랑고바르드 왕국을 공격하여 북이탈리아를 정복했으며 이슬람 세력과 투쟁하여 카탈루냐 일대를 차지하기도 했다. 또한 샤를마뉴는 800년에 황제로 추대된 뒤 정통성 문제로 동로마 제국과 전쟁을 벌이기도 했다.

카롤링거 왕조 아래 프랑크 왕국의 인구는 약 750만에서 900만까지 증가하였으며 라인강 하류 저지대에서 여타 강들과 연계되어 거대한 경제권을 형성하기도 했다. 샤를마뉴의 경제적 지원을 받은 수도원을 중심으로 국제적인 시장이 열리기도 하였으며 파리 근방의 생 드니를 비롯해 솜 지역의 아미앵, 로렌 일대의 코르비 등은 이러한 경제망 아래 명성을 얻는다. 그는 화폐를 개혁하였으며 유력자들이 토지와 농노를 소유하게 하는 등 봉건제도의 기초를 다지기도 했다. 또한 그를 수호하던 기사들의 이야기인 <샤를마뉴의 12기사>는 <아서 왕 전설>과 나란히 기사도 로망의 한 원형으로 자리잡고 있다.

이러한 샤를마뉴의 업적과 통치력은 군대와 교회에 의해 유지되었는데 별다른 행정적 체제가 없었던 프랑크 왕국의 지방행정은 주로 교회가 담당하였다. 따라서 프랑크 왕국에서 가톨릭 신앙을 거부하는 것이란 곧 프랑크 왕국의 일원이 되길 거부하는 것과 다르지 않았다. 그 결과과 그는 교회에 많은 토지를 증여하였으며 게르만 다신교를 탄압하였다. 그리고 동로마 제국에 종속되어 있던 로마 교회의 새로운 보호자로써 넓은 땅을 교황에게 기증하였다. 800년 샤를마뉴는 성 베드로 대성당에서 교황에 의해 신성 로마 제국 황제 카롤루스 아우구스투스로 추대되는데, 이후 프랑크 왕국은 로마 가톨릭 교회와 유대를 더욱 강화하였으며 이후 유럽 국가들에 이상적인 통치 방향을 제시했다.

베르됭 조약과 메르센 조약

베르됭 조약은 샤를마뉴의 아들 루이 경건왕 사후 843년 그의 세 아들이 분열된 서로의 영토를 두고 일어난 분쟁을 해결하기 위해 프랑크 왕국 중북부 도시 베르됭에서 체결한 조약이다. 프랑크 왕국의 분열에는 행정적인 어려움과 민족적인 문제, 귀족과 성직자들의 대립 등 다양한 원인이 있었는데 루이 경건왕은 자신의 아들들에게 각자 영토를 나눠 주어 통치하도록 하였다. 하지만 840년 그의 사망 이후 왕자들은 내전에 의해 프랑크 남성 10만 명이 죽을 정도로 치열하게 다투었고 프랑크 왕국을 셋으로 가르게 된다.

장남인 로타르는 중앙 지역을, 루트비히는 동쪽 지역을, 막내 샤를은 서쪽 지역을 받는다. 사촌 피핀 2세도 독립적인 영지를 얻었지만 막내 샤를의 지배를 받세 된다. 장남 로타르는 신성 보마 제국 황제 자리를 물려받지만 나머지 형제는 겉으로만 복종할 뿐 각자 독립적인 길을 걷게 된다. 로타르는 로타링기아와 알사스, 부르고뉴, 프로방스와 이탈리아 왕국을 통합하여 중프랑크 왕국을 지배한다. 동쪽 지역을 차지한 루트비히는 라인 강 동쪽에서 이탈리아 북동쪽에 이르는 게르만 지역의 왕위를 가졌고 현대 독일의 전신에 해당하는 동프랑크 왕국을 지배했다. 대머리왕 샤를은 제국의 서쪽 지역을 차지하여 이를 서프랑크로 칭했다.

이후 855년에 이르러 로타르가 사망하자 그의 영토는 역시 그의 세 아들에게 삼분되었는데, 그중 로타링기아를 다스리던 로타르 2세가 적자 없이 죽자 그의 삼촌이 되는 동프랑크의 루트비히와 서프랑크의 샤를이 로타링기아 영토를 나누어 갖기 위해 찾아온다. 그들은 로타르 2세의 사생아 위고에게는 법적 권리가 없다며 서로가 영토의 주인이라 주장했고, 870년 메르센 조약을 통해 로타링기아를 나누어 갖는다. 또한 로타르의 또다른 아들인 샤를 사후 그가 물려받은 프로방스를 두고 소유권 문제가 발생하였는데, 처음에는 이탈리아인 루도비코 2세가 차지했다가 샤를 2세에게 넘어가게 된다.

결과적으로 메르센 조약으로 인해 모젤 강과 마스 강 하류의 선을 따라 로트링겐과 프리슬란트를 분할하여 동쪽은 동프랑크에, 서쪽은 서프랑크의 영토가 되었다. 메르센 조약의 본문 및 부대 계약서는 독일과 프랑스 속어로 기록되어 있으며, 내용의 자연스러움으로 인해 베르됭 조약보다 더욱 독일과 프랑스 양국 성립의 시발점에 가깝다고 여겨진다. 이렇게 구축된 새로운 국경선은 이후로도 몇 번의 변동을 거치다가 880년 2월 프랑크 왕국의 마지막 조약인 리베몽 조약이 체결됨으로 인하여 영토가 결정된다. 이는 독일과 프랑스를 분리하는 출발점으로 여겨진다.

수아송 전투

수아송 전투는 923년 6월 15일 서프랑크 왕국의 국왕 샤를 3세와 가신이자 전쟁 영웅이었던 로베르 1세가 왕위를 놓고 벌인 내전이다. 이 전투는 카롤링거 가문과 훗날 카페 왕조가 되는 로베르 가문의 대립이자, 기존 정계를 장악하고 있던 네우스트리아 지방의 귀족과 로트링겐 귀족과의 대립이기도 했다.

왕위계승자였던 샤를 3세는 나이가 너무 어리다는 이유로 888년 로베르 가문의 전쟁 영웅 외드에게 왕위를 빼앗겼고, 장성한 이후 그에게서 왕위를 가져오기 위해 치열한 정쟁을 벌였다. 결국 샤를 3세는 외드의 외아들이 12세의 나이로 사망하면서 후계자로 인정받아 외드 사후 898년 비로소 서프랑크 왕국의 군주가 된다. 하지만 샤를 3세가 과거 대립해오던 바이킹족을 노르망디에 정착시키거나 네우스트리아의 귀족들을 홀대하는 등 실정을 계속하자 로베르 1세는 921년 귀족들의 지지를 받기 시작했고, 922년 귀족들의 추대로 왕위에 오른 뒤 노르드계 바이킹과의 전투를 위해 출정을 떠난 샤를 3세에 대항해 봉기를 감행한다.

샤를 3세는 이를 반역으로 간주했지만 곧바로 이어진 전투에서 패배하여 로트링겐으로 도주했고, 루앙 백국을 세운 바이킹 출신의 롤로에게 지원을 요청한다. 이에 롤로는 병사를 이끌고 로베르 1세가 장악한 파리 인근 지역을 장악한다. 로베르 1세가 이를 막기 위해 군대를 파견하는 사이 샤를 3세는 수아송으로 진격하는데, 이에 로베르 1세는 직접 군대를 이끌고 그를 막으려 했다.

전투 초반에는 분산된 전력과 로베르 1세의 사망이 겹쳐 샤를 3세가 승리하는 듯 했으나, 로베르 1세의 아들인 대*위그가 각지에서 몰려온 지원병을 규합하여 반격을 가했고, 샤를 3세로부터 지휘권을 위임받은 풀베르토를 '왕을 살해한 혐의'로 처형한다. 샤를 3세를 위해 목숨을 바칠 의향은 없었던 로트링겐 병사들은 전장에서 이탈했고, 결국 수아송 전투는 로베르 1세 측의 승리로 끝이 난다.

다만 이 전투는 샤를 3세와 로베르 1세에게 모두 그다지 좋지 않은 결과를 초래했는데, 샤를 3세는 수아송 전투에서 패배한 뒤 귀족들에게 버림받았고 헤르베르트 2세에 의해 투옥되어 옥사했다. 전투 초반 전사한 로베르 1세를 대신해 왕위는 그의 사위인 부르고뉴 공작 라울이 이어받게 된다. 하지만 어디까지나 왕의 사위였던 라울은 카롤링거 왕조의 분가인 헤르베르트 2세의 요구에 휘둘려야만 했다. 이러한 상황은 샤를 3세의 옥사 후 934년 라울이 헤르베르트 2세를 항복시킬 때까지 계속되었으며, 그나마도 936년 라울이 급사하면서 왕위는 샤를 3세의 아들인 루이 4세에게 넘어가고 만다.

최초의 프랑스 왕가, 카페 왕조의 탄생

카페 왕조는 987년 위그 카페가 프랑스 왕위에 오른 후부터 1792년 까지 이어진 후 1814년을 제외하고 1848년까지 이어진 프랑크계 귀족 가문 로베르 왕조의 분가이자 프랑스의 왕조이다. 비록 카페 본가는 1328년 단절되었으나 분가가 이를 계승했다. 카페 왕조는 중세 유럽에 있어 가장 큰 영향을 준 왕조로 프랑스를 비롯해 포르투갈 왕국, 아라 곤 왕국, 라틴 제국, 폴란드 왕국, 헝가리 왕국과 신성 로마 제국, 영국 의 공국 등 여러 국가에 군림하였다. 카페 왕조는 메로빙거 왕조와 카 롤링거 왕조를 이어 프랑스의 세 번째 왕조로 평가받는데, 모계 후손을 포함할 경우 거의 대부분의 유럽 왕조들은 이들의 후계라 볼 수 있다.

카페 왕조의 본가이자 전신인 로베르 가문은 프랑크계 귀족 가문으 로 주로 네우스트리아에서 활동했다. 로베르 가문에서는 총 세 명이 왕 위에 올랐는데, 888년 왕위에 오른 외드 1세와 992년 왕위에 오른 로베 르 1세, 그리고 987년에 왕위에 오른 위그 카페가 있다. 서프랑크 왕국 의 6대 국왕이자 대바이킹 전쟁의 구국영웅이었던 외드는 고작 수백의 병력으로 2만여 명의 바이킹 군단을 물리친 공로로 귀족들에게 국왕으 로 추대되었으며, 그의 아우인 로베르 1세 역시 바이킹족의 침입에 대항 하여 파리를 지킨 공로로 8대 국왕에 추대될 수 있었다.

위그 카페의 아버지인 대 위그는 로베르 왕가의 일원으로, 조부는 귀 족들의 선거를 통해 서프랑크의 왕위를 차지했던 로베르 1세였으며 어 머니는 독일 오토 왕실의 핏줄이었다. 따라서 위그 카페는 독일 오토 왕실과 카롤링거 왕조의 피를 모두 이어받은 인물이었다. 그의 아버지 대 위그는 비록 왕위에 오르지는 않았으나 서프랑크 왕국의 실권을 장악했는데 우여곡절 끝에 카페는 그의 위치를 승계할 수 있었다. 이후 랭스 대주교였던 아달베롱은 프랑크 세계에 분란을 일으키는 로테르에 대한 지지를 철회하고 새로이 이상적인 후보자인 위그 카페를 추대한다. 위그 카페가 카롤링거 왕조의 일원이 아니라는 것과, 그럼에도 오토 왕조의 간섭을 깰 정도로는 강력하지 않다는 점은 아달베롱과 그를 지원하는 제르베르에게 매력적인 조건이었다. 서프랑크 왕국 카롤링거 왕조의 마지막 왕이자 라이벌인 로테르의 아들이었던 루이 5세의 허무한 사망 후 카롤링거 직계 혈통이 끊기고 만다. 이에 대주교인 아달베롱은 위그 카페의 서프랑크 국왕 선출을 주도했고, 987년 마침내 위그 카페는 프랑크인의 왕으로 등극한다. 그의 치세부터 서프랑크는 '프랑스'라는 고유의 명칭으로 불리게 된다.

4
중세 프랑스

긴 줄로 늘어선 유명한 대성당들을 보면 중세 프랑스의 찬란함을 느낄
수 있다. 1194년부터 1260년까지 지어진 샤르트르 대성당이 가장 유명
하지만, 개인적으로 좋아하는 성당은 13세기의 알록달록한 스테인드글
라스의 부르주^{Bourges}, 그리고 샹파뉴 평지 위에 우뚝 선 라옹 쪽이다. 중
세의 성들은 중세가 얼마나 분열의 시대였는지를 잘 보여준다. 반면 대
성당과 수도원은 프랑스 정체성의 강력한 원천이었던 기독교 문화를
증언한다.

중세 프랑스의 계급사회

카페 왕조의 통치 아래 프랑스는 봉건사회라는 이름에 걸맞은 전형적
인 계급사회였다. 정치 통제와 사회 구조는 영주와 봉신들이 개인적으
로 맺은 유착관계에 의해 이루어졌다. 충성을 맹세한 봉신에게 땅을 주
면 봉신은 군사적으로 영주를 지원했다. 이러한 봉신들이 바로 기사 계

급이었다. 영주는 자체적으로 대규모 기사단을 보유했고, 기사들은 영주를 군주나 주인으로 모시면서 해당 지역이 필요로 하는 군사를 소집하고 편성하는 일을 주로 했다. 하지만 봉건제도는 지역 귀족들이 권력을 휘두르는 방편으로 악용되면서 만신창이가 되어 버렸다. 10세기 말까지 국왕의 권력은 고작 루아르강 남쪽으로 뻗어있는 파리 주변 지역인 일드프랑스에나 닿을까 말까 할 수준이었다.

국왕과 공공 기관의 영향력이 미치지 않는 곳들도 나왔다. 이런 곳에서는 지방 관리들이 오히려 세력이 센 귀족들을 위해 일했다. 막강한 권력을 휘두른 귀족으로는 앙주의 풀크 네라$^{Foulque\ Nerra}$(검은왕 풀크 3세), 블루아 백작 외드 2세$^{Eudes\ II}$(재위 987~1040년)와 오랜 투쟁 끝에 투렌을 정복한 플랑드르의 백작 보두앵 5세$^{Baudoin\ V}$(재위 1035~1067), 그리고 블루아의 백작 테오발드 3세$^{Théobald\ III}$(재위 1037~1089년)가 있었다. 이들은 동전을 주조하고 군대를 모았으며 성을 쌓았다. 성은 막대한 권력의 상징이었다. 실제로 풀크네라는 100개의 성을 지었다고 하는데, 그가 직접 참전한 전쟁의 횟수를 생각하면 그다지 놀라운 일은 아니다. 요새화된 개인 거주지로 사용될 때가 많았던 **성은 곧 공공질서의 쇠퇴와 권력, 사유화의 상징이었다.**

10세기 말부터 목조성들은 석조로 다시 지어졌다. 990년 블루아의 오도 1세$^{Count\ Odo\ I}$ 백작이 지은 루아르의 몽소로^{Montsoreau} 성들은 대표적인 걸작으로 남아 있다. 전투가 빈번했고, 군사적, 정치적으로 무능해 성공하지 못한 통치자들은 숙청됐다. 앙주의 조프루아 3세$^{Geoffrey\ III}$(재위 1060~1068)는 투옥되었고 동생에게 자리를 빼앗겼다. 형의 왕위를 찬탈한 동생은 훗날 풀크 4세가 되어 노르망디의 통치자임을 증명했다. 한편 통치자들은 독실한 신앙을 보여주는 동시에 영토와 백성들에 대한 지배력을 강화하기 위해 수도원을 지었다.

하지만 아무리 권력이 강한 백작들이라 할지라도 국왕을 굳이 교체하려고 들지는 않았다. 툴루즈나 샹페인의 백작처럼 강력한 자들이 굳이 그 필요성을 느끼지 못했기 때문이다. 한편 루아르의 남쪽에 있는 아키텐과 툴루즈는 파리와 거리가 상당히 멀어서 카페 왕조의 통치자들은 거의 신경 쓰지 못했다. 반면에 루아르의 북쪽은 강력한 지역 봉건 세력과 왕권 사이에 치열한 경쟁이 벌어지는 현장이었다. 한동안 블루아와 샹파뉴의 연합에는 일드프랑스의 동쪽과 서쪽 모두에서 강력한 통치자들이 배출됐다.

노르망디의 공작들은 카페 왕조의 국왕들과 경쟁했는데, 특히 파리의 북서쪽에 있는 벡생^{Vexin}의 지배권 다툼이 심했다. 다른 길을 따라가면, 브르타뉴는 799년에 샤를마뉴가 대부분 통치했지만 814년 샤를마뉴 사후 3년 만에 프랑크 왕국에 대항하는 반란이 재빨리 일었다. 프랑크 왕국의 종주국(봉건 영주권)은 843년에 전복되고, 일련의 승리를 거둔 브르타뉴는 851년부터 952년까지 왕국이 됐다.

플랜태저넷 왕조의 시작, 헨리 2세

강력한 프랑스 군주제는 교회를 통해 유지되었으나 11세기에는 거의 외면당한다. 실제로 로베르 2세(재위 996~1031년), 헨리 1세(재위 1031~106), 필리프 1세(재위 1060~1108)는 부르고뉴를 일시적으로 손에 넣었으나, 1054년과 1058년 헨리의 공격에서 살아남은 노르망디 공작 기욤 1세(윌리엄)만큼 이득을 얻지 못했다. 이들은 1066년 영국을 정복하여 인상적인 성채가 남아 있는 생발레쉬르솜^{Saint-Valéry-sur-Somme}에서 항해했다. 어느 주교는 로베르에게 "당신은 농노들 사이에서는 왕이 될 수 있을지 몰라도 왕들 사이에서는 농노입니다"라고 말하기도 했다. 12세기에 루이 6세(재위 1108~1137년)와 루이 7세(재위 1137~1180)는 카페

왕조의 세력을 확장하기 위해 고군분투했으나 큰 성과를 이루지는 못
했다. 루이 6세는 노르망디에서 영국의 헨리 1세 반대 세력을 지지했으
나 실패했다.

1152년 루이 7세가 이혼한 아내 아키텐의 엘레오노르^{Eleanor of}
^{Aquitaine}(1137년 결혼)와 노르망디의 공작이자 앙주의 백작인 헨리의 손
자와의 결혼을 허락하면서 커다란 차질이 생겼다. 프랑스 남부의 많은
지역을 효과적으로 통제할 수 있는 권리가 상실된 것이다. 결혼으로 얻
은 노르만족의 유산을 기반으로 영국의 헨리 2세는 프랑스에서 가장
강력한 통치자로 등극했다(재위 1154~1189년). 심지어 그는 프랑스 영
토를 다스리는 군주 루이보다 강력했고, 그 힘으로 계승 분쟁에 개입하
기도 했다.

1158년부터는 브르타뉴의 공작들이 그의 영향력 안에 들어갔고 1159
년부터는 남부 프랑스의 공작들이 흡수됐다. 이제 프랑스의 운명은 비
만왕 루이 6세 못지않게 헨리 2세의 손에 달린 것처럼 보였다. 프랑스
의 많은 영토가 헨리 2세의 대유럽 확장 정책으로 얻은 것이다. 이 정책
은 영국을 포함했고 웨일스와 아일랜드로 확장됐다. 헨리 2세는 스코
틀랜드에도 압력을 가하고 있었다. 사실, 헨리 2세의 정체성은 영국과
가깝다고 보기 어려웠다. 실제로 그는 쉬농에서 세상을 떠난 후 앙주의
평화로운 퐁트보 수도원^{Abbaye de Fontevraud}에 묻혔다. 그와 관계가 소원
해진 아내 엘레오노르, 그리고 프랑스에서 싸우다 죽은 아들 사자왕 리
처드 1세(Richard I, 재위 1189~1199년)도 같은 수도원에 묻혔다. 헨리 2세는
백성들 사이에서 왕조의 위신 상승과 왕권의 재건을 위해 애쓴 지도자
로 평가받았다. 그는 살아생전에 왕실 영역에서 사적인 전쟁을 억제하
고 자유농민들을 지원해 땅과 함께 하도록 했다.

반면에 카페 왕조의 사람들은 영국의 노르만 왕과 앙주 왕들에게 다
른 유산을 제공했다. 영웅담을 간직한 지도자들은 조상들과 함께 생드

니(파리)와 생레미(랭스)의 바실리카 성가대의 무덤 장식에 등장했다. 영국에서 노르망디의 국왕과 앙주뱅^{Angevin}의 국왕들은 처음에는 '주군'이 었다가 부와 권력을 관리하는 '군주'로 변질된 대표적 경우였다. 여기에 동원된 것은 카페 왕조의 국왕들과 마찬가지로 부족과 국가로부터 공인된 권력을 가졌고 국왕 개인의 신성함을 돋보이게 한 '신화'였다.

카페 왕조의 국왕들이 지닌 신성함은 성스러운 기름을 붓는 도유식으로 강조됐는데, 신성한 기름은 하늘이 클로비스의 임명을 위해 보낸 비둘기가 가져왔으며 이후에도 신성한 기름이 기적적으로 자체 생산된다는 신화가 만들어졌다. 카페 왕조의 국왕들을 대단히 신비한 존재로 포장하는 이야기였다. 기원 신화가 부족했던 영국의 국왕들은 이 같은 신화적 측면에서 프랑스 국왕들에게 밀렸다.

중세 프랑스 문화의 발전

프랑스 문화는 국제적인 발전, 특히 로마네스크 건축 양식을 중세 프랑스의 시각적 언어가 된 고딕 양식으로 대체한 부분에 큰 영향을 미쳤다. 파리 북쪽 교외의 생드니 성당에서 분명히 나타나듯, 뾰족한 창문과 수직성을 갖춘 고딕 양식은 로마네스크 양식보다 훨씬 가벼웠다. 수많은 교회 건물을 짓는 데 걸리는 시간이 어느 정도인지를 안다면, 루시용^{Roussillon} 엘느^{Elne}에 있는 성당의 회랑과 같은 특정 장소의 스타일 변화를 이해할 수 있을 것이다.

상스 대성당은 전통 로마네스크 양식으로 1130년대에 재건을 시작했다. 하지만 갑자기 오래된 계획은 파기되고, 혁명적인 양식의 생드니로 대체된다. 주목할 만한 고딕 양식의 대표적인 예로는 1220년에서 1269년 사이에 지어진 유명한 아미앵^{Amiens} 대성당과 교황궁, 다리의 유적이 있는 아비뇽^{Avignon}이 있다. 1163년에 시작하여 1345년에 완성된 파리의 노트르담 대성당의 건축은 큰 창들과 늑재 궁륭^{rib vault}(천장이나 지붕을 형성하기 위해 석조물을 놓을 수 있는 아치나 갈빗대 모양의 뼈대)과 버팀도리^{flying buttress}(무거운 벽을 바깥쪽에서 밀어 올려서 지탱할 수 있도록 돕는 버팀목)가 사용된 것이 특징이다.

또한 프랑스는 910년에 세워져 클루니의 베네딕토회에 의해 주도된 수도회 사상의 주도권을 잡았다. 이는 기독교에서 유달리 큰 교회 중 하나였다. 시토회는 1098년 디종 근처의 시토 마을에서 만들어졌는데, 성 베네딕트보다 더욱 엄격한 규율을 자랑했다. 교인들은 프랑스에서 특히 중요해졌는데, 이는 라 페르테^{La Ferté}(1113)의 첫째 딸과 클레르보의 베르나르(성 베르나르)의 영향이 컸다. 프랑스 혁명 당시 대거 파괴되었음에도 플라랑^{Flaran}과 퐁트네^{Fontenay} 수도원, 퐁티니^{Pontigny}에 있는 수도원 등의 유적은 여전히 많이 남아 있다. 이 수도원들은 샤블리 와인을 개발하기도 했다.

교회의 큰 역할 중 하나인 학문의 발전은 오롯이 성직자들 덕분이었다. 샤르트르는 11세기 초에 학문의 주요 중심지가 되었다. 이곳은 베르나르 드 샤르트르^{Bernard of Chartres}, 티에리 드 샤르트르^{Thierry of Chartres}, 기욤 드 콩체스^{Guillaume of Conches} 등의 학자들을 배출했고 12세기 전반에는 전성기를 맞이했다. 이후 새로운 학문의 중심지로 파리 대학교가 다시 주목받는다. 이처럼 12세기 르네상스의 성과는 프랑스의 덕이 컸다. 철학은 신학에 적용됐고 고전 그리스 작품에 관심이 집중되었다. 샤르트르 사상들은 과학적 경험주의와 관련된 지식, 즉 지식은 순수하게 믿는 것이 아니라 증명된 사실에 기초해야 한다는 개념을 발전시켰다. 이들 사상가는 명확한 신념이 아닌 우연적이고 변화하는 결과를 받아들일 준비가 되어 있었다. 의심이 신이 부여한 인간 지성에 의해 얻어진 정보로 명확해질 것이라는 믿음은 이러한 새로운 합리주의를 주장하는

데 있어 중요한 역할을 했다. 이론은 사실을 수용해야 했고, 14세기의 파리에서 시간에 대한 물체의 속도를 묘사했던 니콜 오레스메^{Nicole Oresme}처럼 과학으로 관찰되는 현상의 이해를 돕는 실행 가능한 공간과 방법이 제공됐다. 그러나 13세기에 들어 파리 대학은 의심을 환영하지 않는 체계적인 합리주의인 스콜라주의의 중심지가 됐다.

존엄왕 필리프 2세

한편, 막강한 봉건 영주들이 아닌 왕이 직접 지배한 프랑스 영역은 필리프 아우구스투스^{Philip Augustus}(재위 1180-1223)의 치세 아래에서 급성장했다. 단호한 성격의 필리프 2세는 헨리 2세의 직수이자 제3차 십자군의 지도력에 있어 리처드 1세의 경쟁자였다. 프랑크족과 반대로 프랑스의 국왕으로 자칭한 최초의 왕인 필리프 2세의 추진력으로 군사적이며 정치적인 성공이 이루어졌다. 이로써 영국의 존 왕(재위 1199~1216년)이 1203-5년에 앙주와 노르망디를 잃게 됐다. 1204-5년의 성공적인 치농^{Chinon} 포위전은 앙주와 투랭의 운명에 결정적인 역할을 했다. 마침내 존의 말년에 발생한 위기와 그의 아들 헨리 3세의 어린 나이에 따른 약점을 틈타, 필리프 2세의 아들 루이(훗날 루이 8세, 재위 1223~1226년)의 왕권을 주장하며 1217년 영국을 침공한다. 비록 이 침공은 실패하지만, 프랑스인들이 영국을 공격하거나 영국 제도 내의 경쟁자들을 지원하는 일은 제법 그럴듯해졌다. 무엇보다 이 침공은 19세기에야 끝나게 될 양국의 위협적인 상황을 초래했다.

이외에도 필리프 2세의 업적 중에는 중앙 정부의 강화와 변방들과의 관계 개선 노력이 있었다. 이는 귀족이 아닌 왕족을 위한 업적으로, 왕족의 건재함을 과시하는 데 도움이 됐다. 또한 필리프 2세는 요새를 위한 커다란 벽과 루브르의 기초를 건설했다. 그는 이처럼 파리를 탄탄한 도시로 만들어갔다. 또 1200년에는 대학에 헌장을 수여했으며 훗날 루이 6세가 1135년 시작하는 중앙 시장인 레알^{Les Halles}을 개발한다.

알비 십자군 전쟁

그럼에도 프랑스의 전체 규모는 매우 커서, 남부에서는 또 다른 역사가 쓰일 정도였다. 이 지역에서 카타르(알비파) 이단에 대항한 십자군 전쟁은 곧 왕권 강화로 이어졌다. 한편 우연한 요인이 다시 핵심적인 역할을 했다. 이 시기에 영국 존 왕의 적이기도 한 교황 이노센트(인노첸시오) 3세^{Innocent III}는 1209년에 십자군 전쟁을 선포했고 야심에 찬 시몽 드 몽포르^{Simon de Monfort}는 짧은 포위전 끝에 함락된 랑그독^{Languedoc}, 카르카손^{Carcassonne}의 많은 지역을 차지했다. 오늘날 많은 이들이 찾는 이들 도시는 실제로는 다소 잔인했던 시대를 그대로 보여주는 산물이기도 하다. 특히 베지에^{Béziers}는 십자군에게 수천 명이 학살된 비극의 현장이다.

1213년 아라곤의 피터 2세가 분쟁에 개입했다. 정통 가톨릭 신자였던 그는 드 몽포르의 세력 확장을 경계했고 적수였던 툴루즈 백작 레이몽 6세를 지지했다. 그런데도 이들의 연합 군대는 1213년 뮈레^{Muret}에서 패배했다. 피터는 살해되고 십자군은 툴루즈를 점령했다. 전쟁과 정치의 앞날은 여전히 안개에 잠식당한 상태였다. 전쟁은 1224년에 끝났지만 1225년에 다시 시작되었다가 툴루즈의 레이몽 7세가 파리 조약에 서명한 1229년에 끝났다. 레이몽 7세의 딸 조안은 루이 8세의 어린 아들 알퐁스 드 푸아티에^{Alphonse de Poitiers}와 결혼해야 했다. 1249년 레이몽이 사망하자 알퐁스는 툴루즈 백작이 되었다. 알퐁스가 1271년에 세상을 떠나자 나라는 프랑스에 합병됐다. 멀리 떨어져 있던 몽세귀르^{Montségur}는 개종을 거부한 카타르인들이 화형을 당하던 1244년까지 버텼다.

프랑스 역사에서 흔히 그렇듯이 혼란스럽게 보이는 전쟁이라도 중요한 결과를 낳았다. 루이 8세가 왕자 때 참여한 1219년의 원정과 국왕이 되어 참여한 1226년의 원정으로 정복된 지역에서는 왕권이 강해졌다. 이후에 루이 13세와 루이 14세가 남부 프랑스에 했던 원정도 마찬가지 결과를 낳았다. 아비뇽은 1226년에 단단히 포위당했는데 그때 아비뇽은 왕실 군대가 지나가지 못하게 했다. 게다가 아라곤의 패배는 남부 프랑스와 카탈루냐 사이의 오래된 관계를 결정적으로 약화하는 요인이 되었다. 남부 프랑스는 분리된 채로 있거나 카탈루냐를 바라보기보다는 북쪽으로 세워졌다(한동안 남부 프랑스는 서부 지중해를 가로질러 북아프리카로 향했고, 그 후 루이 9세와 앙주의 샤를의 전쟁과 같은 계획의 일부로 이탈리아를 바라보기도 했다). 게다가 종교적 차이도 영향을 미치는 요인이었다. 중세 프랑스에서는 이와 비교할 만한 움직임이 없었다. 16세기 후반에 가톨릭 신자들이 종교적 다원주의에 반대하는 주장을 펼치며 알비파에 대한 십자군 전쟁으로 본보기를 보였다. 그 결과 카타르인들은 의도치 않게 국가와 교회 모두의 관점에서 더 결속된 프랑스의 토대를 마련했다.

프랑스 민족의식의 발현

13세기 프랑스는 계속해서 이득을 얻었다. 1224년에 영국과의 전쟁이 재개되었다. 루이 8세는 푸아투와 아키텐 북부를 성공적으로 침공했지만, 보르도Bordeaux와 가스코니Gascony는 부분적으로 영국과의 상업적인 유대, 특히 와인 수출 때문에 헨리 3세에게 충성했다. 1259년 파리 조약으로 그는 노르망디, 앙주, 푸아투에 대한 권리를 포기했다. 헨리 자신과 아버지의 실패를 인정하는 셈이었다. 이로써 프랑스에서 영국의 존재가 제한적이라는 사고가 약 반세기 전부터 시작된다. 이전에 제한적이었던 프랑스의 많은 부분이 오히려 국가의 통제를 강화하는 데 도움이 된 것이다. 노르만과 앙주의 왕들은 프랑스와 영국 사이에서 정체성과 정치를 안정시키지 못했다. 그 결과 영국과 프랑스는 각기 별개의 민족의식을 발전시켰다.

오늘날 요새화된 장소에는 12세기와 13세기 전쟁의 흔적이 남아 있다. 가장 인상적인 것은 센강둑의 고지에 있는 샤토 가이야르^{Château Gaillard}(강력한 성)다. 이 성은 1196년에서 1998년 사이에 영국의 리처드 1세가 지었으나 1204년에 필리프 2세와 결탁한 남동생 존에게 빼앗기고 만다. 웅장하고 강한 성들은 광범위한 병참 지원 체계와 분리되자 속수무책이었다. 샤토 가이야르는 센강을 봉쇄한 포위군에 의해 고립됐다. 구원군의 진입로가 차단됐고 육로로 진격하던 구원군도 쫓겨났다. 결국 성에 있던 이들이 굶주림을 참다못해 항복하고 말았다. 이 점령으로 노르망디는 급습에 취약해졌고 루앙은 곧 함락됐다. 성은 종교전쟁의 여파로 1603년 프랑스의 앙리 4세에 의해 부분적으로 훼손됐다. 한편 1228~1238년 프랑스인들은 앙주에서 자신들의 위치를 공고히 하기 위해 여전히 인상적인 성을 지었다.

이와는 판이하게도, 13세기에 남서쪽에 '성곽도시^{bastides}'라고 알려진 300개에서 500개의 성벽으로 이루어진 마을들은 공통된 설계로 지어졌으며, 그중 상당수가 거의 변하지 않은 채로 남아 있다. 이러한 성곽도시들의 건설에 매진하던 이로는 무려 57개를 만든 툴루즈 백작 알퐁스 드 푸아티에(재위 1249~1271년), 성곽도시로 자신이 다스리던 공국 북쪽 국경에서 지배력을 강화하고자 했던 아키텐 공작 에드워드 1세(재위 1272~1307년)가 있다. 에드워드의 성곽도시 중에는 보존 상태가 매우 훌륭한 몽파지에^{Monpazier}가 대표적이다.

전쟁과 얽힌 문화적 상황은 국가 정체성이 발달하면서 변화무쌍했다. 13세기 중반부터『고대 역사$^{Histoire\ Ancienne}$』와『프랑스의 대연대기$_{Grandes\ Chroniques\ de\ France}$』원문처럼 모국어로 글을 쓰는 것이 점차 일반화됐다. 상당한 분량으로 등장한『프랑스의 대연대기』는 라틴어 번역을 포함하고 있었고 성 드니를 상기시켰으며 일종의 군주제를 위한 역사서의 모범답안이었다. 일반인들의 문해력 증가는 변화하는 정치적, 문화적 맥락에서 중요한 역할을 했다.

그러나 국가 정체성은 그다지 매력적이지 않은 표현들로 나타나기도 했다. 이 문제를 포함한 다른 문제들과 더불어, 루이는 샴페인의 백작 티보 4세와 대립했다. 앙주와 부르고뉴 가문과의 상황에 집중하면 이런 경쟁을 잊기 쉽지만, 귀족들 사이에는 심각한 긴장감이 돌았다. 1230년과 31년에 브르타뉴의 피에르 백작이 영국의 지원으로 반란을 일으켜 진압했지만 사태가 회복되지는 않았다. 반면 1242년에는 푸아투에서 잉글랜드의 지원을 받아 일어난 반란은 진압되었다. 또한 국왕의 어린 아들들이 영지와 작위를 받으면서 생긴 긴장감도 있었다. 루이 8세의 아들들은 아르투아, 푸아투, 오베르뉴, 앙주, 메인^{Maine}을 얻었다. 다만 어린 아들 중 성인이 될 때까지 살아남은 이는 단 한 명뿐이었다.

출정과 개혁

루이 9세(재위 1226~1270년)는 교회의 지지를 얻어 스스로 차별화했다. 1240-42년 파리의 '재판'에서 랍비들은 탈무드족이 기독교를 모욕했다는 혐의를 부인해야 했고, 1242년 파리에서는 많은 책이 불태워졌다. 2년 후, 건강이 나빠진 루이는 회복 후 십자군 원정에 참여할 것을 서원했다. 루이에 대한 교황의 지원과 함께, 막대한 십자군 전쟁 비용은 프랑스 교회와 부패한 자들의 숙청을 통해 충당됐다. 루이는 십자군 전쟁을 위한 출항지로 아이게스 모르트를 지정했다. 1248년 프랑스를 떠난 루이는 1249년 이집트를 침공했지만 1250년 알 만수라에서 크게 패배한다. 루이가 붙잡히면서 1252년까지 프랑스는 루이의 어머니인 카스티야의 블랑쉬가 섭정하게 된다.

루이는 1254년에야 귀환했다. 부패, 신성모독, 고리대금, 유대인에 대한 개종 압력에 반대하는 법안들에 대해 정부의 개연성이 제시되면서 기독교 주제가 새롭게 추진됐다. 개혁 계획은 십자군 전쟁에서 실패한 루이가 속죄를 위해 마련한 것이다. 그는 백성들에게 더욱 공정한 사회를 물려주고 더 나은 정부 서비스를 제공해 속죄해야 한다고 느꼈다. 가난한 이들을 위해 병원이 지어졌고 자선활동이 장려됐다. 해외에 대한 야망은 루이의 형제 '앙주의 샤를'의 방대한 이탈리아와 발칸 반도에 대한 야망을 고무시켰고, 루이가 병으로 타계한 1270년, 튀니스에 대항한 또 다른 십자군 전쟁을 야기했다. 앙주의 샤를은 결혼을 통해 프로방스 백작이 되었고 마르세유 지역에 자신의 종주권을 인정하라고 강요했다. 그러나 그가 창조한 더 넓은 앙주 제국은 아라곤의 반대로 오래가지 못했다. 이 제국은 지중해에서 코르시카에 대한 지배권을 유지하는 오랜 주제를 증명하려는 프랑스 야심의 산물이었다.

루이의 후계자 필리프 3세(재위 1270~1285년)는 아버지의 뒤를 이어 십자군 전쟁을 지휘했다. 필리프 3세는 건강이 좋지 않았으나 무사히 귀환했다. 그는 아버지의 유산을 유지하기 위해 루이의 시성식諡聖式을 촉구하고 유대인들을 위해 조치를 하며 남쪽 왕실을 지탱했다. 필리프는 상당한 저항에 직면했지만 1271년, 지역 남작들에 맞서 리옹을 성공적으로 보호했다. 다만 스페인 정치에 대한 시도는 그리 성공을 거두지 못했다. 1276년 카스티야와의 전쟁은 필리프의 우유부단함만 증명하는 꼴이 되었고 1285년 아라곤 침공은 심각하게 실패했다. 그는 퇴각 중에 사망했고, 후계인 아들이 필리프 4세(재위 1285~1314년)가 되었다. 1290년에 마침내 평화가 찾아왔다.

영국의 에드워드 1세는 필리프 4세의 적이었다. 각각 재능 있고 정력적이던 이들은 1294년에서 1303년까지 싸웠다. 필리프 4세는 스코틀랜드에서 에드워드의 반대파를 지지했다. 두 통치자는 그들의 값비싼 전쟁에 자금을 대는 일이 더는 어렵다는 사실을 깨달았다. 또한 필리프 4세는 1302년, 프랑스 통치권의 오랜 짝사랑의 대상이며 1302년 크게 패배한 코스트라이(Courtrai, 플랑드르의 도시)전^戰을 치른 플랑드르(Flanders 벨기에 북부지역)에서 반대에 부딪혔다. 필리프 4세는 1307년에서 1314년 사이의 잔혹한 성전기사단 탄압을 통해 권력을 과시했다. 성전 기사들을 우상 숭배자로 몰아 화형시킴으로 사악함의 절정을 선사했는데, 이는 자신의 빚을 없애버리기 위한 책략이었다. 유럽을 지배하는 종교 질서에 대한 도전은 훗날 18세기 후반 예수회에 대한 도전으로 시작된다.

왕조 말기에는 승계 작업이 신속하게 이루어졌는데, 정치적 혼란을 막으려는 조치였다. 필리프 4세의 왕위는 아들 루이 10세(재위 1314~1316년)에게 승계됐다. 하지만 루이가 요절하면서 그의 딸 조안과 형제 필리프 5세(재위 1316~1322년)가 충돌했다. 카페 왕조의 마지막 직계인 필리프 5세의 후계자 찰스 4세(재위 1322~1328년)는 1324년 사도스 전쟁에서 매형이던 영국의 에드워드 2세를 제압했으나 후사 없이 사망했다.

백년 전쟁의 시작

에드워드 1세의 손자 에드워드 3세(재위 1327-1377) 치하의 프랑스는 설상가상의 사태에 직면했다. 에드워드 3세는 1337년에 프랑스 왕위를 주장해 샤를 4세의 친사촌이자 발루아 왕조의 첫 번째 군주인 필리프 6세(재위 1328~1350)에게 강하게 반발했고 그 결과로 백년 전쟁 (1337~1453년)이 시작됐다. 에드워드의 어머니 이사벨라는 필리프 4세의 딸이었다. 따라서 에드워드는 모계 상속을 주창했는데, 이는 살리크 법에 따른 여성 상속 제외로 남성을 통한 왕위를 얻은 발루아 가문이 거부한 제도였다.

백년 전쟁 초기에 에드워드 3세는 프랑스 왕실의 권한이 제한된 플랑드르와 브르타뉴의 분쟁을 이용했다. 실제로 백년 전쟁은 표면적으로 왕조의 변화로 일어난 프랑스 내전이었지만, 그 중심에는 군주제의 중앙집권화 정책에 대한 프랑스 지방 엘리트들의 반란이 있었다. 장궁 (사람의 키와 거의 같은 중세의 활)의 사용으로 영국이 크레시(1346년)와 푸아티에(1356년)에서 더 막강한 세력과의 전투에서도 승리를 이끌었다. 이러한 승리는 브르타뉴 평화 조약(1360년)으로 이어졌다. 이 조약에서 프랑스 왕위에 대한 권리를 포기하기로 약속한 대가로, 에드워드는 아키텐 전체의 공작이자 1347년에 점령된 칼레의 통치자로 인정받았다.

프랑스의 장 2세(재위 1350-1364)는 에드워드가 지배하던 대륙에 대한 권리 포기를 약속해 에드워드의 완전한 주권이 보존됐다. 하지만 이러한 내용을 담은 조약은 결코 비준批准되지 않은데다가 프랑스의 압력 앞에서 에드워드의 권력은 유지되기 힘들었다. 결국 브뤼허 조약(1375년)으로 에드워드는 칼레, 보르도, 바용 정도밖에 다스릴 수 없었다.

한편, 프랑스는 론 계곡에서 세력을 확장했고 1349년에 강 동쪽의 주요 거점인 도피네Dauphiné를 손에 넣었다. 이론적으로 프랑스의 영지인 부르고뉴 공국은 장 2세의 막내아들인 용담공 필리프(재위 1363~1404)의 통치 아래 독립적이고 강력해졌다. 필리프의 어린 아들들이던 용담공 필리프, 앙주 공작 루이, 베리 공작 존에게 하사금을 기꺼이 주려는 요한의 의지는 국가의 결속을 위협하는 요인으로 작용했다. 그 과정은 요한의 후계자인 샤를 5세(재위 1364-1380)의 아들들에게도 도움이 되었다. 요한의 작은 아들 루이는 1392년에 오를레앙 공작이 되었다. 실제 왕권은 이론적인 것보다 훨씬 약했고 민족성에 대한 지리적 개념이 이 시기의 매우 변화무쌍한 권력 정치의 표적이 됐다.

왕조와 귀족 간의 경쟁은 기존과 매우 다른 형태로 불안감을 조성했다. 그런데 이보다 더 불안한 분위기를 만든 것이 있었으니, 바로 파리 전상인조합장이자 감독이면서 프랑스 의회^{Estates-General}의 평민 계급인 삼부회 리더였던 에티엔 마르셀이 1356~1358년에 제안한 헌법 개혁이 었다(의회의 다른 두 개 상위 계급은 왕국의 성직자와 귀족이었다). 마르셀의 정부에 대한 공식적 통제 도입 도모는 무산됐는데, 그 실패는 부분적으로 1358년 파리 북쪽의 자케리^{Jacquerie}라는 반 귀족 소작농의 봉기와 귀족들의 강한 반발에 기인했다. 마르셀이 가담한 자본가에 대한 폭력적 모의들로 반발은 더욱 거세졌다. 그 결과 마르셀은 암살되었지만, 이후에 그의 모습은 기념 동상으로 파리 시청^{Hôtel de Ville} 옆에 세워졌다.

중세 프랑스의 경제 위기

그사이 경제 문제는 더욱 심각해졌다. 프랑스는 1300년에 1,700만 명으로 서유럽에서 인구가 가장 많은 왕국이 되었으나 인구의 증가로 몹시 위태로워진다. 심지어 1340년대 후반 프랑스를 강타한 흑사병으로 농촌과 도시의 분위기가 험악해졌고, 재커리의 난(1358년의 프랑스 북부의 농민 폭동)은 농촌 경제에 대한 압력과 그로 인한 절망을 반영했다. 귀족 세력의 진압은 특별히 잔인했고, 그 과정에서 수천 명의 농민이 학살됐는데, 이는 귀족 기병대가 특권을 즐긴 탓이었다. 1382년에는 루앙에서 아렐Harelle의 세금에 대한 반란도 있었다.

이 시기의 경제 상황은 샹틸리에 보존되어 있는 『베리 공작이 매우 부자였던 시간 Très Riches du Duc de Berry』의 삽화에서 볼 수 있다. 1412년과 1416년 사이에 만들어진 이 책은 종교 문헌 모음집이다. 이 책에는 양털 깎기와 밀 수확을 포함한 7월의 활동이 묘사되어 있다. 양털 깎기와 밀 수확은 노동 집약적이기에 지주들이 농민들을 통제해야 유리했다. 비록 기계화 이후에 큰 변화가 있었으나 전통적인 농업 활동의 패턴은 오늘날과 비슷하게 계속됐다. 따라서 생 레미 드 프로방스의 '이목 축제Fête de la transhumance'는 늦은 봄, 저지대 가축들의 높은 곳으로의 방목을 매년 기념하기 위해 열린다.

샤를 6세(재위 1380~1422)가 통치하고 있던 프랑스 왕가는 14세기 후반에 왕실의 권위를 새로이 강력하게 내세우는 데 실패했다. 여기에 1392년부터 샤를이 심각한 정신 건강 문제를 보이면서 왕실의 권위는 더욱 떨어졌다. 한편, 영국은 헨리 5세가 1415년에 침공을 감행하기 전까지는 백년 전쟁의 주도권을 되찾지 못했다. 당시 단단히 무장된 요새였던 아르플뢰르Harfleur를 점령하기 위해 핵심적인 힘이 된 것은 대포였다. 헨리 5세는 장궁병들과 함께 아쟁쿠르에서 프랑스군을 무찔렀다. 이 전투 장면은 중세 아쟁쿠르Médiéval d'Azincourt 역사 센터에서 볼 수 있다. 1417년 제2차 원정에서 헨리는 노르망디의 많은 지역을 정복했고 성벽이 뚫린 캉Caen을 급습했다.

헨리 5세는 오를레앙파의 막강한 경쟁자인 부르고뉴 공작과의 동맹으로 큰 도움을 받았다. 사실, 백년 전쟁 내내 영국의 국왕이 전쟁에서 승리한 것은(일련의 프랑스 내전에서 국제적 갈등을 빚긴 했지만) 프랑스 내 동맹국들의 덕이 크다. 하지만 내전과 함께 부분적으로 국제화도 이루어졌는데, 영국의 동맹국이던 플랑드르 도시들의 분쟁이나 프랑스

의 동맹국이던 스코틀랜드와 카스티야 등이 대표적이다. 게다가 1400
년까지 유럽의 정치적 연합은 주로 교회의 대분열 ^{Great Schism}(1378-1417)
에 의한 연합을 투영했다. 내전은 프랑스에서는 백년 전쟁이 회자되는
방식과는 달랐다. 영향력과 군사력의 상반된 차이를 상기시켜 주는 마
법, 점, 점성술은 요한과 부르고뉴의 선왕 필리프의 궁중에서 중대한 역
할을 했다.

잔 다르크의 등장과 프랑스의 반격

승리를 거둔 헨리 5세는 1420년에 샤를 6세의 딸 캐서린과과 결혼했다.
결혼식은 트루아의 생 장 오 마르세 성당에서 거행되었나. 헨리 5세는
트루아 조약에 따라 샤를의 후계자이자 섭정으로 인정받았다. 후에 샤
를 7세(재위 1422-1461)가 된 프랑스 황태자는 계속 저항했고 지배 지
역이 루아르 계곡의 남쪽으로 확장되지 않았던 헨리 5세는 파리 근처에
서 전투를 벌이던 중 1422년에 이질로 사망했다. 헨리 5세의 어린 아들
인 헨리 6세는 같은 해 샤를 6세가 사망하면서 프랑스의 왕이 되었다.
헨리 5세는 영국의 지원을 받아 1429년까지 각종 전투에서 승리를 거
두었다. 특히 1424년 베르누이 ^{Verneuil}에서 치열하게 싸운 결과 얻은 대
대적인 승리는 헨리의 업적을 더욱 빛냈다. 그러나 오랫동안 '부르주 왕
조'라 불렸던 샤를 7세가 활기를 얻은 것은 카리스마 넘치고 젊은 잔
다르크(1412-1431)를 통해서였다. 동레미^{Domrémy}의 어느 소작농 가정에
서 태어난 잔 다르크는 성인들로부터 샤를을 도우라는 계씨를 받았다
고 알려져 있다. 1429년 잔 다르크는 프랑스 군대와 함께 오를레앙에
서 영국의 포위를 뚫었다. 영국의 인력 부족으로 공성 보루는 불완전했
다. 그 해, 샤를 7세는 랭스에서 대관식을 올렸다.

IV. 잔 다르크에 대한 1843년의 묘사 이후, 프랑스 영웅들의 행적들은 물론 가톨릭 과의 밀접한 연관성이 제공됐다.

이후 잔 다르크는 부르고뉴 사람들에게 붙잡혀 영국에게 넘겨졌고, 이단 혐의로 1431년 루앙의 시장에서 화형당한다. 그러나 이에 저항하는 움직임이 일어나면서 새로운 변화가 생겼다. 1435년 결정적으로 부르고뉴 사람들은 헨리 6세를 버렸다. 파리는 1436년에 되찾았다. 이는 비록 부분적이나 상대적인 성공이었다. 내분에 시달리던 영국은 정치적으로, 그리고 군사적 몸살을 앓았다. 샤를 7세는 1437년에 반항적인 귀족들과 대결해야 했고 심지어 1440년의 프라게리Praguerie 반란과도 마주해야 했다. 프라게리는 현대 체코 공화국에 해당하는 곳에 있던 후스파의 반란 경향을 따라 지어진 이름이다. 결국, 잉글랜드는 프랑스와의 타협을 모색할 수밖에 없었다. 이에 따라 헨리 6세는 1445년 앙주의 마가렛과 결혼했고 샤를에게 메인maine을 양도했지만, 잉글랜드에서 큰 파급력은 없는 것이었기에 분쟁이 해결되는 방향으로 가지는 않았다.

1445년 조세에 대한 왕실의 통제력 강화의 혜택으로 샤를은 귀족들이 지휘하는 중기병으로 구성된 상비군 제도인 도르도낭스^{dordonance}를 설립했다. 부대마다 대령의 제복을 입었고 그가 군인들을 선택했으며 자신의 재정으로 이들에게 자금을 지원했다. 그렇기는 해도 농민들을 무장시키는 것이 꺼림직했다. 1449-51년에 칼레를 제외한 영국의 남은 영토인 노르망디와 가스코니는 샤를의 포병단을 비롯한 상급 군대에게 빠르게 함락당했다. 특히 영국의 빈약한 수비대의 규모와 구호의 기회는 협박의 주요 수단이었다. 구제가 없다면 2주 안에 효력이 발휘되는 프랑스군은 주민들의 항복을 협상하기로 했다. 항복할 경우 수비대는 2, 3개월 동안 싸우지 않겠다는 약속과 함께 소지품을 가지고 떠날 수 있었다. 그렇지 않을 경우 요새의 함락으로 수비대는 목숨을 잃게 될 운명이었다. 프랑스 대포의 지휘관인 뷔로^{Bureau} 형제는 1450년 셰르부르 포위전에서 그들의 기술을 선보였는데, 모래톱 위에 대포를 배치해 바다를 바라보는 요새의 성벽을 방어할 수 있게 했다. 밀물 시간에는 그 자리에 남겨 두고 썰물 때에 다시 사용하도록 했다. 1453년, 프랑스군의 성공적 대포 방어로 카스티용^{Castillon}에서 잉글랜드군의 반격은 좌절됐다.

잉글랜드군은 칼레와 채널 제도만을 보유하고 있었고, 프랑스군은 1558년에 칼레를 탈환할 예정이었다. 15세기 중반, 오랜 전쟁으로 국가 정체성이 일부 구축된 서유럽에 발루아 왕들은 가장 강력한 통치자들로 등장했다. 룩셈부르크 왕조가 보헤미아의 후스파의 지속적인 반대에 부딪혔고 잉글랜드와 카스티야 모두 내전의 영향을 받았다. 이런 가운데 샤를 7세는 이제야 겨우 왕권을 강화하고 프랑스의 힘의 확장을 도모할 수 있었다.

신군주국 프랑스

샤를, 그리고 아들이자 후계자인 루이 11세(재위 1461~1483년)는 선조들의 주요 골칫거리였던 문제들-주요 귀족들의 과세 문제, 왕권을 인정받은 부르고뉴의 공작들, 그리고 플랑드르의 합병 시도-과 직면했다. 후자의 시도는 비록 실패했지만, 피카르디^{Picardy}는 획득되었고 한동안 아르투아^{Artois} 역시 그러했다. 군주들의 상대적 성공으로 훗날 프랑스는 신군주국^{New Monarchies} 중 하나로 불리기 시작했다.

신군주국은 봉건적인 성격이 강한 군주국들보다 중앙 집권력이 더욱 강력했다. 1470년대 영국을 통치한 존 포르테스큐 경^{Sir John Fortescue}은 이를 '절대군주와 제한군주의 차이'라 칭하며, "잉글랜드 정치 제도의 정수인 왕권과 신하들의 유착관계는 프랑스와 구별되는 인식표이다"라고 언급했다. 포르테스큐 경은 잉글랜드를 도미늄 정치 왕국(dominium politicum et regale/political and regal kingdom, 신하와 왕의 왕국), 프랑스를 도미늄 왕국(dominium regale 왕권국)이라 표현했다. 영국 정부는 정치 귀족들의 자발적인 공조를 요청하는 방식을 선택했다. 반면에 프랑스에는 왕권이 권한을 쥔 입법과 과세가 의회의 승인을 받을 수 있는 검증 제도 같은 것은 없었다.

얼핏 프랑스의 왕권은 문제가 없어 보이지만, 이런 프랑스의 왕권을 짓누르는 굴레가 있었다. 바로 정부의 기능이 원활하지 못하다는 점이었다. 프랑스는 잉글랜드보다 훨씬 광활했기에 내부적인 정보 통신에 큰 제약이 있었다. 중앙과 지방의 거리가 멀었고 자원과 노동력을 동원하기에는 한계가 있었다. 중앙 정부의 정보가 먼 지역까지 제대로 미치지 못하는 것은 통치의 장애물이었다. 게다가 왕권 정치는 왕실과 가까운 실세들과 귀족에게 복종하는 관료의 수족들에게만 막강한 영향을 미쳤다. 그래도 프랑스는 군주제를 통해 백년 전쟁 이후 재건에 성공할 수 있었다.

프랑스가 이러한 성공과 권위를 갖게 된 것은 단순히 대륙에서 잉글랜드의 권력을 몰아냈기 때문이 아니다. 대담왕 필리프(재위 1363~1404년)와 선왕 필리프(재위 1419~1467년)의 치하에서 아르투아와 피카르디를 포함해 부르고뉴까지 차지한 덕분이다. 대담왕 샤를(재위 1467~1477년)은 알자스와 로렌도 차지했다.

저지대 영지들을 획득해 상업적으로 한창 성장하던 부르고뉴는 프랑스에게 위협적인 존재였다. 1465년 부르고뉴군은 파리를 포위한 적도 있었다. 부르고뉴의 위협을 감지한 루이 11세는 반란을 일으키는 남작들에 맞섰고, 특별히 공익 연맹^{League of the Public Weal}과의 전쟁(1465~1469년)에서 성공적으로 대포를 배치했다. 또한 1475년 에드워드 4세 치하에서 영국의 침략에 직면했다. 루이는 경쟁자인 랭커스터를 지지한 반면, 요크셔 출신의 에드워드는 부르고뉴를 지원했다. 루이의 아들 샤를 8세(재위 1483~1498년)는 군대와 장비로 1485년 헨리 튜더가 리처드 3세를 성공적으로 타도하도록 지원했다.

1470년대 중후반의 프랑스는 백년 전쟁의 마지막 때보다 더 심각한 위기와 식면했으나 그 당시의 잉글랜드인들은 그리 좋은 결말을 맞이하지 못했다. 부르고뉴의 군대가 1477년 낭시에서 스위스에 완전히 패배했고 용담공 샤를은 전사했다. **이는 프랑스 역사의 변곡점이 되었다.** 부르고뉴의 유산들은 후 피카르디와 부르고뉴를 쟁취한 루이 11세와 저지대 공국들을 설립한 합스부르크 왕가의 손으로 들어갔다. 프랑스는 루이가 지역 명사들의 결정적 승리에 힘입어 무력에 의지해 취득했던 주요 지정학적 변화를 대부분 유지했다. 지방 권력의 연속성은 지역 내의 왕권 친화적 증축물들에 의해 보충됐다. 이 시기의 기념물 중에는 1472년 용담공 샤를에 대항해 도시의 방어를 지원했던 잔 다르크의 보베^{Beauvais} 지역 버전인 잔 아셰트^{Jeanne Hachette}의 조각상도 포함된다.

루이 11세는 마지막 백작이 사망한 후 1481년에 프로방스에 대한 종주권을 얻기도 했지만, 왕은 물론 백작이 되는 것이 문제였다. 샤를 8세가 독립적인 브르타뉴 공국을 장악하면서 왕실의 영역은 더욱 전진했다. 1488년 생 오뱅 뒤 코미에 ^{Saint-Aubin-du-Cormier}의 브르타뉴를 제압한 후 그곳의 프랑수아 2세는 가혹한 조건을 받아들였다. 왕조의 결혼은 프랑스와 브르타뉴의 유대를 위한 방편이었다. 프랑수아의 딸이자 후계자인 안^{Anne}은 1491년에 샤를과 결혼했고 아이가 없는 상태에서 그가 죽은 후, 1499년에 루이 12세(첫 번째 부인과 이혼한)와 재혼했다. 안이 낳은 딸 클로드^{Claude}는 프랑수아 1세와 1514년에 결혼했고 1532년에 남편에게 공국을 양도했다.

프랑스는 이제 한 세기 전과 비교해 **큰 성공을 이룬 데다가 영토도 넓은 환상적인 나라**의 이미지를 갖기 시작했다.

❦

바이킹과 노르망디 공국

노르드어 '비킹'에서 유래된 바이킹은 8~11세기 배를 타고 무역과 약탈로 살아가던 북게르만계 노르드인들을 통칭하는 용어다. 이들은 고향인 스칸디나비아로부터 북유럽과 중앙유럽까지 항해한 바닷사람들로 이들의 활동 시기를 흔히 바이킹 시대라고 한다. 바이킹들은 일반적으로 문헌적 유산을 남기지 않았지만, 이들과 접촉한 문화권에서 남긴 기록에는 그들의 삶과 모습이 기록되어 있다. 노르드인들의 군사적, 상업적 성장 및 인구 팽창은 프랑스를 비롯해 브리튼 제도, 아일랜드섬, 키예프 루스, 시칠리아 등 광범한 지역에 영향을 끼쳤다.

바이킹 최초의 약탈에 대한 기록은 『앵글로색슨 전기』에 나오는 789년 포틀랜드 습격이며, 더욱 확실한 기록은 793년 잉글랜드 동쪽 해안의 린디스판에 있는 수도원이 약탈당했다는 기록이다. 이후 유럽에 대한 바이킹의 약탈 기록은 200년 간 지속된다. 잉글랜드 영토의 태반이 바이킹의 지배 아래에 들어갔으며, 그들은 프랑스와 스페인의 강을 거슬러 올라 발트해 연안과 러시아, 벨라루스, 우크라이나 등을 장악하였다. 심지어는 프랑스의 론 강이나 센 강을 비롯한 내륙 수로를 따라 공격하기도 했다. 샤를 3세 통치 기간에 센 강 하류 양안에 정착한 노르만족으로 인해 그 지역의 이름 노르망디가 되었는데, 샤를 3세는 그들과 싸우는 대신 땅을 주고 한 무리의 두목이었던 롤로를 백작으로 삼았다. 노르망디 공국의 전신이 되는 루앙 백국의 탄생이었다.

기독교로 개종한 롤로는 로베르라는 세례명을 받았으며 다수의 노르드인이 노르망디로 이주하여 영지를 확장하여 실질적인 독립국을 만들었다. 롤로는 훗날 잉글랜드를 정복한 윌리엄 1세의 조상이기도 하다. 이후 기욤 2세가 노르망디 공작 직위를 유지한 채 1066년 잉글랜드 왕국을 침공, 승리함으로써 잉글랜드 왕 윌리엄 1세가 된다. 이로써 노르만 왕조가 잉글랜드에 성립하게 되고, 이후 노르만 왕조의 국왕이 노르망디 공국의 공작을 겸하는 등 프랑스와 잉글랜드의 갈등 요소로 남아, 훗날 일어나는 백년 전쟁의 한 원인이 되었다.

윌리엄 1세 사후, 그의 장남 로베르가 노르망디 공이 되고 차남인 윌리엄이 영국 왕이 되어 양쪽 지방은 잠시 분리되었으나, 헨리 1세 때 재차 병합되어 1106년 이후 약 1세기 동안 노르망디는 영국 영토가 되었다. 그러나 그 후 1204년 프랑스 왕 필리프 2세가 루앙을 공략하여, 1259년 루이 9세 때 프랑스 왕국에 정식으로 편입되었다.

제1차 십자군 전쟁

십자군 전쟁은 1095년부터 1291년에 걸쳐 예루살렘과 레반트 지역의 지배권을 놓고 발생한 유럽 기독교 국가들의 이슬람 원정을 가리킨다. 당시 전쟁에 참가한 군인들이 자신들이 믿는 예수를 기리기 위해 십자가를 가지고 전쟁을 했다 하여 십자군 전쟁이 되었다. 총 9차례에 걸쳐 십자군 원정이 이루어졌으며 민중 십자군, 농민 십자군으로 불리는 0차 십자군 원정을 포함할 경우 10차례에 이른다. 이중 제1차 십자군 원정은 1096년부터 1099년까지 약 3년간의 원정과 그 결과를 아우르며 훗날 제6차 십자군과 함께 성지를 탈환한 성과를 거두었다.

1095년, 교황 우르바노 2세는 셀주크 투르크족의 침략으로 고통받던 동로마제국 황제 알렉시오스 1세의 원조 요청을 받아들이고, 클레르몽 공의회에서 예루살렘과 동방의 교회 탈환을 주장한다. 이에 유력한 유럽의 제후들이 원정에 대거 참여하여 콘스탄티노플에 도착, 먼저 니케아를 공격한 뒤 안티오키아를 공략하였다. 이때 도중에 명목상이라고는 해도 총사령관으로 있던 아마데르 주교가 사망하며 제후들 사이의 유대감이 사라지고 군웅할거로 치닫게 된다. 이 기독교 사상 최초의 십자군은 분열되어 있던 이슬람 병력을 누르고 1099년 7월 예루살렘 정복에 성공하였으며 성 안으로 난입하여 많은 시민을 학살하고 재물을 약탈하였다. 십자군 원정에는 프랑스 왕국을 비롯해 동로마 제국, 신성 로마 제국, 시칠리아 왕국 등이 참여했으며 그 결과 예루살렘 왕국, 안티오키아 공국, 에데사 백국, 트리폴리 백국 등 십자군 국가가 세워지게 된다. 하지만 안티오키아와 에데사 사이의 불화, 예루살렘 왕위 교체 등의 문제로 혼란한 틈을 노린 이슬람 군주 이마드 앗 딘 장기에 의해 1144년 에데사 백국이 점령당하며 제2차 십자군이 결성된다.

유일하게 왕이나 황제가 참가하지 않았던 제1차 십자군 원정은 이후 일어난 다른 원정에 비해 신앙심이 돋보이고 성공적인 원정으로 평가받는다. 이 원정의 성공으로 유럽에는 십자군을 소재로 하는 다양한 문학 작품이 만들어졌으며 교회에서는 기사들의 미덕을 매일같이 선전하는 등 그 열기가 높아진다. 제1차 십자군 원정에서는 성창이나 성십자가 등 다양한 형태의 성유물이 발견되었는데, 이는 훗날 성배 탐색과 같은 성지 순례 유형의 문학적 모티브가 된다. 또한 이러한 모험담의 여파로 서유럽에서는 십자군 지원자들이 모여들게 된다.

플랜태저넷 왕조와 프랑스 내 영국 영토

프랑스어로 플랑타주네라고도 불리는 플랜태저넷 왕조는 잉글랜드의 역대 왕조 중 하나로 1154년에서 1485년까지 잉글랜드를 다스렸다. 실질적으로 플랜태저넷 왕조는 노르만 왕조의 적녀를 통해 이어진 노르만계 왕조이다. '플랜태저넷'은 헨리 2세의 아버지인 앙주 백작 조프루아 5세 플랑타주네가 항시 투구에 금작화의 가지를 꽂고 나섰던 것에서 유래해 붙은 별명이라고 전해진다. 플랜태저넷 가문 사람들은 왕실 용어로 프랑스어를 썼는데, 이는 당시에 잉글랜드 왕으로서의 정체성과 프랑스 영주로서의 정체성이 공존했기 때문이다.

플랜태저넷 왕조는 편의상 앙주 백작가로도 불리는데, 본래는 서프랑크 초대 국왕이었던 대머리왕 샤를 2세에 예속되었던 사냥터지기였나. 잉글랜드 왕은 원래 노르망디 공국 시절부터 프랑스 내 영토에 관해서는 프랑스 왕의 봉신이었는데, 정작 프랑스 왕보다 소유한 영토가 큰 아이러니를 지니고 있었다. 특히 헨리 2세의 통치 아래 프랑스 내 영국 영토의 크기가 절정에 달했는데 노르만 왕가 출신이었던 어머니 마틸다로부터 상속받은 노르망디와 부친인 조프루아로부터 물려 받은 앙주, 아키텐 공작의 딸과 결혼하면서 얻게 된 아키텐과 봉신국 브르타뉴를 포함해 메인과 푸아티에, 가스코뉴 등 여러 영토를 모두 보유하게 된다. 이들 영토는 스코틀랜드에서 프랑스 서부를 지나 피레네 산맥에 이르는 방대한 크기를 자랑했는데, 이로 인해 플랜태저넷 왕조는 '앙주 제국'이라고 불리기도 한다.

플랜태저넷 왕조와 프랑스 간의 가장 큰 갈등 중 하나는 바로 백년 전쟁인데 이 전쟁은 1337년에 시작되어 116년 동안 이어졌다. 이 전쟁의 원인은 크게 두 가지로 요약된다. 하나는 플랜태저넷 왕조의 프랑스 영토에 대한 통제 문제였고, 다른 하나는 잉글랜드 왕이 프랑스 왕위에 대한 정당한 계승권을 주장한 것이었다. 당시 잉글랜드의 왕이었던 에드워드 3세는 프랑스 왕위 계승권을 주장했고, 이것이 백년 전쟁의 도화선이 되었다. 백년 전쟁 동안 양국은 수많은 전투와 정치적 동맹을 통해 경쟁하였으며, 잔 다르크와 같은 상징적 인물이 등장하기도 했다. 결과적으로 플랜태저넷 왕조는 프랑스 내 영토를 거의 모두 상실하게 되었고, 프랑스 왕국은 중앙 집권화된 강력한 국가로 자리 잡게 된다. 또한 잉글랜드에서는 백년 전쟁에서의 패전 이후 요크 가문과 랭커스터 가문 사이에 기나긴 내전, 장미전쟁이 벌어지게 된다.

꧁꧂

프랑스를 완성시킨 전투, 부빈 전투

부빈 전투는 1214년 7월 27일에 일어난 전투로 영국-프랑스 사이의 갈등이 절정에 달한 사건 중 하나다. 프랑스 왕국의 필리프 2세가 이끄는 프랑스군을 상대로 신성 로마 제국의 오토 4세, 불로뉴 백작 르노 1세, 플랑드르 백작 페랑이 이끄는 연합군이 맞붙었다. 이 전투는 '프랑스를 완성시킨 전투'라는 평을 들을 정도로 프랑스에게 있어 역사적인 사건이었다.

평소 잉글랜드 국왕이 노르망디 공작을 겸임하면서 프랑스 왕국보다 방대한 영토를 확보하고 있던 상황에 불만과 위협을 동시에 느꼈던 프랑스 국왕들은 다양한 방법으로 잉글랜드의 플랜태저넷 왕조에 견제를 가해왔지만 별다른 소득을 얻지 못하던 상황이었다. 그러던 중 리처드 1세가 화살에 맞아 전사하고 존 왕이 뒤를 이었는데, 그가 첫 번째 부인과 이혼하고 앙굴렘의 이자벨과 재혼하자 본래 그녀와 약혼 관계였던 뤼지냥의 위그 9세가 프랑스 왕인 필리프 2세에게 재소한다. 필리프 2세는 이를 기회로 존 왕을 프랑스 법정에 소환하려 했고, 존 왕이 이를 거부하자 그의 영토를 몰수하겠다고 선언하며 군대를 일으켜 대대적인 침략을 가해 아키텐을 제외한 모든 프랑스 내 영토를 빼앗는 데 성공한다.

이러한 사태에 격분한 존 왕은 필리프 2세에게 악감정이 있던 신성 로마 제국의 황제 오토 4세, 그리고 플랑드르 백작 페랑과 불로뉴 백작 르노 1세 등과 연합하여 프랑스에 협공을 가하게 된다. 존 왕은 아키텐에 상륙한 후 프랑스 남부 일대를 공격했고 나머지는 북부에서 파리로 진군했다. 하지만 프랑스 왕자 루이 8세가 존 왕의 군대를 격파하였고, 나머지 연합이 제때 이루어지지 않으면서 연합군의 진격이 지지부진해졌다. 이에 필리프 2세는 틈을 타 북상한다. 이렇게 부빈에서 일어난 전투는 플랑드르 기사단의 대형 이탈과 오토 4세의 중상으로 인한 도주 등 악재가 겹치며 프랑스의 완승으로 마무리된다.

이 부빈 전투로 인해 프랑스와 잉글랜드, 신성 로마 제국에는 그 영향이 금세 나타났는데, 필리프 2세의 치세 아래 프랑스는 중앙집권국가의 면모를 갖추기 시작하여 당대 유럽 최강국에 오른다. 반면 잉글랜드는 프랑스에 빼앗긴 영토를 되찾는 데 실패하였고, 존 왕은 신하들의 압박을 받아 마그나 카르타에 서명한다. 신성 로마 제국의 황제 오토 4세는 교황에게 파문을 당하며 몰락했고 정적인 프리드리히 2세와의 암투에서 패배하여 황위에서 물러난다. 훗날 부빈 전투는 프랑스인의 애국심을 불러일으키는 요소로도 활용되었다.

백년 전쟁

백년 전쟁은 1337년부터 1453년까지 116년 동안 프랑스 왕국의 발루아 왕조와 잉글랜드 왕국의 플랜태저넷 왕조 사이에서 프랑스 왕위 계승 문제를 놓고 벌인 기나긴 분쟁을 이르는 말이다. 이 전쟁은 당사자 외에도 여러 동맹자들을 전쟁에 끌여들였으며 중세 후반 프랑스 왕국에 정치적, 군사적, 경제적 전환을 불러왔다. 기사 계급의 전성기이자 쇠퇴가 시작된 시기로, 이 전쟁을 통해 프랑스는 군사적 전술과 무기 발전을 이루어낸다.

카페 왕조 단절 후 발루아 왕조의 필리프 6세가 즉위하면서 잉글랜드 왕국의 에드워드 3세는 자신에게도 왕위 계승권이 있다며 1337년 프랑스 왕국에 전쟁을 선포한다. 잉글랜드 왕국은 1346년 크레시 전투에서 프랑스군을 크게 격파하는 등 군사적 우위를 점하게 되는데, 이후에도 프랑스 왕국은 고전을 면치 못했고 심지어는 프랑스 왕국의 2대 왕장 2세가 잉글랜드 병사들에게 포로로 잡히는 치욕을 겪기도 했다. 결국 프랑스 왕국은 1360년 브레티니 조약을 체결하며 영토와 배상금을 양보하게 된다.

이러한 흐름이 바뀌는 것은 발루아 왕조 샤를 5세의 통치부터이다. 그는 베르트랑 뒤 게클랭, 올리비에 5세 드 클리송과 같이 군사적 역량이 뛰어난 장군들을 발굴하였고 정규군 양성과 함께 용병대를 모으며 상비군을 소집한다. 또한 석궁병 및 포병을 양성하는 등 신규 무기의 도입에도 신경 썼다. 외교적으로는 잉글랜드를 고립시키기 위해 신성 로마 제국 황제인 카를 4세와 친분을 유지했고 카스티야 국왕 엔리케 2세와도 동맹을 맺었다. 이러한 노력으로 인해 샤를 5세는 백년 전쟁의 국면을 차츰 프랑스 왕국에 유리하게 이끌어간다.

　하지만 샤를 5세의 사후 그의 아들인 샤를 6세가 왕위에 오르자 권력 다툼과 부패가 횡행하는 등 프랑스 왕국은 정치적 혼란에 빠진다. 이 틈을 타 잉글랜드의 헨리 5세가 전쟁을 재개, 아쟁쿠르 전투에서 프랑스군을 대패시킨다. 1420년 트루아 조약으로 헨리 5세가 샤를 6세의 후계자로 지목되는 등, 잉글랜드가 프랑스의 지배권을 손에 넣는 듯했다. 하지만 샤를 7세를 위해 전투에 참여한 잔 다르크가 1429년 오를레앙에서 승리를 이끌고 그를 왕위에 오르게 하는 등 프랑스 왕국의 정당성을 회복하도록 도왔고, 잔 다르크의 사후에도 프랑스군은 이 기세를 마침내 1453년 카스티용 전투에서 결정적인 승리를 거둔다.

　백년 전쟁 이후 프랑스의 봉건 귀족 세력은 극도로 약화된 반면, 국왕의 권력이 크게 신장되었다. 샤를 7세는 왕실의 재정을 정비하고, 국왕의 상비군을 강화하며 귀족세력을 누르고 중앙 집권제를 추진해 나갔다. 또한 프랑스 왕국에는 '프랑스인'이라는 민족의식이 자리잡게 되는데, 이는 잉글랜드인에 대한 증오의식을 통해 발현되었다고 평가받는다.

❧✿❧

푸아티에 전투

푸아티에 전투는 1356년 9월 19일 일어난 백년 전쟁 중 한 전투이다. 특히 푸아티에 전투는 프랑스에게 대패를 안겨준 3번의 전투 중 하나로 전해지는데, 이 세 전투는 각각 크레시 전투, 푸아티에 전투, 아쟁쿠르 전투이다. 필리프 6세를 이어 프랑스의 왕이 된 장 2세는 크레시 전투 이후 국민들의 불신을 종식시키고자 전투에 끝까지 참여했지만, 상대적으로 소규모였던 에드워드 흑태자의 군대에 포로로 잡히는 수모를 당한다.

초반 전투의 전개는 장 2세의 프랑스군에게 유리하게 돌아갔다. 가용한 모든 전력을 긁어모은 장 2세의 진군 소식을 들은 흑태자는 약탈을 멈추고 퇴군하려 했으나 보병을 해산하면서까지 기동성을 높인 장 2세에게 퇴로를 차단당한다. 이에 흑태자는 프랑스군이 푸아티에에 집결하기 전 기습을 시도하지만 절반의 성공만 거둔 채 궁지에 몰리고 만다. 이 때의 병력 차이는 잉글랜드군의 세 배에 이르렀기에 프랑스군은 기세가 등등했다.

수세에 몰린 잉글랜드군이었지만 푸아티에서의 대형은 방어에 유리했다. 군의 좌측에는 개천이 있었고 후방은 숲으로 막혀있었다. 방어가 취약한 우측은 약탈했던 전리품으로 방벽을 구축했다. 흑태자는 기사들을 말에서 내리게 하고 두세 부대로 나누어 중앙에 포진시켰고 장궁병대를 양 날개에 배치했다. 또한 장궁병대로의 진격을 막을 온갖 장애물을 설치했으며 소수의 기병대를 후방에 감추어두었다. 한편 프랑스군은 4개의 제대로 편성하였는데 선두에는 적의 장궁병대를 무력화시킬 기사들과 독일 용병대를 포진해놓았다.

잉글랜드군의 좌익이 퇴각하는 듯하자 프랑스군 선두의 부대가 장궁병대를 향해 돌격했다. 하지만 기병이 진입할 수 있는 길은 한정되었기에 자연스럽게 긴 행렬이 만들어졌고 잉글랜드군의 궁병은 측면에 화살을 퍼부었다. 뒤이어오던 프랑스군 역시 험지를 헤치며 언덕을 오르느라 진격 속도가 늦춰졌고, 이 틈을 노린 잉글랜드군이 반격을 가하자 프랑스군에서 점차 패주하는 부대가 늘어났다. 특히 프랑스군의 오를레앙 부대가 공황에 빠져 전투에 참여하지 않고 도망쳐버린 것이 패배의 큰 원인이 되었다.

오를레앙 부대가 도망치는 것을 본 장 2세의 부대가 급히 잉글랜드군을 향해 진격하여 격전이 벌어졌다. 하지만 잉글랜드군이 후방에 숨겨둔 200명의 기병대가 프랑스군의 측면과 후방을 향해 돌격하자 그나마 남아있던 프랑스군도 사기가 떨어져 도주했고, 끝까지 분투하던 장 2세와 측근들은 포로로 잡히고 만다.

이 전투는 프랑스에 있어 여러모로 결정적인 참패로 기록되었는데, 더 많은 병력으로 소수의 적에게 패배한 것은 물론이거니와 왕의 몸값으로 나라 전체의 2년치 수익에 달하는 300만 크라운을 준비해야 했기 때문이다. 하지만 적어도 장 2세는 잉글랜드에서 융숭한 대접을 받았으며, 끝까지 전투에 참여해 결백을 증명함으로써 백성들의 분노는 왕이 아닌 귀족과 기사들을 향해 돌아갔다.

존엄왕, 필리프 2세

프랑스 왕국의 국왕이자 카페 왕조 제7대 왕인 필리프 2세는 로마 제국 초대 황제 아우구스투스에서 유래한 별칭인 존엄왕, 신이 주신 자라는 별칭을 보유한 명군이다. 그는 잉글랜드 플랜태저넷 왕조에 의해 국가 존망의 위기에 처했던 프랑스를 전쟁과 모략 등 갖은 방법으로 중앙집권화하고 유럽 최대의 강국으로 올려놓았다는 평가를 받는다.

필리프 2세 탄생 전 카페 왕가는 카롤링거 왕조의 왕위를 찬탈하여 신의 저주를 받았다는 등 세간의 비난에 시달렸는데, 그가 태어나자 파리 신민들이 횃불을 키고 잉글랜드인들을 향해 주먹을 휘둘렀다는 이야기가 전해진다. 1180년 부왕이 죽고 단독왕으로 등극했던 필리프 2세는 지방분권적인 권력 파편화와 플랜태저넷 왕가와의 항쟁과 마주해야 했는데, 그는 이러한 상황을 잦은 동맹의 배신과 체결, 그리고 잉글랜드 왕 헨리 2세와 아들들의 사이를 이간질하는 방책을 통해 해결했다. 헨리 2세 이후 왕위를 이은 리처드 1세와는 처음에 우호관계를 유지했으나, 3차 십자군 원정에서 필리프 2세가 먼저 프랑스로 돌아온 뒤 리처드 1세의 동생 존과의 사이를 이간질하며 적이 된다.

1199년 리처드 사후 존이 잉글랜드의 왕이 되었지만 전쟁은 계속되었다. 그러나 필리프 2세에 대한 복수를 위해 결성된 연합군이 1214년 부빈 전투에서 패배하면서 프랑스 왕국 영토 내 영국령이 완전히 소멸하고 필리프 2세가 그토록 원했던 왕권 강화 계획이 이루어지게 된다. 반면 존은 왕의 여러 권리를 포기하고 법적 절차를 존중하며, 왕의 의지가 법에 의해 제한될 수 있음을 요구하는 마그나 카르타에 서명한다.

이러한 전쟁이나 권모술수 이외에도 필리프 2세는 국가 내정을 잘 운영했는데, 그의 치세 동안 자치 도시가 조성되었고 영주 세력을 견제할 관료 집단 및 집속 슈발리에들이 육성되었다. 그는 초기 봉건제의 문제점을 최소화하며 중앙 집권 체제를 강화하였는데, 이로써 왕령지의 대대적인 확대와 함께 왕실의 세수 수입 증대가 일어났다. 이러한 자본을 바탕으로 필리프 2세는 여러 건설 사업과 함께 정책을 시행할 수 있었다. 이는 곧 도시의 발전과 관료 집단의 직할지 통제라는 결과와 함께 국가의 경제적 정치적 발전을 불러일으켜 이후 100년간 카페 왕조가 전성기를 맞이하게 되는 핵심 요인이 된다.

아비뇽 유수(1309~1377)

아비뇽 유수는 14세기 당시 이탈리아 로마에 위치해 있던 서방교회의 교황청을 신성 로마 제국이 강제적으로 프랑스 남부 아비뇽으로 옮겨 1309년부터 1377년까지 머무르게 한 사건을 말한다. 유수幽囚는 '잡아 가둠'이라는 의미로, 교황이 사실상 한지에 유폐되었음을 의미한다. 이는 과거 신바빌로니아에 의해 유대 왕국이 사라지고 유대인들이 수도 바빌론으로 끌려갔던 '바빌론 유수'에 빗대어 붙여진 이름이다.

프랑스 왕국의 왕 필리프 4세를 비롯해 유럽의 세속군주들은 제1차 십자군 원정의 성공 이후 절정에 이른 교황의 권세를 견제하고자 했고 13세기 후반에는 그들이 영토 확장과 관료제 확립을 통해 세력을 키우면서 사실상 교황의 우위에 서게 된다. 특히 필리프 4세는 국가 전체를 통제하려는 과정에서 재정이 부족해지자 삼부회를 소집, 제3계급에 대한 과세 확장 및 교회에 대한 과세도 시도한다. 이에 교황이 반발하여 갈등이 발생하였고 필리프 4세에게 파문을 선포하자 그는 보복으로 프랑스 내 주교구들의 자금 송출을 막았고 교황청은 타격을 입는다. 다툼이 오가던 중 한발 빠르게 프랑스군이 이탈리아로 침입하여 교황 보니파시오 8세를 감금하였고 그 충격으로 그는 1개월 만에 사망한다. 이는 14세기 교황권의 쇠퇴를 상징하는 사건으로 평가받는다.

그의 사후 교황청은 프랑스군의 압박에 시달리며 교황을 선출했고, 그렇게 선출된 신임 교황 베네딕토 11세는 필리프 4세의 파문을 무효로 한다. 하지만 신임 교황 역시 재임 9개월만에 갑작스레 사망하였고 로마 내부 분쟁으로 교황이 11개월 동안 선출되지 못하다가 1305년 중립을 지켰던 클레멘스 5세가 선출된다. 하지만 그 역시 막강한 필리프 4세를 거스르지 못하고 혼란스러운 상황인 로마로 돌아가는 대신 프로방스 백작의 소유지였던 아비뇽에 머물게 된다. 이후 총 7명의 교황이 아비뇽에 머물렀는데 이들은 프랑스 왕의 정치적 영향 아래 활동해야 했다. 1376년 그레고리오 11세가 로마로 돌아간 2년 후인 1378년에 사망하고 새 교황인 우르바노 6세가 로마에서 선출되며 유수는 막을 내렸다. 하지만 친 프랑스파 추기경들이 이에 불복하여 아비뇽에서 또다른 교황인 클레멘스 7세를 선출하면서 약 40년간 서방교회의 대분열이 이루어진다.

프랑스 입장에서 아비뇽 유수는 자국의 정치적 영향력을 교황청에 미칠 수 있는 절호의 기회였다. 필리프 4세를 비롯해 그의 후임 왕들은 아비뇽에 머무는 교황들을 통해 정치적 목적을 이루려 했고, 이를 통해 교황청을 프랑스 왕국의 정치적 의도에 맞게 조정할 수 있었다. 따라서 이 시기는 프랑스가 유럽에서 정치적, 종교적 중심지로 떠오르는 중요한 시기로 평가받으며, 아비뇽은 프랑스와 교황청의 상징적 관계를 보여주는 중요한 유산이 되었다.

꧁꧂

샤를 7세와 잔 다르크

샤를 7세와 잔 다르크의 관계는 정치적, 종교적, 역사적으로 복잡하게 얽혀있다. 이들은 때로는 잉글랜드와의 전쟁에서 프랑스를 구한 협력 관계, 때로는 위기의 왕과 그러한 왕의 권위를 지켜준 신의 대리자였으며 또 어느 때는 왕의 권위를 위협하는 라이벌이자 정치적 희생양의 관계이기도 했다.

잔 다르크가 등장하기 전, 샤를 7세의 입지는 그야말로 풍전등화에 가까운 상황이었다. 아쟁쿠르 전투의 여파로 프랑스군의 군사력은 약화되었고 주요 영토 또한 잉글랜드와 부르고뉴 동맹군의 지배 아래 있었다. 게다가 트루아 조약으로 인해 잉글랜드의 헨리 5세가 샤를 6세의 후계자로 지명되면서 샤를 7세는 왕위 계승권을 부정당했으며, 프랑스의 피폐한 경제적 상황 역시 그를 위기로 몰아갔다.

하지만 1429년 갑자기 '프랑스를 구하라는 천사의 계시를 받았다'며 샤를 7세를 찾아온 한 농부의 딸에 의해 이러한 열세가 급격하게 반전된다. 다양한 시험을 거쳐 샤를 7세의 신뢰를 얻은 뒤 백년 전쟁에 참가한 잔 다르크는 오를레앙 포위전을 비롯하여 여러 전투에 앞장서서 프랑스군을 승리로 이끈다. 그녀는 특히 샤를 7세의 대관식을 거부하고 잉글랜드 왕실을 지지하던 트루아의 성문을 열었고, 그곳에서 프랑스 왕이 대대로 대관식을 거행하던 랭스까지 진격하여 샤를 7세가 대관식을 거행할 수 있게 해주었다.

하지만 샤를 7세와 잔 다르크의 협력은 그리 오래가지 못했다. 잔 다르크의 영향력이 점점 강해지자 그만큼 그를 견제하는 세력이 나타났고, 심지어 프랑스 파리에서는 그녀의 입성을 거부하며 잉글랜드군 및 부르고뉴군과 합류하기도 했다. 이즈음 샤를 7세는 잉글랜드, 그리고 부르고뉴와 휴전을 하면서 그녀와 서서히 대립한다. 무엇보다 하나님의 부르심을 받았다고 주장하는 잔 다르크는 샤를 7세에게 있어 왕권을 위협하는 큰 위험요소로 여겨졌다.

결국 1430년 휴전을 깬 부르고뉴파 군대가 콩피에뉴에 침입했고, 왕실의 무관심 속에 잔 다르크는 200에서 400에 이르는 휘하 소수 병력만을 이끌고 부르고뉴군을 기습하지만 패배하여 포로로 잡힌다. 하지만 샤를 7세는 잔 다르크의 몸값을 지불하지 않았고, 결국 그녀는 잉글랜드 측으로 이송되어 불합리한 이단 재판을 받아 세 번에 걸쳐 화형당한다.

이후 백년 전쟁을 승리로 이끈 샤를 7세는 프랑스를 재건하며 왕국의 기반을 다졌다. 잉글랜드로부터 잃었던 영토를 대부분 되찾았으며 상설 군대를 창설하거나 조세 제도를 정비하는 등 프랑스의 중앙집권화를 추진해 왕실의 권위를 되찾았다. 또한 황폐화된 농업 및 상업을 복구하는 데 힘썼으며 예술가와 학자를 후원하는 등 프랑스를 근대적 국가로 발돋움하게 한다. 한편 마녀로 몰려 화형을 당한 잔 다르크는 그 후로 25년이 지나서야 샤를 7세의 동의와 함께 이단 판결이 공식적으로 취소되어어 오명을 벗게 된다.

농민들의 분노, 자크리의 난

자크리의 난은 1358년 백년 전쟁 중 혼란스러운 시기에 프랑스 북부 우아즈 주 보베에서 발생한 농민 반란이다. 자크리는 귀족들이 농민들의 누비옷을 일컬어 '자크'라고 불렀기 때문에 붙여진 이름이다. 이후 자크리는 영어와 불어에서 농민 반란을 가리키는 단어로 사용되었다.

자크리의 난은 전쟁 중에 발생한 가혹한 착취와 전쟁 부담, 그리고 이로 인한 무법 상태가 장기화되며 일어난 반란이다. 잉글랜드군의 침략과 약탈로 제대로 농사를 짓기 어려운 와중에 귀족들과 기사들은 전쟁에 필요한 비용을 농민들에게 강요했다. 문제는 이렇게 극심한 수탈이 이루어졌음에도 프랑스군은 잉글랜드군에게 고전을 면치 못했고 크레시 전투와 푸아티아 전투에서 대패를 겪었다는 점이었다. 이로 인해 농민들 사이에서는 전쟁에서 패배해 도망치기만을 일삼는 정부와 귀족, 기사들에 대한 반감이 극심해진다.

그리고 이러한 첨예한 분위기에 불을 당긴 것이 바로 '에티엔 마르셀의 난'이다. 1358년 1월 24일 왕세자의 재무관 장 바이예가 채권자에게 습격받아 살해당하는 사건이 벌어지는데, 채권자인 페렝 마르크는 생마리 수도원에서 체포되어 재판 없이 교수형에 처해진다. 이렇게 사망한 채권자와 채무자의 장례식이 같은 날 진행되었는데, 왕세자 파벌은 모두 채무자인 파이예의 장례식에, 개혁파는 모두 채권자인 마르크의 장례식에 참석하면서 분열이 가시화된다. 그리고 이 분열은 프랑스 왕위를 노리고 있던 나바라의 국왕 카를로스 2세가 가세하며 개혁파가 왕세자를 공격하는 계기가 되었다. 5월 왕세자는 개혁파를 물리치고 파리를 탈환하기 위해 징발령을 선포하지만 이는 역으로 농민이 분노하여 봉기를 일으키게 만든다.

농민군은 초기에 개혁파의 도움을 받아 요충지의 요새를 공격하고 귀족들을 학살하는 등 상당한 성과를 거둔다. 하지만 개혁파는 어디까지나 협력관계였을 뿐 그 이상의 도움은 거부했고, 이후 나바라의 왕 카를로스 2세는 농민군을 속이고 기습하여 그들을 무참히 짓밟는다. 농민군 진압을 계기로 카를로스 2세는 귀족들을 통제하려 했지만, 이미 이성을 잃은 귀족들은 일드프랑스의 농민들을 학살했다. 보복이 어느 정도 끝난 뒤 귀족들의 분노가 처음 농민군에 협력했던 파리 개혁파를 향하자, 카를로스 2세가 파리 개혁파를 선택하면서 자연스레 귀족들은 도망친 왕세자 샤를을 지지하게 된다. 이는 훗날 샤를 7세가 왕위를 되찾는 데 상당한 역할을 한다.

결과적으로 자크리의 난은 나바라의 왕 카를로스 2세에게 이용당하고 귀족들의 복수로 인해 피로 점철된 결말로 끝났다. 하지만 이후 샤를 7세가 귀족의 지지를 받게 되는 결정적인 계기가 되었으며, 프랑스가 지나친 착취가 이루어지던 봉건제에서 중앙집권 체제로 변화하는 데 기틀을 마련한다. 한편 자크리의 난은 훗날 프랑스 혁명의 초석으로 평가받는다.

백년 전쟁 후 칼레

프랑스 북부 해안에 위치한 칼레는 백년 전쟁 동안 잉글랜드 입장에서 전략적 요충지로 매우 중요한 지역이었다. 이곳은 유럽과 잉글랜드를 연결하는 주요 교역로이자 군사 이동 관문 역할을 했기에 잉글랜드의 입장에서는 절대 빼앗겨서는 안 되는 지역이었다. 실제로 프랑스는 1347년 칼레를 함락당한 뒤, 200년이 지난 1558년에 이르러서야 칼레를 탈환하면서 프랑스 영토에서 잉글랜드의 영향력을 지울 수 있었다.

백년 전쟁 동안 칼레는 잉글랜드의 주요 수출품인 양모를 유럽 시장에 퍼뜨리는 창구 역할을 했다. 게다가 무역으로 인해 타 지역보다 부유했던 칼레에서 벌어들인 관세와 무역 수익은 잉글랜드 입장에서 중요한 군사 및 재정적 기반이었다. 따라서 이러한 중요한 요충지를 빼앗길 수 없었던 잉글랜드는 칼레를 철저히 요새화했다. 잉글랜드 본토와 가깝다는 지리적 입지 또한 프랑스를 상대로 효과적으로 지역을 방어할 수 있도록 도왔다. 그 결과 잉글랜드는 백년 전쟁 종결 후에도 100년 동안이나 칼레를 점령할 수 있었다.

한편 프랑스의 경우 백년 전쟁이 끝난 뒤에도 귀족들을 견제하고 중앙집권화에 집중하는 등 내부 안정에 힘써야 했기 때문에 칼레를 신경쓸 겨를이 없다. 오랜 전쟁으로 인해 황폐화된 경제를 재건하는 일에 재정적인 부담이 들었기에 칼레를 공격할 군사적 여력이 없었던 것이다. 비록 화해했지만 여전히 북부에서 세력을 과시하던 부르고뉴를 견제할 필요도 있었다. 그 사이 칼레는 잉글랜드인의 이주가 활발하게 이루어지고 그들의 문화와 행정 체계가 정착한다. 이후 15세기 후반에 이르러 루이 11세가 칼레 탈환을 시도했지만 잉글랜드의 견고한 방어와 프랑스의 귀족 반란 등으로 인해 실패를 겪는다.

그로부터 시간이 지나 차츰 프랑스의 내정이 안정화되고 중앙집권화가 빛을 발하면서 프랑스의 앙리 2세는 칼레를 되찾을 결심을 한다. 1558년 프랑스는 칼레를 공격하여 마침내 탈환에 성공한다. 이로 인해 잉글랜드는 유럽 대륙에서 완전히 철수하게 되었고 프랑스는 백년 전쟁의 상처를 완전히 치유했다는 상징성을 획득하게 된다.

이후 칼레는 프랑스 왕국에 재편입되어 중앙집권 체제 아래 행정적으로 통합된다. 그와 동시에 칼레는 여러 변화를 겪었는데 과거 무역의 중심지에서 벗어나 지역 농업과 소규모 상업 활동의 거점으로 활용되어 도시의 국제적 위상은 점차 줄어들었다. 또한 프랑스계 민족들이 이주하여 잉글랜드인들의 영향력을 몰아내려 했고, 과거 잉글랜드의 개신교적 영향에서 벗어나 가톨릭 중심의 사회로 돌아가게 된다. 결과적으로 오늘날 칼레에서는 몇몇 건축물이나 도시 구조, 유적에서만 과거 잉글랜드 지배의 흔적을 확인할 수 있다.

5
르네상스 프랑스, 1494~1598년

1495년 나폴리에 입성한 프랑스군이 승리를 거둔 날부터 1588년 헨리 3세를 파리에서 몰아낸 내전까지, 기나긴 16세기는 한 치 앞을 예상할 수 없는 불확실함이 높아진 과도기였다. 1572년 성 바돌로매^{Saint} ^{Bartholomew} 전야의 프랑스 개신교도 대학살은 그야말로 끔찍했다. 이는 13세기 초 알비파 토벌을 핑계로 일어난 십자군 전쟁이 몰고 온 피바다 이후로 시민의 평화를 처참히 무너뜨린 극악스러운 만행으로 기록되었을 정도다. 이처럼 프랑스는 유혈이 낭자한 대립으로 분열됐다.

그럼에도 1494년부터 호전적인 국왕들이 연달아 등장하면서 프랑스는 전례 없이 지배력을 공고히 다져갔다. 샤를 8세(재위 1483~1498년), 루이 12세(재위 1498~1515년), 프란시스 1세(재위 1515~1547년), 앙리 2세(재위 1547~1559년) 등이 주로 전쟁 시기를 이끌었다. 이탈리아와의 전쟁이 대표적이다. 처음에는 스페인, 오스트리아와, 그다음에는 합스부르크의 새로운 강자 카를 5세(재위 1516~1556년)와 대결했다. 이들 국왕은 프랑스의 풍부한 농업뿐만 아니라 면세가 되지 않는 토지세와 소금세로부터 이익을 얻었다. 카를이 독일에서 개신교의 반란으로 시들어 가는 동안 프랑스의 통치자들은 1552년에는 헨리 2세(재위 1154~1189)에게 함락되었던 메츠, 툴, 베르됭과 같은 영토에서 영예와 승리의 위엄을 뽐냈다.

오랜 관행에 따라 국왕들의 명령권은 전쟁 때에도 절대적이었다. 그래서 오스트리아와 잉글랜드의 지원을 받은 고위 귀족들이 소위 '광란의 전쟁Mad War(1485~1488년)이라 칭하는 반역을 일으켰을 때 샤를 8세는 귀족들의 반란에 맞서 군대를 통솔하며 존재감을 드러냈고, 마침내 반란군으로부터 항복을 받아냈다. 젊은 시절의 샤를도 1494년에 이탈리아 침공을 지휘했고 퇴각하면서 포르노보Fornovo(1495년)에서 전투했다. 루이 12세는 아그나델로Agnadello(1509년)에서 베네치아를 상대 성공적 기병전에 참여했다. 2년 전에는 제노바 출정 시, 완전히 무장한 채로 칼집을 뺀 칼만을 들고 갔다. 1525년, 프랑스 사람들로부터 사랑을 받고 있는 프랑수아 1세(재위 1515~1547)는 카를 5세에게 패하면서 파비아Pavia에서 포로로 잡혔다. 협약 조건에 동의할 때까지 감옥에 갇혔으나 끝까지 조건에 동의하지 않고 버티다가 석방되었다. 이때가 스페인으로서는 최고의 전성기였다.

프랑스판 르네상스

[프]'글루아르(Gloire, 영광, 긍지, 유명인사)'는 [영]'글로리(Glory, 영광, 영예, 찬양, 찬란한 아름다움)'로 번역되지만, 이것이 프랑스 왕정에 적용되면 의미가 더욱 깊어진다. 구체적으로 프랑스의 왕조와 국가의 정신과 관련된 개념이기 때문이다. 군주가 자리를 지키려면 영광

스럽게 역할을 수행하고 장엄한 모습을 보여주어야 한다. 17세기와 18세기 초에 루이 14세(재위 1643~1715년)가 이를 가장 극명하게 보여주었다. 혹자는 루이 16세(재위 1774~1792년)는 이러한 능력이 부족해 몰락했다고 주장하기도 한다.

르네상스 시대 이탈리아에서 프랑스 국왕들이 전투에서 겪은 개인적인 경험은 이탈리아 예술품 수집에 그대로 투영됐다. 이와 관련해 첫 번째 주요 인물은 샤를 8세, 그리고 훗날 루이 12세가 되는 루이 도를레앙Louis d'Orléans이었다. 프랑스 국왕들은 다른 나라의 통치자들과 경쟁하고자 프랑스판 르네상스를 후원했다. 루아르 계곡, 특히 블루아와 샹보르의 궁전 건축과 재건이 프랑스식 르네상스의 흔적이다. 프랑수아가 1516년부터 1519년까지 레오나르도 다빈치를 머무르게 했던 집이 앙부아즈에 있는 르 클로 뤼세Le Clos Lucé로, 지금도 방문할 수 있다. 겉치레의 흔적은 여러 곳에서 나타났다. 특히 프랑수아는 궁정의 규모와 행사를 한층 더 화려하게 만들었다.

동시에 프랑스 안에서 왕권 통제는 도전에 직면했다. 총사령관이었던 부르봉의 대영주 샤를 공작Charles III은 1523년에 시대착오적 모습을 보였는데, 자신의 땅을 노린 왕가의 계략에 맞서 반란을 일으키고 합스부르크로 눈을 돌렸기 때문이다. 결국 샤를은 프랑수아에게 큰 손실을 일으키지 않은 채 뜻을 이루었고 합스부르크의 장군이 됐다. 그리하여 1560년대부터 1620년대까지, 그리고 또다시 1650년대 초에 프롱드Fronde(영어 '슬링sling'에 해당하는 프랑스어 단어에서 나온 것으로 두 번의 내전을 가리키는 이름)에서 프랑스 귀족들은 왕정에 대항할 수 있다고 깨달았고 왕정 자체에도 크게 손상되었다. 프랑스 개신교도들이 알고 있듯, 위그노의 탄압에 맞선 종교개혁은 1540년대와 1550년대의 분쟁을 이끌었다.

위그노 전쟁

앙리 2세는 생 캉탱^{Saint Quentin}(1557)과 그라블린 ^{Gravelines}(1558)의 패배로 위축된 채 개신교의 확산에 겁을 집어먹었고, 스페인의 펠리페 2세(재위 1556~1598)는 프랑스와의 오랜 전쟁에서 승자가 됐다. 1559년, 카토 캉브레시^{Cateau Cambrésis} 조약으로 펠리페 2세는 이탈리아에서 지배적인 위치로 남았다. 카를 5세의 장남이었던 그는 레판토 해전(1571)에서의 승리를 필두로 한 광범위한 영토 확장으로 그야말로 '해가 지지 않는 스페인 제국'을 건설하였다. 앙리 2세의 죽음을 불러온 마상 창 시합이 있었다. 앙리 2세의 연약한 후계자들로 아들들인 프랑수아 2세(재위 1559~1560년), 샤를 9세(재위 1560~1574년), 앙리 3세(재위 1574~1589년)는 보다 단호했던 앙리 2세와 달리 주도적 귀족들의 파벌주의를 통제할 수 없었다. 이는 가톨릭과 위그노(신교도) 사이에서 악화된 파벌주의로, 이중 가톨릭은 제네바에서 장 칼뱅의 영감을 받은 칼뱅주의자들에 해당하는 위그노들을 다시 몰아내려는 계획을 세웠다. 이를 위해 가톨릭이 양분으로 삼은 것이 1550년대와 발을 맞춘 반종교개혁 운동^{Counter-Reformation}이었다.

계급과 시민 사회에의 위협이 장기화하자, 프랑스의 종교전쟁은 왕정 시대의 붕괴, 사회 분쟁, 내전이라는 결과로 나타났다. 프랑스의 종교전쟁은 1598년 낭트 칙령^{the Edict of Nantes} 때까지 지속됐다. 이보다 작은 규모이기는 해도 루이 13세의 통치 기간(1610~1643년) 동안에도 종교전쟁이 다시 일어났는데, 1629년 왕의 승리로 끝났다. 1560년 위그노들이 앙부아즈에서 프랑수아 2세를 체포하려다가 실패로 끝나면서 분쟁이 일어났다. 전쟁은 계속되었으나 고도의 신속한 군사작전이 동원된 형식은 아니었다. 하지만 안정을 갈망한 합의와 평화를 비웃듯 일련의 전쟁들이 있었다. 심각한 갈등의 원인은 여전히 남았고 시민 폭동의 수위도 높았다. 그래서 평화의 시절이라고는 하지만, 실제로는 위태로운 휴전 기간이었다.

합스부르크와의 전쟁의 베테랑이자 샤를마뉴의 후손이라 주장했던 가장 유명한 가톨릭 귀족인 기즈^{Guise} 공작 프랑수아는 곧 위그노 교도들과의 평화를 깨고 일련의 전쟁을 시작했다. 1562년 3월 1일 파리 근방 바시^{Vassy}에서 기즈는 다수의 지지자와 여행 중 위그노회에 논쟁을 벌이고, 이것을 빌미로 위그노 23명을 살해했다. 위그노 전쟁의 서막이었다. 이에 대응해 위그노의 지도자인 콩데 공작$^{Prince of Condé}$은 오를레앙을 점령했다. 그해 12월 파리에서 콩데의 진격이 저지되자 양측은 드뢰^{Dreux}에서 싸웠다. 지휘관들 사이에 많은 사망자와 포로들이 나왔고 이듬해 2월 기즈의 암살 등으로 사상자가 속출했다. 1563년 3월 앙부아즈^{Amboise} 평화 협상으로 제1차 종교전쟁은 막을 내렸다. 이것은 1465-69년의 공공복지 동맹$^{the League of the Public Weal}$과의 전쟁보다 짧았지만 심각했다. 15세기 후반 이후 최초의 내전이었다. 종교 때문에 오히려 지속적인 타협이 어려워졌다. 현생에서 타협은 이룰 수 없어 보였다. 이러한 상황에서 얼마 지나지 않아 파괴주의적인 갈등이 새로운 규범이 됐다.

긴장감은 실제로 남아 있다. 위그노들은 샤를 9세가 가상 저명한 가톨릭의 지도자이자 제2차와 제3차 종교전쟁의 발발을 이끈 스페인의 펠리페 2세를 지지할 것이라며 두려워했다. 제2차 전쟁이 끝나갈 무렵에, 롱주모^{Longjumeau} 평화가 지닌 일방적 성격이 한계에 이르렀다. 위그노들만 무장 해제시키면 선제공격을 할 수 있었다. 선제공격과 함께 다음 전쟁이 일어났다. 다양한 평화 조약이 제대로 지켜지지 않으면서 불신이 만연하고 새로운 전쟁이 일어났다. 프랑스 전역에서 민간인들은 전투에 참여해 가해자이자 피해자가 되었다. 이교도들을 동물처럼 하대하는 사상이 퍼지면서 이교도 살해가 정당화되었다. 출판물, 상대편이 저지른 잔혹 행위를 선전하는 조악한 목판화가 선동 수단으로 동원되면서 이 같은 분위기는 더욱 강해졌다.

지금은 다른 이유로 관광지로 유명한 도시들이 이 시기에는 참혹한 전쟁터였다. 1562년 위그노 폭도들이 투르의 생 마르탱 성당$^{\text{Collegiale St.}}$ ^{Martin}을 훼손하는 동안, 루앙^{Rouen}은 왕실 군대의 습격으로 3일 동안 약탈당했다. 1568년에 샤르트르^{Chartres}의 성벽은 위그노 폭도들의 대포로 파괴됐지만, 도시를 급습하려던 이들의 시도는 좌절됐다. 프랑스 전역에서는 경쟁 관계인 종교집단과 귀족 파벌이 산재해 무수히 대립했다. 비비에^{Viviers}에서, 대성당은 1562년에 개신교 군인들에게 약탈당했고 1567년에 본당 지붕이 철거됐다. 베즐레^{Vézelay}에 있는 수도원도 비슷한 피해를 입었다.

위그노의 지도자인 제독 가스파르 드 콜리니 $^{\text{Gaspard de Coligny}}$가 왕실 의회에 입성하면서 제3차 전쟁이 종결되었다. 콜리니는 펠리페 2세에 맞서는 반란에서 개신교를 중시하던 저지대의 스페인 사람들을 공격하려는 계략을 통해 프랑스를 통합하려고 했다. 외교 정책은 국내 정치와 직접적으로 연결되어 있었다. 그러나 콜리니의 의도와 군사적 준비에 대한 우려, 특히 국왕의 모후이자 영향력 있는 카트린 드 메디치^{Catherine} $^{\text{de, Medici}}$는 불안감을 조성하고자 대중의 지지를 받던 반개신교주의를 활용했다. 1572년 8월 22일 새로운 기즈 공작 앙리 1세의 명령에 따라, 콜리니 암살 미수는 임박한 보복에 대한 두려움으로 이어졌다.

이를 사전에 막기 위해 샤를 9세와 의회는 콜리니와 다른 위그노 지도자들의 암살을 결정한 것으로 보인다. 이는 8월 24일 밤, 성 바르톨로메 전야제$^{\text{the Saint Bartholomew's Eve}}$에 리더인 콜리니를 비롯한 파리의 위그노들이 가톨릭 민중들에게 대학살 당하는 사건으로 이어졌다. 민간인들이 가까운 이웃 주민들을 살해하면서 시민들 사이는 걷잡을 수 없이 악화됐다. 앙제 등 다른 많은 도시에서도 비슷한 일이 일어났다. 교황은 이러한 학살을 기념하는 메달을 제작했다. 훗날 작가와 예술가들이 이 장면을 묘사하기도 했다. 이 학살 사건들은 크리스토퍼 말로우의

희곡 <파리의 대학살^{The Massacre at Paris}>(1593)부터 자코모 마이어베어 Giacomo Meyerbeer의 오페라 <위그노 교도들^{Les Huguenots}>(1836)에 이르기 까지의 여러 작품의 소재가 됐다. 오페라 <위그노 교도들>은 파리 오 페라 극장에서 초연되어 성공을 거두었고, 이후에 천 번 넘게 공연됐다. 18세기의 작가 볼테르는 성 바르톨로메 전야의 학살을 떠올리면 간담 이 서늘해진다고 했다. 그리고 매년 이 학살을 기리는 날이 되면 왠지 몸이 아프다고 주장했다.

번져가는 종교 갈등

종교전쟁 기간에는 도시뿐만 아니라 다른 곳에서도 종교로 인한 갈등 이 심하게 나타났다. 가톨릭 제후연맹과 개신교 도시들 사이에서는 엄 청난 폭력 사태가 발생했는데, 귀족의 리더십으로도 통제할 수 없는 수 준이었다. 결국 제4차 종교전쟁(1572~1573년)이 일어났고, 이어서 얼마 지나지 않아 제5차 종교전쟁(1574~1576년)이 터졌다. 위그노들은 군사 동맹 세력과 함께 '연방 지방의 행정부^{Estates-General of the Provinces of the Said Union}'라 불리는 '수평적인 정치-정부 체제'를 수립했다. 작가들은 왕권 에 저항하는 것이 정당하다고 불을 지폈다. 익명의 작가가 쓴 『폭군에 대항할 자유의 변호^{Vindiciae contra tyrannos}』(1579)가 대표적이다.

다섯 번의 종교전쟁에서 왕실 군대는 위그노를 제대로 진압하지 못 했다. 재정 부족으로 왕실 군대와 다른 군대들 모두 전투력이 현저히 떨어졌기 때문이다. 그러나 유력한 귀족들은 영주들과 파벌의 총독인 경우가 많았기에 지원군을 쉽게 소집할 수 있었다. 초기에 위그노들은 파리의 통제가 중심 목표였지만, 1572년 이후 남부와 서부에서 위치가 공고해질 가능성이 큰 라 로셸^{La Rochelle}에 거점을 마련했다. 라 로셸은

1573년의 포위전에서 살아남았다. 왕실 군대는 자금난에 시달렸다. 위그노에게 예배의 자유, 교회를 지을 권리와 특정 도시들을 수비할 권리를 준다는 내용의 평화안이 타협에 이르지 못했다. 이 상태로 제5차 종교전쟁이 1576년에 끝났다. 연합 국가 형태인 프랑스가 지닌 맹점을 보여주는 사례였다. 이런 가운데 가톨릭교도들의 불만으로 평화는 쉽게 정착되지 못했다. 6차 전쟁(1577)에서 샤를 9세의 동생이자 후계자인 앙리 3세^{Henry III}는 자금도 부족했고 목표한 것을 성공시키지도 못했다. 앙리 3세는 개신교를 인정하되 1576년부터 부여된 권리를 제한하는 방향으로 합의했다.

1577~1584년은 1560년대와 1570년대 초에 비해 폭력 사태는 조금 누그러지기는 했으나 여전히 지방에서는 높은 수위의 폭력이 이어졌다. 이 때문에 제7차 전쟁(1579~1580년)이 일어났다. 1584년 앙리 3세의 동생인 앙주 공작 프랑수아가 사망하고 부르봉 왕가(루이 9세의 다섯 번째 아들의 후손)의 수장이자 개신교도인 나바라의 앙리(앙리 4세)^{Henry of Navarre}가 왕위 계승자가 되면서 본격적으로 다시 분쟁이 일어났다. 그는 가톨릭의 세례를 받았음에도 개신교도로 자랐고 성 바돌로매 대학살에서 가까스로 죽음을 면했다. 프랑수아의 암살, 기즈 공작이자 가톨릭 신자였던 앙리 1세 드 기즈 공작^{Henri Ier de Guise}과 스페인의 펠리페 2세는 앙리의 왕권 계승을 좌절시키기 위해 1584년 주앵빌 조약 ^{Treaty of Joinville}에 비밀리에 서명했다. 1585년 발발한 '세 앙리의 전쟁(국왕 앙리 3세, 기즈의 앙리, 나바라의 앙리를 가리킨다)'시기에는, 기즈 공작이 1576년에 설립한 가톨릭 연맹이 앙리 3세의 편에서 서서 1585년부터 1588년까지 프랑스 북부와 중부의 대부분을 차지했다. 계속해서 투쟁 중인 위그노는 타협의 여지가 보이지 않는 남부의 강자였다.

기즈^{Guise}는 성공적으로 앙리 3세를 위축시켰으나 관계가 악화됐다.

V. 페테르 파울 루벤스Peter Paul Rubens가 그린 <앙리 4세의 승리The Triumph of Henri IV>(1630). 프랑스의 과거와 현재를 로마의 역사에 비유한 시도는 프랑스 왕국의 정당성을 높이기 위해서였다.

또한 1588년 5월 12일 극적인 바리케이드의 날$^{Day\ of\ the\ Barricades}$, 앙리는 떠오르는 친親기즈파에게 파리 통솔권을 빼앗겼고, 루아르, 보르도, 도피네를 주로 통제할 수 있는 권리만 남게 되었다. 앙리는 기즈를 프랑스의 중장으로 임명해야 했다. 블루아에서 열린 계급장 회의는 국왕인 앙리가 아닌 기즈를 지지했다. 12월 23일 앙리의 경호원들이 블루아에서 기즈를 암살했다(그의 형이자 추기경인 루이는 다음 날 암살됐다). 이 사건이 출판물에서 두루 다뤄지며 정치의 공공성이 점점 강해지고 있음을 시사했다. 하지만 앙리가 아무리 처절하게 대응해도 문제를 해결하지는 못했다.

부르봉 왕조의 시작

기즈의 동생이자 마옌의 공작$^{Duke\ of\ Mayenne}$ 샤를이 이끄는 가톨릭 동맹은 이제 국왕에게 완전히 등을 돌렸다. 1589년 파리의 의회는 가톨릭교도이자 나바라 앙리의 삼촌인 루앙의 추기경을 국왕 샤를 10세로 선포했지만 그가 일찍 사망하면서 성공하지 못했다. 힘이 없고 재정도 바닥났던 앙리 3세는 개신교 신자인 나바라의 앙리와 동맹의 필요성을 느꼈고 함께 파리를 포위했지만, 도미니크 수도회의 평수사 자크 클레망$^{Jacques\ Clément}$에게 암살당했다. 앙리 3세는 죽기 전에 나바라의 앙리를 후계자로 정했으나 가톨릭에 입교해야만 성공적으로 후계자가 될 수 있다고 말했다. 앙리 3세는 발루아 왕조의 마지막 통치자였다.

전쟁이 치열해지자 나바라의 앙리는 결정적으로 기병 돌격을 이끌었던 아르크^{Arques}(1589)와 이브리^{Ivry}(1590)에서 가톨릭 연맹을 상대로 승리를 거두었다. 그러나 파리는 벨기에에서 진격한 파르마 공작$^{Duke\ of\ Parma}$의 지휘를 받는 엄격한 플랑드르 스페인 군대로부터 도움을 받아 1590년 포위에서 살아남았다.

잉글랜드군은 앙리를 지원하기 위해 개입했지만, 파르마 공작의 지휘 아래에 있던 스페인군은 1592년 포위된 루앙을 구하기 위해 다시 진격했다. 그럼에도 앙리 4세(나바라의 앙리)는 1590년 스페인인 '샤를 10세' 별세 후 앙리 3세의 큰누이인 엘리자베트 드 발루아와 스페인의 이사벨 클라라 에우헤니아$^{Isabella\ Clara\ Eugenia}$(펠리페 2세와 앙리 2세의 장녀 엘리자베스의 딸)의 왕위 적합성 분쟁에서 우위를 점했다. 가톨릭 연맹의 통일된 리더십의 부재도 중요 이유였다. 1591년 11월 파리의 10인 공의회의 가톨릭 급진파들이 권력을 장악하자 이에 반발한 마옌에서 적대적 무력시위가 일어났다. 이에 따라 급진적 반대파 일부가 처형되고 사회적 지위가 낮은 병사들이 무장 해제되며 파리 민병대가 정복됐다. 가톨릭의 대의만으로는 사회적 통합을 이룰 수 없음을 잘 보여주는 에피소드다.

1593년에 다시 가톨릭 신자가 되려는 앙리의 의지는 동맹국들을 얻는 데 중요하게 작용했다. 주요 인사들에게 많은 돈을 쥐어 줄 수 있었으며 갈등을 정치적으로 해결하는 데 도움이 됐다. 1594년 나바라의 앙리는 샤르트르에서 부르봉 왕가 최초의 왕인 앙리 4세로 즉위했고 파리에 입성했다. 이러한 성공으로 이후에 급격히 왕과의 화해 물결이 이어졌다. 귀족들과 지방 의원들도 여기에 동참했다. 1593년 7월에 휴전 협정에 동의했던 마옌은 마침내 1595년 10월에 합의했다. 협정에 따라 그 아들은 일드프랑스의 총독이 됐고 상당한 액수의 돈을 받았다. 1596년 연맹 자체는 해체됐다.

한편, 스페인과의 전쟁은 계속되었다. 스페인 군대는 계속 개입했는데, 특히 프랑스 북동부 지역에 집중해 칼레와 아미앵을 점령했고 영국을 겨냥한 브르타뉴 및 프랑스 동부 원정을 벌였다. 프랑스 동부 원정은 롬바르디아^{Lombardy}에서 저지대로 향하는 육로, 이른바 '스페인 도로'에서 입지를 강화하기 위한 시도였다. 앙리는 영국, 네덜란드와 교전 중이던 펠리페 2세를 통해서도 큰 이득을 얻었다. 1597년에는 말을 탄 채 아미앵에 입성해 스페인 수비대가 항복하는 것을 지켜보았다. 흔히 스페인의 노력은 실패라는 평가를 받았다. 하지만 스페인의 지속적 개입 덕분에 앙리는 국내의 적들과 타협할 수 있었고 프랑스 왕권은 약해졌다.

평화가 찾아오다

1598년은 평화가 찾아온 해였다. 마지막 주요 귀족들이 복종했고, 4월 13일 낭트 칙령으로 위그노 교도들에게는 양심의 자유(사실상 자신의 신앙을 가질 수 있는 자유), 공공 예배의 척도, 그리고 점령한 그르노블,

라 로셸, 몽펠리에, 그리고 메스와 같은 주요 도시들을 포함한 많은 장소에서 수비대를 보유할 권리가 부여됐다. 어찌 됐든 가톨릭의 확립된 종교의 역할은 유지됐고, 개신교인들은 십일조를 지불해야 했다. 인구의 약 6%에 불과했던 위그노와의 합의는 1620년대에 주춤했다가 1685년 퐁텐블로 칙령에서 루이 14세를 통해 완전히 철회됐다. 이와 달리 주요 지방 가톨릭 귀족들은 뇌물을 통해 권력을 인정받았다. 스페인과의 동맹 및 도시와의 강한 연맹 덕분이었다. 권력의 현실이었다. 또한 부르봉 왕정이 떠오르고 있었다.

1598년 5월 2일에 체결된 베르뱅^{Vervins} 평화 조약에 따라 펠리페 2세는 앙리 14세를 프랑스의 왕으로 인정했으며 프랑스에서 군대를 철수시킨 후 칼레를 프랑스에 돌려보냈다. 이렇게 얻은 평화로 앙리는 다른 상대들과 대항해 입지를 확고히 다질 수 있었다. 1600년부터 1601년 사이에 프랑스에 패배하고, 또 메이엔이 이제 앙리 4세를 위해 싸우게 되자 스페인의 동맹이었던 사보이의 샤를 에마뉘엘$^{Charles\ Emanuele}$ 공작은 1601년 리옹 조약을 받아들일 수밖에 없었다. 이에 따라 프랑스는 살루초^{Saluzzo}를 포기했다. 그리고 부기^{Bugey}, 발로메^{Valromey}, 젝스^{Gex}, 브레스^{Bresse}를 얻었지만, 사보이는 리옹과 론에서 멀어졌다. 이로써 프랑스는 영구적 이득을 얻었다. 1552년 앙리 2세는 로렌에서 프랑스의 위용을 증명했었다. 동시에 알자스 공작의 무력함이 드러났다. 이를 계기로 프랑스 왕가는 알자스에 더욱 눈독을 들였다.

"파리는 미사를 드려서라도 가질 가치가 충분하다." 앙리가 했던 말은 당시의 상황을 분명히 반영하고 있었다. 자신의 지위를 확보하기 위해 가톨릭 왕권의 속성을 확인하는 것이 중요하다는 증언, 특히 사회 전반의 여론을 반영해 강력한 군주제를 영웅적으로 복원하기보다는 타협이 현실적이라는 증언이었다. 그러나 부르봉의 통치 시대가 프랑스를 영원히 약하게 만들지는 않을지, 혹은 종교전쟁이 남긴 심각한 문제에 대한 프랑스의 긴장일지, 위신과 권위의 타협 여부는 불분명했다.

　권력의 복잡한 속성은 '고등법원 회의$^{lit de justice}$'에 그대로 묘사됐다. 군주가 상석의 쿠션 위에 앉는 국왕의 파리 고등법원 방문 의식으로, 장 뒤 틸레$^{Jean du Tillet}$가 1530년부터 1570년까지 국왕의 수석 서기였고, 특별히 중세풍 의식의 기원을 강조했다. 반면 틸레의 입증과 연령 인증에 대한 보편적 추구 작업은 과장으로 여겨졌다. 이와 관련해 1597년에 잠시, '고등법원 회의'가 군주가 논쟁거리인 법안의 등록을 강제한 1537년부터 중요해졌다는 주장이 있었다. 따라서 16세기의 양대 산맥이 첨예한 대립을 하면서 긴장 상태가 더욱 커진 '고등법원 회의'는 왕권 혹은 주요 세력을 통한 독특한 입법적 관행이 낳은 산물이었다.

　하지만 정치적 관점으로만 접근하면 다른 긴장 국면을 간과할 수 있다. 16세기에 인구가 꾸준히 늘어났으나 영국의 상황과 마찬가지로 몇십 년에 걸쳐 물가가 계속 폭등했다. 특히 식료품 가격이 부담스러울 정도로 올랐다. 이런 상황이 지속되자 사람들은 현실을 잊게 해 줄 마법에 의존했다.

　장 보댕(Jean Bodin, 1529~1596년)이 마법 사건 해결을 맡은 판사들을 위해 무수히 찍어낸 지침서가 「마녀의 빙의 망상에 관하여$^{De la démonomanie des}$ ^{sorciers}」(1580)였다. 이 지침서에서 보댕은 사건 해결에 필요한 증거들을 중요한 순서로 분류해 법적 개념을 적용했고 특별부록으로 혹독한 고문 방법을 정리했다. 보댕의 글은 당시의 사회 분위기가 얼마나 심각했는지를 보여준다. 실제로 보댕은 『말레스트로 영주의 역설에 대한 장 보댕의 대답$^{La réponse de M. Jean Bodin aux paradoxes du Seigneur de Malestroit}$』(1568)에서 당시에 인플레이션이 얼마나 심각했는지 사실적으로 묘사했다. 그리고 『공화국^{République}』(1576)에서는 내전으로 생긴 혼란을 수습하고 저항정신이 퍼지는 것을 막기 위해서는 단일 통치권이 필요하다고 주장했다. 이에 영향을 받은 이후의 작가들은 군주의 신성한 권리라는 의식을 표현하게 됐다.

종교전쟁으로 특정 지역의 정책보다는 국가 문제와 관련된 이슈가 전면적으로 부각됐다. 개신교와 가톨릭을 막론하고 도시마다 이런 현상이 두드러졌으며 사회적 긴장은 국가 문제이기도 했다. 귀족들의 주도권 투쟁에서는 더욱 그랬다. 귀족들은 특권의 상실을 막기 위해 육체노동이나 소매 거래와 분명히 선을 그었다. 고전적 영주의 개념인 '검의 귀족^{the noblesse d'épée}', 그리고 혈통과 법적 지위를 기반으로 한 '예복의 귀족^{the noblesse de robe}'이라는 개념이 강조된 것이다. 귀족들은 이러한 방식으로 정통성을 내세우며 혈통을 이어갔다. 과두정치^{寡頭政治}(소수 독재 정치)는 새로운 것은 아니었다. 경제, 정치, 종교에서 팽팽하게 긴장된 분위기가 감돌던 당시의 상황에 맞춰 탄생한 변종이었다.

위기 속 프랑스 왕국의 발루아 왕조

프랑스 왕국의 두 번째 왕조이자 카페 왕조의 방계 발루아 왕조는 카페 왕조의 마지막 왕이었던 샤를 4세가 후사 없이 사망한 뒤 필리프 6세가 뒤를 이으며 시작되었다. 다만 발루아 왕조의 시작은 그리 순탄치 못했다. 잉글랜드의 왕인 에드워드 3세와 오늘날 프랑스 바스크 지방에 있던 나바라 왕국의 왕 펠리페 3세가 왕위를 주장하면서 갈등이 있었고, 이 문제는 훗날 백년 전쟁의 단초가 된다. 프랑스 왕국 내부의 상황도 문제였다. 프랑스 왕국 내 정치 세력의 분열과 영국의 개입으로 왕조의 권력이 약화되었고 14세기 중반에는 흑사병의 출현으로 농업 생산량이 급감하며 사회 경제적 불안이 커졌다. 이는 곧 농민 봉기로 이어지기도 했는데 자크리의 난이 대표적이다. 이 모두는 발루아 왕조가 해결해야 할 문제들이었다.

1328년부터 1589년까지 지속된 발루아 왕조는 백년 전쟁과 이탈리아 전쟁, 위그노 전쟁을 모두 겪은 왕조로도 널리 알려져 있다. 하지만 발루아 왕조는 백년 전쟁을 겪으며 장기적으로 왕권 강화 및 중앙 집권화를 이루어낸다. 다만 르네상스 시대를 통해 풍요를 얻은 이탈리아 반도의 패권을 두고 합스부르크 왕조와 66년 동안 이탈리아 전쟁을 벌였으며 그 와중에 30년 넘게 위그노 전쟁을 겪어야 했다. 이는 훗날 발루아 왕조의 붕괴와 부르봉 왕조 발흥의 계기가 된다.

한편 발루아 왕조는 15세기 후반부터 전파된 르네상스 문화를 받아들였으며 예술과 학문을 장려했는데, 샤를 8세와 프랑수아 1세는 이탈리아를 침략하며 그들의 예술과 문화를 프랑스로 도입했다. 특히 프랑수아 1세는 예술가 레오나르도 다 빈치를 프랑스로 초청하기도 했고, 여러 르네상스 양식 건축물을 세웠다. 궁정을 새로 정비하였으며 프랑스어를 공용어의 위치로 확립시키기도 한다. 이러한 요소는 프랑스를 유럽의 문화 중심지로 만드는 데 기여했다.

경제적인 면에 있어서도 많은 변화가 있었는데 기존 농업 중심의 전통적 경제에서 상업과 무역이 발달하는 방향으로 나아갔다. 비록 초반 백년 전쟁으로 인한 어려움은 있었지만 전쟁이 끝난 뒤에는 무역이 활발해지며 경제가 회복되었다. 특히 프랑스의 리옹은 금융과 상업의 중심지로 성장했으며 대서양 연안의 항구 도시들 역시 해외 무역을 통해 번영을 누렸다. 또한 프랑수아 1세는 신대륙 탐험과 무역을 지원해 새로운 시장 개척을 돕기도 했다.

프랑스의 중앙집권 및 성취 과정

중세 프랑스는 광대한 영토와 함께 노르망디와 브르타뉴, 프로방스 등 다양한 문화와 언어, 경제 구조를 가지고 있었다. 따라서 각 지역의 봉건 영주는 자치권을 행사하며 왕권에 도전했고, 이는 프랑스의 국력의 약화를 불러왔다. 특히 프랑스의 약점이 가장 극명하게 드러난 계기가 백년 전쟁으로, 이후 샤를 7세는 중앙집권 체제를 바로잡기 위해 경제적, 정치적, 종교적 방면으로 개혁을 일으킨다. 결과적으로 샤를 7세 이후 이어지는 프랑스 왕들의 중앙집권 체제 완성을 위한 노력은 루이 14세에 이르러 절정에 달한다.

백년 전쟁 이후 대부분의 영토를 되찾은 샤를 7세의 과제는 황폐화된 프랑스를 복구하는 일이었다. 그는 민병대 중심의 봉건 군제를 폐지하고 상비군 제도를 도입하여 왕권이 직접 군사력을 통제하게 한다. 또한 왕실이 꾸준히 세금을 확보할 수 있도록 하는 조세 정책을 펼침으로써 사실상 프랑스의 봉건시대를 끝냈다는 평가를 받는다. 샤를 7세의 뒤를 이은 루이 11세 역시 강력했던 봉건 영주인 부르고뉴 공작에 맞서며 상업 도시와 동맹을 맞고 경제 활동을 장려하는 등 부르주아 계층의 지원을 받아 중앙집권 체제를 단단히 한다.

그 뒤로도 프랑스 왕들의 왕권 강화는 계속되었고, 그와 함께 프랑스는 점점 강한 나라로 탈바꿈했다. 프랑수아 1세는 1516년 볼로냐 협약을 통해 가톨릭 교회의 성직자 임명권을 왕이 행사하도록 하며 왕권을 강화했고, 동시에 르네상스 예술과 학문을 후원하며 프랑스 왕국의 권위를 높여 중앙집권적 문화정책의 기틀을 마련한다.

한편 프랑스 왕국의 중앙집권 체제 강화에 있어 가톨릭 교회는 적극적으로 협력하거나 때로는 통제 대상이 되기도 했다. 지방 곳곳에 배치되어 있던 교회 성직자들은 국왕의 지방 통제력을 확립하는 데 큰 도움을 주었으며, 무엇보다 국민들의 교육과 세금 징수에 있어 행정 관료와 비슷한 역할을 했다. 루이 13세 시대에는 리슐리외 추기경을 필두로 왕권과 가톨릭의 결합을 통해 중앙집권을 추진했는데, 리슐리외는 가톨릭 신앙을 통해 왕실 반대파를 억누르고 총독들을 지방에 파견하여 국왕의 명령을 집행하게 했다. 특히 루이 14세에 이르러서는 낭트 칙령을 폐지하여 위그노를 탄압, 기독교를 유일 신앙으로 내세워 중앙집권적 통치를 더욱 강화하는 효과를 낳는다.

이러한 프랑스 왕들의 결과물이라 할 수 있는 루이 14세 시기에는 가톨릭 성직자들을 포함한 모든 엘리트가 사교의 중심지인 베르사유 궁전으로 모여들었다. 그는 귀족이 아닌 부르주아 출신 관료들을 관리로 임명하거나 총독 제도를 더욱 발전시키는 등 귀족의 힘을 약화하는 정책을 펼쳤고, 그 결과 교회와 귀족을 절대왕권 아래에 두며 프랑스의 중앙집권적 통제가 완성되기에 이른다.

❧

카를 5세(재위: 1519~1556) 합스부르크와 프랑스

카를 5세는 신성 로마 제국의 황제이자 스페인의 국왕, 이탈리아의 군주, 그리고 합스부르크 가문의 수장이었던, 중근세 유럽에서 가장 많은 국가의 왕관을 쓴 인물이다. 프랑스에 있어 카를 5세는 갈등으로 점철된 경쟁자였는데, 특히 그는는 발루아 왕조의 프랑수아 1세와 대립했다. 이 대립은 66년에 걸친 이탈리아 전쟁에서 극명한 형태로 나타났으며 정치와 군사, 종교 등 여러 차원에서 패권 다툼으로 이어졌다.

막대한 영토를 물려받으며 유럽 최대의 제국을 통치한 카를 5세는 프랑스에 있어 위협적인 요소였는데, 카를 5세의 영토가 프랑스를 지리적으로 포위하는 형태였기 때문이다. 특히 카를 5세가 네덜란드와 스페인, 이탈리아를 통합하면서 프랑스는 외교적, 군사적 위협을 느꼈고, 결정적으로 카를 5세와 부르고뉴 영토 및 이탈리아의 영유권을 놓고 갈등을 빚으면서 전쟁이 가시화된다.

이탈리아 전쟁은 1494년부터 1559년까지 무려 8차례에 걸쳐 이탈리아의 패권을 놓고 프랑스와 합스부르크, 스페인이 벌인 전쟁이다. 카를 5세는 1521년 제4차 이탈리아 전쟁에 본격적으로 개입하여 프랑수아 1세와 대립했는데, 특히 이탈리아 전쟁의 최대 분수령이라 일컬어지는 1525년 파비아 전투에서 대승을 거두며 프랑수아 1세를 포로로 잡아들이고 1526년 마드리드 조약을 서명하게 한다. 이 조약에 따라 프랑스는 이탈리아에 대한 주장권을 일체 포기해야 했다.

하지만 풀려난 뒤 곧바로 조약의 무효를 선언한 프랑수아 1세는 반

스페인 동맹인 코냑 동맹을 추진하는 등 카를 5세와 계속해서 반목했다. 그럼에도 이후 8차에 걸친 전쟁에서 프랑스는 카를 5세의 동맹에 패배하였고, 프랑스의 앙리 2세는 1559년 카토-캉브레지 조약을 통해 이탈리아에 대한 주장을 모두 포기하고 스페인 제국의 이탈리아 종주권을 인정하기에 이른다.

카를 5세는 신성 로마 제국 황제 선거에 출마한 프랑수아 1세를 견제하기도 했는데, 그는 프랑수아 1세가 사용한 선거 자금의 두 배가 넘는 850,000굴덴을 지출하기도 했다. 게다가 프랑스를 외세로 여겼던 독일 선제후들의 경계심으로 인해 프랑수아 1세는 결국 한 표도 받지 못하고 선거에서 패배한다. 이처럼 프랑수아 1세와 카를 5세의 악연으로 인해 프랑스의 재정은 위기에 봉착하게 된다.

종교적 측면의 대립에서도 카를 5세와 프랑스는 경쟁하는 면모를 보였다. 스스로를 가톨릭 신앙의 수호자로 여기며 마르틴 루터를 이단으로 규정하기도 했던 카를 5세와 달리, 프랑수아 1세는 표면적으로는 교황청과 협력하면서도 카를 5세의 세력 약화를 위해 루터파를 은밀히 지원하거나 오스만 제국과 동맹을 맺기도 하는 등, 어디까지나 실리적인 행보를 이어갔다. 이로 인해 카를 5세는 결과적으로 종교를 통한 제국 통합 시도가 좌절되었고 훗날 1555년 아우크스부르크 화의에서 종교 분열이 공식화되는 계기가 된다.

꧁꧂

프랑스의 종교전쟁, 위그노 전쟁

위그노 전쟁은 1562년부터 1598년까지 37년에 걸쳐 프랑스 내에서 가톨릭과 개신교(칼뱅주의를 따르는 위그노들) 사이에 벌어진 종교전쟁이다. 여러 세력이 얽혀있던 이 전쟁은 결과적으로 백년 전쟁 이후 프랑스의 중흥을 이끌었던 발루아 왕조가 무너지고, 절대왕정을 수립하는 부르봉 왕조가 등장하는 계기가 되었다.

프랑스의 앙리 2세가 1559년 마상창시합 사고로 창에 오른쪽 눈을 찔려 사망한 뒤, 갑작스레 왕을 이어받은 프랑수아 2세 역시 기즈 가문의 횡포를 지켜보다 1년만에 사망했다. 10살밖에 안된 그의 동생인 샤를 9세를 대신해 어머니 카트린은 땅에 떨어진 가문의 왕권을 회복하기 위해 종교를 활용하려 했다. 그녀는 가톨릭의 대표격인 2대 기즈 공작 프랑수아가 일으킨 1562년 바시 학살을 시작으로 일어난 내선에서 줄타기를 하며 왕권을 신장시켰다.

하지만 2대 기즈 공작이 위그노의 중심인 부르봉 가문의 콩데 공 루이 1세에게 암살당하며 가톨릭과 위그노 사이의 불화가 거세어졌고, 위그노를 지원한 나바라의 여왕 호아나 3세가 아들인 앙리 드 부르봉을 왕위에 추대하려 하면서 점차 발루아 왕조의 지위가 흔들리기 시작했다. 결정적으로 위그노 지도자인 나바르의 앙리와 가톨릭 왕족 간의 축혼식 직후, 가톨릭 세력이 1572년 성 바르톨로뮤 축일 밤을 기해 콜리니를 살해하자 이를 기점으로 가톨릭 군중들이 대대적인 위그노 사냥에 돌입하는데, 이것이 바로 '성 바르톨로메오 축일의 학살'이다. 이 학살에서 파리에서만 하룻밤 사이 1,000명 이상이 살해당했는데, 그 중에는 죄없는 시민과 어린 아이들도 포함되어 있었다.

이 학살로 인해 발루아 왕조는 위그노 세력에게 '학살의 주동자'로 지목되었고 샤를 9세는 얼마 지나지 않아 결핵으로 사망, 그의 동생 앙리 3세가 마지막 국왕으로 즉위한다. 이후 프랑스는 잠시간의 화친으로 평화를 되찾는 듯했으나 1585년 제1후계자였던 알랑송 공작 프랑수아가 후사 없이 사망하면서 문제가 발생한다. 새롭게 추대된 제1후계자인 나바라 왕 헨리케 3세가 위그노였기 때문이다. 이에 가톨릭 세력이 반발하며 결국 위그노 전쟁 중 가장 격렬한 '세 앙리의 전쟁'이 벌어진다. 특히 1588년 앙리 3세가 기즈 공작 앙리 1세와 그의 동생이자 추기경을 암살하며 발루아는 가톨릭과 개신교 양측을 모두 적대시하게 된다. 심지어 다음해에는 왕 자신마저 가톨릭 수도자에게 암살당하고 만다.

암살로 인해 발루아 왕조와 기즈 공작 가문이 몰락하면서 부르봉 가문의 나바르 왕 앙리는 새 국왕 앙리 4세로 추대된다. 위그노였던 그는 가톨릭으로 개종하면서 구교도와 신교도의 갈등을 봉합했고, 결정적으로 1598년 '낭트 칙령'을 통해 위그노의 종교적 자유를 보장함으로써 긴 내전의 종지부를 찍고 프랑스 왕국을 중흥시켰다.

낭트 칙령

프랑스 왕국 부르봉 왕조의 첫 번째 왕인 앙리 4세는 1598년 가톨릭과 위그노 사이의 종교적 갈등을 완화하고, 또 위그노에게 제한적이지만 법적, 종교적 자유를 보장하는 법령을 발표하는데 이것이 바로 '낭트 칙령'이다. 이 칙령은 37년간 지속된 위그노 전쟁을 종식시키는 데 결정적인 역할을 했으며, 훗날 유럽 종교사에서 관용의 사례로 자주 언급된다.

프랑스 왕국의 16세기는 가톨릭과 개신교의 종교전쟁으로 점철되어 있었다고 해도 과언이 아니다. 이로 인해 프랑스 내부에서는 사회적, 경제적, 정치적 혼란이 극심했는데 8차례에 걸친 내전인 위그노 전쟁으로 인해 대규모 전투를 포함해 소규모 충돌과 약탈이 빈번했다. 결과적으로 수십만 명에 이르는 인원이 전투와 학살, 기근과 질병 등으로 인해 목숨을 잃어야 했다. 게다가 종교 박해를 피해 많은 위그노들이 스위스나 독일, 영국 등으로 도망치면서 프랑스 인구에도 영향을 미쳤고, 이는 농촌과 도시 공동체의 해체, 경제력의 약화로 이어졌다.

새롭게 프랑스의 왕이 된 앙리 4세로서는 우선 이러한 문제를 해결할 필요가 있었다. 그는 1598년 4월 13일 낭트에서 공증된 문서 2건을 작성하여 반포하게 했는데, 그 칙령에는 위그노에게 종교적 자유와 정치적 권리를 제한적으로 보장하면서도 가톨릭을 프랑스의 국교로 인정한다는 내용이 적혀 있었다. 이로 인해 위그노는 파리를 제외한 특정 지역에서나마 공공 예배를 허용받았고 공직에도 진출할 수 있는 권리를 보장받았다. 또한 위그노 공동체는 자치권과 군사적 방어를 허용받아

스스로를 보호할 수 있게 되었으며 차별로부터도 법적 보호를 받을 권리를 인정받았다.

낭트 칙령으로 인해 위그노들이 어느 정도의 안전을 보장받게 되면서 프랑스는 과거에 비해 비교적 안정을 되찾게 된다. 또한 왕권이 강화되면서 프랑스의 중앙집권화도 촉진되었다. 다만 여전히 사회적 소수였던 위그노들은 몇몇 지역에서 여전히 차별을 받았고, 여러 권리를 부여받은 위그노를 이용하려는 불순분자나 반란세력들이 의탁하면서 약 1세기 후인 1685년 10월 18일 루이 14세가 낭트 칙령을 폐기하는 결과로 이어진다.

결과적으로 낭트 칙령에 의한 법령은 약 1세기만 지속되었지만, 프랑스 역사에서 단순히 종교적인 관용을 넘어 국가가 종교 문제를 정치적으로 해결하려는 시도를 했다는 점에서 의의를 남겼다. 낭트 칙령은 이제 왕권이 종교적 문제를 해결할 수 있을 정도로 강해졌음을 상징함과 동시에, 프랑스가 중세를 넘어 근대 국가로 발전하는 데 중요한 전환점이 되었다.

6
앙리 4세에서 루이 14세까지,
1598~1715년

태양의 흑점으로 발생한 기후 문제는 17세기 프랑스의 핵심적인 문제였던 것으로 보인다. 백성들이 특히 타격을 받았다. 백성들은 부담스러운 세금에 대한 압박에 더해 갑작스런 온도의 급강하로 인한 17세기의 경기 침체로 고통을 받았다. 농업 생산성은 형편없었다. 인구수는 곧 노동력이었으나 사람들은 1706년의 이질과 같은 질병을 포함해 전염병에 시달렸다. 지금 기준에서는 거의 치명적이지 않은 질병이었으나 이 당시에는 심각한 질병이었다.

경기 침체는 소작 제도에 부정적 영향을 끼쳤다. 지주가 토지, 가축, 도구를 소유하면서 농민 대부분은 손에 쥐는 것이 거의 없어서 생활이 힘들어졌다. 게다가 농민 가족들은 세금과 십일조도 지불해야 했다. 농촌 지역은 먹고 살 수단이 많았지만, 농민들은 사냥 때문에 생긴 피해 등으로 어려움을 겪었다. 게다가 농민들은 영주를 위해 무급 노동력을 제공하고 방앗간과 와인 양조장을 돌아가게 할 의무가 있었다. 또한 영주는 소작인을 법적으로 처벌할 수 있는 권리가 있었다. 당연히 계급 이동 가능성은 제한적이었다.

농업에 문제가 생기면 1693년처럼 심각한 기근이 오랫동안 계속될 수 있었다. 알비^{Albi} 마을에서 굶주림으로 사망한 사람들이 수는 1708년 280명에서 1710년 967명으로 급증했고 태어난 아이의 수는 357명에서 191명으로 감소했으며 결혼한 사람 수는 100명에서 49명으로 감소했다. 혼인율은 쉽게 회복되지 않았다. 경제 활동은 여전히 저조했고 도시의 부채는 높고 집은 버려졌다. 1750년까지도 알비는 1,700명의 인구를 회복하지 못했다. 또한 전쟁은 정부의 운영 능력뿐만 아니라 자원에도 부담으로 작용해 경제에 큰 타격을 입혔다. 식량 부족으로 야생 동물과도 사투를 벌어야 했다. 1699년 아브빌^{Abbeville} 근처에서는 늑대들이 자주 출몰해 양들을 공격했다. 사보이에는 늑대들의 머리와 곰들의 발이 전시되어 있는데, 사람들이 알프스 목장들을 관리하기 위해 이들 야생 동물들과 얼마나 치열한 사투를 벌였는지 잘 보여주는 증거였다.

위기와 기회

이러한 상황은 17세기의 정치에 악영향을 끼쳤다. 1598년의 평화 분위기가 이어졌으나 여전히 상황은 불안했다. 앙리 4세는 스페인의 지속적인 개입과 유력한 귀족들의 반대로 골머리를 앓았다. 쉴리의 공작 막시밀리앙은 앙리의 수석 장관으로서 포병의 중요성을 예상해 포병대 총사령관$^{maître\ de\ l'artillerie}$이라는 지위를 유지했다. 그리고 폭격으로 위협해 1606년 반역자 부이용^{Bouillon}의 요새화된 마을인 스당^{Sedan}의 항복을 이끌었다. 1602년 세뮈르 앙 옥수아$^{Semur-en-Auxois}$와 1632년 레 보 드 프로방스$^{Les\ Baux-de-Provence}$ 등 저항 세력을 도울 가능성이 있는 성들은 파괴되거나 힘을 잃었다.

앙리는 스페인과 다시 전쟁을 벌이던 1610년, 파리에서 가톨릭 광신도 프랑수아 라빌락 ^{François Ravaillac}에게 암살당했다. 통치 기간 앙리는 해외에서 스페인이 이익을 차지하지 못하도록 애썼고 1608년 퀘벡주가 있는 캐나다에 프랑스인들이 정착할 수 있도록 지원했으며 국내 경제를 신장시켰다. 앙리의 시대에 만들어진 기념물로는 퐁네프 다리, 보제 광장, 루브르의 그랑드 갤러리 등이 있다. 퐁네프 다리 위에는 말을 탄 앙리의 모습을 표현한 청동 조형물이 있다. 이 동상은 1614년에 의뢰되어 1618년에 세워지고 1792년에 혁명가들에 의해 파괴되었다가 1818년에 재건되었다.

앙리의 어린 아들 루이 13세(재위 1610~1643년)는 정치적으로 불안한 상황과 마주했고 동시에 왕권이 강화되는 것을 목격했다. 왕권은 종교 전쟁 이전 수준으로 회복되고 있었다. 1614년 왕실의 영지였지만 독립된 엉토로써 가톨릭 예배가 허용되지 않았던 베아른^{Béarn}도 왕권 통치의 범위에 들어가게 되었다. 삼부회는 가톨릭 예배와 모든 교회 재산을 회복하라는 명령에 항의했다. 이에 따라 정부는 군사적 방법을 통해 저항이 아닌 복종을 이끌어냈고 베아른은 공식적으로 프랑스에 합병됐다.

1620년대의 종교전쟁은 1620~1622년과 1625~1629년에 위그노 교도들을 상대로 성공적 전투를 벌이면서 재개됐다. 루이 13세가 직접 지휘한 1627~1628년 라 로셸 포위전은 성공해, 인구의 절반 정도가 기아로 사망했고 위그노의 사기가 떨어졌다. 위그노들은 1629년에 또 한 번 패했다. 특히 프리바^{Privas}가 점령당해 약탈당하면서는 위그노들은 왕실의 요구를 받아들여야만 했다. 더 이상 주둔할 권리가 없던 이들은 왕실의 능력에 의존했다. 1630년대부터 50년대까지 스페인과의 전쟁으로 귀족적 파벌주의가 개입됐던 것처럼, 위그노 교도들에 대한 문제로 영국이 개입됐다(성공적으로 끝나지는 못했지만).

강해지는 왕권과 가톨릭 세력

위그노 교도들이 패하면서 왕권과 엘리트의 권력 통합이 새로운 장을 열었고, 귀족계층 사이에서 개신교도들의 세력이 장기적으로 약해졌다. 이 과정은 사회적 압력과 정치적 기회 덕에 이루어졌다. 사회적 압력이라면 가톨릭 신자들끼리의 결혼이었다. 가톨릭 신자들끼리 결혼하는 것이 지배적인 분위기가 되면서 자녀 양육도 가톨릭 방식으로 이루어졌다. 정치적 기회라면 귀족들이나 다른 이들은 왕실의 후원 기회를 얻으려면 가톨릭에서 벗어날 수 없다는 것을 알았다.

한편, 1630년 공작의 날^{Day of the Dupes}에는 1624년부터 루이 13세의 수석 장관이었던 리슐리외^{Richelieu} 추기경(1582~1642년)이 궁정과 성직자들에 대한 통제력을 강화하면서 반대자들의 허를 찔렀다. 귀족 출신으로 주교가 되어 궁정에서 출세하게 된 리슐리외는 국왕 루이와 함께 해야 한다는 현실을 깨우쳤다. 나날이 높아지는 리슐리외의 권력은 예술에 지대한 영향을 미쳤다. 루벤스의 <앙리 4세의 승리^{The Triumph of Henri IV}>(1630)는 파리의 룩셈부르크 궁전에서 리슐리외에게 바쳐진 갤러리를 위한 것이었다. 그러나 죽은 앙리의 아내인 마리 드 메디치가 리슐리외에게 반대하면서 그림과 갤러리 모두 완성되지 못했다. 앙리가 날개를 단 인물이 씌워주는 왕관과 함께 전차를 타고 파리로 들어가는 모습은 고대 로마의 승리처럼 묘사됐다. 이에 비해 루이 13세는 인상적인 지도자는 아니었지만 알렉산더 대왕과 한니발에 비해 위대한 영웅적인 인물로 그려졌다. 판화 작품들은 팸플릿과 마찬가지로 루이 13세의 성공을 강조했다.

숱한 음모에도 리슐리외는 능수능란한 기동력으로 죽을 때까지 자리를 지켜냈다. 리슐리외의 뒤를 이은 것은 이탈리아 태생의 후견인인 추기경 마자랭^{Mazarin}이었다. 이 시기에는 스페인과 오스트리아의 합스부르크 사이에 갈등이 있었고 귀족들 사이에 내분이 일어났다. 특히 귀족들은 추기경들을 비호하고 동맹을 맺는 왕실의 정책에 적대적이었다. 오를레앙 공작이자 루이 13세의 형제였던 가스통은 훗날 루이 14세가 되는 후계자가 태어날 때까지 독립적 성향의 정치인으로 활동했다. 가스통은 힘을 모을 능력이 있었을 뿐만 아니라 리슐리외, 심지어 왕권에도 대항해 음모를 꾸미려는 의지가 있었다. 명예 결투를 제한하는 등의 정부의 조치는 엘리트들에게 인기가 없었다. 가스통의 반란으로 1631년 앙부아즈성 일부가 파괴된 것처럼 왕실의 군대에 저항했던 요새들이 파괴된 것도 마찬가지였다.

전쟁세의 압박이 높아지자 1636~1637년 가스코니와 1639년 노르망디에서 농민 봉기가 일어났다. 머스킷 총과 화약을 소지했던 가스코니 반군은 일부 상류층이 지휘했고 라 로셸 포위전의 참전 용사들도 가담해 위협적인 존재로 보였다. 이 같은 봉기는 조직화 된 대규모 군대로 진압해야 했다. 이후에 리슐리외는 지금의 프랑스를 만드는 데 중요한 인물이라는 평가를 받았으나 당시만 해도 리슐리외의 위치는 프랑스라는 국가의 위치만큼이나 불안정해 보였다. 게다가 1636년, 벨기에에서 파리를 향해 침입한 스페인 군대는 코르비^{Corbie}와 로예^{Roye}까지 쳐들어왔고 두 곳 모두 함락됐다. 리슐리외에 대한 음모는 1641년과 1642년에 각각 수아송 백작과 생 마르 후작^{Marquis of Cinq-Mars}이 성직좌에서 물러날 때까지 계속됐다.

프롱드의 난

한편, 프랑스군은 상당한 이득을 얻었다. 1640년 스페인에 대항하여 일어난 카탈루냐^{Catalan} 봉기를 이용해 1642년 멸망한 페르피냥^{Perpignan} 요새 도시인 루시용^{Roussillon} 중부를 정복했다. 저지대의 아라스^{Arras}는

1640년에 점령되었다. 유럽 이외의 지역에서는 1635년 과들루프, 도미니카, 마르티니크^{Martinique}, 카옌^{Cayenne} 등 서인도 제도에 기지가 건설됐고 1638년 세네갈강 하구에 도시 '생 루이'가 세워졌다.

정치 과정의 심각한 붕괴를 나타낸 일련의 내전이라 할 수 있는 프롱드^{The Fronde}의 반란은 1648년에서 1653년 사이에 이어졌다. 마자린 내각의 정치적 상황에 대한 불안감, 전쟁이 주는 부담, 농업 생산 감소와 질병을 포함한 당시의 인구학적, 경제적 위기에서 파생된 **일반적 긴장**의 분위기가 복합적으로 반영된 결과였다. 국내의 첨예한 상황은 정책적 분쟁과 재정적 압력을 조성하여 대외 전쟁의 역할을 변모시키고 악화시켰다. 이러한 위기는 내전뿐 아니라 1651년 귀족 집회와 삼부회 소집 등 헌법상의 움직임으로도 이어졌다. 위그노들의 침묵으로 종교적인 차원의 갈등은 없었다. 그렇지만 1650~1651년, 프롱드의 기품 있는 군대가 이끈 프롱드 의회 전선^{Front de Parlementaire}'이 파리와 파리 의회를 겨냥했고, 1651년 말부터 '위대한 콩데^{Great Condé}'라 불리던 콩데의 왕자 루이가 이끄는 '스페인 프롱드'가 뒤를 이었다. 프롱드 당원들^{frondeurs}은 1652년 파리 근교 생 앙투안 전투에서 패배했다. 승리의 여부는 불투명했으나 콩테에서 스페인 사람들의 지지를 계속 받은 프롱드 당원들은 1658년부터 1659년까지 버텼다.

그러나 보르도의 급진적인 운동인 '느릅나무파^{Ormée}'는 회원이 거의 없었다. 스페인은 이 운동을 돕고자 가스코니를 침공해 개입하려 했으나 실패했다. 스페인 입장에서는 카탈루냐를 다시 정복하려면 프롱드 당이 필요했다.

프롱드당의 초창기 무렵, 대다수의 고위 성직자와 '법복귀족(the noblesse de robe, 관직의 권한과 세습에 따른 귀족 계급)'들은 왕이 신성하다는 것을 '대검귀족(the noblesse d'épée, 군복무의 대가로 봉읍을 부여받은 기사계급)'들에게 상대적으로 설득하기 힘들었다. 실제로 대검귀족은 1630년대부터 1650

년대까지 추기경들에게 저항할 기미를 보였다. 그 후, 교육을 통한 세뇌 작업이 이루어지고 왕실 군대 장교들이 더 많은 혜택을 얻으면서 효과가 나타났다. 귀족층의 질서가 제 자리를 찾아갔던 것이다. 이에 따라 엑스^{Aix}에서 오래된 귀족 가문과 신흥 귀족 가문은 비교적 유동적인 사회 구조 속에 쉽게 동화되었다. 오래된 귀족 가문과 신흥 귀족 가문 모두에게 도시가 다양한 수입과 투자의 기회, 특히 집무실을 구매할 수 있는 기회를 제공한 덕분이었다. 엘리트층 내부에서는 분열의 기미가 뚜렷하게 보이지는 않았다. 특히 대검귀족(기사 계급의 귀족)과 법복귀족(관직 귀족) 사이에 분열이 생기면서 엘리트층 내부의 분열은 약화했다. 대신, 오래된 귀족 가문들은 신흥 귀족 가문들과 거의 수준이 비슷한 집무실을 구매했고 채권에 훨씬 더 많이 투자했다. 반대로, 마을에서 성공한 사람들은 영지를 구입하고 작위를 획득했다. 이처럼 귀족 가문들과 성공한 사람들은 지주라는 지위를 확대하고 지주 질서에 순응했다. 이러한 맥락에서 정치적 분열은 기본적으로 관직이 아니라 파벌과 정치에서 발생했다. 혼인으로 귀족들의 파벌주의가 생겨났고 동화가 촉진되었으며 사회 구조가 유연해졌다.

전쟁의 폐해와 가톨릭의 자기개혁운동

전통적으로 리슐리외와 마자랭 치하의 프랑스는 전쟁, 군사적 팽창, 국가 권력의 발전이 시너지를 발휘하는 국가라는 이미지였다. 하지만 이러한 이미지는 학자들을 통해 깨졌다. 전쟁은 국가 성장을 촉진하기는커녕 기회주의적인 정치만 양산하며 심각한 부담으로 작용했다. 전쟁은 일회성 헤드라인 이벤트처럼 화제만 불러일으키고 말았을 뿐 승리와 세력 확장이라는 결과를 가져다주지 못했다. 전쟁은 그리 만만하지 않왔다. 프롱드당이 종말을 고했으나 상황은 별로 나아지지 않았다. 1654년 아라스를 되찾으려던 스페인의 시도가 실패로 돌아갔다. 1643년 프랑스는 스페인을 상대로 승리하면서 이를 대대적으로 치하했다. 하지만 1643년 스페인의 로크루아 점령은 거의 언급되지 않았다. 프랑스는 자금 문제로 압박을 받으면서 정부 운용에 지장을 받았다. 파비아Pavia(1655년)와 발렌시엔Valencienne(1656년) 전투에서 패하면서 막대한 손해를 입은 프랑스는 스페인을 상대로 합리적인 조건을 제시했다. 스페인에서는 펠리페 4세만이 프랑스가 제안한 조건을 거부했다. 이와는 대조적으로, 1658년 영국이 개입해 프랑스의 편에 서면서 프랑스는 됭케르크Dunkirk 밖에서 일어난 됭 전투Battle of the Dunes에서 수적으로 우세한 스페인을 압도했다. 이 전투 후, 됭케르크는 패했고 플랑드르에서의 프랑스가 성공을 거두면서 스페인은 항복할 수밖에 없었다.

전쟁의 기미는 1628년에서 1631년 사이에 있었다. 그러다가 마침내 전쟁은 1635년에 시작되었고 1659년 11월 7일의 피레네 조약으로서 대단원의 막을 내렸다. 프랑스는 아르투아, 플랑드르 다수 마을과 루시용을 차지했다. 그리고 포르투갈에 대한 지원을 중단하고 바르셀로나에 대한 권리를 포기했다. 게다가 피레네 조약은 루이 14세와 스페인의 펠리페 4세의 딸 마리아 테레지아의 결혼을 조건으로 내세웠다. 마리아가 약속한 거액의 지참금을 제대로 지불하지 못하면서 왕위 계승권을 포기하자 루이가 스페인 왕위를 계승할 권리를 얻게 되었다.

한편 다양한 종교집단들이 긴밀하게 연합하면서 외교와 당파 정치를 이끌었다. 뿐만 아니라 국내외에서 개신교주의에 적대적인 독실한 신자들과도 손을 잡았다. 가톨릭교회 내부에서 자기 개혁 운동이 점점 일어났다. 추기경이었던 리슐리외Richelieu와 마자랭Mazarin은 같은 가톨릭교도인 합스부르크 가문을 상대하기 위해 네덜란드나 스웨덴처럼 가톨릭 연맹에 대항하는 개신교 강국들과도 필요에 따라 손을 잡을 생각을 했다.

이와 비슷한 행보를 보인 개인이라면 뱅상 드 폴^{Vincent de Paul}(1581~1660년)이 있었다. 독실한 가톨릭 신자이지만 빈민 구제, 종교적 교육, 성직자 훈련, 해외 선교 등의 가톨릭 개혁에 앞장섰던 인물이다. 라자리스트^{Lazarist} Mission 혹은 선교회^{the Congregation of the Mission}의 설립자이기도 하다. 예수회 학생인 피에르 드 베륄(Pierre de Bérulle, 1575~1629)은 보배로운 교구 성직자들의 역할과 자질 향상을 위해 1611년에 '영성학교^{the Oratory}'를 설립했다. 1630년에 설립된 성체성사단^{the Company of the Blessed Sacrament}은 연계가 잘 되어 있는 가톨릭 비밀 결사단이다. 성체성사단은 자신들의 교회를 강화하고 자선을 베풀며 개신교 공격을 목표로 했다. 동시에 프랑스에서는 가톨릭에 도전하는 움직임도 있었다. 그 저항의 움직임은 '갈리아주의^{Gallicanism}(로마 교황의 주권에 도전해 프랑스 가톨릭의 독립을 지지하는 운동)로 교황지상권론^{Ultramontanism}(*papa ultramontano: 이탈리아인이 아닌 알프스 너머 출신의 교황)에 도전했다. 알프스산맥 너머의 로마 교황청이 최고의 권력임을 강조하는 교황지상권론은 교황을 중심으로 가톨릭이 세상을 지배해야 한다고 주장하는 사상이었다. 프랑스 개신교 신자들인 위그노들이 계속 존재하면서 종교 대립은 끝날 것 같지 않았으나 프랑스의 정치, 사회, 문화에 꾸준히 녹아 들어간 것은 프랑스 가톨릭교회였다.

현실적인 합의, 절대주의 체제

1638년에 태어난 루이 14세(재위 1643~1715년)는 1661년 마자랭의 죽음과 함께 왕권을 강화하면서 왕권을 극적으로 과시할 수 있었다. 마자랭의 신임을 받아 재무장관이 된 니콜라 푸케^{Nicolas Fouquet}는 '보르비콩트^{Vaux-le-Vicomte}' 궁전을 지었다. 루이 14세는 푸케의 궁전을 질투했다. 그런데 푸케는 몰락하면서 감옥 안에서 생을 마감했다. 푸케는 알렉상드르 뒤마^{Alexandre Duma}의 소설 『철가면』(1847~1850년)에서 영웅적인 역할로 등장한다.

루이 14세는 사회를 움직이는 엘리트층과 골고루 원만한 관계를 맺는 파격적인 행보를 보여주었다. 하지만 이러한 관계는 추기경들의 강력한 입김 때문에 끝이 나고 말았다. 추기경들은 받은 만큼 갚을 줄 아는 엘리트들만을 지지한 것이다. 추기경들은 왕실이 모든 귀족에게 우호적일 필요는 없다는 생각을 분명히 밝혔다. 그리고 추기경들은 프랑스와 스페인의 오랜 분쟁을 종식하지 못해 고군분투했다. 프랑스와 스페인은 아직 1659년 평화 협정을 맺기 전이었다. 마침내 프랑스와 스페인은 평화 조약을 맺었다. 그러나 이는 마치 오랜 싸움 끝에 겨우 얻은 승리처럼 진이 빠진 상태에서 얻은 평화였다.

루이 14세는 뼛속 깊이 보수주의 성향이었다. 상대적으로 급진적인 성향이 강했던 러시아의 표트르 대제(재위 1682~1725년)와 확실히 비교되는 부분이었다. 루이 14세는 중앙집권화와 관료회로 대표되는 절대주의보다는 귀족들과 광범위하게 연합하는 방식을 선택했다. 이에 따라 프랑스는 안정되었고 16세기 초 르네상스 군주국이 부활한 것 같았다. 동시에 루이 14세는 이전의 국왕들에 비해 강력한 국가를 중시하는 통치 방식을 보여주었다. 덕분에 루이 14세의 통치 아래에서 세수가 늘어났고 육군과 해군의 규모가 커졌다. 1690년대에는 2만 명이 넘는 귀족들의 군복무가 이루어졌다. 프랑스에서 이러한 규모의 군복무는 처음이었다.

프로방스^{Provence}와 랑그독^{Languedoc}을 연구해 보면 17세기 전반에 귀족들은 왕권이 더 이상 확대되지 못하게 막으려 했다는 것을 알 수 있다. 왕권이 지나치게 확대되면 자칫 무소불위의 권력을 휘두르던 리슐리외 재상과 마자랭 재상처럼 인기가 떨어질 가능성이 있었다. 이와는 반대로 1660년대부터 프로방스와 랑그독, 그리고 그 이외의 곳에서 중앙 정부의 국가 건설 프로그램과 지방 귀족들의 이해관계는 잘 맞아떨어졌다. 무질서보다 안정을 선호하는 마을들에서도 비슷한 성향이 나타났다. 중앙 정부와 지방 귀족들의 타협으로 시대착오적인 절대주의가 가능했다고 평가하는 학자들도 있었다. 하지만 이러한 해석으로 후대의 학자들이 절대주의가 현실적인 합의라는 것을 제대로 평가하지 못하는 일이 생겼다. 동시에 이 역사 수정주의는 논쟁을 낳았다. 왕실의 권위가 강해진 것은 협의를 하기 힘들었던 상황 때문에 지방 귀족들과 마을 주민들이 무조건 왕실을 따라야 했다는 편견을 심어줄 수 있기 때문이다.

흔히 루이 14세가 지방에 강력한 공무원에 해당하는 지사^{Intendant}를 보내 중앙 정부의 의지를 관철했다는 면이 강조되고는 한다. 하지만 이러한 관점으로만 보면 지사들의 실체가 과장될 수 있다. 사실, 지사들은 생각보다 영향력이 크지 않았다. 그들은 지방 의원들과 협력해야 했고 주로 귀족 출신이던 지방의 고급 공무원들의 말을 따라야 했다. 상황이 이렇다 보니 보수적인 성향의 루이 14세는 변화를 모색해야 할 일이 없었으며 군대 규모를 늘리고 세금을 인상하는 정책을 고수했다. 지사들은 루이 14세가 필요로 하는 재정과 군대를 얻을 수 있도록 도우며 기존의 메커니즘을 유지하는 역할을 했다. 지사들은 변화를 이끄는 행정 주역도 아니었고 절대 권력과 중앙집권을 상징하는 국왕의 대리인도 아니었다. 실제로 지사들은 매수를 당하기도 했고 '국가' 통치자의 명령에 좌지우지되었다. 따라서 지사들이 지방에서 국왕을 대신해 큰 영향력을 지녔다는 주장은 한층 의심스럽다.

루이 14세는 집무실을 임대해 부를 늘리기도 했다. 프랑스의 재정에서 특히 중요한 방식이었다. 집무실은 세금 면제의 혜택을 받았기 때문에 국가 재정에 그리 크게 기여하지 않았으나 영업자원으로는 충분히 활용할 수 있었다. 이후에 많은 집무실을 위해 차례로 새로운 면세 제도가 도입된 것은 더한 아이러니였다. 집무실 임대는 세금대납제(tax farming, 타인의 세금을 대납하고 폭리를 부가하여 징수하는 제도)와 마찬가지로 왕이 자금을 단번에 획득하는 수단이 됐다. 생산보다는 투자로 수입을 얻는 방식으로 미래의 세금 수입원이 됐다. 좀 더 긍정적으로 본다면, 소작농 세입자들로부터 들어오는 임대소득(간접세)이 감소하자 여유로운 계층에게 직접세를 부과한 셈이었다. 이처럼 집무실 임대로 왕실과 귀족층은 이익을 공유했다. 이익을 공유하면 긴장감도 흐르는 법이었으나 왕실과 귀족층은 서로의 역할에 충실했기에 정부와 정치가 안정됐다. 귀족이 군복무를 하면 왕실은 해당 귀족에게 집무실을 임대하고 면세 혜택을 주었다. 왕권과 귀족의 이익 분배 시스템을 그대로 보여주는 형태였다.

종교전쟁 때처럼 귀족들이 기사단을 소유하는 경우는 더 이상 없었지만, 왕실 군대에 끼치는 영향력은 여전했다. 이는 절대주의^{Absolutism}의 한 부분으로 민관 공공 협정이라는 새로운 물결을 보여주었다. 이러한 시스템 속에서 왕권은 영향력과 권위를 펼쳤으나 한계를 보이기도 했다. 정부가 군사력을 늘릴 수 있었던 것은 대부분 귀족계층이 군복무를 했기 때문이다. 따라서 왕실은 귀족계층을 억압하기 힘들었고 귀족계층이 자체 군사 활동을 하는 것도 제한하기 힘들었다. 그래도 귀족계층이 왕실 군대에 복무하면서 긍정적인 점도 있었다. 왕실 입장에서는 안정적인 정규군을 확보할 수 있는 채널이 생긴 것이다. 대신, 귀족계층의 앙숙 간에 반목과 결투 같은 문제가 생기면 막기가 힘들었다. 귀족들이 서로 군사적으로 손을 잡고 세력을 키우는 것도 문제였다. 프랑스 군대에 관한 1678년의 영어 자료에 따르면, 왕실 군대는 26만 5,000명의 병력을 보유하고 있었다. 하지만 부정 방지책이 마련되어 있어도 허점이 있었기 때문에 병력 중에서 적어도 5분의 1은 계략적으로 수가 부풀려졌을 수도 있다.

게다가 귀족 출신의 장군들이 정책에서 중요한 역할을 했더라도 항상 유익을 주는 것은 아니었다. 그럼에도 귀족들은 궁정에서 중요한 존재였다. 특히 왕궁에서 생활하는 귀족들은 왕과 한편이 되어 군주를 지지했다. 이 경우에는 왕과 귀족들은 운명의 공동체였다. 사냥 대회는 왕과 귀족들이 어울리는 또 다른 사교의 장이었다. 한편, 궁중 발레는 왕실의 명령에 따라 귀족적 예의를 갖췄다. 물론 귀족 대부분은 궁정과 이런 식으로 긴밀한 관계를 맺지 못하고 주로 자기 영지에서 시간을 보냈다. 그래도 귀족사회는 중앙 정부와 지방을 연결하는 역할을 하면서 궁정과 우호적인 관계를 맺었다.

반란을 진압하다

1702~4년의 프랑스 남부 세벤느^{Cévennes}에서 위그노의 칼뱅파들(카미자르Camisards)이 반란을 일으켰다가 실패한 일을 제외하면, 1675년은 1789년 혁명이 일어나기 전에 프랑스에서 마지막 대규모 반란이 일어난 해였다. 정규군대는 1662년 불로뉴, 1670년 비바레^{Vivarais}, 1675년 보르도와 브르타뉴에서 일어난 반란을 진압했다. 세비네 후작^{Marquise de Sévigné}은 봉기가 진압된 이후에 교수형을 당한 수많은 농민의 시체가 어찌나 많던지 그 무게를 이기지 못한 브르타뉴의 나무들이 한쪽으로 기울어졌다고 표현했다. 파리에서는 1588년과 1648년에 반란 세력이 왕실 군대에 맞섰으나 1789년 전까지는 더 이상 반란은 일어나지 않았다.

위그노 교도들이 강제 개종에 반대하면서 일으킨 세벤느^{the Cévennes} 반란^{Huguenot Camisards}는 1685년 퐁텐블로 칙령^{Edict of Fontainebleau}으로 낭트 칙령이 파기된 것이 원인이었다. 왕실 군대는 상당히 가혹한 방식으로 반란을 진압했다. 양측은 서로의 포로를 살해하며 종교적 갈등을 보여주었다. 왕실 군대는 반란을 제압하는 과정에서 많은 사람들을 죽였다. 위그노들이 일으킨 반란은 스페인 왕위 계승 전쟁(1701~1714년) 중에 발생했다. 하지만 위그노들은 스페인에 큰 도움이 되지는 못했다. 프랑스 편에 선 영국군의 함대가 지중해에 주둔해 있었기 때문이다. 위그노들은 반란을 일으킨 벌로 활동에 큰 제약을 받았으며 이러한 제약은 1787년이 되어서야 완화됐다.

그런데 위그노들이 일으킨 세벤느의 봉기는 어디까지나 변방 지역에서 일어난 것으로, 프롱드의 난^{the Fronde}처럼 중심지에서 일어난 사건이 아니었다. 게다가 성인이 된 루이 14세는 미성년 때와는 달리 불안감과 위기를 겪지 않았다. 성인이 된 루이 14세의 통치 시기는 할아버지 앙리 4세와 아버지 루이 13세의 시기에 비해 안정적이었다. 루이 14세의 후계자인 증손자 루이 15세(재위 1715~1774년)는 루이 14세와 루이 13세에 비해 미성년의 시기를 상대적으로 안정된 국내 정세 속에서 보냈다.

프랑스-네덜란드 전쟁(1672~1678)

루이 14세의 후계자들은 실로 인상적인 정치적 유산을 물려받았다. 공화제 3기인 1890년대에 어느 정도 기반이 잡히기까지 19세기의 정권들은 불안정한 상황 속에 있었다. 이에 비해 18세기는 초기에 상황이 꽤 괜찮았다. 유럽은 루이 14세의 업적과 깜짝 놀랄만한 야망에 경의를 표했다. 루이 14세 시절의 프랑스는 일련의 전쟁으로 꽤 비용을 치렀지만 그만큼 영토를 확장했다. 하지만 루이 14세는 말년에 잇단 실책으로 프랑스 내에서 비판받았다. 일찍이 루이 14세의 왕조와 영토 확장 정책은 광범위한 지지를 받았다. 전쟁은 국가 권력의 초석을 다지는 수단이기도 하기 때문이다. 1734년, 루이 14세의 손자인 스페인의 펠리페 5세는 무사히 살아남았다. 펠리페 5세는 프랑스 왕권의 정치적 안정을 위해서 전쟁은 필수라고 프랑스 사신에게 전한 바 있다. 루이는 전쟁을 성공적으로 이끌 수 있는 전술도 보여주었다. 이를 전하는 것이 프랑스 역사가 할 일이었다.

루이 14세는 처음부터 호전적인 정책을 구사했다. 루이 14세가 첫 번째로 일으킨 전쟁은 스페인 왕권 계승을 놓고 벌인 상속 전쟁 (1667~1668)으로 비교적 소박했다. 이후에 피레네 평화 조약 이후에 루이 14세로부터 용서를 받은 콩데, 그리고 투렌 자작^{Viscount Turenne}인 앙리의 지휘를 받으며 프랑스군은 프랑슈콩테와 플랑드르^{Flanders}를 정복했다. 하지만 루이 14세는 네덜란드와 잉글랜드의 개입을 예상해 압박감을 느꼈다. 그 결과 루이는 1668년에 조건을 수락하고 프랑슈콩테를 반환했지만 릴^{Lille}과 투르네^{Tournai}는 지킬 수 있었다. 전쟁은 성공적으로 보였으나 생각보다 프랑스가 얻은 이익은 크지 않았다. 1667년 폴란드와의 전쟁에서 러시아가 얻은 이익보다도 못했다. 서유럽의 이인자 국가들이 연합해 루이 14세의 지배적 힘이 더 이상 강해지지 못하도록 저항하기도 했다.

루이 14세는 영토 확장에 방해되는 공화주의 국가들에 분노했다. 루이 14세는 1672년 네덜란드 공격에 앞서 국가를 고립시켰지만, 네덜란드가 제방을 돌파하는 바람에 더 이상 진전시키지 못했다. 이 전쟁이 외교적으로나 군사적으로 어떻게 전개될지 조금도 예측을 할 수 없었으나 프랑스는 빠르게 승리를 거두고 있었다. 네덜란드가 조건을 제시했지만, 루이 14세는 더 많은 영토를 차지하려고 했고 네덜란드에 가톨릭 예배를 받아들이라고 하는 등 과도한 요구를 했다. 루이 14세는 합스부르크 가문을 대신해 가톨릭의 수호자가 되어 명성을 얻고 싶은 욕심이 있었던 것이다. 이후로 전쟁의 양상이 달라졌다. 부분적인 원인은 루이 14세의 지나친 자만심과 불안한 통솔력이었다. 그리고 또 다른 원인은 루이 14세를 지지하는 세력의 불안정한 연합이었다. 신성 로마 제국의 황제 레오폴트 1세(재위 1658~1705년)가 프랑스와 전쟁을 벌이는 동안, 영국은 1674년에 루이 14세를 버렸다. 전쟁은 이어졌으나 프랑스군은 승전고를 울리지 못했다. 프랑스 내부에서는 전쟁 비용을 충당하기 위해 세금이 높아지면서 백성들이 허덕이다 못해 1675년에 봉기를 일으켰다.

마침내 네덜란드 전쟁은 1678년의 네이메헌 조약Treaty of Nijmegen으로 끝이 났다. 이 조약으로 루이 14세는 프랑슈콩테, 프라이부르크, 부이용 그리고 더 많은 스페인령 네덜란드 땅을 차지하게 되었다. 루이 14세가 예상한 것과 달리 전쟁 이후에 네덜란드가 큰 타격을 입은 정도는 아니었다. 하지만 전쟁의 결과 자체가 루이 14세에게는 충분히 성공과 영광을 안겨주었다. 이 전쟁으로 루이 14세는 유럽 개신교를 이끌어가는 통치자라는 자부심이 높아졌다. 비록 루이 14세가 종교 행사까지 주관할 수 있는 것은 아니었어도 이 정도의 자부심이면 충분했다. 1684년 프랑스 함대는 선전포고 없이 제노바를 향해 13,000개의 포탄을 발사했다. 스페인을 동맹국들로부터 차례로 떼어놓으려는 프랑스의 전략이었다. 이처럼 외교를 대하는 루이 14세의 태도는 점점 안하무인이 되었다. 이어서 프랑스는 인도-수라트 Surat(1667)와 인도 남부의 퐁디셰리 Pondicherry(1674), 서아프리카-고레 섬Gorée(1674), 루이지애나 Louisiana(1699) 등 해외로도 기지를 넓혔다.

호전적인 루이 14세 덕분에 북동쪽, 동쪽, 남쪽 국경을 중심으로 근대적 형태의 프랑스가 점차 만들어졌다. 그의 영토 확장으로 브장송, 됭케르크, 릴, 페르피냥, 스트라스부르는 프랑스 왕가의 소유가 됐다. 하지만 프랑스의 동화정책 강요로 프랑슈-콩테, 릴, 특히 1681년 합병된 스트라스부르에서는 강한 반발과 부딪쳤다.

프랑스의 요새들

프랑스 왕가가 새롭게 소유한 이곳들은 요새가 되었다. 여기에는 상당한 비용이 투입되었다. 새로운 스타일의 요새 설계는 성과 같은 방어시설로 적을 공격하는 '공성전'과 요새 건설의 대가로 통하던 세바스티앙 르 프레스트르 드 보방Sébastien Le Prestre de Vauban이 맡았다. 리슐리외 Richelieu는 『정치 유언 Testament Politique』(1688)에서 요새화를 통해 국경을 강화할 것을 주장했다. 루이 13세 치하에서는 알프스 변경 지역의 피네롤로Pinerolo(후에 포르 루이Port Louis로 명칭 변경)는 1616-22년에 5개의 새로운 요새가 추가되었다.

1637년에 반달이나 초승달 모양으로 완성된 성채는 브리삭 원수 Marshal Brissac에 의해 재건되고 강화됐다. 하지만 무엇보다 루이 14세 치하에서 주목할 것은 방어가 취약할 수밖에 없는 변방을 지키기 위한 시도가 체계적으로 이루어졌다는 것이다. 북동쪽 지역을 위한 2중 요새들이 좋은 예다. 이는 지정학적 요인, 특히 현대 벨기에에 기반을 둔 적대 세력이 파리 가까이에 있다는 불안감, 변경 지역의 높은 인구 밀도, 유용한 자원의 보호, 강을 잇는 뛰어난 교통기관늘, 1636년 프랑스로 진격한 스페인 군대의 재도발 방지 등을 반영한 것이었다.

1678년 요새 사령관으로 임명된 보방은 아라스Arras, 아스Ath, 블라이 Blaye, 브리앙송Briançon, 릴Lille, 몽도팽Mont Dauphin, 몽루이Mont-Louis, 뉴브레이사흐New Breisach 등 33개의 새로운 요새 건설과 벨포르Belfort, 브장송, 랑도Landau, 몽메디Montmédy, 시스트롱Sisteron, 스트라스부르, 투르네 등의 더 많은 요새의 개보수를 감독했다. 예를 들어, 아라스, 바욘, 블레이, 메독 요새, 릴, 몽트뢰일쉬르메르, 빌프랑슈드콩플랑트에서 이러한 요새들은 흔치 않았다. 그리고 벨포르는 여전히 가동되는 인상적인 요새를 보유하고 있으며 카마레트쉬르메르Camaret-sur-Mer는 해상 요새를 연상시키는 요새를 갖추고 있다.

이는 변치 않는 가치를 지닌 요새들이라고 할 수 있다. 1667년 보방이 지휘한 공성전에서 릴은 프랑스가 점령하게 되었다. 원래 스페인에 점령되었던 릴이 이번에는 프랑스에게 점령된 것이다. 이후 1668년 엑스 라 샤펠의 평화 조약$^{Peace\ of\ Aix-la-Chapelle}$으로 프랑스의 영토가 된 릴은 보반을 통해 요새화 지역이 되었다.

400명의 인원이 3년 동안 성채를 정비해 1,200명의 병력을 갖춘 기지를 구축했다. 주요 출입구인 루아얄 광장$^{Place\ Royale}$은 직접적인 타격을 피하도록 도개교^{Drawbridge}에 비스듬히 세워졌다. 비록 1708년에 영국에게 함락되었을지언정(이후 평화 조약으로 반환) 여전히 인상적인 모습을 한 성채는 1744년 영국이나 1792년 오스트리아에 점령되지는 않았다. 또한 완벽한 성공까지는 아니더라도 1940년 릴의 방어 체계는 독일의 영국해협 진격을 지연시키는 데 큰 역할을 했고, 이후에 됭케르크에서 영국군과 프랑스군이 신속하게 탈출할 수 있도록 돕기도 했다.

성채와 화포 기술에서 보여준 보방의 능수능란함은 화약 시대 이전부터의 내려온 프랑스 기술의 정수를 그대로 보여주었다. 보방은 보병과 화약의 융합을 주된 방어 전략으로 삼았는데 이는 새로운 접근방식은 아니었다. 다만 강력한 방어에 투자한 프랑스의 남다른 능력만큼은 참신함 그 자체였다. 예컨대, 라인강의 주요 횡단로를 통제하고 독일 남부로 가는 길을 열기 위해 건설된 뇌프 브히샤슈$^{Neuf-Breisach}$에는 1698년과 1705년 사이에 거의 3백만 리브르의 비용이 들었다. 또한 보방은 브레스트, 툴롱, 로슈포르의 요새화에도 크게 기여했다. 이는 루이 치하에 해군을 대대적으로 강화하는 과정에서 일어난 일이다. 덕분에 한동안 프랑스는 세계에서 가장 큰 해군을 보유했다. 돌^{Dôle}과 브장송과 마찬가지로 공성전에서도 프랑스의 지배력이 드러났다.

태양왕 루이 14세

한편, 루이 14세의 승리를 이끄는 데 결정적인 역할을 한 보방의 요새들은 '과시하는 쇼'와 같은 측면도 있었다. 1672년 라인강을 가로질렀던 분쟁과 마스트리흐트 Maastricht(1673), 헨트 Ghent(1678), 몽스 Mons(1691), 나무르 Namur(1692)의 포위전은, 샤를 르 브룅 Charles Le Brun의 그림 <프랑슈 콩테 제2차 정복 The Second Conquest of the Franche-Comté>(1674)처럼 종교적 예배, 기념비적인 전시, 회화작품을 통해 예찬하는 대상이 되었다. 또한 루이 14세는 르 브룅의 그림 <그리스도의 부활 The Resurrection of Christ>(1674)처럼 다른 주제의 예술 작품에서도 전사로 등장했다. 루이 14세는 자신의 왕권을 화려하게 장식하기 위해 아낌없는 투자를 했다. 특히 루이가 자신의 권력이 절대적임을 선포한 1664년에 베르사유궁 건설이 착공됐다. 1686년에 완성된 '전쟁의 방 Salon de la Guerre'에서 조각가 앙투안 쿠아즈보 Antoine Coysevox는 루이 14세를 전쟁의 신 마르스 Mars로 표현했다.

게다가 왕가의 기념비들, 개선문, 기념비적인 거리 등을 레퍼토리로 한 파리의 건축물 자체가 수도인 파리뿐만 아니라 군주제의 화려함을 드높이기 위해 설계됐다. 파리의 확장은 왕궁들의 건설, 룩셈부르크 궁, 팔레 루아얄 궁, 프랑스 연구소 Institute de France, 천문관측소 Observatoire, 앵발리드 Invalides(노인, 장애인, 군인들을 위한 집과 병원 시설)를 포함한 주요 프로젝트들을 통해 이루어졌다. 윌리엄 마일드웨이 William Mildway는 파리 광장을 다음과 같이 묘사했다.

> 방돔 Vendôme 광장의 조각상은 화려함의 극치다. 특히 가운데에는 찬란한 글귀가 새겨진 루이 14세의 대형 기마상이 있다. 또 다른 루이 14세의 조각상은 승리의 광장 the Place de Victoire에 세워져 있다. 2단 구조의 조각상 윗부분에는 승리의 여신이 루이 14세의 머리에

VI. 피에르 파텔Pierre Patel이 그린 <베르사유 궁전의 전경Aerial View of the Palace of Versailles>(1668). 피카르디Picardy에서 태어난 파텔(1605~1676년)은 파리에서 활동하며 주로 고전적인 양식으로 풍경화를 그렸다. 또한 성서를 주제로 한 작품을 그리기도 했다.

> 월계관을 씌우고 있다. 루이 14세의 발밑에 있는 조각상은 루이 14세가 정복한 네 개의 나라를 상징하는 것 같다. 그리고 파리에 있는 모든 문은 루이 14세가 이룬 주요 영웅적인 업적들을 섬세한 조각으로 장식해 표현한 수많은 개선문일 뿐이다.

왕실의 도상학에서 군주제는 곧 프랑스로 표현됐다. 프랑스 왕실을 화려하게 상징하는 도상학은 루이 14세 때 강력하게 추진되었기에 이후에는 제대로 효과를 발휘하지 못했다. 루이 14세의 이미지를 만들기 위해 교묘한 기교들이 동원됐다. 하지만 지속적으로 지지해 주는 순수한 숭배 집단이 없어서 이후에는 별다른 영향력이 없었다. 루이 14세의 왕권은 미화된 영웅 숭배 문화의 중심이 됐다. 사회를 통합하려던 루이 14세의 통치에서 핵심을 이룬 것은 '루이 14세를 향한 숭배 작업'이었다. 이러한 작업은 앙리 4세와 비교해 더욱 과시적인 조형을 통해서 이루어졌다.

프랑스의 영광을 강조하는 작업은 프랑스를 중심으로 한 지도 제작에서도 나타났다. 지도에는 프랑스가 과거에 성취한 업적이 그대로 나타났다. 이는 역사를 근거로 부르봉 왕실의 영토 확장이 정당했다는 것을 강조함을 물론, 엘리트층의 애국심을 장기적으로 높이기 위한 작업이기도 했다. 그래서 니콜라 상송Nicolas Sanson은 카이사르의 갈리아 전쟁에 대해 지리학 관점에서 주석을 단 지도 제작을 제안했다. 상송의 지도에는 갈리아 고증(Galliae antiae, 1642), 갈리아베투스Gallia vetus(이전 C. Julii Caesaris commentariis descria (1649))이 포함됐다. 지도 제작자 베르시Bercy는 약 1680년에 클로비스 치하의 프랑스 지도를 두 개의 판본으로 만들었다.

그러나 권력의 스타일에도 변화가 있었다. 루이 14세의 이미지는 말년에 바뀌었다. 신회의 주제로 등장했던 루이 14세는 발년에는 사회 문제를 해결하기 위해 노력하는 정책을 내세우는 군주의 모습으로 주로 등장했다. 1700년대의 귀족 입헌주의도 비슷한 시도이지만, 기독교적 이상을 바탕으로 정부와 사회를 압박하는 것이 목적이어서 루이 14세의 시도와는 달랐다. 슈브뢰즈Chevreuse, 페넬롱Fénelon, 생시몽Saint-Simon, 보빌리에Beauvilliers과 같은 귀족들은 야망과 계획을 위해서 정부 구조 개혁에 기꺼이 동참하는 절대군주가 필요했다. 심의회를 통한 군주와 백성의 연합을 바라는 귀족들도 있었으나, 귀족의 대부분은 여전히 절대권력을 유지한 가부장적 국왕을 원했다.

절대 왕정 시기 다양한 발전들

이처럼 매우 다양한 '원조 계몽주의'proto-Enlightenmen'에는 또 다른 특징이 있었다. 르네 데카르트René Descartes(1596~1650년)의 수학적이고 철학적인 연구에서 파생된 논리를 강조하는 것이었다. 데카르트는 연역적 추론과 수학적 추상성을 기반으로 한 『방법론Discours de la methode』(1637)(신의 이성이 아닌 인간의 평등한 이성으로 진리를 확보할 수 있다는 친 지동설적 그의 지론)에서 우주에서 일어나는 운동을 강조했다. 우주에서 일어나는 운동에 관한 데카르트의 생각이 잘 드러나는 저서가 『철학 원리Principes de la phosophie』(1644)이다. 기계화된 우주를 강조하는 내용은 수학자 피에르 가센디Pierre Gassendi(1592-1655)의 저서 『천문학 연구소the Institutio astronomica』(1647)에서도 볼 수 있었다. 데카르트의 소용돌이 공간론은 물질의 소용돌이와 그에 따라 작용하는 중력으로 구성된다는 이론이다. 이를 반박한 과학자가 아이작 뉴턴이었다. 그래도 규칙적이고 예측이 가능한 진행과 힘을 강조한 것은 데카르트와 뉴턴의 공통점이기도 했다.

1667년에는 파리 천문대가 설립됐다. 수석 연구원 장 도미니크 카시니Jean-Dominique Cassini는 목성 위성들의 일식을 예상할 수 있게 했다. 이에 따라 육지의 경도經度를 결정할 수 있었다. 카시니Cassini가 천문대에 설치한 물리적 공간인 '지리적 평면구형도Planisphère Terrestre'는 통신원들로부터 들어오는 천문학 정보와 지구의 세부적인 지리적 특징을 정확히 기록하기 위해 만들어진 것이다. 지리적 평면구형도는 1696년에 인쇄 버전으로도 등장했다.

다른 중요한 학문 발전도 있었다. 베르나르 르 보비에 드 퐁트넬Bernard Le Bovier de Fontenelle(1657~1757)은 저서 『고대인과 근대인에 관한 서사Digression sur les anciens et les modernes』(1688)에서 고대인들에 대항한 모

더니즘을 옹호했다. 그리고 『다중 세계에 관한 대담 Entretiens sur la pluralité des mondes』(1686)에서는 우주의 본질을 설명했으며 『신탁의 역사Histoire des oracles』(1687), 『신화의 기원De l'origine des fables』(1724)처럼 신화의 창조와 전파를 이성적 방식으로 평가한 시도도 있다.

예술은 학문과는 다른 방향을 추구했으나, 역시 상당한 발전을 보였다. 정적이기보다는 혈기 왕성한 이탈리아 바로크와 독특한 프랑스 고전주의French Classicism는 분명히 달랐지만, 서로 연관성은 있었다. 회화에서 니콜라 푸생Nicolas Poussin과 클로드 로랭Claude Lorrain은 이탈리아와 비슷한 신화적인 그림들을 그렸지만, 건축에서 루이 르 보Louis Le Vau, 그후의 쥘 아르두앵 망사르Jules Hardouin-Mansart의 작품은 이탈리아의 스타일과는 확실히 달랐다. 프랑스의 고전주의 양식은 루브르 박물관의 동쪽 정면과 베르사유에도 많이 보였다. 예술계에서 더욱 중요한 것은 왕실에게 받는 인정이었다. 피에르 코르네유 Pierre Corneille와 장 밥티스트 몰리에르Jean-Baptiste Molière가 연주한 장 밥티스트 륄리Jean-Baptiste Lully의 음악은 왕실의 지지를 받았다. 왕실과 함께 교회도 예술의 주요 후원자였다. 이 시기의 예수회 대학들도 주요 교회들(고전 로마 가톨릭)만큼이나 주요 예술 후원자였다.

이러한 사회 배경 속에서 동행하기 어려운 것이 얀센주의Jansenism였다. 얀센주의는 종교전쟁 이후에 종교를 강력하게 유지해야 하고 종교를 이성적 현상으로 다루지 말고 신비를 간직하게 해야 한다고 강조했다. 얀센주의는 원래 17세기 초의 신학 운동으로, 아우구스티누스Aurelius Augustinus(성 어거스틴, 초대 개신교의 위대한 철학자이자 사상가)적 관념을 재검토해 하느님의 능력이 인간의 이해를 초월한다는 것 대신 인간이 자기 능력으로 구원에 이를 수 있다는 능력에 의문을 제기했다(개신교의 믿음에 의한 구원론에 반한 선행을 계속하면 구원을 받는다는 가톨릭의 가르침에 대한 반박). 프랑스의 종교 생활을 통일시키고 싶어하던 루이 14세는 하느님의 전능을 대변하는 세속적 기독교 권위자들을 부정하는 이 '믿음'이 탐탁지 않았다. 루이 14세는 이러한 '믿음'이 불러온 가톨릭 내부의 분열에도 불만을 느꼈다.

교황청과 연합한 얀센주의자들에 대한 탄압은 1700년대에 강화됐다. 이 연합에 거부감을 느끼고 맞선 것은 프랑스 교회와 파리의 의회였다. 프랑스 교회와 파리의 의회는 교황의 절대권을 제한하려는 갈리아주의를 옹호하고 있었기 때문이다. 얀센주의는 가톨릭 국가에 전쟁터를 방불케 하는 대립의 장을 제공했다. 아직 세력이 미약한 프랑스의 개신교에 비해 얀센주의는 가톨릭 국가에 심각한 도전이 되었기 때문이다. 얀센주의가 교황, 주교, 의회 사이에 주도권 싸움을 자극한 도화선이 된 셈이다. 이와 관련된 이슈가 1760년대까지 의미심장하게 다뤄졌다.

17세기 프랑스가 이룬 경제 발전에는 운하의 건설이 포함된다. 툴루즈에서 지중해에 가까운 에탕 드 타우^{Étang de Thau}를 연결하는 미디^{Midi} 운하(1666~81, 원래 이름은 왕립운하^{the Canal Royal en Languedoc}, 1789년 프랑스 혁명가들에 의해 개명) 사이에 센강과 루아르강을 잇는 브리아르^{Briare} 운하(1604~42)에 이어 오를레앙^{Orléans} 운하(1676~92)가 구축됐다. 앙리 4세, 리슐리외, 루이 14세가 특별히 후원한 것은 대외 무역과 공장 설립에 관한 계획이었다. 중상주의^{mercantilism}로도 알려진 경제적 개입주의(혹은 국가 개입주의^{state interventionism})는 장 밥티스트 콜베르^{Jean-Baptiste Colbert}가 주장했다. 콜베르는 국가가 비용 지출을 통제해야 한다고 했다(프랑스가 경제적으로 네덜란드와 경쟁할 수 있는 능력을 높이는 것이 목적이었다).

1665년부터 재무장관을 지내다가 1669년부터 해군 장관이 된 콜베르는 1683년 사망할 때까지 이 두 가지 직을 역임했다. 콜베르는 생산 정량화를 통해 개발 전체를 이해하고 관리하고 싶어 했으며 제조업 정보를 제공하는 왕실 법령 시행 기구인 검사단을 설립했다. 1660년대에

콜베르가 제시한 독창적인 정책 덕분에 프랑스 정부는 장기적으로 통계학 기초를 발전시켜 빠른 변화에 탄력적으로 대응할 수 있게 되었다.

1663년 지방 왕실 관리들은 담당 지역에 대한 정보를 수집하라는 지시를 받았다. 이는 왕실의 지역 시찰이나 개인적 인맥과는 매우 다른 통제 수단이었다. 게다가 프랑스 지도는 효과적인 측량술과 천문학에 힘입어 더욱 발전했다. 1679년 시작된 장 파카르Jean Picard와 필립 드 라 이르Philippe de La Hire의 측량술로 과거에 프랑스에서 너무나 멀리 떨어진 바다에 그려진 해안선을 바로 잡을 수 있었다. 이에 따라 프랑스의 실제 크기는 이전에 막연히 생각되던 프랑스의 크기에 비해 훨씬 작다는 것이 밝혀졌다.

해결되지 않은 문제들

개선되던 문제들도 있었지만, 여전히 해결되지 못한 문제들도 있었다. 정부의 신용도를 상승시킬 목적으로 이루어진 금융 메커니즘 조작은 난제 중 하나였다. 세부 항목까지 연구하다 보면 정부가 보유한 물자가 실제로는 더 적다는 사실을 알게 된다. 예를 들어, 새로운 동전들이 자재 부족으로 출하가 지연되자 파리 조폐국은 1701년에 옛 동전들, 그리고 금괴의 소유주들에게 지불할 증명서들을 발행한다. 참고로 이 증명서들은 '비예 드 므느와billets de monnoye'로 알려진 지폐의 조상 격이었다. 하지만 이처럼 남발되는 발행으로 인해 돈의 액면 가치가 하락하는 결과가 나타났다. 이렇게 얻은 부당한 세금 수입은 루이 14세가 스페인 왕위 계승을 둘러싸고 벌인 전쟁(1701~1714년)에 필요한 자금으로 흘러들었다.

이를 위해 루이 14세는 수령총독부나 조세총독부처럼 왕실 재정 관련 기관들로부터 자금을 빌리고 채권들을 발행했다. 1708년까지 이렇게 발행된 총액은 약 8억 리브르에 달했다. '비예 드 므느와'는 8억 달러를 2억 5,000만 리브르의 국채$^{billets de l'état}$(비예 드 레타)로 전환해 일부는 지불이 거절됐다. 하지만 새로운 증서는 이전의 증서처럼 청구서 지불에는 사용됐으나 세금으로 받아들여지지 않는 한계가 있었다. 지폐의 가치 변동은 교역을 방해하는 요소로 작용했다. 비록 채무불이행의 조짐을 보여도 고소는 면했지만 국채에 대한 신용은 전반적으로 추락했다. 어쨌든 정부 자원에 한계가 있음을 보여주는 정책이었다.

또한 경제성장을 위해 근본적으로 필요한 것은 문화 자원이었다. 베르사유에 사는 통치자들은 상징성은 강했으나 세계 무역과 금융의 중심지인 런던의 정부와 의회와 비교하면 경제생활과 해외 활동의 역동적 힘에 노출될 기회가 적었다. 여러 프랑스 항구는 매우 활발히 이용되었고 루아르강도 선박들로 활기가 돌았으나 정치와 무역 활동이 집중된 런던과는 상대가 되지 못했다. 대신, 프랑스의 농업 규모는 경제와 공공 재정을 받쳐주는 원동력이었고, 서유럽이나 중부 유럽의 다른 어떤 주보다도 대규모의 인구를 유지하던 프랑스의 정체성을 보여주었다. 게다가 인구수는 해군만큼이나 대규모 병력을 배치하는 데 꼭 필요한 원동력이었다.

프랑스가 지닌 이런 장점들에 취해 루이 14세는 꽤 교만해졌다. 결국 이러한 루이 14세의 자만심은 과시적인 확장으로 나타났고, 여기에는 한계가 있다는 교훈적인 이야기로 끝났다. 이는 전쟁, 국제 관계, 기독교의 화합, 경제와 재정 등 여러 면에서 나타났다. 루이 14세의 통치 아래서 1680년대 후반부터 여러 곤란한 문제들이 늘어났다.

루이 14세의 가장 큰 시련은 가족에게 찾아왔다. 장손인 황태자 그랑 도팽 루이, 맏손자이자 부르고뉴의 공작인 루이, 그리고 첫째 증손자이자 브르타뉴의 공작인 루이 모두 1711~12년에 천연두나 홍역에 걸린 것이다. 셋째 증손자인 브르타뉴 공작 루이만이 온전히 살아남았다. 상황은 예측하지 못한 방향으로 흘러갔다. 1712년의 홍역과 1728년의 천연두로 루이 14세가 후사가 없는 국왕이 되면서 아직 어린 셋째 증손자 루이 15세가 루이 14세의 둘째 손자인 스페인의 펠리페 5세를 대신해 프랑스와 스페인의 연합 왕조를 이끌 가능성이 커졌다.

유럽 안에서 이러한 프랑스의 위치는 카리스마 넘치는 위대한 프랑스 국왕 루이 14세의 이미지와 일치하지 않았다. 프랑스는 나름의 많은 장점이 있었으나 1672년에 고립 상태였던 네덜란드도 정복하지 못했고 여러 분야를 지속적인 성공으로 이끌지도 못하는 등 확실한 강력함을 아직 보여주지 못하고 있었다. 프랑스는 스페인령 네덜란드(벨기에)를 지배했고 때에 따라 라인란트에도 지배력을 과시했으나 군사 혹은 외교 역량을 폭넓게 보여주는 지표가 되지는 못했다.

1675~1676년 프랑스가 시칠리아에서 스페인의 영향력을 약화시키려고 한 시도는 실패로 돌아갔다. 게다가 1675년과 76년 사이에 프랑스는 스페인 왕위 계승을 놓고 벌인 전쟁에서 큰 어려움을 겪었고 블렌하임Blenheim(1704)과 토리노Turin(1706) 선투에서 오스트리아-사보이아 공국 연합군에게 패배한 후 독일과 이탈리아에서 물러날 수밖에 없었다.

한편, 9년 전쟁(1688~1697)에서 프랑스가 성공할 확률은 네덜란드 전쟁 때보다 낮았다. 루이 14세가 영토를 새로이 획득했음에도 프랑스의 지정학에는 큰 변화가 없었다. 프랑스의 패권 가능성도 희박했다. 이 두 가지는 루이 14세의 정책에 반대하려는 세력이 정당성을 얻기 위해 강조한 내용이기도 하다. 프랑스의 패권은 샤를마뉴 치하의 프랑크족과 마찬가지로 다른 기독교 세력들이 매우 약하고 분열된 경우에만 작동했다. 1680년대 초 오스트리아는 투르크Turks에게 위협을 받았고 영국이 분열되면서 프랑스의 지배는 다른 유럽의 독립을 방해하는 위협으로 보였다. 하지만 프랑스 지배력은 1680년대 후반에 줄어들었고

1700년대에는 더 이상 힘을 발휘하지 못했다.

프랑스 왕국은 루이 14세가 꿈꾸던 강력한 국가는 아니었으나 루이 14세 같은 특정한 한 통치자가 지배하는 '프랑스'라는 개념이 그 어느 때보다 프랑스 국민 사이에서 자리 잡았다.

가뜩이나 불평등이 극에 달한 농업 사회가 기후 변화로 기근까지 겪었다. 그러나 17세기에는 프랑스가 해외 영토로 제국을 확장하면서 농업이 이전보다는 조금 발전했다. 프랑스는 매우 다양한 문화와 언어가 공존하는 요람이었다. 피레네산맥과 같은 물리적 장벽조차도 바스크와 카탈루냐 사이를 잇는 역할을 했고 새롭게 그어진 동부 국경을 따라 다른 유럽 국가들과 더욱 지속적으로 유대 관계를 맺었다. 하지만 프랑스 안에서는 종교 차이로 분열이 일어났다. 부르봉 왕조는 꾸준히 도전과 마주하면서도 육각형 모양의 프랑스 지도를 만들어갔다. 현대 프랑스의 윤곽이 이때 만들어지고 있던 것이다. 프랑스는 오히려 도전 앞에서 더욱 단단해지고 발전했다.

30년 전쟁 속 프랑스

30년 전쟁은 1618년부터 1648년까지 신성 로마 제국을 비롯한 중부유럽에서 벌어진 전쟁으로, 서유럽 세계에 근대의 문을 연 거대한 종교전쟁이자 유럽 최초의 국제전쟁으로 평가받는다. 가톨릭 국가인 프랑스는 이 전쟁에서 아이러니하게도 1635년부터 개신교 세력에 참전하였는데, 신성 로마 제국과 스페인 합스부르크 가문의 견제를 위해서였다.

30년 전쟁이 발발한 원인은 여러 가지가 있지만 크게 신성 로마 제국의 구심력 약화와 개신교의 득세, 그리고 각 국가들의 손익 계산과 같이 종교적 갈등과 정치적 대립이 원인으로 꼽힌다. 1555년 아우크스부르크 화의는 개신교의 다른 분파인 칼뱅주의를 인정하지 않았고, 이로 인해 신성 로마 제국 내에서 가톨릭과 개신교 사이의 갈등은 점차 고조되었다. 세다가 16세기 후반부터 가톨릭에서 개신교 세력을 견제하며 강력한 반종교 개혁을 추진했는데, 신성 로마 제국 황제이자 합스부르크 가문의 페르디난트 2세는 가톨릭으로의 통일을 목표로 탄압당하는 개신교 영주들을 무시했다. 이에 개신교도가 다수였던 보헤미아는 1618년 '프라하 창문 투척 사건'을 통해 황제의 사절을 창문 밖으로 던지며 반란을 일으켰고, 본격적인 30년 전쟁의 막이 오른다.

보헤미아-팔츠 전쟁과 덴마크 전쟁에서 가톨릭 세력이 승리하며 30년 전쟁 초반 전황은 개신교 세력에게 불리하게 흘러갔다. 하지만 이후 스웨덴과 프랑스가 본격적인 참전하면서 균형추를 맞추었고, 그 결과 30년 전쟁은 1648년 베스트팔렌 조약으로 종결될 수 있었다. 이 전쟁에서 프랑스는 알자스 지역 일부를 획득하며 영토를 확장할 수 있었고, 신성 로마 제국 내 독립 국가들의 자율성이 강화되면서 당초 의도했던 바와 같이 합스부르크 가문의 세력을 약화시킬 수 있었다.

　프랑스는 30년 전쟁에서 초반에는 가톨릭 국가로서 중립을 지키는 한편, 비공식적으로는 외교 및 재정 지원을 통해 덴마크와 스웨덴 등의 개신교 국가를 지원하며 합스부르크 가문을 견제했다. 그러다가 1635년부터 리슐리외 추기경의 지도 아래 본격적으로 합스부르크 가문과 전쟁을 벌였는데, 가톨릭 국가임에도 스웨덴의 개신교 군대와 동맹을 맺는 등 프랑스의 행보는 어디까지나 정치적이었다.

　결과적으로 베스트팔렌 조약으로 인해 유럽에는 개인의 종교의 자유가 널리 퍼졌으며, 전쟁으로 인한 피해가 적었던 프랑스는 세기의 라이벌인 합스부르크의 에스파냐를 꺾고 스웨덴과 함께 유럽의 강대국으로 부상했다. 이는 훗날 루이 14세가 프랑스를 유럽의 패권국으로 만드는 기틀을 제공했다고 할 수 있다. 한편 30년 전쟁으로 막대한 피해를 입은 독일 전역은 분열이 가속화했는데, 이후 유럽은 가톨릭과 개신교의 종교 갈등보다는 국가 간의 세력 균형을 더 중시하는 체제가 확립되어 오늘날에 이르게 된다.

꼭꼭꼭

루이 14세와 재정문제

태양왕 루이 14세는 강력한 절대왕정을 통해 프랑스 왕국을 유럽에서 절대적인 강국으로 만든 왕으로 평가되지만, 그의 치세는 재정과 관련된 문제가 끊임없이 따라다녔다. 루이 14세의 화려한 궁정 생활과 중앙 집권적 행정 체계, 대규모 전쟁은 프랑스 재정에 큰 부담을 주었고, 이는 후대 왕들에게로 이어지는 경제적 위기를 초래했다.

루이 14세는 초반 재상인 장 밥티스트 콜베르를 통해 프랑스 왕국의 재정 안정화를 위한 중상주의 정책을 펼쳤다. 콜베르는 이러한 정책의 일환으로 수입을 억제하고 수출을 증가시키기 위해 자국의 상선을 늘리는 한편, 생산량을 늘려 수출 진흥에 힘썼다. 또한 길드를 재편성하고 왕립제작소를 창설하여 공업을 육성하였으며, 도로와 운하를 확충하고 해외 식민지를 개발하여 무역을 활성화했다.

프랑스는 이러한 경제 통제와 더불어 제3신분인 상인과 농민에게서 거둬들인 세금을 토대로 상비군 유지와 국가 운영 자금을 충당했다. 루이 14세는 이렇게 거둬들인 자금을 베르사유 궁전을 건축하고 화려한 궁정을 운영하는 데 사용하며 귀족들을 끌어들여 정치적 통제를 강화할 수 있었다. 그러나, 그만큼 귀족들의 호화로운 생활을 지원하는 데 필요한 자금은 결국 국민들에게서 징수되었고 부담은 점차 늘어만 갔다.

게다가 루이 14세 치세에는 군제개혁으로 강해진 프랑스군을 이끌고 귀속 전쟁과 네덜란드 전쟁, 재결합 전쟁, 스페인 왕위 계승 전쟁 등 수 차례 전쟁이 일어났는데, 이는 국가적으로 엄청난 재정 부담을 초래했다. 40만 명 이상 늘어난 상비군을 유지하기 위해서는 천문학적인 군수품 및 병력 유지 비용이 필요했는데, 결정적으로 전쟁을 통해 프랑스는 수입보다 훨씬 많은 돈을 지출하면서 막대한 적자를 기록한다.

결국 궁정의 사치를 유지하고 적자를 기록한 전쟁 비용을 충당하기 위해 루이 14세의 프랑스는 귀족과 부르주아들에게 공채를 발행하여 빚을 지게 되는데, 그 결과 프랑스의 경제는 점차 악화되었다. 루이 14세의 통치 말기에는 화폐의 가치 하락과 심화된 세금 부담, 경제 악화가 겹쳐 후계자들에게 큰 부담으로 작용했다.

이들 중 가장 문제가 된 것은 세금 문제였다. 세금을 걷는 하청업자들의 부패가 심해지면서 징수 과정에서 착취가 일상화됐고, 실제로 국가가 받는 세수는 줄어든 반면 세금을 가장 많이 부담한 농민 계층은 더더욱 빈곤에 시달리게 되었다. 결과적으로 농민들은 높은 세금으로 파산하거나 반란을 일으켰고, 상인들은 늘어난 무역 부담에 따라 활동이 줄어들었다. 이러한 국가 재정 문제는 루이 15세와 16세 시기에 더 악화되었으며, 훗날 프랑스 혁명의 원인 중 하나로 이어진다.

◆❦◆

프랑스에서 사랑받은 왕, 프랑수아 1세와 앙리 4세

프랑스의 역사에서 위대한 업적을 이루어낸 통치자는 그 장엄한 역사만큼이나 상당히 많다. 하지만 백성들에게 가장 사랑받은 왕을 꼽았을 때 빠지지 않는 인물이 있으니, 바로 프랑수아 1세와 앙리 4세다. 이들은 각자의 방식으로 국가와 국민에 기여했고, 오늘날에도 사랑받은 왕으로 역사에 기록되고 있다.

발루아앙굴렘 왕조의 초대 국왕인 프랑수아 1세는 키가 무려 2m에 이르는 장신의 왕으로 잘생긴 외모와 당당한 체격, 그리고 호탕한 성격을 자랑했다. 그의 삶은 합스부르크 왕조 스페인 국왕인 카를 5세와 떼어놓을 수 없는 것이었는데, 이탈리아 전쟁에서의 대패를 비롯해 신성로마 제국 황제 후보자로 경쟁했으나 한표도 받지 못한 채 황제 자리를 빼앗기는 등 패배를 거듭했다.

이처럼 프랑수아 1세는 카를 5세에 밀려 포로 생활을 하거나 끝내 이탈리아에서 스페인에게 밀리는 등 전쟁 및 외교에서 크게 빛을 보지 못한 군주였다. 게다가 종교면에서도 개신교 탄압을 심화시켜 프랑스내 개신교 신자들과 갈등을 빚기도 했다. 하지만 그는 호방하며 너그러운 성격으로 당대 프랑스인에게 많은 사랑을 받음과 동시에, 프랑스 예술의 후원자로 내치에서 상당한 업적을 거두었다.

이탈리아 르네상스에 매료되었던 프랑수아 1세는 프랑스에 르네상스 문화를 도입하고 후원했다. 그는 레오나르도 다빈치를 비롯해 당대 최고의 예술가들을 초대하고 후원하여 프랑스 문화 수준을 높였으며,

기존의 거친 궁정을 대신하는 세련된 궁정을 도입하고 강력한 왕권을 확립하여 국가를 안정시키는 등 내치에서 훌륭한 업적을 거둔 왕으로 기억된다.

한편 세 앙리의 전쟁에서 최후의 승리자로 왕위에 오른 앙리 4세는 부르봉 왕조의 개창자로, 역대 군주들 중에서도 지폐에 여러 번 등장하는 등 중요하고 훌륭한 군주로 인정받고 있다. 그는 '반드시 모든 백성들이 일요일마다 닭고기를 먹을 수 있게 하겠다'고 맹세했으며, 실제로 백성의 삶을 윤택하게 만든 성군으로 기억된다.

앙리 4세의 치세, 유럽 역사상 최초로 개인의 종교의 자유를 인정하는 '낭트 칙령'이 반포되면서 무려 30년간 이어졌던 가톨릭과 위그노 사이의 종교 전쟁이 종식되었고 프랑스가 통합되며 안정기에 이른다. 또한 그는 위그노였던 쉴리 공작을 재상으로 뽑아 프랑스의 농업과 상공업을 진흥시켰으며 도로와 운하를 건설하여 경제를 회복시켰다.

앙리 4세는 강력한 왕권을 확립하여 국가를 안정시키는 한편, 귀족들의 세금 부담을 늘리는 등 권력을 제한하는 정책을 펼치며 프랑스 절대 왕정 시대의 기반을 다진다. 그러면서도 앙리 4세는 백성들을 생각하는 정책을 펼치며 그들의 고충을 잊지 않는 모습을 통해 프랑스사에서 '선량한 왕'으로 불리며 깊은 사랑을 받았다.

◈◈◈

절대왕정 속 두 추기경들, 리슐리외와 마자랭

리슐리외 추기경과 쥘 마자랭 추기경은 각각 루이 13세와 루이 14세 시대 최고 권력자로서 프랑스를 강대국으로 이끈 인물들이다. 두 추기경은 프랑스를 강력한 중앙집권 국가로 이끌었으며, 이를 통해 국력을 높이는 데 크게 기여했다는 평가를 받는다.

시골 하급 귀족 가문 태생에서 루이 13세 시대 최고 권력자 자리에 오른 리슐리외 추기경은 공작이자 재상으로서 프랑스를 강력한 중앙집권 국가로 만들기 위해 귀족들의 권력을 약화시키고 왕권을 강화하는 데 도움이 되는 다양한 정책을 추진했다. 그는 귀족들의 사사로운 결투를 금지하고 모든 요새나 성을 파괴하는 동시에 그들의 반란을 진압하여 권력을 억압했다. 또한 관료 조직을 정비하고 지방 행정 체제를 개편하여 왕권을 강화했다.

그는 가톨릭 최고위급 성직자면서도 합리적인 판단을 통해 국가의 이득을 우선시했다. 상업 발전에 많은 노력을 기울였으며 이득을 위해서라면 다른 종파와도 손을 잡았는데, 심지어 이교도로 배척받던 오스만 제국과도 우호관계를 구축했다. 무엇보다 그가 높이 평가받는 부분은 대외 정책인데, 군대의 보급과 규율을 정돈하고 30년 전쟁에서는 개신교 국가들과 손을 잡는 데 힘씀으로써 합스부르크 왕가를 약화시키는 데 성공한다. 결과적으로 그는 당대 프랑스를 유럽 최강국 위치에 올려놓고 대륙의 판도를 뒤바꾼 인물로 평가받는다.

이후 리슐리외의 추천으로 후임 재상이 된 쥘 마자랭 추기경 역시 중앙집권화 정책을 이어받아 프랑스 절대왕정을 더욱 공고히 하는 데 힘썼다. 그는 외교적 수완을 발휘하여 베스트팔렌 조약을 프랑스 측에 유리하게 맺음으로써 국익을 확보함과 동시에 합스부르크 가문을 누르는 데 성공한다.

그 역시 리슐리외와 마찬가지로 귀족을 억압하는 정책을 펼쳤는데, 앞선 30년 전쟁으로 인한 재정난을 해결하기 위해 새로운 세금을 부과하는 과정에서 불만이 폭발하고 이는 곧 프롱드의 난으로 이어진다. 하지만 첫 번째 난으로 인해 파리에서 쫓겨났던 마자랭 추기경은 이내 두 번째 난에서 반격하여 진압에 성공했고, 그 결과 귀족들의 권력이 더욱 약화되고 절대 왕권이 더욱 공고해지게 된다.

한편 마자랭은 문화적인 후원을 아끼지 않았는데 프랑스 최초의 공공 도서관인 마자랭 도서관을 설립하여 학문 및 문화 발전에 기여했으며, 다양한 예술가들을 후원하며 프랑스 문화 예술의 발전을 이끌었다. 무엇보다 그는 어린 루이 14세의 교육을 담당하며 훗날 그가 절대 왕권을 행사하는 태양왕으로 성장하는 데 큰 도움을 주었다고 평가받는다.

7
구체제(앙시앵 레짐),
1715~1789년

프랑스 혁명은 반드시 일어날 일이었을까? 이 시기에 만들어진 프랑스의 지도를 보면 과거에 비해 한층 정밀해졌음을 알 수 있다. 특히 1734~36년의 투르고 지도Turgot Plan of Paris에 나타난 프랑스의 모습은 오늘날의 프랑스와 비슷하게 보인다.

하지만 18세기의 프랑스 사회와 지금의 프랑스 사회는 매우 달랐다. 18세기 프랑스 사회는 남녀와 계급에 있어 차별이 만연했다. 현대사회의 관점에서 보면 프랑스 혁명이 일어난 것이 당연하게 느껴질 정도로 18세기 프랑스는 매우 불평등한 사회였다. 그러나 한 발 뒤로 물러나 관찰하면, 18세기의 불평등한 프랑스 사회는 1789년에 시작된 혁명의 직접적인 원인은 아니었다. 우리는 습관적으로 과거에 일어난 역사적 사건을 현대의 눈으로 바라보는 경향이 있다. 이렇게 되면 자칫 과거의 역사를 왜곡된 시각으로 판단할 수 있다. 18세기 프랑스 사회를 프랑스 혁명과 연결하는 것도 이에 속한다. 하지만 정작 18세기 프랑스에서는 혁명이 불가피하다는 인식은 없었다. 당시 유럽 기준으로 볼 때 프랑스가 특별히 불평등하거나 불안정한 사회도 아니었다. 러시아와 오스트리아-합스부르크 왕가의 영토는 더욱 불평등하고 불안정한 사회였다. 역설적이게도 프랑스는 군주제를 선전하면서 긍정적인 이미지로 비추어졌다. 이와 관련된 대표적 시도는 동시대의 프랑스를 '루이 15세의 행복한 통치 아래 다시 태어난 프랑스^{La France Renaissante sous le Règne heureux de Louis XV le Bien-Aimé}'라는 제목 아래 소개한 『프랑스의 역사와 지리 지도책^{Atlas historique et geographique de la France}』(1764)이었다.

프랑스 혁명 이전의 상황들

프랑스에서는 정부를 비판하는 목소리도 있었지만, 정치 상황은 오랫동안 평화로웠다. 또한 정부를 향한 비판은 혁명의 전조도 아니었다. 그보다 다양한 비판이 상호작용했다. 루이 14세가 말년과 이어지는 섭정 정부(1715~1723년), 장관이 된 부르봉 공작(1723~1726년), 그리고 플뢰리 추기경^{Cardinal Fleury}(1726-41)의 정책들을 비롯해, 1732년 파리 의회와의 충돌 등이 비판의 대상이었다. 얀센주의자들 그리고(또는) 예수회들과의 분쟁은 각자의 학교를 통해 확산했는데, 이 같은 종교 갈등은 계속 문제를 야기했고, 1760년대부터 70년대 초기까지는 마침내 정치적 문제를 불러오는 데 공헌하기도 했다.

이러한 문제들이 지속된 것과 동시에, '국가, 공공, 사회, 국민'이라는 중요한 개념이 발전하는 변화도 있었다. 정치 문화도 더불어 크게 발전했다. 18세기 후반에는 대중의 여론이 정치적 정통성을 내세움에 무시할 수 없는 요소가 되어갔다. 즉, 17세기에 소개된 개인(군주)과 왕족의 용어인 '명예'와 '영광'이 점차 국가와 지역의 용어로 자리 잡아갔다.

한편, 국민 대부분은 상당히 어려운 상황을 겪고 있었다. 경제적 위기를 겪던 베아른^{Béarn} 지방의 빌레르^{Bilhères} 공동체의 경우 인구는 증가하는데 식량은 한정적이었다. 때문에 초혼 평균 연령은 27세였고 재혼도 거의 없었다. 비슷한 예는 또 있다. 1774년과 1792년 사이에 피레네^{Pyrenean} 마을 아제릭스^{Azereix}는 비슷하게 26세에 초혼했다. 출생 사이의 평균 간격이 길어진 것으로 봐서는 피임이 흔히 이루어진 듯하다. 대략 1770년 이후부터 프랑스의 출생률이 약간 감소했다. 아제릭스의 사례처럼 질외사정과 같은 피임법이 사용되었던 것으로 보인다. 게다가 계몽주의 사상을 가진 성직자들이 피임을 눈감아주며 허용하는 분위기를 만든 것으로 추측된다.

식량 부족 문제와 더불어 전염병까지 창궐했다. 스트라스부르^{Strasbourg}에는 1750년대까지 전염병이 돌았다. 이 시대에는 전염병이 주요 사망원인이었다. 프랑스에서 전염병이 마지막으로 발생한 것은 1720년이었다. 1720년에는 마르세유에서 전염병이 확산하는 것을 막기 위해 위생 방역선이 구축되어 성공을 거두었기 때문이다. 1754년에는 루앙^{Rouen}에서 열병이 발생했다는 소문이 돌았으나 결국 낭설이라 밝혀졌다. 이는 전염병에 대한 불안감이 여전했다는 점을 여실히 보여준다. 유행성 감기나 이질과 같은 다른 질병들도 여전히 심각했는데, 일례로 1740년대 초에 유행한 치명적인 호흡기 질환은 저체온증이 원인으로 추측된다. 낮은 위생 관념과 의학 지식은 전염병의 확산을 부추겼고 전염병 해결을 방해했다.

그런데 이보다 심각한 근본적 문제가 있었다. 심지어 암묵적으로 합의가 이루어진 관습이라는 점이 더욱 심각했다. 1776년 왕실은 선언문을 통해 공기를 오염시킬 수 있는 지역에 있는 공동묘지는 다른 곳으로 옮겨야 한다고 공표했다. 게다가 오직 주교들, 사제들, 영주들과 후원자들만 교회 내부에 매장될 수 있다고 덧붙였다. 물론 교회 내부의 매

VII. 샤르트르 대성당의 서쪽 정면: 가톨릭의 영원한 프랑스.

장을 막으려는 도모는 있었다. 브르타뉴에서는 울타리가 둘러싸인 성당 안에서 매장하는 것을 막으려는 시도가 있었다. 그런데 사람들은 오히려 이러한 움직임에 저항했다.

영양실조와 비타민 부족, 그리고 1725년 파리의 심각한 폭동과 1768년 노르망디에서 발생한 대규모 폭동에서 알 수 있듯이 식량 공급이 원활해야 전염병 문제가 가장 빨리 해결될 수 있었다. 1750년대 파리에서는 빵 가격이 비싸고 사람들이 비참하게 생활하는 것은 루이 15세의 탓이라며 그를 죽여야 한다며 선동하는 외침이 일었다. 1740년 무렵, 브장송, 리옹, 마르세유, 스트라스부르에 식량 저장을 위해 공공 곡창^{穀倉}들이 세워졌지만, 프랑스 대중은 여전히 기아에 시달렸다.

인구 위기의 다양한 원인

다양성은 프랑스의 특징에 속한다. 파리에도 지역적인 다양성이 존재했다. 부르고뉴와 피카르디에서는 농업 생산성이 높아지고 인구가 증가했다. 하지만 남서부에서는 1746~48, 1769~72, 1785~89년, 최저생계도 불가할 정도로 상황이 극에 달해 인구수가 감소했다. 1772년과 1787~89년에는 전염병으로 인해 태어나는 사람보다 사망하는 사람이 더 많았다. 외과의사조차 없어서 환자들이 성직자들에게 치료받는 지역도 아주 많았다.

마찬가지로 랑그독에서도 인구는 늘지 않았다. 피레네산맥에서는 농업 기술 혁신이 이루어질 기미가 보이지 않았고 새로운 식량 자원인 감자는 보급이 매우 더뎠다. 1746~47년, 1759년, 1769년에는 전염병 문제가 심각했다. 프랑스 중남부 고원지대인 '마시프 상트랄Massif Central'에 있는 위셀Ussel의 마을과 내륙지역도 경기 침체와 함께 유아 사망률을 포함해 전반적으로 사망률이 높아 인구가 늘지 않았다. 이에 따라 가정은 해체되고 있었다.

전염병 타파는 어려웠다. 이러한 사실은 케르시Quercy 지방의 뒤라벨Durabel에도 확인할 수 있었다. 18세기 전반에는 뒤라벨의 옥수수 경작지가 늘어났으나 1765년 이후 비옥한 농경지가 고갈됐고, 농업 기술의 한계로 집중 경작에도 생산량이 증가하지 않았다. 식량 부족이라는 심각한 문제가 당연히 뒤따랐다. 1760년대에는 사망한 사람이 세례를 받는 사람보다 많아졌다. 19세기 초에 감자가 일반적으로 보급될 때까지 인구는 늘지 않았다.

수 세기 동안 이어진 인구 위기는 분명히 사회 문제와 관련이 있었다. 실제로 출생률 통계를 사회 문제와 연결해 분석하면 당시의 상황이 얼마나 피폐했는지 알 수 있다. 툴루즈의 빈민가는 출생률과 사망률이 높았고 버려지는 아이들이 많았다. 이와는 달리 상대적으로 부유한 도심지에서는 '인구통계의 전환'이라는 새로운 구조가 나타났다. 출생률과 사망률이 모두 낮아진 것이다. 루앙^{Rouen}도 파리 근교의 로즈니수부아^{Rosny-sous-Bois}에 있었기에 지역 명사들의 자녀 사망률은 프랑스의 평균 사망률보다 낮았다. 의사들은 번화가에 모여 있었다. 프랑스에서는 인구 만 명당 한 명 비율의 의사가 있었지만, 많은 지역에서 의료 서비스 자체가 귀했고, 진료를 받을 수 있다 해도 치료비를 낼 형편이 안 되는 사람들이 적지 않았다.

사회계급에 따른 불평등과 빈부격차로 첨예한 대립이 발생할 가능성이 높아졌다. 특히 프랑스 전역에 인구가 증가하면서 맏이가 아닌 아들과 가난한 소작농들은 '독립적인 소작인 지위'를 얻을 수 있다는 희망을 포기해야 했다. 이와는 다른 이야기지만, 더욱 마음 아픈 현상도 있었다. 1780년대 리옹에서는 월평균 160-70명이, 파리에서는 650명 이상의 어린이가 버려진 것이다. 그야말로 생존 자체가 비극이 됐다. 예를 들어 1720년 렌의 끔찍한 화재, 1774년 베아른의 가축 질병, 1778년 부르고뉴의 심각한 가뭄 같은 사건이 발생했으나 사회 보장과 보험이 제대로 자리 잡지 않아 사람들은 더욱 취약한 상황이 됐다. 야생 동물들과의 사투도 삶을 위협하는 요소였으나 제대로 주목받지 못했다. 상리스^{Senlis}의 근방(1717)과 근처와 남서쪽(1766)은 늑대들의 위협에 시달렸다. 「물리학 저널^{Journal de Physique}」은 1783년과 1784년의 혹독한 추위가 덮친 겨울 동안, 떠돌이 늑대무리의 공격으로 많은 이들이 사망했다고 보도했다.

두려운 소문들

거대한 늑대로 추정되는 미스터리한 괴물 '제보당의 야수^{the Beast of} Gévaudan' 같은 동물 괴담도 화두였다. 1746년 성직자이자 학자인 오귀스탱 칼메^{Augustin Calmet}는 뱀파이어에 관한 책을 출판했다. 이 책은 『과학, 예술 및 공예 사전 ^{Encyclopédie}』(1765)과 볼테르^{Voltaire}(1772)로부터는 비난을 받았으나 대중에게는 큰 호응을 얻었다. 더욱이, 1749~1750년 파리에서는 아이들이 차례로 납치되고 살해됐는데, 루이 15세의 나병 치료를 위한 목욕물에 사용할 피가 필요해서라는 헛소문이 널리 퍼져 나갔다. 군주를 성스러운 치료자로 여겼던 사람들의 사고방식이 극단적으로 변한 것이다. 특히 시골에서 퍼져나간 황당한 이야기는 통제할 수 없을 정도였다. 시골이야말로 선사 시대의 동굴 벽화처럼 삶과 죽음 사이에 경계가 없는 애니미즘의 세계 같았다. 소설가 니콜라 레티프 드 라 브르톤^{Nicolas Restif de la Bretonne}(1734~1806)은 아버지를 다룬 전기 『우리 아버지의 인생^{La vie de mon père}』(1778)에서 친가가 있는 오세르^{Auxerre} 근처에 살던 부유한 소작농이 양치기들에게서 들은 이야기를 기록했다. 인간의 영혼이 동물과 늑대인간으로 환생했다는 동화 같은 이야기였다. 1727년, 루이 15세의 수석 장관을 역임하기도 한 성직자 플뢰리 추기경^{Cardinal Fleury}은 악마는 인간인 자신을 흔들 수 있는 능력을 지녔다고 했다.

이러한 상황에서 가톨릭교회는 백^白마술(치료 등을 위한 선의의 마술)이 필요하다고 판단해 이를 제안했던 것 같다. 1725년, 파리가 홍수와 흉년으로 위협을 받자, 지역을 수호하는 주느비에브^{Genevieve} 성녀의 유물함을 옮기는 행렬이 있었다. 이렇게 하면 폭우가 멈출 것이라는 희망에서였다. 그리고 1696년에 이 유물함을 다시 옮기는 행렬이 있었다. 이번에는 가뭄을 해결할 수 있으리라는 희망에서였다.

1775년 디종^{Dijon}의 교회는 폭풍을 물리치기 위해 종을 울렸다. 1788년에는 북서쪽 해안에 격렬한 강풍이 불면서 교회를 향하는 엄숙한 행렬과 야간 예배가 이어졌다. 강력한 저항에도 브레스^{Bresse}의 소작농들은 카톨릭 미사와 이도교의 관습을 혼합한 방식으로 한여름밤^{Midsummer's Night}의 기념행사를 고집스럽게 이어갔다. 반反기독교회주의는 18세기 중반의 파리 지역에서 이미 시작된 상태였다.

농업과 상업의 해결책들

경제를 이끄는 핵심 중추가 농업이다 보니 악천후는 심각한 위협이었다. 1789년에는 비바레^{Vivarais} 지역의 경제활동인구 중 74%가 농업에 종사했다. 프랑스의 플랑드르^{French Flanders}와 같은 지역에서 농촌 산업에 종사하는 많은 이들도 농지를 직접 관리하거나, 다른 가족 구성원이 곧 농업 노동력의 일원이 되는 가족 경제의 일원이었다. 나아가 제조업은 니오르^{Niort}의 마을 같은 내륙의 농업지역과 밀접한 연계됐는데, 이곳은 1720년대에는 동물 가죽이 중요한 경제적 역할을 하면서 염소가 새끼를 많이 낳는 것이 꽤 중요했다.

'중농주의重農主義자들^{physiocrats}'로 알려진 케네^{Quesnay}, 뒤퐁 드 느무르^{Dupont de Nemours}, 미라보^{Mirabeau}, 메르시에 드 라 리비에르^{Mercier de La Rivière} 등이 18세기 중반의 제조업과 상업 영역에서 국가의 부富가 늘어나려면 오직 농산물을 많이 생산할 수밖에 없다고 주장했다. 중농주의자로서는 당연한 의견이었다. 이들은 토지야말로 진정으로 국가를 부강하게 만드는 최고의 원천이라 주장했다. 그리고 제조는 단순히 원료의 형태를 바꾸는 것이고 운송업은 원료를 옮기는 것에 불과하다고 강조했다. 또한 이들은 농촌의 수익성을 높이는 방법을 제안하며 조합의 설립 등 농업에 대한 투자를 늘려야 한다며 부르짖었다. 특히 이들은 곡물이 적정 가격까지 오를 수 있어야 하며, 따라서 수출 금지 등의 곡물 판매 제한을 줄여야 한다 역설力說했다. 생산의 혜택이 농촌사회와 농민에게 더 많이 주어져야 한다는 지론에서였다.

프랑스에는 영국과 같이 콩 위주의 작물과 울타리에 중점을 두면서 경작을 확대하고 기술을 개선하고 장해 요소를 제거하는 식의 농업 혁명은 없었다. 그러나 1759년 브장송 아카데미는 유사시에 빵을 대체할 농산물을 발굴하는 대회를 열었다. 수상의 영광은 프랑스에 감자를 대중화시킨 청년 앙투안 파르망티에^{Antoine Parmentier}에게 돌아갔다. 남서부에서 더욱 유행하던 옥수수는 대규모 인구 증가에 큰 역할을 했다. 프랑스에서는 큰 틀에서 45도선을 기준으로 북쪽은 감자, 남쪽으로는 옥수수가 중요했다. 하지만 북쪽의 루아르 계곡^{the Loire Valley}에서는 옥수수를 많이 경작했다.

한편, 장거리 무역으로 원거리 지역들이 연결됐다. 오베르뉴에서는 마른 소들을 파리 박람회장으로 옮기기 전 포동포동하게 살을 찌우기 위해 풍성한 초목지인 노르망디 남부로 이송하는 작업이 있었다. 오를레앙^{Orléans}의 경제는 랑그독과 앙주의 와인을 파리와 루앙의 시장으로 보내는 무역으로 흑자를 냈다. 남부 지방에서 생산된 와인, 올리브오일, 과일은 론강^{Rhône}을 거쳐 리옹^{Lyon}으로 거슬러 올라갔고, 이후 육로를 통해 로안^{Roanne}으로, 그리고 루아르강, 브리아르 운하, 로잉 운하^{Canal du Loing}, 센강을 따라 배를 타고 파리로 이동했다. 이러한 원거리 무역은 현지 시장들과 산업의 발전 기회가 됐으며, 더불어 현지의 요구를 만족시킬 만한 형태의 지역 시장 활동이 생겨났다. 시장의 성장에 힘입어 랑그독 와인 사업이 발전했다.

그래도 아직 해결해야 할 문제들이 많았다. 생산력을 향상시킬 영농법의 보급이 원활하지 못했다. 북부는 부족한 가축에 더해 사료도 부족해, 제대로 먹지 못해 쇠약해진 동물들이 힘겹게 쟁기질했다. 당연히 부실한 모판(묘상苗床)이 만들어졌다. 사회 문제도 있었다. 예를 들자면, 루아르 계곡^{Loire Valley}에서는 곡물 재배나 소의 사육 방법이 개선되지 않아 소작농들이 얻는 이익도 적었는데, 그 적은 이익마저 중산층과 귀족 지주들이 주로 가져갔다.

프랑스의 산업화

프랑스에 산업은 있었지만 산업 혁명은 없었고, 대규모 설비도 제대로 갖춰지지 않은 상태였다. 대부분의 제조업은 농촌 지역에 집중됐고, 1779년에 정부는 무역상들의 압력에 굴복해 농촌의 직물 생산 제한을 완화했다. 그러나 농업에만 종사해온 탓에 기술이 부족했던 미숙련 노동자들이 조악한 직물을 대량 생산하면서 저임금에 시달린 것은 물론 제품으로 얻는 이윤도 형편없었다. 1780년대 피카르디에서는 농민 여성들이 수천 개의 방적기를 돌려 양모, 리넨, 양말 산업 필요한 실을 생산했다. 1784년에 샹파뉴^{Champagne}의 하부 지역에서는 편물공들이 면사 방적기를 돌려 목화실을 생산하기 시작했다. 루비에의 노르만 마을에서도 기계 면사 방적이 시작됐다. 하지만 프랑스의 기계화는 영국의 속도를 따라잡기 역부족이었다.

산업화로 생산 분야가 다양해지면서 사회는 역동적으로 변해갔다. 이러한 그림은 18세기에 이어 19세기에도 주된 일상의 풍경이 됐다. 예를 들면, 툴루즈^{Toulouse}(프랑스의 남서쪽 가론강 연안, 지중해와 대서양으로부터 비슷한 거리만큼 떨어져 있는 도시)는 직물 산업이 발달했으나 주력 산업이 아닌 데다 상업 도시도 아니었다. 한편, 마르세유^{Marseille}(프랑스 지중해 안의 항구도시)는 직물, 설탕, 유리, 도자기, 비누

공장들이 많았다. 이처럼 두 도시의 산업 구조가 달랐던 이유는 무역에서 서로 하는 역할이 달랐기 때문이다.

트르와^{Troyes}(프랑스 동북부, 세느강 좌안左岸의 도시)는 면직 산업 인구가 대거 몰려 있어 원자재를 서인도 제도$^{the\ West\ Indies}$에서 수입하고 생산한 면직물을 이탈리아로 수출했다. 1780년대가 프랑스의 서인도 식민지, 특히 아프리카의 생도맹그$^{Saint-Domingue}$(Haiti)에서 노예들을 받던 전성기였다는 점에 주목하면 매우 다른 설명을 내놓을 수 있다. 특히 생도맹그는 설탕과 커피의 주산지로, 이는 프랑스 대서양 경제의 발전에 지대한 역할을 했다. 보르도, 낭트, 르 아브르, 라 로셸이 특히 이익을 많이 얻었다.

또한 다양한 통신망이 교통망과 함께 발전했다. 제네바에서 생말로를 잇는 라인은 남부보다 북부가 훨씬 정교했다. 1750년 이후 랑그독을 중심으로 도로 체계가 크게 개선돼 이동 시간이 단축됐으나 아직 전국이 연결되거나 하지는 않았다. 1747년에 파리에 다리와 도로 분야 전문학교인 '에콜 데 퐁 에 쇼세$^{Ecole\ des\ Pontset\ Chaussées}$'가 설립되면서 다리 건축이 어느 정도 발전할 수 있었으나 도로 건설 기술은 랑그록처럼 제자리였다.

1775년 루이 16세(재위 1774~1792년)는 샹파뉴에서 '연주창^{scrofula}'(림프샘의 결핵성 부종인 갑상선종이 헐어서 터지는 병)의 '촉진^{觸診} 치료(환자의 몸을 손으로 만져서 진찰하는 방법)' 계획을 바꿔야 했다(1738년에 마지막으로 시행되던 촉진은 루이 16세가 부활시켰다). 도로는 사용할 수 없었고 강을 통과할 수 있을지도 불확실했기 때문이다. 1783년에 처음으로 사람을 실은 열기구가 6,000피트까지 올라간 혁신적 사건이 있었지만, 이는 어디까지나 형식적 조종으로 중대한 성과는 없었다. 조제프 몽골피에$^{Joseph\ Montgolfier}$는 독학으로 열의 팽창력을 응용해 내연기관의 조상 격인 열펌프 개발에 공을 들였다.

늘 불안정했던 금융 시스템 문제가 마침내 터졌다. 1720년 국가 재정 시스템의 붕괴로 금융제도의 문제가 확실히 증명된 것이다. 오를레앙 공작은 1716년, 스코틀랜드 출신인 존 로^{John Law}에게 개인 은행 설립을 허가했다. 로는 금과 은으로 된 동전 유통을 금지하고 대신 종이로 된 신용장이 화폐를 대체할 수 있다 믿었다. 로는 금리를 낮추는 확장적 통화 정책의 지지자로 은행권은 경제, 특히 자원 활용도가 낮은 농업을 활성시킬 것이라며 화폐의 유통이 국가 재정의 원천이라 주장했다.

로는 화폐 유통의 증가로 지역 공동체와 국왕의 세수稅收 증가를 목표했다. 오를레앙의 지원 덕분에 로의 계획은 일부 채택됐다. 1717년 로는 프랑스의 새로운 식민지인 루이지애나의 경제적 잠재력을 믿으며 미시시피 회사^{the Mississippi Company}를 설립했다. 1718년에는 로가 설립한 은행이 국가 은행이 됐지만, 결함을 지녀 보기 좋게 무너졌다.

왕가를 어떻게 대할 것인가?

한편 지식인들은 역사를 올바른 접근법의 원천이자 증거로 사용해 왕국을 다스리는 최선책을 찾고자 이성적 토론을 벌였다. 장 밥티스트 뒤보 사제^{Abbé Jean Baptiste Dubos}(1670~1742년)는 저서 『갈리아의 프랑스 왕정 수립에 대한 비판적 역사^{Histoire critique de l'établissement de la monarchie française dans les Gaules}』(1734)에서 8~9세기의 프랑크족 치세 시절과 같은 부르봉 왕가의 권위를 복구해야 한다고 주장했다. 뒤보는 클로비스의 권위는 로마 황제들의 권위에서 비롯되었다고 주장하며 왕권이 강해야 한다고 여겼다.

루이 14세 때와는 다른 방식으로 왕권 강화를 도모해야 한다는 뒤보의 주장은 불랭비에 백작^{Count of Boulainvilliers}(1658~1722년)의 의견과 충돌했다. 백작은 귀족들은 프랑크의 후손이기에 제한은 있더라도 핵심 역할이어야 한다고 외쳤다. 더불어 프랑크인이 제국의 지배로 약해진 사람들을 정복했으며 자유를 사랑하는 사람들이라고 생각했다. 즉, 프랑크인은 외국 세력인 로마의 지배를 물리쳐 지금의 프랑스를 만든 사람들이라는 것이다. 『프랑스의 고대 정부의 역사 Histoire de l'ancien government de la France』(1727)는 백작의 사후에 출간됐다. 이 책에서 그는 클로비스가 프랑크인에 의해 선출되었기에 프랑크인의 후대인 귀족들은 정당성을 갖추었다고 주장했다. 한편, 몽테스키외 남작 Baron of Montesquieu(1689~1755년)은 저서 『법의 정신 L'esprit des lois』(1748)에서 헌법 논리에서 주된 주제로 삼은 '폭정과의 거리두기'를 강조하며 뒤보의 주장에 답했다. 이러한 역사적 갈등들과 주제는 혁명 초기에 귀족들이 왕권을 대하는 태도에 영향을 미쳤다.

한편, 가장 저명한 철학자 프랑수아 마리 아루에 François-Marie Arouet, 일명 볼테르(1694~1778년)는 과거의 권위주의를 비판하는 일련의 역사서를 썼는데, 『연맹 La Ligue(후에 라 헨리아드La Henriade로 변경됨)』(1723)과 영광에 집착하는 루이 14세를 비판한 『루이 14세의 세기 Le Siècle de Louis XIV』(1751)가 대표적이다. 『민족의 도덕과 정신에 관한 에세이 Essai sur les moeurs et l'esprit des nations』(1745~1753년)에서 볼테르는 기독교나 민족주의의 틀이 아닌 보편적인 맥락 안에서 세계사를 썼다. 통상 계몽된 접근법으로 인식됐던 역사는 꽤 매력적이었다.

새로운 태도는 기존 정치 문화에 충격을 안겼다. 이처럼 18세기 초반에는 이미 역사를 이용하지 않고도 혁명을 주도한 비슷한 비판이 존재하고 있었다.

이후 프랑스는 영국과 프로이센과의 7년 전쟁(1756~1763년)에서 크게 패했다. 이는 마치 스페인 왕위 계승을 둘러싼 전쟁(1701~1714년)의 재현 같았다. 7년 전쟁 패배 이후 프랑스 왕실은 오랫동안 재정압박과

정치적 비난에 시달려야 했다. 모포^{Maupeou}, 베르젠^{Vergennes}, 칼론^{Calonne}과 같은 장관들이 18세기 정부 집행과 정치적 논의에서 군주들보다 더욱 중요한 역할을 맡았다 해도 새롭지 않았다. 이미 리슐리외와 마자랭도 비슷한 행보를 보였기 때문이다. 각 군주의 기질이나 행동도 중요했지만, 각료 정치는 정책 결정과 집행 과정에서 장관들이 개입하는 일이 많았다. 그래도 17세기에 비해 18세기 계몽주의 시대에는 군주의 권위와 업적이 공식적으로는 찬양받되 현실 권력은 제한됐던 모순이 줄어들었다. 계몽주의 시대에는 공공복지를 개선하는 것이 정부의 업이라는 공감대가 있었다. 그 결과 혁명의 서막이 된 시기, 장관들에 대한 기대치가 높아졌고 그들은 무거운 책임감을 느껴야 했다. 그러자 사상가들은 공공복지에 필요한 사회자원을 동원하는 '정부의 능력'의 중대성을 점점 더 이해하게 됐다. 뉴캐슬 공작 토마스 펠햄^{Thomas Pelham}은 1777년에 리옹을 방문했을 때 다음과 같이 남겼다.

> 큰 광장이 있는 거리를 추가로 여러 개 만들자는 제안을 했다. 그리고 강 위에 배를 띄워 그 위에서 옥수수를 제분하는 불편한 방법을 개선하고자 두 개의 강을 연결하는 수로를 만들어야 한다는 제안이 있다. 실제로 손강의 교차점을 막기 위해 도시 아래 3마일까지 론강의 항로를 돌리기 시작했다.

큰 성과가 없어 보이는 계획일 수 있지만 변화를 위한 움직임이 감지되는 사례다. 더 많은 정보에 쉽게 접근하기를 요구하는 목소리가 커졌다. 정보 중에는 1716년 섭정국의 명령으로 광물 자원을 확인하고 평가하기 위해 이루어진 전국적 조사가 있었다. 경제 정책은 항상 관심의 대상이었다. 자유 시장 경제, 특히 국가 정책의 일반적 핵심이 아닌 자유화는 『상업과 정부^{Le commerce et le gouvernement}』(1776년)에서 강조됐다. 이

책을 쓴 저자들은 '관료 체제(탁상행정 정부)bureaucracy'라는 용어를 만든 무역 감독관(1751-59) 자크 클로드 뱅상 드 구르네Jacques-Claude Vincent de Gournay와 에티엔 보노 드 콩디야크Étienne Bonnot de Condillac다.

과학의 발전

지구가 얼마나 둥근 형태인지 테스트를 위해 1735년 라플란드Lapland(유럽 최북부)와 에콰도르에 파견된 원정대처럼, 과학을 위해서도 정보는 중요했다. 수학자 피에르 드 모페르튀이Pierre de Maupertuis(1698~1759년)는 라플란트 원정은 과학을 위한 영웅적인 사례 하나를 보여준다고 설명했다. 이에 대해 볼테르Voltaire(프랑스 문학자, 철학자)는 '황홀감과 두려움 속에서, 나는 당신을 따릅니다...당신의 얼음의 산맥을 올라...'라고 논평했다. 다른 철학자들과 마찬가지로, 모페르튀이의 글은 과학서처럼 딱딱하면서도 대중의 흥미를 이끄는 부분이 있었다. 생명의 기원을 다룬 『물리적인 금성Vénus physique』에서는 그가 얼마나 대중이 관심사를 예리하게 포착했는지 알 수 있다.

　주요 작가들은 종교의 역할에 도전하는 문화적 상대주의를 제시했다. 몽테스키외의 대표적인 소설 『페르시아인의 편지Lettres persanes』에서 1721년에 서양을 방문한 두 명의 페르시아인(이란인)인 어스벡과 리카는 교황 클레멘스 11세를 가리켜 '사람들이 세 가지(하느님, 예수님, 성령)가 오직 하나(그 와인은 와인이 아니고 그 빵은 빵이 아닌)라 믿게 하는 마법사'라 논하며 카톨릭의 화체설化體說(성도가 받는 빵과 포도주가 실제로 예수의 몸과 피로 변한다는 주장)을 전면 공격했다. 『백과사전Encyclopédie』의 편집자인 드니 디드로Denis Diderot는 1772년에 탈고해 1768년에 출판된 저서 『부갱빌 여행기 보충Supplément au voyage de Bougainville』에서

『부갱빌의 타히티 여행기』^{Bougainville's visit to Tahiti}(1768)와 마찬가지로 태평양을 사용해 서양의 도덕과 종교를 공격했다.

장 에티엔 게타르^{Jean-Étienne Guettard}는 1751년 퓌드돔^{Puy de Dôme}에서와 같은 지질학적 연구를 통해 지구의 연대를 측정하는 성경의 관점에 의문을 제시했다. 1751년 파리에서 시작된 『백과사전』은 영문 작업을 번역하고 상세히 설명하기 위한 프로젝트였으나, 실제로는 참여한 철학자들의 사상을 선전하는 수단으로 변질됐다. 디드로는 「백과사전」이라는 기고문에서 '사람들이 정보를 더욱 쉽게 접하면 도덕성이 높아지고 행복해질 것이다'라 썼다. 잘 알려진 것을 안내하는 지침서인 『백과사전』은 미지의 세계에 대한 추측을 버리고 인간이 성취한 것에 초점을 맞췄으며 종교적 숭배주의, 신비주의와 거리를 뒀다. 『백과사전』은 라틴어가 아닌 프랑스어로 출판됐고, 정부 지원이 아닌 구독료와 개인 후원으로 제작돼 대중에게 문화에도 상업성이 존재함을 증명했다.

실용성이 백과사전의 핵심 주제만은 아니었다. 뷔퐁 백작이자 파리에 있는 왕실 정원의 영향력 있는 감독인 조르주 루이 르클레르^{Georges-Louis Leclerc}는 36권의 『자연사』^{Histoire Naturelle}(1749~1789년)를 출간해 상당한 인기와 명성을 얻었다. 그리고 백과사전 지식도 유행한다는 점을 증명했으며 분류학적 방식을 제안했다. 또한 정보가 인류의 잠재력 성취 도구라고 주장했다. 그리고 경제 및 인간 환경 개선을 위해 자연의 합리적 관리에 의존하는 것이 개혁이라는 의견도 제시했다. 그는 여러 실험도 했는데, 특히 교배종에 관심이 많았다.

앙투안 라부아지에^{Antoine Lavoisier}(1743~1794년)는, 실험을 통해 정보를 더 많이 얻고 신 분류 개념을 개발하면서 프랑스 과학 발전에 기여했다. 라부아지에는 실험을 통해 화학 반응으로 얻은 모든 화합물의 무게가 반응 물질의 무게와 같다는 결론에 도달했다. 이 결론은 1789년에 질량 보존의 법칙으로 일반화됐다. 라부아지에의 『화학 명명법

Méthode de nomenclature chimique』(1787)은 비교 실험에 필요한 정량화 체계를 정의했다. 또 다른 저서『화학 원론 Traité élémentaire de chimie』(1789)에서는 기체의 화학을 체계화했다.

화학이 제시하는 방법론은 과거의 연금술과는 매우 달랐다. 철학자들은 과학을 인간 창의력의 예시라며 높이 평가했고 에티엔 보노 드 콩디야크의『시스템 이론 Traité des systèmes』(1749)처럼 경험을 활용한 추측보다 과학실험을 강조했다. 한편, 과학 아카데미가 공익에 기여하자 과학자들은 진실을 추구하는 열정적인 사람들이라는 이미지가 자리 잡아갔다.

신고전주의와 계몽주의

종교를 일반적 설명에서 예외로 하는 것이 너무나 당연하지만, 이 시기에 예술을 포함해서 종교는 다양한 영역에서 중요한 역할을 했다. 그러므로, 신고전주의 양식은 니콜라 니콜 Nicolas Nicole의 마들렌 교회(1746~66 건축)와 자크 제르맹 수플로트 Jacques-German Soufflot의 생 제네비에브 Sainte Geneviève 교회(1758~90)처럼 파리에서 점점 더 중요해졌다. 18세기 후반에 고전주의 양식이 유행하면서 1756년 생제르맹 록세루아 교회 Saint-Germain l'Auxerrois의 기둥은 하부와 머리 장식이 신고전주의 양식으로 바뀌었다. 제단, 칸막이, 성가대석처럼 거추장스럽다고 여긴 장식물들을 제거함으로 많은 고딕 양식 교회가 새로운 고전주의식으로 개조됐다. 교회는 벽과 천장 등이 흰색으로 칠해질 때가 많았고 스테인드글라스가 제거됐다.

교회를 비판하는 목소리가 있었고 후대 학자들이 언급한 대로 탈기독교회 de-Christianization도 진행됐으나 전통적 관습과 신앙이 모두 없어진 것은 아니었다. 예를 들어, 북부 알자스에서는 이 지역의 수호신인 생트

오딜^{Sainte Odile}에 대한 숭배와 순례가 계속됐다. 탈기독교화와 거리가 먼 지역 주민들은 계몽주의^{Enlightenment}에 관심이 거의 없는 성직자들을 따랐다.

브르타뉴에서는 가톨릭이 공식적으로 인정하지 않은 초기 켈트족 성인들을 숭배하는 예배당들이 많았다. 노알^{Noyale}, 트레핀^{Tréphine}, 트레뫼르^{Trémeur}처럼 거의 전설적 존재에 가까운 성인들은 이교도들에 참수된 후 스스로 선택한 안식처로 옮겨졌거나 질다^{Gildas}와 같은 성인들의 도움을 받아 부활했다 믿는 사람들이 있었다. 매년 사면 의식(오늘날에도 지속되고 있다) 시즌에는 초기 켈트족 예배당에 대규모 행렬이 이루어졌다. 사면 의식은 회개와 기도, 이어진 잔치와 춤으로 대중의 경건한 의식으로 깊이 자리 잡고 있었다. 대중문화는 1790년대 프랑스 혁명의 유토피아주의로부터의 종교 창조 시도보다 더 성공적으로 기독교와 다양한 상호작용을 이어갔다.

1759년 파리 의회는 법무장관 졸리 드 플뢰리^{Joly de Fleury}로부터 '물질주의를 전파하고 종교를 파괴하며 방종을 부추기고 도덕을 타락시키기 위해 조직된 사회'가 존재한다고 보고받았다. 『백과사전』과 같은 출판물도 비판받았다. 하지만 계몽주의자들의 글 대부분은 파격적 이론 개념을 소개해도 전통 질서를 존중하는 문체로 표현했다. 이것이 그들의 글에 나타나는 큰 특징이었다. 그래서 그들의 글은 기독교 교사들의 것과 달리 기독교의 가르침에 도전하는 일은 거의 없었다.

개혁을 열망하는 계몽주의자들은 고문과 예수회에 반하는 입장이었고 관용과 이성을 중시하는 공통점을 보였으나 하나의 슬로건으로 뭉친 운동을 전개하거나 하는 것은 아니었다. 유행과 파벌로 정의할 수 있는 계몽주의와 철학은 1760년대에 절정에 달했다. 하지만 계몽주의 철학자들이 보인 가식에 많은 사람들은 불쾌해했다. 제네바 출신의 젊은 학자 오라스 베네딕트 드 소쉬르^{Horace Benedict de Saussure}가 1768년에 장 프랑수아 마르몽텔^{Jean-François Marmontel}에 대해 쓴 글이 있다. 마르몽텔은 『백과사전』에 문학 관련 기고문의 주요 필진 중 하나였다.

> 파리의 재치를 기대하라는 거만한 느낌의 문구를 읽고 마르몽텔이 쓴 글이라는 것을 알았다. 매우 독단적 어조, 자신이 속한 집단만이 철학적인 것이라고 말하는 습관, 그리고 이 집단에 속하지 않는 사람들을 은근히 무시하는 듯 말하는 습관은 마르몽텔의 글에 나타나는 특징이었다.

사실, 계몽주의는 특정 슬로건을 갖춘 운동이 아니라 '태도'와 관련된 것이었다. 1770년대부터 새로운 경향이 나타났다. 특히 균형을 거부하는 것처럼 보이는 전기 낭만주의^{pre-Romanticism}가 뚜렷하게 나타났다. 하지만 전기 낭만주의는 계몽주의에 그리 큰 도전이 되지는 않았다. 도전이 되는 것은 오히려 서로 양립하기 힘들어 보이는 다양한 사상들이었다. '이성 숭배'라는 기준의 왜곡으로 난립하게 된 여러 사상 말이다.

7년 전쟁과 프랑스

7년 전쟁은 1756년부터 1763년에 걸쳐 유럽을 중심으로 전 세계에서 벌어진 대규모 전쟁이다. 프랑스 왕국을 비롯해 프로이센 왕국과 합스부르크 제국, 러시아 제국, 영국, 스웨덴, 스페인 왕국 등 모든 유럽 열강은 물론 포르투갈 왕국이나 이탈리아반도의 크고 작은 제후국까지 참전했기에 종종 '세계 최초의 세계대전'으로도 불린다. 주요 원인은 유럽의 패권과 식민지 영토를 둘러싼 경쟁으로, 여기서 프랑스는 주로 영국과 서로의 지배 영역을 놓고 경쟁했다. 프랑스와 영국의 식민지가 있는 신대륙에서는 본토와는 별개로 프랑스-인디언 전쟁이라고 불리며 식민지들이 각자의 모국을 따라 서로 싸웠다.

전쟁의 시작은 오스트리아 왕위 계승 전쟁으로, 오스트리아의 마리아 테레지아가 프로이센에게서 슐레지엔의 영유권을 되찾고 복수하려던 것에서 비롯되었다. 하지만 이 복수의 규모가 점차 커져 프로이센의 국력을 철저히 부수기 위해 프랑스 및 러시아와 동맹을 맺었고, 이미 프랑스와 북미 및 인도에서 식민지를 두고 다투고 있던 영국이 프로이센과 동맹을 맺으며 전쟁은 점차 유럽 전역으로 확산되었다.

그 결과 전선은 크게 유럽 전선과 북미 전선, 아시아 전선으로 갈리게 된다. 유럽 전선에서는 초반에 유리한 전투를 이끌었으나 점차 여러 나라의 연합에 밀리던 프로이센이 1762년 표트르 3세와 평화를 맺으며 상황이 반전되었다. 결과적으로 프로이센은 1763년 휴버투스부르크 조약을 통해 슐레지엔을 지키는 데 성공한다.

북미 전선과 아시아 전선에서는 프랑스와 영국이 맞붙었는데, 북미 전선에서 벌어진 프랑스-인디언 전쟁에서 영국은 프랑스를 압도한다. 특히 1759년 퀘벡 전투로 북미에서 우위를 점한 결과 프랑스는 캐나다를 영국에 넘겨주고 북미에서의 거의 모든 영토를 잃게 되었다. 아시아 전선에서는 영국 동인도 회사가 1757년 플라시 전투에서 프랑스 동인도 회사를 물리치고 지배권을 확립한다.

  7년 전쟁에서 프랑스군은 약 20만 명이 전사하고 8만 명이 포로로 잡히는 등 막대한 피해를 입는다. 심지어 프랑스 왕국은 전쟁이 발발하기 전부터 재정 상태가 그다지 양호하지 않았는데, 아메리카 대륙과 인도에서의 영향력을 영국에게 완전히 빼앗겨 참전국 중에서 가장 큰 피해를 입었다는 평가를 받는다. 이렇게 패전으로 인해 국고가 바닥났음에도 루이 15세를 이어 다음 왕이 된 루이 16세는 영국과 대립하기 위해 미국 독립전쟁에 참여하는 등 거친 행보를 이어갔고, 국가 재정이 더더욱 악화됨에 따라 국민들의 불만도 커져갔다. 이는 자연스레 왕실의 권위 하락으로 이어졌다.

삼부회와 프랑스 혁명

프랑스 삼부회는 프랑스 왕국의 국민 대표기관으로 사회 계층별 대표들이 모여 국가의 중요한 문제를 논하는 의회를 의미한다. 크게 성직자로 구성된 상류층과 왕과 귀족들이 포함된 중간층, 상인과 농민으로 인구의 대다수를 이루는 하층으로 구성되어 있는데, 삼부회는 훗날 프랑스 혁명을 촉발한 중요한 정치적 배경으로 알려져 있다.

삼부회는 세 가지 계층으로 구성되어 있다고는 하나, 사실 교회 관련 법과 재정적 문제에 관여한 제1계층과 군사적, 행정적 역할을 담당한 2계층과 비교했을 때 제3계층에게는 세금 부담의 의무만 있을 뿐 정치적 권리가 거의 없었다. 이에 대한 제3계층의 불만은 루이 16세가 왕위에 오르기 전에도 존재했는데, 주로 세금 문제와 경제적 불평등, 정치적 대표성 부족 등을 화제로 삼았다. 하지만 세금 개혁과 상류 계층의 특권 철폐를 요구하는 목소리는 루이 16세 이전 왕권이 절대적이었기 때문에 그 의견이 크게 반영되지는 않았다.

그러나 루이 16세 시기에 맞닥뜨린 프랑스 왕국의 국가 재정 위기와 이로 인해 더욱 두드러진 세금 불균형 문제, 결정적으로 가장 인구가 많음에도 제1계층과 제2계층에 비해 불균등한 권력을 행사하는 문제 등이 겹쳤고, 그 결과 제3계층은 1789년 5월 국민의회를 선언하게 되었다. 국민의회는 제3계층들의 대표들만이 모인 의회로, 절대적인 왕의 지배에 대한 도전에 가까운 성격을 지녔다. 이들은 헌법 제정을 목표로 활동을 시작했으며, 같은 해 바스티유 감옥 습격 사건이 발생하면서 본격적인 프랑스 혁명이 시작되었다.

이제 제3계층의 요구는 세금 개혁을 넘어서 왕권의 절대성과 귀족 및 교회의 특권 철폐, 그리고 정치적 권리 확대와 사회적 평등이라는 혁명적인 요구로 바뀌었다. 이를 두고 볼 수 없던 왕은 이들의 모임을 해산하기 위해 삼부회 의회를 폐쇄했는데, 이에 국민의회 대표들은 근처 테니스코트에서 '헌법이 제정될 때까지 해산하지 않겠다'고 서약한다. 그 뒤 대중은 바스티유 감옥을 습격하여 각종 무기를 확보했고, 이어 국민의회는 '자유, 평등, 형명성'을 강조하는 보편적인 인권을 주장한다. 이는 프랑스 헌법 제정의 기초가 되었다.

이제 거칠 것이 없어진 시민들은 베르사유 궁전에서 왕과 왕비를 파리로 끌고왔고 1791년 헌법을 제정, 제한 군주제를 수립하며 왕의 권한을 제한하고 입법권을 국민 의회가 갖도록 했다. 1792년 국민의회는 프랑스 제1공화국을 선언하며 왕정의 종식을 선언했고, 이제 상징적인 존재로 남게 된 왕은 1793년 국민재판소에서 반역죄로 처형된다. 그러나 이후 로베스피에르의 공포 정치와 테르미도르 반동을 겪으며 한동안 프랑스는 급진적인 변화를 계속한다.

파리 의회의 역사

파리 의회^{Parlement de Paris}는 프랑스 역사에서 가장 오래된 사법 및 입법 기관으로, 단순한 의회를 넘어 프랑스의 정치와 사법, 사회의 중심지 역할을 담당하며 여러 변화와 격동기를 겪었다. 파리 의회는 중세부터 프랑스 혁명까지 왕국의 중요 정치적, 법적 역할을 수행했는데, 단순한 법원을 넘어 왕국 내 최고 항소 법원이었다.

파리 의회의 기원은 12세기 왕의 고문 기관에서 비롯되었다. 이는 왕의 신하들이 소집되어 법적 분쟁을 해결하고 왕의 정책을 자문하는 기관으로, 13세기에는 가톨릭의 성인이기도 한 루이 9세를 통해 왕실 사법권의 중심으로 발전되었다. 이후 14세기에는 항소 법원으로 왕국 전역의 모든 사건을 다루는 최고 법원으로 자리잡는다. 한편 파리 의회는 프랑스 관습법을 집대성하고 이를 체계화함으로써 프랑스 전역에서 법적 통일성을 확보하는 데 일조하기도 한다.

이후 파리 의회는 점차 사법기관을 넘어 정치적 역할을 하게 되는데, 특히 새 법령을 등록하는 권한을 통해 왕의 법률 시행을 승인하거나 거부하는 견제 역할을 얻게 된다. 이는 왕과 의회 간의 갈등을 발생시키기도 했지만, 백년 전쟁 동안에는 전시 행정과 조세 문제를 처리하는 등 왕국의 안정을 유지하는 데 기여하기도 했다.

하지만 앙리 4세 시기부터 파리 의회는 점차 견제를 받기 시작한다. 앙리 4세는 왕권을 강화하는 과정에서 의회의 권한을 축소시키려 했고, 이는 왕권과 파리 의회 사이에 갈등을 초래한다. 특히 17세기 루이 13세와 14세 시기에는 두 재상인 리슐리외와 마자랭의 중앙집권화 정책에 의해 파리 의회의 정치적 역할을 약화시키려 했고, 이에 반발한 의회는 귀족 및 시민들과 연합하여 1648년 프롱드의 난에 참여한다. 그러나 프롱드의 난은 왕권파에 의해 진압되었고, 의회의 정치적 역할은 더더욱 제한받고 만다.

18세기에 이르러 파리 의회는 계몽주의 사상과 결합하여 절대왕정을 비판하는 데 앞장서게 된다. 이들은 왕의 세금 부과 및 법령을 견제하며 시민들의 지지를 얻었고, 루이 15세와 16세 시기에 점점 목소리를 높이며 왕권에 저항했다. 특히 1787년에는 삼부회 소집을 촉구하며 프랑스 혁명을 촉진하는 데 큰 역할을 했다. 결과적으로 파리 의회는 1789년 프랑스 혁명이 발발한 뒤에는 절대왕정의 상징으로 여겨져 1790년 혁명 정부에 의해 해체되며, 이후 파리 의회가 담당하던 기능은 다양한 대체 기관으로 분할된다.

8
대혁명, 1789~1799년

영국의 정치인 새뮤얼 보딩턴^{Samuel Boddington}의 기록처럼, 1789년 7월은 파리의 영국인 관광객들에게 그다지 평화로운 시기가 아니었다.

> 바스티유 감옥의 총독과 사령관의 머리가 몸과 분리되고 승리의 표시로 들려졌다. 저녁이 되자, 몇 마일 거리에서 국왕의 동생인 다르투아 공작^{Duc D'Artois}(훗날 샤를 10세)이 3만 명의 병력으로 그날 밤 공격할 것이라는 소문이 돌았다. 군사를 부르는 도시의 모든 종소리, 북소리, 대포를 끄는 소리가 들렸다. 호텔 앞 도로의 돌들은 뜯어져 있었는데 공격 시 병사들에게 던지기 위해 반대편 집 꼭대기로 운반됐다는 소문이 돌았다. 방금 본 광경들은 왠지 불길하다.

1790년, 헨리 피츠로이 경^{Lord Henry Fitzroy}은 샹 드 마르스^{Champ de Mars} 광장의 바스티유 함락 1주년 기념식을 관찰했다.

이토록 많은 군중이 모인 일은 이전에도 없었고 앞으로도 없으리라. 약 2마일 거리의 샹 드 마르스 광장은 마치 50열의 벤치로 둘러싸인 커다란 원형 경기장과 같은 열기로 가득했고...그 중심에는 상당한 높이의 제단이 있었다...그들의 대리인들은 선서했다. 군중 전체의 함성과 외침 속에서 라 파예트 La Fayette 는 제단에 오르자마자 민족의 이름으로 맹세했다. 대리인들과 근위병들 모두 칼을 높이 치켜들었다. 축제 내내 무수한 대포가 축포를 쏘아 올렸다. 우리는 국왕이 왕위에서 내려와 제단에서 선서하리라 기대했지만 그런 일은 일어나지 않았다. 많은 이들이 불쾌해하고 있다. 무슨 일이 일어날 것 같아 두렵다.

18세기 후반 프랑스를 휩쓴 비극과 승리의 물결은 이렇게 압축됐다. 프랑스 혁명이 맺은 결실이라면 국내외의 적들을 물리치고 헌법, 정치, 이념, 종교 분야에 새로운 질서를 세우고 다른 나라들에 변화를 선사했다는 점이다. 프랑스 혁명은 프랑스와 유럽 역사에서 핵심적인 사건이기도 했다. 프랑스 혁명으로 프랑스의 정체성은 예전과 같아질 수 없었다. 이는 오늘날에도 중요한 의미를 지닌다. 하지만 프랑스 혁명의 원인이 된 사건들은 당시 유럽에서는 그리 특별한 일은 아니었다. 그렇기에 1789년 거의 모든 독일의 신문이 프랑스의 사건들보다는 오스트리아-터키전에 더 큰 지면을 할애한 것은 놀라운 일이 아니었다. 1780년대 후반에 프랑스를 절망 속에 빠뜨린 수많은 문제는 소설에서나 나올 법한 특이한 문제들이 아니었다.

프랑스 대혁명의 원인들

실제로 1780년대 후반 프랑스에 영향을 준 문제들은 소설에서나 볼 수 있는 새로운 문제들이 아니라 지극히 일상에서 일어나는 것들이었다. 18세기 초 프랑스의 위기는 각료의 불안정, 법원의 파벌 싸움, 그리고 예측 불가능한 결과들로 요약될 수 있었다. 당시 프랑스가 겪는 위기는 대중의 관심을 사로잡았다. 초반의 허세와 판돈 올리기 등 각료들의 고전적인 기술도 대립을 빠르게 위기로 밀어 넣었다. 위기가 오면 왕가가 자주 활용하는 정책(특히 정치에서 사람들에게 겁을 주고 원하는 바로 유도하기 위해 상황을 아주 위험한 지경으로 몰고 가는 수법)은 매번 더 심각한 문제로 빠질 위험성이 있었다. 따라서 1789년 여름에 일어난 정치 체제 붕괴는 기존의 상황이 곪아 터진 결과였다.

그렇다고 새로운 체제가 나타난 것도 아니었다. 총체적으로 당시 프랑스에서는 하찮은 문제로 정치 분쟁이 심각하게 일어나고 있었다. 혁명의 원인은 오랫동안 학계와 정치계에서 커다란 논쟁거리였다. 지금의 프랑스 혁명 박물관^{the Musée de la Révolution française}은 도피네 지방의 비질^{Vizille}에 있는 중세 성을 활용한 것이다. 1788년 튈 기사단의 그르노블 폭동(Journée des Tuiles, 6월 7일 타일의 날Day of the Tiles-그르노블 반군이 벽돌과 기와로 왕립 해병대 공격) 이후 도피네의 3계급(성직자, 귀족, 평민)이 모여 관점을 제시했으나 이 역시 전체를 아우르는 관점은 아니었다. 3계급의 논의에서 전체를 아우르는 관점이 무엇보다 중요했지만 말이다.

좌파 역사가들은 계급적 용어나 마르크스주의를 참고해 프랑스 혁명을 계급투쟁 관점에서 평가하는 편이었고, 지금도 어느 정도 그렇다. 그러나 1789년의 파리나 다른 도시들은 여전히 공장이 거의 없었다. 4월 파리의 레베이용^{Réveillon} 폭동은 소규모 공장을 중심으로 일어났고 이후 수도에서의 대규모 민중운동의 주된 서곡이기는 했으나 혁명운동은 공장 노동자들의 업적이 아니었다. 파리 북쪽 교외에서만 400~800

명의 노동자를 고용한 대형 직물 제조사가 몇 곳 있었고, 파리 노동자의 3분의 1은 전통적 건축업에 종사하고 있었다. 혁명 전에도 노동자들은 경제의 변화를 요구할 정도로 깨어있지 않았고 여전히 낡은 생각에 갇혀 있었다. 예를 들어서 트루아^{Troyes}의 직물공 길드들은 모두 농촌 제조업을 억압하라고 요구했고, 다축^{多軸} 방적기 사용으로 일자리를 잃는 사람들이 생겨났다며 비난했다.

농촌 지역에서도 나름의 불만이 있었다. 이러한 불만이 터져 나타난 사건이 있었다. 1789년의 대공포^{the grande peur} 시기에 농민들이 지주들을 공격한 사건이었다. 하지만 이러한 농민들의 폭력은 새로운 것도 아니었고, 프랑스에서만 일어난 일도 아니었다. 따라서 혁명의 원인을 계급 사이의 긴장 관점에서 설명하는 것은 문제가 많다.

대신, 영국 역사학자들은 정치적 요인, 특히 단기적으로 일어난 정치적 요인에 주목해 혁명의 원인을 설명했다. 단기적 정치 요인은 확실히 초기 단계에서 결정적인 역할을 하기는 했다. 이에 비해 수정주의 역사학자들은 사회적 긴장이나 압박을 간과하는 문제를 보였다. 이들은 정치적 권위가 붕괴하면서 사태가 급진적으로 흘러갔다는 내용을 다룰 때 이론적으로 접근보다는 서사에 치중하는 경향을 보였다. 정치적 행동과 반목, 그리고 우연의 역할에 초점을 두고, 혁명의 파괴와 폭력의 범위 및 영향력을 강조한 것이다. 최근에는 대표성, 상징성, 폭력성을 연구하는 과정에서 정치적 서사를 초월해 정치 문화에 관한 궁금증에도 관심을 보이는 움직임도 있다. 이를 통해 우리는 '극단적' 혁명가들과 '중도적' 혁명가들을 바라보는 시각에도 영향을 받게 되었다.

흔히 프랑스 혁명의 원인을 다룰 때 종교적 요인은 생각하지 않는 경향이 있지만 이는 재검토해야 한다. 교회 기관의 영향력이 약해지면서 반종교개혁의 움직임이 나타났다. 특히 예수회 탄압(1762년 프랑스)과 1780년대의 가톨릭이 지배하던 유럽에 등장한 다양한 이념 사이의 반목으로 분위기는 긴장되었다. 왕권의 신성이 이전보다 강조되지 못하면서 국가를 위해 애쓰는 군주의 입장이 강조되었다. 얀센주의에서 비롯된 개혁 가톨릭이 퍼져나간 것이 이러한 변화를 이끈 하나의 요인이었으며, 기존의 질서가 사회 문화적으로 달라지고 있는 것 역시 또 하나의 요인이었다. 실제로 정부에서, 그리고 파리 같은 주요 도시에서도 이러한 과정이 두드러지게 나타났다.

혁명이 움트다

헌법의 재정립과 개혁 등 정치적 움직임은 주로 정부에서 이뤄졌다. 프랑스의 각 부처는 1770~80년대의 미국의 독립 전쟁에 개입해 생긴 부채 문제를 해결하기 위해 애썼다. 그리고 동시에 영국 의회처럼 합의하고자 노력했다. 지방의회의 기획, 명사회^{Assembly of Notables}(1787), 이후 고등법원들의 압력에 따른 삼부회(1789) 소집 등으로 여론을 대변해 프랑스 정부를 지지하려 했다.

한편, 그동안 정당화되던 '절대주의' 군주제는 더 이상 유효하지 않았다. 이는 1787년 말 무렵의 정치적 저항으로 확실하게 나타났다. 정부가 겪는 경제, 재정적 문제들은 심각한 총체적 난국임을 보여주었다. 경제, 국고, 신용 가치, 그리고 정부의 정책이 모두 문제였다. 중앙 정부의 문제를 해결해야 했으나 경험이 없거나 부족한 사람들에게 믿고 맡기기도 힘들었다. 협력과 능숙한 위기 대처 능력을 기대하기 어려웠기 때문이다. 따라서 이해할 수 있는 해결책을 생각해 내기란 그리 쉬운 일이 아니었을 수도 있다. 문외한일수록 오히려 권력을 요구할 가능성이 컸다. 아니면 분열된 법원, 불안정한 부처, 급변하는 정책에 의심과 불만을 표시할 가능성이 컸다. 물론 이는 이 시기에만 일어난 새로운 현상은 아니었다. 이런 특징들은 어느 것도 새로운 것은 아니었다.

결과적으로 프랑스 입헌군주제는 새로운 모습으로 변하지 못했다. 루이 16세가 융통성을 발휘하지 않으려 한 것이다. 어쩌면 상황을 바꿀 기회를 놓친 것인지도 모른다. 이후 혁명의 기미는 여러 곳에서 산발적으로 보이기 시작했다. 프랑스는 1778~83년 미국 혁명을 성공적으로 지원했으나, 이후 국제적 위신을 잃어갔다. 여기에 주목할 필요가 있다. 특히 1787년 네덜란드 위기를 제대로 해결하지 못한 프랑스의 무능력이 결정적 역할을 했다. 1789년 10월 오스트리아군이 투르크로부터 베오그라드를 점령했다는 소식에 빈 사람들은 열광적으로 축제를 벌였다. 한편, 10월 6일에 왕궁이 공격받자, 이후에 루이 16세와 왕족이 베르사유에서 파리로 강제 이송됐다. 참으로 대조적인 풍경이었다. 정치적으로 성공하려면 내부 정책보다 군대를 통한 승리가 더 빠르다는 것을 보여주는 예다.

　루이 16세는 형제들의 문제 혹은 급진 성향의 사촌 루이 필리프(평등한 필리프, 오를레앙 공작)의 문제처럼 궁정의 파벌을 제대로 관리하지 못했다. 필리프 때문에 루이 16세의 권위는 더욱 약해졌다. 어쩌면 필리프는 루이 16세의 처형에 찬성표를 던졌을지도 모른다. 하지만 정작 필리프 그 자신도 이후 프랑스 혁명가들의 공포정치에 희생양이 돼 1793년 11월 단두대의 이슬로 사라졌다. 반대로, 루이의 형제인 아르투아 백작-샤를 10세는 군주의 권위는 축소되어서는 안 된다고 주장했다. 왕실의 분열로 궁중은 약해졌다. 역사상 늘 있는 일이다.

　여기에 더해 왕실은 일련의 스캔들로 더욱 곤란한 입장이 됐다. 특히 1785~86년의 '다이아몬드 목걸이 사기 사건'에 철없는 마리 앙투아네트 왕비가 연루되면서 왕실은 더욱 위기를 맞았다. 군주를 향한 사람들의 존경심은 더 이상 예전 같지 않았다. 그리고 진실인지 헛소문인지는 알 수 없으나 루이 15세와 마리 앙투아네트를 둘러싼 외설적 스캔들이 사람들의 입방아에 오르면서 왕실의 명성은 더욱더 추락했다. 불륜과 파탄 스캔들이 정치적 색채를 띠면서 공공의 주제로 변모했다.

왕실에 대한 사람들의 존경심이 나날이 떨어지며 결국 1792~1793년 루이 16세는 재판 후 처형됐다. 군주제는 리더의 통솔력이 부족하면 전혀 효력을 발휘하지 못했다. 루이 15세가 왕위에 오를 때부터 사람들은 왕실에 별로 기대하는 것이 없었다. 이에 따라 20년 동안 루이 15세는 왕실의 영광을 제대로 유지하지 못했다. 게다가 뒤를 이은 루이 16세마저 군주로서 매력이 부족했다. 실제로 루이 16세는 전장에서 승리를 거두지 못해 국왕으로서 영광을 뽐내지 못했고 카리스마가 심각하게 부족했으며 국내 문제를 조절하거나 통제하지 못했다. 게다가 루이 16세는 귀족들과의 관계 조율에도 미숙했고 군주의 영광과 왕권 강화를 위해 궁정을 활용하는 방법도 잘 몰랐다.

정치의 발전

이제 공화주의를 지지하는 것이 대세가 된 대중은 새로운 미학을 요구했다. 그러한 미학은 자크 루이 다비드[Jacques-Louis David]의 회화에서 나타나듯 고결한 신고전주의, 특히 <호라티우스의 맹세[Le Serment des Horaces]>(1784, p.8 참조)에서 가장 명확히 표현됐다. 수학자 가스파르 몽주[Gaspard Monge]는 서술 기하학을 발전시킨다. 이에 따라 1768~80년 사이에 수학적으로 정밀한 그래픽을 표현하는 것이 가능해졌다. 과학 발전으로 완벽에 가깝게 정확히 표현할 수 있게 된 것이다. 수학의 추상적 가치는 아름다우면서 지적이라 여긴 신고전학파가 중시하는 정밀함이 출발점이었다.

콩도르세 후작[Marquis de Condorcet]은 『다수결에서 내린 결정의 확률에 대한 분석 적용에 관한 에세이[Essai sur l'application de l'analyse à la probabilité des] décisions rendues à la pluralité des voix 』(1785)에서 이성적 결정을 내리려면 본능과 열정 대신 확률을 사용해야 한다고 강조했다. 인간의 행보로 끝없이 진보를 이룰 수 있다고 믿었던 콩도르세 후작은 실용 과목에 초점을 둔 보편적 국가 교육이 중요한 열쇠가 되리라 생각했다. 하지만 1793년에 체포돼 이듬해 처형된 라부아지에와 마찬가지로, 혁명을 적극적으로 지지했던 콩도르세 역시 아이러니하게도 혁명의 희생물이 되었다. 입법회의 비서로 일하며 여성참정권을 지지했던 콩도르세는 1794년 자코뱅당에 체포돼 감옥에 갇혔고, 얼마 지나지 않아 생을 마감했다. 정기적인 모임 장소인 자코뱅 수녀원에서 이름을 따온 '자코뱅당'은 1789년 이후 급진주의와 무자비함, 그리고 테러를 지지한 강성 평등주의자였던 혁명가들의 집단이었다.

1789년 초 정치-재정 위기 해결을 위해 소집된 삼부회(the Estates-General, 성직자/귀족/평민(중산층)의 3계급으로 구성된 자문기관) 선거는 정치적 참여와 긴장, 기대치를 높였다. 각 선거구에서 세 계급은 군주와 헌법 주체들의 법적 권리의 관계 명료화를 위해 각자의 요구사항 목록 cahiers de doléances 을 별도로 작성했다. 권리 보장, 대의 정치, 교회 개혁, 동의에 따라 이루어지는 과세 등 요구사항은 분명했다. 새로운 정치 질서의 중심축은 삼부회와 지방의회였다. 정기 회의를 여는 권한은 삼부회와 지방의회에 있었다. 지방 분권은 핵심적 요구였지만, 이 단계에서 급진주의는 제한됐다. 공화주의가 아닌 권력분립이 요구됐고, 귀족제, 수도원제, 도시와 지방의 특권, 그리고 십일조 등의 폐지는 거의 관심 밖이었다.

하지만 목록의 내용은 '생존'보다 중요한 문제가 아니었다. 절대 왕정과 정치 구조가 재정 위기를 해결할 수 있을까에 대해 의문이 제기되기 시작했다. 삼부회는 군주제와 함께 국가를 개혁할 것으로 기대를 받았다. 선거와 요구사항 목록은 지방의 떠오르는 공공 정치 세계, 그리고 대도시의 국내 정치의 생태계 사이에 새로운 연결고리를 만들었다.

이 목록에서 국왕은 관심 밖의 주제였다. 실제로는 많은 농민들의 문제가 자주 거론될 정도로 중시됐다. 많은 도시와 지방이 심각한 경제난에 허덕이며 질서는 붕괴하고 있었다. 그 가운데 정부 권한도 무너지고 있었다. 국가의 정치적 문제를 평가하는 지역 심의는 정부 권한의 와해를 막기 위해 구성됐다.

프롱드당의 요구가 시대와 부합하면서 삼부회는 1614년에 최종 회의를 가졌다. 삼부회는 1789년 5월 5일 베르사유에서 다시 만났다. 프랑스의 정치권력이 분배되고 있는 현상을 잘 보여주는 예다. 평민인 제3계급에는 농민이나 장인을 대표하는 인물이 없었다. 새로운 정치적 이해를 창출하려는 희망은 있었지만, 루이 16세의 정치 기술이 부족하다 보니 개혁을 지지하는 사람들과 효과적으로 협력할 의지를 제대로 보여주지 못했다. 실제로 삼부회는 국가 정치의 장이 됐고 정부가 고장나기 이전에 마지막으로 작동하는 몸체였다. 빠르게 이루어지는 정치 변화, 새로운 헌법을 만들려는 절박한 열망, 개혁을 방해하는 국내 요인들, 변화를 추구하는 사람들 사이에서 벌어진 격렬한 내부 분열이 당시에 보이던 상황이었다. 그 결과 개혁을 향한 열망이 혁명으로 나타난 것처럼 보이게 되었다. 1789년 6월 17일, 제3계급은 자신들을 국회라고 선언하고 유일하게 선출된 국민의 대표로서의 주권을 주장했다. 정부는 루이 16세의 권위를 재확인하기 위해 '왕실 회의'를 계획해 대항했다. 1789년 6월 17일, 삼부회의 표결 방식에 불만을 품은 제3계급 대표들은 별도로 '국민의회'를 결성했다. 6월 20일, 평민 대표들은 테니스 코트로 이동했다. 감정이 고조된 가운데 개혁이 완료되고 헌법을 제정할 때까지 '국민의회'를 해산하지 않을 것을 서약했다.

'더 이상 주인은 없다'

6월 23일에 열린 왕실 회의는 결국 실패로 끝났다. 왕에 대한 지지는 약해졌고, 그가 선호하는 개혁은 너무 늦었으며, 제3계급은 해산을 거부했다. 파리의 공공질서가 와해하는 동안 루이 16세는 물러갔다. 6월 27일, 이제 취약해진 루이는 성직자들과 귀족들에게 국회에 참여하라고 말했다. 정치적 위기에 식량난이 겹쳤으나 영국은 프랑스의 곡물 지원 요청을 거절했다. 소작농들은 영주에게 내는 세금과 십일조를 거부했고, 귀족의 성들을 공격하기 시작했다. 파리에서 곡물 가격이 최고조에 달하자, 민중의 불만이 극에 달해 7월 14일의 폭력적인 바스티유 점령으로 나타났다.

파리에서 왕당파는 반혁명 계획을 세웠으나 군대를 제대로 움직일 능력이 부족해 계획을 접었다. 군인들은 나랏일로 동원이 되지 않을 때는 민간을 대상으로 무역을 했고 사람들 사이에서 생활했다. 그러다 보니 군인들은 사람들에게 영향을 미치는 경제적, 이념적 압력과 직접 마주했다. 변화를 요구하는 압력은 이제 막을 수 없을 정도로 커졌다.

국민의회는 7월 28일 새로운 정권에 맞서 행정 업무를 감독하고 전복 혐의자들을 추적할 보고 및 연구 위원회를 만들었다. 8월 4일에는 모든 봉건적 권리와 의무가 폐지됐다. 8월 26일에는 '인간과 시민의 권리 선언Declaration of the Rights of Man and the Citizen'을 통해 인간은 자유롭고 평등하며, 모든 정치적 결사의 목적은 인간의 권리를 보존하는 것이라 주장했다. 그러나 루이 16세는 인간과 시민의 권리 선언을 포함해 개혁안을 받아들이지 않으려 했다. 이에 따라 상황은 더욱 혼란스러워졌고 왕실에 대한 불신도 높아졌다.

여전히 빵 부족에 시달리던 파리에서 마침내 일이 터지고야 말았다. 10월에 일어난 봉기였다. 1789년 10월 5일, 많은 여성을 포함한 파리 군중들은 루이 16세가 혁명을 꺾을 준비를 한다는 소문을 들었다. 파리 군중들은 이런 루이 16세를 베르사유에서 파리로 데려가기로 결심했다. 6일 왕비의 거처가 군중들에게 습격당하자, 위기를 느낀 국왕은 파리의 튈르리 궁전으로 갔다. 베르사유가 황폐해지고, 불안정한 대도시가 정치의 중심이 되면서 왕권과 권력이 빠르게 약해졌다. 하지만 여전히 확실한 대안은 없었다. 빠른 변화 속도, 안정적 헌법 협약과 의회 운영 방식을 개발할 충분한 시간과 신뢰도 없었다. 의견 합의도 이루어지지 않은 상태였다. 왕실과 국회의 관계는 물론 정책에 대한 이견도 불안정했다. 그 무엇보다도 양측의 상호 불신이 결정적 걸림돌이었다. 새로운 입헌군주제 모델이 있었다면 이 상황을 타개할 수 있었을지도 모른다.

입헌군주제를 어떻게 운영할 것인가에 대한 논의는 교회에서 집중적으로 이루어지고 있었다. 이 동안 상황은 나름 잠잠해졌다. 평화로운 해였던 1790년에 오히려 왕권은 붕괴하고 있었다. 왕실 재산은 국가에 귀속됐고, 왕실의 지위는 공무원 레벨로 변했다. 국회는 새로운 정책에 반대하는 싱직자들을 해고하거나 성식자들에게 새로운 질서를 따르라 요구했다. 분열을 부추기는 이러한 조치로 프랑스의 많은 지역에서 혁명을 지지하는 목소리가 약해지기도 했다. 하지만 1790년의 귀족제 폐지로 전통 계급에 대한 존중이 공격받으면서 군주제는 더욱 취약해졌다.

한편, 급진사상은 위기 상황과 맞물려 빠르게 퍼져나갔다. 사회가 분열되었기에 전파 속도도 그만큼 빨랐다. 보수 집단은 특권층에게 지배됐는데, 대리인들-특히 귀족과 부르주아 사이에 사회 및 문화적 분열이 생기면서 정치 분열도 가속화됐다. 1790년 6월 파리 신문은 「특별한 모자^{Postillon experiannaire}」라는 제목과 함께 '더 이상의 왕자, 공작, 백작은 없다. 더 이상 주인은 없다'라고 선언했다. 바스티유 붕괴 1주년을 맞아 여러 지역에서 흥분의 열기가 한껏 고조됐다. 가장 뜨거웠던 주요 지역 중 하나는 브르타뉴 중심부에 있는 퐁티비^{Pontivy} 마을이었다. 마을 사람들은 브르타뉴 앙주 연합the Breton-Angevin Federation 회의를 개최했다. 구성원들은 특권과 지역 충성심을 포기했다. 이들은 프랑스 시민의 권리를 강조하며 자연적 인권을 빼앗으려는 모든 시도를 거부했다. 군대, 부르주아, 그리고 심지어 소작농과 성직자들까지 맹세를 축하하기 위해 마을로 몰려들었다. 시민권을 중시하는 견해는 점점 더 힘을 얻고 있었으나 아직은 강력한 급진적인 이념이 영향력을 발휘할 단계는 아니었다. 루이 16세와 보수 귀족들이 이러한 목소리에 귀를 기울이고 지지했다면 새로운 입헌군주제가 시행되었을지 모른다.

혼돈의 파리

그러나 현실은 달랐다. 혁명의 기미가 보이는 가운데 정치적 위기가 군대를 변화시켰다. 규율의 붕괴는 물론 1790년 낭시의 심각한 반란들이 일어났고, 장교 대부분은 프랑스를 떠났다. 1791년 전통적 연대 명칭들이 숫자로 대체되는 등 오랫동안 유지되어 온 위계질서가 무너졌다. 일찍이 이상한 기운을 감지한 관광객들은 신변의 위험을 느끼고 파리에 가지 않으려 했다. 주 방위군은 마차 운행을 중단시켰고, 외국인들에 대한 프랑스인들의 반감도 커졌다.

왕권 유지가 불가능해 보이는 불안감에 사로잡힌 루이 16세는 안전한 변방 요새로 피신해 권위를 회복하는 방안을 생각하기로 했다. 그러나 1791년 6월 21일 몽메디Montmédy로 이동 중 신분이 탄로 난 그는 바렌에서 군중의 저지로 파리로 돌아올 수밖에 없었다. 루이는 더 이상 국민의 신뢰를 받지 못하는 입장이 됐다.

반대로 공화주의를 지지하는 목소리는 높아졌다. 1792년 오스트리아에 전쟁이 선포되면서 프랑스의 공화주의를 향한 열망은 더욱 강해졌다. 혁명가들은 수단과 방법을 가리지 않고 적과 싸워 이기려면 대중의 지지를 받아야 한다고 여겼다. 무엇보다 가장 큰 적은 프랑스 안에서 음모와 반란을 부추기는 외국 세력이었다. 이에 따라 편집광적 민족주의가 불타올랐고 혁명과 급진화의 불길도 더욱 강해졌다.

혁명가들은 주권 문제를 내세우며 혁명에 반대하는 것은 매국 행위라 선동했다. 국가가 전쟁 초기에 심각한 패배를 할 때 나타나는 민족주의 광기와 비슷했다. 1792년 8월 10일, 급진파가 집권해 튈르리 궁을 습격하고 루이 16세를 붙잡으면서 입법의회에 의해 군주제가 중단됐고, 양측을 대신해 남성 유권자들의 보통 선거로 선출되는 국민회의가 9월에 설립되었다. 공화국이 수립되면서 국민주권이 전면에 강조됐다.

외국의 외교관들이 루이 16세와 협상을 벌였다. 하지만 협상의 와해로 루이 16세 정부의 외교 관계는 단절됐다. 9월에는 파리 감옥들에 수감 된 사람들이 학살됐다. 많은 이들이 반역 혐의로 체포됐고 '국민의 정의'라는 이름으로 빠르게 사형을 선고받았다. 9월 대학살^{the September} ^{Massacres}에는 200명이 넘는 성직자를 포함해 1,100~1,400명이 희생됐다. 이 잔혹극에 유럽인들은 하나같이 혁명에 반대하는 목소리를 냈고 만행을 고발하는 문학이 널리 퍼졌다.

프로이센의 파리 진격은 9월 20일 발미^{Valmy}에서 더 많은 병력의 프랑스군에게 저지당했고, 11월 말까지 사부아^{Savoy}, 오스트리아령 네덜란드(벨기에), 라인란트의 많은 부분이 프랑스에 점령됐는데, 11월 6일 벨기에의 제마프^{Jemappes}에서 오스트리아군을 물리친 프랑스의 승리가 결정적이었다. 11월 19일, 국민대회는 프랑스 국민이 자유를 되찾고자 하는 모든 이들에게 박애와 원조를 제공할 것이라 선언하는 – 모든 국제질서를 파괴하는 법령을 통과시켰다. 8일 후, 사르데냐 왕국에 정복됐던 사부아는 프랑스에 합병됐다. 뒤따른 몽벨리아르^{Montbéliard}(1793)는 여전히 프랑스에 속해 있다. 국제주의라는 미사여구와 함께, 전쟁의 발발은 혁명을 점점 민족주의적인 어조로 이끌었다.

　광적인 변화의 속도와 압력은 줄어들지 않았다. 1792년 12월 3일, 루이의 재판이 결정됐고, 12월 15일 프랑스군이 점령한 영토에서 고대 통치권을 쓸어버릴 것을 보장하는 법령이 공포됐다. 새로운 질서 구축을 위한 선거가 열릴 예정이었지만, 선거권자는 '국민과 자유와 평등의 원칙에 충실하겠다'고 맹세할 준비가 된 성인 남성으로 제한됐다. 이렇게 '자유로운' 사람들이 프랑스를 지지하고 '통합'을 추구하기를 기대했다. 1793년 1월 21일, 루이 16세는 혁명 광장(지금의 콩코드 광장)에서 단두대에 올랐다. 영국, 네덜란드, 스페인은 곧 프랑스에 대항하는 오스트리아와 프로이센 연합군에 합류했다.

로베스피에르의 공포정치

혁명 정권은 더 많은 외국의 적대 세력들과 대결하는 과정에서 더욱 급진적으로 변해갔다. 1792년 자코뱅당과 정부를 모두 지배하고, 오스트리아와의 전쟁을 성공적으로 이끌었던 지롱드파는 더욱 급진적인 반대자 산악파에 제압됐다(정치적 가면을 지키기 위해 전쟁을 옹호한 면은 무책임하고도 극단적으로 보일 수도 있다). 파리 국가방위군Paris National Guard은 1793년 5월 31일부터 6월 2일까지의 쿠데타에서 지롱드를 숙청했고, 3월에 설립된 혁명재판소와 7월에 막시밀리앙 로베스피에르Maximilien Robespierre(1758~1794년)가 합류한 4월의 공공안전위원회를 이용해 7월에는 본격적인 공포정치를 감행했다. 혁명 정권은 모든 장애물을 극악무도한 '혁명의 적들'의 소행이라 비난했다. 자코뱅 클럽의 회원이었던 변호사 로베스피에르는 혁명을 이끌던 주목할 만한 선동가였다. 하지만 이제 로베스피에르는 반대파와 온건파 지지자 모두를 적으로 돌린 공포정치의 주요 설계자가 됐다.

공포정치는 그 목적을 포함해 하층민이 대거 참여했다는 점에서 급진적이라 할 수 있었다. 그래도 민중의 대의명분은 국민의 질서를 유지하는 데 활용됐다. 사실, 민중은 신뢰받지 않았다. 1792년 9월 국민공회가 창설돼 95년 가을에 해산되기 전까지 입법 선거는 이루어지지 않았다. 오직 지방 수준의 시와 사법 목적을 위한 몇 개의 집회만이 있었다. 1793년의 헌법은 실패했다. 국민공회도 아직은 완전하지 않아서 국민은 누구를 대리인으로 선출했는지 아직 직접적인 발언권은 갖지 못했다.

선거는 민주주의의 가능성을 제공했지만, 엘리트층은 대중적 요소를 걸러내기 위한 두 단계의 절차로 이 과정을 방해했다. 게다가 언론의 자유는 제한받았다. 혁명 정부가 발표한 법률은 생각보다 가난한 사람들에게 실질적 도움을 주지 못했다. 효과적이고 관대한 국가 복지 체계를 지탱할 부와 과세 기반이 없었기 때문이다. 경제성장이 없이는 변화와 개선이라는 세속적 철학은 제대로 작용할 수 없었다. 따라서 대부분의 급진 사상가들은 자신들의 사상이 많은 사람에게 호소력을 가질 것인지에 회의적이었다. 국민주권에 대한 신념이 무엇이든 간에, 급진 사상가들은 기본적으로 대중적 미신과 보수주의에 적대적이었다. 1793년, 훗날 '죽음의 천사'라는 별명으로 불렸고 공공 안전 위원회의 저명한 일원이었던 루이 드 생 쥐스트^{Louis de Saint-Just}는 '사람은 마땅히 도덕적인 존재가 되어야 한다'라고 말했다. 하지만 급진 사상가들이 강요한 공공의 미덕은 일반 사람들에게는 그리 매력적으로 와닿지 않았다. 비현실적일 뿐 아니라 국민 대부분의 일상 문제와는 크게 관련이 없었기 때문이다.

공포정치에서 즉결심판이 열리면서 형장의 이슬로 사라지는 사람들이 많아졌다. 여기에는 왕당파뿐 아니라 지롱드파, 라이벌인 자코뱅파,

특히 조르주 당통^{Georges Danton}(1759~1794년), 극단적인 자크 에베르^{Jacques Hébert}을 포함해 온건파에 속하는 혁명가들이 포함됐다. 당통은 혁명 초기에 중추적 인물이었지만, 로베스피에르와 의견 충돌을 일으킬 때가 많았고 무엇보다 공포정치를 끝내야 한다고 탄원했다. 결국 당통은 음모죄와 부정부패 혐의로 기소됐고, 1794년 4월 5일 단두대로 보내졌다. 혁명 법정은 1만 6,594명에게 사형 선고를 내렸고, 그 외에도 많은 사람들이 감옥에서 죽거나 재판 없이 처형당했다. 특히 파리와 낭트는 혁명가들이 벌이는 살육의 중심지였다. '탈기독교화'가 국가 정책의 중심이 되면서 군대는 종교개혁자들이 행하는 기독교적 관습을 진압했다. 1893년 8월 23일에는 징병제가 시행되면서 대중이 거세게 반발했다.

특히 서부 해안의 방데강^{Vendée}에서 반대가 심했다. 반란군은 스스로 '왕실'과 '가톨릭'의 군대라 칭했다. 숲이 우거진 지역에서 치른 전투 덕분에 초기 왕당파는 성공을 거두었다. 하지만 이는 잔혹한 억압으로 이루어졌다. '지옥의 군대'라 불릴 정도로 정부군이 저지른 만행이 대표적이다. 혁명은 오히려 국민을 상대로 벌이는 전쟁이 됐다. 혁명 세력이 광적으로 이념에 집착하면서 혁명 세력에 반대하는 목소리가 폭력으로 표출됐고 왕정주의를 지지하는 목소리도 나왔다. 이는 복병과 대량 학살의 충돌, 그리고 연속적 전쟁의 모양새를 띠기도 했다.

이어지는 분쟁들

1792~93년 오스트리아와 및 프로이센과의 전쟁으로 정부군의 힘이 약해지면서 농민 반란이 확산한다. 1793년, 1만 6,000명의 군대가 농민 반란을 진압하고자 방데 지역에 투입되었다. 정부군은 숄레^{Cholet}(왕당파 반군의 군사 수도)와 르망^{Le Mans} 지역에서 승리를 거둔다. 정부군이

반란군의 사기를 떨어뜨린 것이 제압에 중요 역할을 한 승리였다. 또한 반란군은 도시, 특히 낭트 점령에 어려움을 겪었는데, 반란이 지속될수록 도시들의 요새화가 가속되고 방어력이 높아졌기 때문이었다. 정부군의 잔혹 행위는 반란을 자극했지만, 정부의 회유적 몸짓에 1794년 반란군의 일부 세력이 화답하기도 했다.

브르타뉴의 반혁명 왕당파도 1792년에서 1800년 사이에 반란을 일으켰다. 이들은 추방당한 성직자들에 대한 강한 신앙심과 충성심을 바탕으로 지지를 받았고, 카리스마적이며 강건한 조르주 카두달^{Georges Cadoudal}이 이들을 이끌었다. 그는 나폴레옹 암살 실패 후 1804년에 처형됐다. 이 같은 투쟁은 혁명이 같은 수준의 신앙심과 헌신을 가진 적들을 양산한, 새로운 종교적 갈등의 사례다.

지방에서 혁명 세력에 저항한 것은 왕당파들만이 아니었다. 1793년 지롱드파 의원들이 숙청되며 남부 프랑스에서 일련의 반란이 일어났다. 혁명가들은 반란 세력을 가리켜 '연방주의자'라 불렀다. 보르도, 캉, 마르세유에서의 반란은 빠르게 진압됐지만 리옹과 툴롱에서는 한층 격렬했다. 프랑스 서부와 남부의 많은 지역도 혁명 세력에 반해 반란을 일으킬 기미를 보이기 시작했다. 이처럼 19세기의 프랑스는 정치적으로 크게 분열했다. 이에 따라 정부의 권력이 미치는 범위에도 시간이 지날수록 변화가 찾아왔다. 특히 남부와 서부의 많은 지역이 중앙 정부에 오랜 골칫거리였다.

코르시카섬은 1768년 제노바가 프랑스에 매각해 넘긴 섬이다. 하지만 섬사람들은 프랑스에 등을 돌렸고 1793년에 영국에게 보호를 요청했다. 그다음 해에 영국 함대가 도착한다. 영국의 넬슨 제독은 칼비^{Calvi} 포위전에서 눈을 잃었지만, 프랑스 군대를 물리치는 데 성공했다. 선출된 의회와 영국 총독으로 인해 민주 헌법이 제정됐고, 영국이 코르시카 왕관을 받는다는 이야기가 돌았다. 그러나 스페인이 프랑스에 합류해 해군의 상황이 바뀌었고, 영국은 지중해에서 철수하고 1796년 프랑스는 코르시카섬을 다시 정복했다.

프랑스의 더욱 지대한 변화는 프랑스의 해외 제국에 영향을 미쳤다. 1794년 2월, 1791년에 시작된 생도맹그(아이티)의 노예제와 파리의 자유주의 사상에 대한 대응으로, 노예제도는 모든 프랑스 식민지에서 폐지됐다. 1793년에 시작된 두 식민지 사이의 전쟁에서, 프랑스의 많은 식민지들이 영국의 공격을 받았다.

탈기독교화보다 더 인기가 없던 정책 중 하나가 1793년에 도입된 새로운 달력이었다. 그러나 이 달력은 변화를 불러오는 강력한 원동력이 됐다. 국민대회는 공화당 수학자 샤를 질베르 롬^{Charles-Gilbert} ^{Romme}(1750~1795년)이 이끄는 위원회에 달력 개발을 맡겼다. 1792년 9월, 공화국이 시작된 때를 소급해 올라가 보면, 매번 해가 추분점에서 시작되고 한 달의 길이가 동일한 새로운 달력은 한 해의 주와 월을 변화시켰다. 하루는 10시간씩, 한 시간은 100분, 1분은 100초였다.

최근의 연구는 귀족적 입헌주의가 얼마간 사회적, 종교적 급진주의로 대체됐을 때 혁명 프로그램이 지닌 호소력은 어느 정도 한계가 있는지에 주목한다. 혁명가들은 위계 서열과 복종을 정당화하는 봉건주의와 계급에 반대하며 새로운 근대 사회 만들기에 몰두했다. 새로운 것이 현실적이며 필연적이라는 생각은 약속한 것을 지켜야 한다는 요구로 이어졌다. 왕실과 종교적 권력의 장소들, 특히 궁전, 성당, 수도원들의 활용과 개명, 신성모독이 과정의 일부였다. 그래서 쥐미에주^{Jumièges}의 수도원은 철거됐고, 유적만이 남았다.

1792년 9월 20일에는 프랑스 전역의 대성당에서 왕실 조각상들이 철거됐고, 생드니의 왕족 시신들은 1793년에 공동묘지로 이장됐다. 파리의 생폴 루이 성당^{Church of Saint Paul-Saint-Louis}(지금은 마레에서 생폴 Saint-Paul 로 더 잘 알려짐)에 있던 루이 14세의 심장이 담긴 유골함이 녹아내렸고, 심장이 파괴됐다. 버려진 성당과 수도원의 보물들은 1795년에 설립된 프랑스 유물 박물관^{Musée national des Monuments Français}에 할당됐다. 중세 유적지는 클루니의 수도원처럼, 종종 그 시기에 당한 수많은 피해를 고스란히 보여준다.

변화하는 혁명 프랑스

세속화 정책이 이루어지면서 종교는 더 이상 교육을 담당할 수 없었다. 따라서 종교 대신 과학과 수학이 교육에 큰 역할을 했다. 1795년에 설립된 국립과학연구소를 중심으로 새로운 교육 기관들은 민족주의의 이념과 진보의 정신을 채택했다. 이후 정권 교체에도 혁명은 유용한 지식을 사용하는 능력주의 사회를 키워야 한다는 정치적 장려책을 남겼다. 한편, 공개와 자유 정보에 대한 압력은 공공 역사의 사상, 성격, 과정에 영향을 미쳤다. 개방 외교와 국가 재정에 대한 정보 출판에 압력이 있었고, 혁명국들은 주권이 국민으로부터 나오기에 국가기록물을 대중에게 개방했다. 1790년에 국가기록원이 설립됐고 94년에는 혁명 이전의 모든 공공 및 민간 기록물의 중앙 집중화가 법적으로 의무화됐다.

혁명이 특권에 도전하면서 특권층만 타격을 받은 것은 아니었다. 지역의 특권, 기업과 공동체의 권리, 전통적 문화 규범도 모두 산산조각이 나거나 시험대에 올랐다. 마찬가지로 정부가 지원하는 보편적 의료 체계가 실패하자 의료 독립은 위협을 받았다.

종교는 특히 혁명 정부로부터 심한 공격을 받았다. 오스트리아의 황제 요제프 2세(재위 1780~90년)와 같은 유럽의 통치자들이 가톨릭교회의 부와 권위를 제한한 적은 있지만, 혁명 정부만큼 기독교의 신앙과 관습을 공격한 정부는 이제까지 없었다. '탈기독교화'는 겉으로만 달성되었을 뿐이다. 실제로는 18세기 신앙의 생명력이 점점 더 높이 평가받고 있었다. 혁명의 메시지가 커질수록 그것이 사람들의 마음에는 오히려 닿지 않았던 탓이다.

> 1795년에 프랑스 국가國歌로 공식 채택된 '라 마르세예즈La Marseillaise'는 군가이자 자유에 대한 찬가로 전 세계에 알려져 있다. '라 마르세예즈'의 원래 제목은 '라인강 군대를 위한 전쟁 노래'로 1792년 오스트리아전에 대한 선서 이후 행진곡으로 작곡됐다. 마르세유에서 온 의용병들의 구호가 된 후 더 인기 있는 이름이 됐고, 개선문에 있는 조각상에 영감을 주었다. 나폴레옹과 루이 18세 치하에서 금지됐다가 1879년에 자리를 되찾았고, 현재 가장 인지도가 높고 감동적인 축가 중 하나이며, 프랑스에서 주요 국가 행사 전에 종종 불린다. 영화 〈카사블랑카Casablanca〉(1942)에서 독일 국가國歌와 대조를 이루 강조된 것으로 잘 알려져 있다. 그리고 2015년 파리 테러 공격 행위의 여파로 널리 불렸다.

1794년 7월 27일, 로베스피에르가 7월 26일 연설에서 제시한 새로운 숙청으로 '테르미도르 9일의 쿠데타'가 일어났다. 혁명력에 있는 달의 이름을 따서 지어진 명칭이다. 국민대회에서 폭군으로 비난받은 로베스피에르와 생쥐스트를 포함한 그의 측근들은 즉시 체포됐다. 이들은 반역자로 몰렸다. 이들을 구해야 한다는 봉기는 없었다. 이들 모두 체포된 다음 날 저녁에 혁명 광장에서 처형됐다. '테르미도르 반동'이었다. 이후로 상대적으로 온건파 혁명 정권이 들어섰다. 1795년에는 총재정부Directory가 탄생했다.

아이러니하게도 테르미도르파와 총재정부는 극단주의의 또 다른 형태로 비추어졌다. 즉, 극단주의 이데올로기의 중심처럼 여겨진 것이다. 1792년 여름부터 급진적이던 주 방위군이 질서 세력이 돼 1795년 봉기를 물리치는 데 도움을 줬다. 반면 1794~95년 자코뱅 클럽은 문을 닫았다. 주목할 만한 것은 5월 20일 파리에서 가난한 사람들이 일으킨 '프레리알 1일의 봉기^{Insurrection of 1 Prairial Year IIb}'이다. 또한 1795년에는 남부의 '백색 테러^{White Terror}'가 자코뱅파에 복수했다. 정치적 반응과 함께 엘리트주의로의 문화적 전환이 있었다. 또한 혁명 당시 제기된 대중문화의 가능성과 공포정치의 강제적 미덕과 절제된 균일성에 대한 반발도 있었다. 1795년 혁명 광장의 이름이 '콩코드 광장'으로 바뀌는 사이 복장을 갖춰 입는 패션이 다시 유행했다.

국민 협약은 총재정부의 새로운 헌법과 체제를 위한 길을 닦기 위해 1795년 11월에 스스로 해산했다. 양원제 입법부, 견제와 균형의 체계가 만들어졌지만, 실권은 다섯 총재들에게 있었다. 그러나 계속된 대외 전으로 실질적 안정은 찾아오지 않았다. 총재정부는 군대 지원과 장군들을 만족시킴에 있어, 또한 불만을 잠재우려면 대외전이 필요하다 믿었다. 그래야 불만 세력이 된 실업 상태의 장군들에게 임무를 안겨줄 수 있었다. 그러나 전쟁에 승리해도 또 다른 문제가 생겼다. 계속되는 정치·군사적 야망을 만족시키고 비상사태를 해결하려면 새로이 정복 전쟁을 벌여야 한다는 압력이 생겨났다. 총재정부는 전쟁을 지원해야 했으며, 한편으로 왕정으로부터 물려받은 막대한 적자를 처리해야 했다. 아시냐(assignats, 지폐)는 적자를 상쇄하는 데 도움이 되지 못했다. 혁명 정권은 부채를 통제할 수 없었고, 심각한 물가 상승으로 '아시냐'의 가치가 급락했기 때문이다.

분열되는 총재정부

총재정부의 근거지인 정치적 '중심'은 분열됐다. 난제 가운데 총재정부는 좌우 모두의 도전을 받았으며, 선거와 음모로 더욱 불안정했다. 프뤽티도르 18일 쿠데타^{the coup of 18 Fructidor}(1797년 9월 4일)에서 두 온건파 지도자는 급진적 성향의 동료들에게 제거됐고, 의회는 많은 왕당파 대표에게 숙청됐으며, 자코뱅파의 방식에 가까운 정치방식이 채택됐다.

'제2차 총재정부'는 그해 3월 선거에서 이뤄진 입헌적 왕당파의 득세를 부정했다. 왕당파 프랑스가 제시한 다양한 전망은 이미 1795년의 총재정부 전복 시도의 실패, 특히 나폴레옹 보나파르트^{Napoleon Bonaparte}(1769~1821년)가 군대를 효과적으로 동원한 10월 5일 파리전의 패배로 좌절됐다. 훨씬 더 유명한 '포도탄^{grapeshot}(산탄총처럼 총알 내부의 쇠구들이나 조각들이 흩어지며 발사되는 탄의 형태, 휴대용 총기부터 대포까지 고루 사용됨)'이 왕당파 진압에 사용됐는데, 그중 200~300명이 사망했다.

선거인단은 매우 광범위했고 참여 수준도 비교적 높았다. 참여 정치는 엘리트 권력의 안정을 위협하는 존재로 보였다. 때문에 1798년의 선거는 결과 무효화를 위해 많은 급진 의원을 양산했다. 이는 1799년에 총재정부의 타도를 부추겼고 부르주아가 나폴레옹에게 눈을 돌리게 된 중요한 계기로 작용했다. 나폴레옹은 정치적 자유까지는 아니지만, 최소한 선거와 선거인단의 도전을 받는 지위와 권력을 보호했다. 공포정치와 전쟁의 지속으로 분열이 가중돼 1795년 이후에는 어떤 종류의 안정적 자유 정권도 성공적으로 수립하는 것이 불가능해 보였다. 따라서 1799년의 결과는 비록 나폴레옹보다 더 강력한 민간 통치였을지 몰라도 왠지 그럴 듯했다.

그 사이, 프랑스의 군사적·국제적 위치가 향상됐다. 1793년에 내려진 국민 징병제^{levée en masse}로 병력이 대규모 증원됐고, 이들은 용맹, 진정한 남성성이라는 슬로건 아래 고대 민병대를 능가하는 적극적 공격 작전에 활용됐다. 혁명 초기의 혼란 이후, 군사 조직에도 커다란 개선이 있었다. 대부분 활동 지역에서 자원 확보가 이뤄지면서, 여러 전선에서 동시에 작전의 효과적 수행 및 유럽 대부분 지역에서의 적군과의 대치^對^峙가 가능했으며, 많은 사상자에도 불구하고 전투를 지속할 수 있었다. 물자 공급에서 난관에 부딪히긴 했지만, 1700년대에 루이 14세가 이룬 것보다는 성공적이었다. 연합국은 1794년 오스트리아 네덜란드(벨기에)전에서 패배했고, 네덜란드는 프로이센과 스페인이 프랑스와의 전쟁을 포기한 해인 95년 황폐해졌다. 1796~97년에 나폴레옹이 이탈리아 북부를 정복하면서 오스트리아는 97년에 제1차 대프랑스 동맹 전쟁^{War of the First Coalition}을 포기하게 됐다.

그러나 주요 강대국의 제2차 대프랑스 동맹(오스트리아, 영국, 러시아)전이 1798년 시작되자 총재정부는 상당한 압력을 받았다. 이들 강국은 프랑스 왕국에 강력하게 도전할 수 있는 세력이었다. 1799년 11월 9일, 어이없게도 총재정부는 제대로 조직되지 않은 나폴레옹의 쿠데타에 전복됐고, 프랑스는 까다로운 분쟁의 긴장을 맞이했다. 1789년의 낙관적인 기대는 이미 먼 이야기였다. 프랑스는 여전히 전쟁 중이어서 안정될 기미가 보이지 않았다.

❧

나폴레옹의 권력 장악과 러시아 침공

1789년 시작된 프랑스 혁명 이후 프랑스는 구체제를 무너뜨리며 새로운 공화정 체제를 세웠다. 하지만 헌법의 제정과 왕정의 폐지, 루이 16세의 처형과 공포정치 및 반혁명 세력의 저항, 대 프랑스 전쟁이 단기간에 이어지면서 정치적 안정은 무너져갔다. 특히 1795년에는 프랑스 총선 총재선거와 함께 테르미도르파의 총재정부가 수립되나 그들은 무능과 부패로 대중의 신뢰를 얻지 못했다. 결과적으로 1799년 11월 9일, 쿠데타를 통해 시에예스와 나폴레옹이 집권 정부를 수립하여 총재정부의 짧은 시대가 끝나고 실권을 장악한 나폴레옹의 통령정부가 세워진다.

나폴레옹은 1785년 16세의 나이로 육군사관학교를 졸업한 뒤 불과 4년 만에 프랑스 혁명을 겪으며 코르시카로 귀향, 의용병 대대의 장이 되어야 했다. 하지만 1793년 툴롱에서 영국 해군을 등에 업은 왕당파의 반란을 무사히 진압하며 장군이 되는 등 이름을 알렸고, 이후 1796년 이탈리아 원정에서 오스트리아군을 쳐부수고 혁혁한 전공을 세우며 마침내 민중과 군대의 영웅이 되었다. 이후 이집트 원정 도중 프랑스 본국이 오스트리아의 위협을 받자 귀국하였고, 귀국 직후 시에예스와 손잡고 1799년 브뤼메르 18일의 쿠데타를 일으켜 3명의 통령에 의한 새로운 정부를 구성한다. 하지만 이내 1인 지배 체제를 구축하며 나폴레옹은 프랑스 최고의 권력자가 된다.

나폴레옹의 권력이 절정에 달하는 것은 1804년으로, 통령의 지위를 기반으로 권력을 강화하던 그는 국민투표를 통해 황제 즉위를 정당화한다. 그렇게 나폴레옹은 스스로를 '나폴레옹 1세'로 선언하며 제1제국을 출범시켰고, 이후 유럽 전역을 상대로 정복 전쟁을 시도하며 프랑스를 강대국으로 만들었다. 1805년에는 오스트리아의 빈을 함락시켰고 1806년 10월에는 프로이센을 상대로 예나-아우어슈테트 전투에서 대승을 거두었다. 하지만 1806년 영국을 고립시키고자 베를린에서의 내린 대륙봉쇄령을 계기로 나폴레옹의 시대도 차츰 기울기 시작한다.

대륙봉쇄령으로 영국에 경제적 피해를 입히려 한 나폴레옹은 역으로 영국에 의해 경제 피해를 입게 되었고, 원료값의 폭등으로 프랑스 공업이 침체되기에 이른다. 게다가 대륙봉쇄령으로 가장 큰 손해를 본 러시아에서 봉쇄령을 무시하고 영국과의 무역에 나서자 나폴레옹은 1812년 무려 61만의 대군을 일으켜 러시아 정벌에 나선다. 하지만 스페인과의 전쟁 도중 이러한 침공은 무모한 행위였고, 결과적으로 텅 빈 채 불타는 모스크바에서 별다른 성과를 거두지 못한 채 10월 18일에 이르러 퇴각하게 된다. 게다가 프랑스군은 퇴각 도중 11월의 추위 속에서 게릴라와 싸우며 수많은 병력을 잃거나 포로로 잡히게 되면서 러시아 원정은 역사적인 실패를 기록한다.

나폴레옹의 공과

나폴레옹은 역사에 이름을 새긴 군사 전략가이자 행정가로 프랑스의 부흥을 이끈 동시에 스스로를 황제로 칭하고 수많은 전쟁을 일으켜 유럽 사회에 큰 상처를 남긴 복합적인 인물이다. 나폴레옹은 어느 면을 중점적으로 보느냐에 따라 역사적인 지도자 중의 하나 혹은 아돌프 히틀러에 비견될 정도의 전쟁광으로 평가받는다.

나폴레옹을 긍정적으로 바라보는 측에서는 꼭 그의 전쟁 수행 능력을 포함하지 않더라도, 프랑스라는 국가에 남긴 다양한 업적을 평가한다. 나폴레옹은 1804년에 나폴레옹 법전을 제정했는데, 이 법전에는 개인의 평등과 재산권 보호, 종교적 자유 등 프랑스 혁명의 원칙들이 법적으로 확립되어 있다. 이 법전은 유럽 등 여러 나라 외 그 외 지역에도 영향을 미치는 등 오늘날 현대 민법의 기초로 평가받는다. 또한 나폴레옹은 프랑스의 행정 체계를 정비하여 중앙집권적 관료제를 도입했고, 능력주의에 기반한 공무원 임용 체계를 구축했다. 거기에 혁명기 혼란을 잠재우고 국가 기반의 교육 시스템을 도입하여 국가 인재 양성에도 기여했다.

게다가 나폴레옹의 업적은 프랑스를 넘어 유럽 전역에 그 영향이 닿아있다. 나폴레옹은 유럽을 정복하는 동시에 봉건적 구체제를 타파하고 자유와 평등과 같은 프랑스의 혁명 이념을 널리 확산시켰는데, 이는 유럽 각국에서 민족주의와 자유주의가 발전하는 데 크게 기여했다. 그리고 그는 현대적인 군사 전략을 창안하여 수많은 전투를 승리로 이끌었는데, 기동성과 화력을 극대화함으로써 기존 군사학에 혁신을 일으켰다.

하지만 나폴레옹은 그의 끝없는 제국주의적 야망으로 유럽에 수많은 사상자를 발생시킨 폭군이라는 평가도 동시에 받고 있다. 소위 '나폴레옹 전쟁'이라 불리는 일련의 전쟁에서 수백만에 이르는 군인 및 민간인이 목숨을 잃은 것으로 추산되는데, 이는 유럽에 노동력 부족 등의 문제를 초래한다. 거기에 나폴레옹은 군대 유지와 전쟁 비용을 충당하기 위해 막대한 세금을 부과하고 점령지의 경제를 착취했다. 그가 영국을 견제하기 위한 대륙봉쇄령 역시 유럽 국가에 심각한 경제 타격을 입혔다.

한편으로 그는 스스로 황제에 오르면서 공화정을 뒤엎고 독재적 권력을 행사했는데, 이러한 이중적인 면모는 나폴레옹이 프랑스 혁명의 정신을 훼손했다는 비판으로 이어진다. 게다가 나폴레옹의 정복은 유럽 각국에 반 프랑스 민족주의가 발생하게 되는 원인으로, 나폴레옹의 몰락 이후 프랑스의 몰락을 불러오는 역할을 한다. 결정적으로 나폴레옹의 몰락 후 1815년 유럽은 빈 회의를 열어 새로운 국제 질서를 구축하는데, 이 과정에서 반동적인 구체제로의 부활이 일어나며, 이 때문에 나폴레옹이 오히려 유럽의 자유와 평등을 억압하는 결과를 불러일으켰다는 비판을 받기도 한다.

9
나폴레옹 1세부터 나폴레옹 3세까지,
1799~1870년

1800년에는 전쟁이 국가적 관심사였지만, 어쩌면 그해 프랑스에 도입된 천연두 백신이 보다 더 중요한 이슈였을지도 모른다. 10년도 안 되어 프랑스의 아기 중 절반이 천연두 백신을 접종받았다.

새로운 기준이 생기면 일상의 많은 부분들이 달라진다. 이러한 변화들은 현재까지 이어지기도 했다. 1790년, 국회는 자연에서 가져온 불변의 모델을 기초로 균일한 무게와 거리를 측정하는 제안을 받아들였고 1791년에는 '미터법'이 보편적 측정 기준으로 채택됐다. 1미터는 북극에서 적도까지 거리의 천만 분의 1에 해당한다. 킬로그램과 리터 등은 이 과정의 일부에 속했다. 여기서 떠오르는 것은 프랑스가 1790년대에 '계몽된 전제정치' 시기를 경험했다는 사실이다. 즉, 1799년에 최초의 집정관에서 1804년에 황제가 된 나폴레옹이 다스리는 프랑스에서는 매번 로마를 연상시키는 칭호를 사용했다. 나폴레옹은 1814년의 패전으로 강제 퇴위할 때까지 프랑스를 통치하며 개혁을 시행하고 프랑스의 현대화를 위해 노력했다. 그는 새로운 기획과 함께 1815년에 황제 지위에 복귀했으나 다시 전장에서 패하면서 그만큼 빠른 속도로 자리에서 쫓겨난다.

개혁의 황제 나폴레옹

나폴레옹은 1769년 코르시카에서 태어났다. 프랑스인보다는 이탈리아인이라 볼 수 있는 출생 배경이었다. 하급 귀족 가문에서 태어난 나폴레옹의 원래 이름은 '나폴레오네 부오나파르테'Napoleone Buonaparte였다. 나폴레옹은 자기중심적이고 야심이 큰 성격이었으나 진심으로 합리적인 현대 행정에 관심이 있었다. 나폴레옹은 이러한 관심사를 실현해 가야 한다고 생각했다.

그는 새로운 정부를 위해 필요한 정책을 몇 가지 도입했는데, 특히 새로운 민법전인 나폴레옹 법전Code Napoléon(1804년)을 발행했다. 또한 그는 재정, 지방, 사법 행정을 개편했다. 자의식적 근대화의 숭배와 실천 모두 혁명과 나폴레옹 체제의 논리와 가치를 설명하는 것으로 발전했다. 문화와 실천 모두 급진적 혁명가들이 했던 것처럼 과거를 이어가지 않겠다는 의지를 표현했고, 효율성의 의도적 도입으로 근대화를 더욱 활용했다. 예를 들어 1800년부터 1804년까지 내무부 장관이었던 장앙투안 샤프탈Jean-Antoine Chaptal은 산업 혁신을 장려하고자 유용한 정보를 활용하려 했다. 화학자인 그는 1819년에 『산업 프랑스France industrielle』를 출간하면서 산업정책의 발전에서 중요한 역할을 했다. 실제로 근대화 프로젝트의 상당 부분은 나폴레옹 이후 실현됐다. 의학 치료의 수학적 분석의 결정적 발전이나 피에르 샤를 알렉상드르 루이Pierre Charles-Alexandre Louis의 '경쟁 관계의 치료법에 대한 통계적 평가'와 마찬가지로 1830년대까지 출현하지 않았다.

그러나 나폴레옹의 합리적 근대성에 대한 계획들은 미숙할 때가 많았다. 예를 들어 경제와 재정문제에 관한 나폴레옹의 입장을 보자. 그는 군국주의 및 새로운 황실 귀족을 구경할 수 있는 마지막 기회인 신봉건주의처럼 너무 성급하게 굴어 그동안의 노력을 물거품으로 만들었다.

나폴레옹은 노예제 폐지나 가톨릭과의 결별처럼 혁명의 인기 없는 제도를 없애는 방향으로 정부를 이끌어가는 나름의 기회주의자였다. 하지만 노예제는 1802년에 회복됐고, 서인도 흑인과 혼혈인의 프랑스 입국은 금지됐다. 1802~3년 생도맹그 흑인들의 독립을 분쇄하려는 나폴레옹의 시도는 실패했지만, 그 결과로 아이티는 1804년에 독립했다. 그는 상업적, 과학적 이유로 1805~6년 사이 십진법 달력을 폐지하는 커다란 결단을 내리는데, 더 큰 혁명의 그림을 그려가고 가톨릭과 화해를 하기 위한 것이었다.

나폴레옹 통치 과정에서 나타난 이 같은 측면은 오늘날 잊힌 것 같다. 특히 그를 칭찬하기 바쁜 사람들 때문에 공개 토론에서 제대로 다뤄지지 못하는 듯하다. 그들은 성취라는 껍질에만 주목하고 근본적 현실은 인식하지 못한다. 나폴레옹은 좋은 결정과 바람직하지 않은 결정을 모두 내렸다. 놀랄 일은 아니다. 하지만, '계몽된 전제주의'라는 두 얼굴은 그의 정책, 특히 전쟁을 선호하던 나폴레옹의 성향에서 나타난다. 나폴레옹은 확실히 타협을 이해하지 못했고 힘과 성공을 중시하는 체계와 정신에 사로잡혔다.

그러나 한편으로, 그는 말메종^{Malmaison}에 있는 아내 조세핀 황후의 궁전 장식으로 신화 속 켈트 시인 오시아누스^{Ossian}의 기념식처럼 전사 문화를 즐겼다. 또한 왕조를 대신해 군사적 명예라는 개념을 새로 정립했다. 그의 통치 방식은 군사 독재였다. 모든 권력과 군사는 나폴레옹에게 집중되었다. 그는 헌신과 전문성을 새로 정의해 명예를 강조했다.

VIII. 1784. 자크 루이 다비드Jacques-Louis David는 혁명과 나폴레옹을 그렸는데, 부
분적으로는 신고전주의 양식을 사용했다.
루이 16세 때 개발된 신고전주의 양식이 잘 나타난 작품으로는
<호라티우스 형제의 맹세The Oath of the Horatii>(1784)가 있다.

군대는 이 과정을 대표했고, 관련된 가치를 전파하는 중요 수단이었다. 그래서 1804년에 8만 명의 부대는 나폴레옹이 새로 만든 훈장인 레지 옹 도뇌르의 십자가를 거의 2,000명의 부대원에게 나누어주는 것을 목 격했다. 불로뉴의 절벽 위에서 열린 정교한 행사에서 나폴레옹은 군인 들에게 자기 자신의 명성과 프랑스라는 이름의 명예를 지키도록 격려했 다. 이 사건은 불로뉴 북쪽에 있는 대군의 기념비Grand Army Column로 기 념되는데, 이 기념비는 나폴레옹의 군대가 재촉받고 희생됨으로써 세워 진 것이다.

9. 나폴레옹 1세부터 나폴레옹 3세까지, 1799~1870년
•

나폴레옹의 빛과 어둠

나폴레옹이 평화를 지지하는 인물처럼 선전되고 있으나 실상은 달랐다. 나폴레옹 정권은 여러 활동과 초상화, 기념행사에서 권력, 특히 승리를 찬양했다. 1800년의 마렝고^{Marengo} 전투는 즉흥적으로 오스트리아와 맞선 혼란스러운 승리였는데, 이 전투는 나폴레옹이 이탈리아에서 권력을 확립하는 데 결정적이었다. 울름 ^{Ulm}(1805년), 오스트리아, 러시아, 프로이센 군대와의 패배, 아우스터리츠^{Austerlitz}(1805년), 특히 예나^{Jena}(1806년) 전은 유럽의 많은 부분을 재편성하는 핵심적 역할을 했다.

프랑스는 저지대 국가들과 더 멀리 떨어진 곳들의 영토를 확장했다. 1802년에 피에몬테^{Piedmont}와 엘바^{Elb}를, 1808년에 토스카나^{Tuscany}와 파르마^{Parma}, 1809년에는 로마, 트리에스테^{Trieste}, 피우메^{Fiume}와 일리리아 지방^{Illyrian provinces}(크로아티아, 슬로베니아, 이스트리아Istria), 1810년에 함부르크, 뤼벡^{Lübeck}, 브레멘^{Bremen}을 합병했다.

게다가 새로운 황조 체제로 전환한 뒤 스스로 황제로 즉위한 그는 1810년에 오스트리아 황제 프란츠 1세(전 신성 로마 제국 황제)의 딸 마리 루이즈^{Marie Louise}와 결혼하기 위해 조세핀과 이혼했다. 따라서 과거의 정통성은 권력에 기반한 새로운 정통성과 결합했고, 아들 '나폴레옹 2세'(1811~1832년)는 로마의 왕으로 칭호를 받았다. 제국에 대한 나폴레옹의 야망은 콩피에뉴^{Compiègne} 궁전의 촌스러운 호화로움에서 잘 드러난다. 그 결과 나폴레옹의 취향이 아니었던 부르봉 궁전들은 부분적으로 건축 자재를 위해 철거됐다.

혁명을 실천하겠다는 약속과 초기에 전한 보편적인 메시지는 부분적으로 나폴레옹의 개인적인 입지를 위해 사용됐다. 그래서 이러한 약속과 메시지는 그의 치하에서 더욱 발전했다. 혁명가들처럼, 그러나 또 한편으로 나폴레옹은 자신의 도성과 고대 세계, 특히 로마의 지위, 업적과 화려함에 관심을 가졌다. 이는 부르봉 왕조 구체제의 타락상을 명백히

IX. 생드니 대성당에 있는 루이 16세와 마리 앙투아네트의 기도하는 조각상들은 가톨릭의 위세 과시를 위해 과거의 역사 장면을 차용한 예다.

강조하는 수단이기도 했다. 나폴레옹은 파리를 찬미의 대상으로 만들기 위해 유럽의 예술품을 약탈하기도 했는데 얼마나 과거를 활용해 자신의 정권을 빛내고 싶어 했는지 잘 보여주는 사례다. 게다가 <위대한 세인트 베르나르 고개를 넘는 보나파르트Bonaparte Crossing the Great St Bernard Pass>(1800), <나폴레옹 황제의 서품식The Consecration of the Emperor Napoleon>(1805~1807년), <독수리 휘장의 분배The Distribution of the Eagle Standards>(1810) 등을 포함해 화가 자크 루이 다비드 Jacques-Louis David에 의해 축하 작품들이 제작됐다. 몇몇 승리는 이 같은 회화작품과 함께 수하 장군들에게 수여되는 칭호를 통해 기념되었다.

반면, 기독교 유산의 많은 부분의 파괴로 프랑스의 과거는 계속 약탈당했다. 투르Tours의 생마르탱 성당Basilica of Saint Martin이 파괴됐고, 수아송Soissons의 생장드비뉴 수도원Abbey of Saint-Jean-des-Vignes 등의 수도원들

9. 나폴레옹 1세부터 나폴레옹 3세까지, 1799~1870년

X. 자크 루이 다비드Jacques-Louis David가 그린 <나폴레옹 황제의 서품식The Consecration of the Emperor Napoleon>(1805~1807년)은 새로운 제국 정권의 자기중심적 호언장담을 담아낸 작품이다.

은 더욱 피해가 심했다. 감옥으로 사용된 퐁트브로 수도원^{Abbey of Fontevraud}과 제지 공장으로 사용된 퐁트네 수도원^{Abbey of Fontenay}처럼 비종교적 목적을 가진 것들은 살아남았다.

1800년대 중후반 나폴레옹의 군사적 유산은 극도로 엇갈렸다. 오스트리아와 프로이센에 대한 극적인 승리와 대비되어, 해군의 전략과 경제 전쟁은 영국에게 패했다(1805년 트라팔가 해전에서의 패배가 대표적이다). 또한 나폴레옹은 1807년에 러시아를, 특히 아일라우^{Eylau} 전투에서 어려운 상대로 여겼는데, 프리들란트^{Friedland}에서의 승리와 1807년 7월 7일의 틸지트 조약^{Treaty of Tilsit}으로 마무리된 이 갈등은, 프랑스 무기들의 품질을 더욱 증명했지만, 그에 걸맞게 응징당하기도 했다.

1808년 스페인 침공은 나폴레옹이 형 조제프^{Joseph}를 스페인의 왕위에 올리려는 야심도 일부 작용한 것이다. 하지만 스페인은 그리 만만한 상대가 아니었다. 스페인은 일찍이 프랑스에 반대한 적이 없었기에 이번 전쟁은 그야말로 불필요한 전쟁이었다. 프랑스는 초기에 승기를 잡았으나 곧이어 큰 반란이 뒤따랐다. 그리고 1813년까지 이루어진 영국의 개입이 실패로 돌아갔다. 이러한 이유로 스페인은 계속 프랑스에 저항할 수 있었다.

한편, 1809년 오스트리아와의 전쟁은 아스페른-에슬링^{Aspern-Essling}에서의 실패로 이어지다가 바그람^{Wagram}의 승리로 연결됐다. 하지만 나폴레옹의 과한 자만심은 기어코 일을 틀어버리고 만다. 1812년 나폴레옹은 러시아를 침공했고, 프랑스군은 질병과 겨울의 추위를 견디지 못한 채 재앙을 맞이했다. 뒤를 이어 프로이센과 오스트리아가 1813년에 프랑스를 버렸고, 그해 말 라이프치히의 '국가 간 전투^{Battle of the Nations}'에서 프랑스는 크게 패했다.

나폴레옹 통치 기간의 대부분 동안, 프랑스 영토 자체는 분쟁과 점령을 겪지 않았던 덕분에, 다양한 다른 발전들이 있었다. 1810년 스위스 태생으로 파리에서 활동하던 아브라함 루이 브레게^{Abraham-Louis Breguet}는 나폴리의 여왕 카롤린 뮈라^{Caroline Murat}를 위해 최초의 손목시계를 만들었다. 「순수 응용 수학 연대기^{Annales de mathématiques pures et appliquées}」는 수학 분야 최초의 성공적 저널이 됐다.

나폴레옹은 교육 개혁을 지지했고 국립고등학교^{Lycée Lakanal in Sceaux}(엘리트 자녀들을 위한 학교)를 생각해 실행에 옮겼다. 그로부터 얼마 지나지 않아 파리 근교의 소^{Sceaux} 지역에 최초로 국가의 지원을 받는 기숙학교인 라카날 고등학교^{Lycée Lakanal}를 포함한 여러 고등학교가 설립됐다. 동시에 프랑스 역사 전반과 마찬가지로 경험을 지속적으로 기록하는 것이 꼭 필요했다. 그 결과 1802년과 1804년 사이에 아라스와 생토메르^{Saint-Omer} 지역의 조사들은 남성의 35~40%가 읽고 쓰는 법을 알고, 농촌 인구의 5% 미만이 교육을 잘 받은 것으로 나타났다.

나폴레옹 시대의 종막

1812~13년의 거듭된 패배는 세수 감소, 광범위한 징병 회피, 심각한 무기와 장비 부족, 관리들의 사기와 효율성의 현저한 감소 등과 함께 프랑스 내의 위기를 만들었다. 경제는 영국의 효과적인 봉쇄와 유럽 시장 상실로 타격이 컸고, 1814년 연합군의 프랑스 침공으로 정권과 군대에 대한 나폴레옹의 통제력이 급격히 무너졌다. 연합군이 파리 교외로 진격하면서, 프랑스 임시정부는 나폴레옹을 폐위시켰다. 그의 사령관들은 싸울 의사가 없었기에 4월에 나폴레옹을 퇴위시키기로 정했다. 이것은 1790년대에 이루어진 많은 변화 이후, 일련의 19세기의 강제적 정부 변화 중 첫 번째였다. 부르봉의 후손, 루이 16세의 생존한 형, 오랫동안 영국에 망명했던 좀 침체된 루이 18세(1755~1824년)가 왕이 됐다. 루이 16세의 아들인 루이 17세는 한 번도 왕위에 오르지 못하고, 1795년 투옥 중 사망했다.

1814년 5월의 파리 강화 조약의 관대한 조건은 루이 18세를 돕기 위해 고안됐다. 알자스를 되찾겠다는 독일의 희망은 실현되지 않았고, 프랑스는 1791년에 합병된 혁명 전 교황령인 아비뇽의 보유를 포함한 중대하고 유리한 국경 수정과 함께 1792년 1월에 국경을 확보했다. 1814년에 나폴레옹은 승리한 열강들에 의해 코르시카와 토스카나 사이의 엘바섬으로 추방됐지만, 그 섬에 대한 주권을 부여받았다. 그 결과 프랑스 정부로부터 2백만 프랑의 수익을 얻게 되었으나 프랑스 정부로서는 그 금액을 낼 의사가 없었다. 그 기회를 이용해 나폴레옹은 도로 건설, 교육 개혁 등 주민들의 상황을 개선했지만, 장기적 해결책이 아니었다. 오히려 나폴레옹은 지나친 자의식 과잉에 비해 현실이 따라주지 않자 무력감을 느꼈다. 씁쓸한 교훈을 얻은 셈이다.

기회주의자였던 나폴레옹은 1815년 2월 26일에 순찰 중인 프랑스 배 2척과 영국 배 1척을 피해 1천 명의 병사들과 섬을 탈출한다. 3월 1일 앙티브 근처에 상륙한 그는 빠르고 단호하게 파리로 진격했고 3월 20일 정규군이 항복했다. 나폴레옹에 비해 인기가 없던 루이는 그가 도착하기 전에 도망쳤다. 비록 남부와 서부에서 반대가 있었지만, 나폴레옹은 신속한 정복 능력으로 다시 프랑스에서 쉽게 권력을 잡았다.

이후 나폴레옹은 루이 18세 치하에서 거의 기회를 보지 못했던 참전 용사들을 부를 수 있었지만, 정작 그들은 그가 일으킨 전쟁에 거의 열정이 없었던 데다 징병제는 특히 달갑지 않았다. 유럽 열강들은 연합해 나폴레옹을 타도하려 했지만. 그는 6월 15일 벨기에를 선제공격했고, 영국군과 프로이센군을 각각 격파하고 몰아내는 것에 목표를 뒀다. 6월 16일에 프랑스는 카트르브라Quatre-Bras와 리니Ligny에서 각각 영국, 프로이센과 싸웠으나 결정적인 승리를 거두지 못했다. 결정적으로, 그의 도박은 6월 18일 워털루에서 분쇄됐다.

그 후 프랑스는 영국, 프로이센, 오스트리아 군대에 점령당했다. 침략자들에 대한 저항이 계속 없다는 사실은 그의 인기가 무너졌다는 것을 의미했다. 나폴레옹 정권은 자신의 주력 군대와 그 자신의 위신에 전적으로 의존하고 있었는데, 둘 다 한없이 약해져 붕괴를 박을 수 없었다. 그는 자신의 군대를 재건하고 파리에서 지원을 규합하려 노력했지만 실패했다. 워털루는 또한 특히 남부 프랑스와 방데에서 반혁명주의자들과의 싸움을 결정지었다. 그 전투는 부르봉의 루이 18세를 지지했던 왕당파 민병대의 부활로 이어졌고, 그들의 활동은 내전이 전쟁의 일부로 얼마나 깊게 자리하고 있었는지를 보여주었다.

'제2의 백색 테러'에서 민병대의 표적은 왕당파의 반대자로 확인된 사람들이었지만, 가톨릭에서 경건하지 않다고 묘사한 개신교도들을 공격하는 등 폭력은 종교적 태도도 취하고 있었다. 한편, 나폴레옹은 영국 군함에 항복했고, 그 후 남대서양의 영국령 섬인 머나먼 세인트헬레나^{Saint Helena}로 추방당했다. 1840년 주검이 되어서야 프랑스로 돌아온 나폴레옹이 앵발리드에 묻혔을 때, 그 이슈는 국왕 루이 필리프가 인기를 추구하는 방법의 하나로 이용되었다. 다음 해, 같은 이유로 나폴레옹의 조각상이 불로뉴의 기둥 위를 장식했다.

왕정복고

전사가 아니었던 루이 18세는 워털루 이후 파리로 돌아왔다. 하지만 11월에 체결된 제2차 파리 조약은 더욱 가혹한 항목들-특히 7억 프랑이라는 거액의 배상금, 지불 보증을 위한 프랑스 영토의 많은 부분에 대한 점유, 훗날 독일과의 경쟁에서 자원 제공의 요지가 되었을 자르^{Saar}와 상브르^{Sambre} 탄전이 포함된 국경지대의 포기 등을 요구했다. 배상금이 상환되는 1818년까지 남아 있던 웰링턴 공작^{Duke of Wellington}이 이끄는 15만 명의 점령군은 루이 18세의 지위를 보장하는 존재이기도 했다.

루이는 그 후 반대에 직면했지만, 이는 유럽의 다른 체제들도 마찬가지였고, 군주제가 특별히 인기가 없었음에도 어느 정도 통제와 안정성이 회복됐다는 점이 인상적이었다. 패배로 인한 보나파티즘^{Bonapartism}에 대한 불신은, 점유의 조기 종식 능력과 마찬가지로 이 과정에서 중요한 요소였지만, 더 장기적인 문제들도 있었다. 특히, 혁명의 인기와 영향이 지나치게 강조되어서는 안 됐고, 급진주의는 고갈돼 신뢰를 잃고, 1790년대 유럽의 다른 곳에서의 혁명은 진압되거나 프랑스의 군사적 원조에 의존하도록 강요되는 동안 프랑스는 신속하게 계급과 군주제-처음에는 나폴레옹, 그다음에는 부르봉으로 돌아갔다. 사실, 나폴레옹이 재편한 유럽의 지도는 자신의 군대에 의한 것이지 대중의 합의에 따른 것은 아니었다.

이와는 별개로 프랑스는 혁명 이전의 장관들이 도입하려 모색했던 다양한 특성을 갖춘 군사 강국으로서 많은 성과를 이루었다. 나폴레옹은 변화를 위한 여러 아이디어를 이전 장관들보다 더 강하게 밀어붙였지만, 그럼에도 구체제의 문화와 많은 측면이 그의 휘하에서 살아남았다. 결과적으로 다음 19세기의 주요 변화는 일상에 뿌리박힌 특권과 신앙에 끌려가는 사회에서 일어났다. 또한 1816년의 이혼법처럼 나폴레옹이 개혁한 부분 중 일부가 원래대로 돌아가기도 했다.

한편, 1810년대 후반, 1820년대, 1830년대 초 유럽 다른 지역의 혁명은 1814~15년 비엔나 회의와 그 후의 협정들로 돈독해진 보수 세력들의 연합을 통해 진압됐고, 유럽에서 프랑스의 영향력은 시들해졌다.

카리스마와는 거리가 먼 루이 18세는, 환영할 만한 안정을 가져다줬다. 1818년 제한된 징병제의 도입에 앞서 '무장한 국가'의 혁명 잠재력에 대한 열띤 논쟁이 일어났지만, 실제로 루이는 그러한 위기에 직면하지 않았다. 징집병은 제비뽑기로 선발됐지만, 급여를 주고 용병으로 대체할 수 있었기 때문에 대부분 빈민층이었다.

1824년에 루이 18세의 후계자인 그의 동생 샤를 10세(1757-1836)는 자유주의에 한 치의 양보도 없는 부르봉 왕조의 부활을 제안한 더 논란이 많은 인물로, 관광객들은 로시니^{Rossini}의 오페라에 영감을 준 랭스의 화려한 예복에서 그의 풍성한 대관식을 접할 수 있다. 왕당파의 연민은 루이 16세와 마리 앙투아네트가 생드니 성당에서 무릎을 꿇고 기도하는 조각상으로 이어졌다(9장 참조).

왕정의 붕괴와 제2공화국

1830년 샤를 10세의 폐위가 당연하다고 설명하기는 쉽지만, 그해 파리의 사건들은 그들의 앞날에 있어 1789년 당시 아르투아 백작이었던 젊은 샤를의 파리 탈출을 이끈 것보다 더 쉽지는 않았다. 역설적이게도 샤를 10세는 1830년 알제의 성공적 점령으로 고통받는데, 이것은 1823년에 프랑스가 성공적으로 스페인에 개입한 강행군의 연장선상이었다. 의회와 정부의 장관 임명에 대한 충돌로 인한 선거 결과에 대한 그의 거부로 7월 파리에서 3일간 소요 사태가 이어져 많은 군대를 보유하지 않았던 샤를은 취약해졌다.

샤를은 긴급 명령을 내리고, 의회를 해산하고, 유권자의 수를 줄였으며, 언론을 검열했다. 그는 어리석게도 수석 장관으로 쥘 드 폴리냐크Jules de Polignac 공작에게 눈을 돌렸으나 쥘은 총명함이 부족했다. 정규군의 부족은 시가전에서의 식량과 탄약 부족만큼이나 크나큰 문제였다. 샤를은 리더십을 제대로 발휘하지 못했고, 마르몽 원수Marshal Marmont는 임무를 제대로 완수하지 못했다. 샤를 10세는 오를레앙 가문의 루이 필리프로 대체됐다. 그의 아버지 '평등한 필리프'는 1789~92년 루이 16세의 폐위에 결정적 역할을 했던 인물이다.

1848년까지 '7월 군주제'를 통치한 루이 필리프Louis Philippe I(1773~1850년)는 샤를 10세보다 더 자유주의적 인물이었고, 그의 폐위도 어쩔 수 없는 운명이었다. 대신, 오를레앙 가문의 시대에는 타히티 획득을 포함한 상당한 경제성장과 제국의 확장이 있었고, 부유한 부르주아 계급을 토대로 새로운 정치 체제의 효과적 기반이 마련됐다. 자유주의는 1833년 검열의 폐지, 노예의 학살과 낙인찍기의 종식, 자유 흑인들에게 정치적 시민적 권리 부여를 끌어냈다. 새로운 기술은 1838년에 최초의 프랑스 기관차를 탄생시켰다. 샤를 10세와 달리 루이 필리프는 혁명과 나폴레옹 개혁에 개방적이었지만, 그가 추구한 모델은 여전히 덜 공화주의적인 1789년 혁명이 아니라, 덜 파괴적인 1688~89년의 영국 혁명이었다. 1840년부터 1848년까지 루이 필리프의 최고 실세 장관이자 역사적으로

나 현대적으로 영국 모델에 매우 관심이 많았던 개신교인 프랑수아 기조 François Guizot는 공교육의 확대를 지지했으나 시민권 확대에는 반대했다.

1848년은 1830년과 마찬가지로 유럽의 많은 지역에 정치적 격변이 있던 해였고, 프랑스는 이를 견딜 면역력이 없었다. 서민들은 발전에 대해 큰 희망을 품었고, 큰 희망은 계몽주의에 뿌리를 뒀으며, 변화는 불가피하다는 인식과 함께 모더니즘에 대한 복잡한 불안이 있는 '민중의 봄'이었다. 이 해는 또한 사회주의의 요람으로, 유럽 외교를 좌우하던 위대한 대륙의 제국 오스트리아의 힘을 상대로 벌인 도전이기도 했다. 1848년의 비엔나와 마찬가지로 수도로서의 파리는 정치화의 중심지로, 그리고 경제적 불만이 가장 극심했던 곳으로서 프랑스에서 중요했다.

군대는 이미 1831년과 1834년 리옹 반란의 비단 직조공들을 잔혹하게 진압하는 데 동원됐다. 1834년의 파리는, 비록 전후 사정은 다르지만 1831년 방데의 부르봉 봉기와 1832년 브르타뉴의 부르봉 음모에 대항했다. 그 당시에 프랑스는 1846년부터 시작한 혹독한 경제 침체로 큰 타격을 입었는데, 더욱이 1846년과 1847년의 곡물 수확 실패로 인한 빵 가격 상승은 사람들의 생활 수준과 산업에 악영향을 끼쳤다. 1848년 2월, 파리에서 폭동이 시작됐다. 새로운 혁명을 진압하는데 정규군 동원을 원치 않았던 루이 필리프는 결국 영국으로 피신했고 1850년 그곳에서 세상을 떠났다. 1815년 나폴레옹과 같이, 왕조 운동에 동참해 손자인 파리 백작 필리프를 지지하기 위해 퇴위했지만, 파리의 여론은 반대했고 공화당원들이 권력을 장악했다.

공화국의 시대, 제2공화국(이후 1792년에 설립된 후 소급해서 나폴레옹의 독재로 끝난 제1공화국이라 칭함)이 들어섰다. 초기의 공화국을 지배했던 급진주의자들은 투표권을 모든 남성으로 확대했고, 노동권을 선언하고, 고용 창출을 위해 공적 자금을 지원하는 국가 작업장을 설치했다. 노예제는 프랑스의 식민지에서 폐지됐다. 그러나 선거는 급진적 도시 유권자들과 매우 다른 농촌 유권자들에 의해 보수 성향이 다수를 차지했고, 다시 장기적이고 정치적인 불화를 예고했다. 무력은 파리의 급진주의를 잔혹한 행위로 진압하는데 사용됐다.

1848년 6월, 파리의 노동자들이 국가 작업장의 급속한 폐쇄에 반대해 바리케이드로 들어갔을 때, 그들은 전쟁부 장관 루이 외젠 카베냐크 장군에게 잔인하게 진압됐다. 농민 정규군과 10만 명의 주방위군(2월에 국왕 방어를 거부했던)이 '절망의 군대'라 불리던 반란군에 맞서 도시의 바리케이드를 뚫고 전진했다. 반란을 진압하려는 측이 사회-지리적으로 유리했고, 1만 6천 이상의 부대원들과 1만 이상의 반란군들이 목숨을 잃었다. 정부의 조정되지 않은 대응에도 급진주의는 분쇄됐다. 군대는 마르세유에서도 비슷하게 사용됐다. 노동자 계급의 이러한 분열은 파리 전투가 '최초의 엄청난 전투...근대 사회를 분열시킨 두 계급'이라는 카를 마르크스의 주장보다 더 뚜렷했다. 그리고 어느 쪽에도 외세의 개입은 없었다.

황제의 귀환

상황은 여전히 불안정했고, 그것은 공화국 대통령으로 선출된(기회주의적 황제 나폴레옹 1세의 조카) 루이 나폴레옹(1808~1873년)에 의해 이용됐다. 이것은 불편한 공생을 시험했다. 1851년 12월 2일 나폴레옹은 쿠데타로 공화국을 전복시키고 정치 지도자들을 체포해 저항을 분쇄했다. 랑그독, 특히 프로방스를 포함한 저항은 극복했다. 1852년 12월 2일의 부정 투표 후, 루이 나폴레옹은 나폴레옹 3세로서 황제로 즉위했다. 프랑스를 통치한 적이 없는 나폴레옹 2세(혹은 로마의 왕)는 나폴레옹 1세의 아들로 1832년에 결핵으로 요절했다.

나폴레옹 1세와 마찬가지로 나폴레옹 3세도 쿠데타로 권력을 잡았고 1870년 보불전쟁의 패전으로 몰락했다. 나폴레옹 3세도 권력의 과시 및 만끽에 열정이 넘치는 등, 두 황제 사이에는 공통점이 많았다. 콩피에뉴의 궁전, 특히 황실 극장Théâtre Impérial, 포Pau의 성 개조에서도 나타나듯 나폴레옹 3세는 호화로운 삶을 추구했다. 건축에 대한 그의 제국주의적 열망은 오스망 남작Baron Haussmann(1809~1891년)이 파리에 만든 거리, 쉘브르의 항구에 여전히 그 흔적이 남아 있다. 파리의 거리는 경비의 편의를 위해 포병이 더 정확하게 총을 쏘도록 직선거리로 제작됐고, 쉘브르의 항구는 영국을 위협했던 새로운 증기 동력 함대를 위한 기지를 제공하기 위함이었다. 파리의 지도들은 오스망의 지시로 건설된 새로운 도로와 다리를 보여준다(제10장 참조). 도시 경계는 1859년에 확장돼 24개의 교외 공동체의 전부나 일부를 통합해 20개의 행정구역 '아롱디스망arrondissement' 구역을 만들었다. 1860년에 농민 장군의 성벽(1784~91년 건설)의 소실은 방어벽이 아닌 통행료 경계여서 관심 밖이었다. 파리에 포함되면서 노트르담 데 샹Notre-Dame-des-Champs(뤽상부르 공원 근처)처럼 인기가 별로 없었던 일부 도시 지역들은 고급화시켰고, 몽소 공원Parc Monceau과 같은 새로운 도시 지역들은 중산층에게 인기를 끌었다.

나폴레옹 3세의 정권은 정치적 지지에 기반을 두지 않았고, 나폴레옹 1세 때와 같은 정도는 아니지만 선거와 그 결과는 나폴레옹 3세의 지위를 보장하기 위해 치밀하게 조작됐다. 그래도 1859년부터 약간은 자유화가 있었고, 1869년에는 각료들이 황제에게 책임을 지도록 하는 '자유 황제'를 향한 움직임이 있었다. 이것이 시간이 지나면 어떤 결과를 낳았을지는 분명하지 않았다.

또한 나폴레옹 3세는 전쟁과 제국의 팽창에 열정을 보였다. 국내의 가톨릭 지지율을 올리고, 특히 부르봉 왕가를 대신하는 통치자로서의 지지를 얻기 위해, 급진적 반대에 맞서 교황령(1870년까지 교황이 지배한 중부 이탈리아 지역)의 교황좌를 지탱하기 위한 군대를 이탈리아에 보냈다. 자신의 국내적 위치를 공고히 하고 삼촌인 나폴레옹 1세의 명성과 본보기를 이용하면서 그와 걸맞기를 원했고, 크림 전쟁에서 러시아와 싸웠으며, 더 성공적으로는 이탈리아의 통일 전쟁^{War of Italian} ^{Unification}(1859)에서 오스트리아와 싸웠다. 그와는 대조적으로, 그는 두 명의 교사 들랄로 드 바이앙쿠르^{Delalleau de Bailliencourt}와 J.L 사니^{J. L. Sanis}가 제작한 역사 지도책이 1815~48년의 정권들이 프랑스에 굴욕감을 준 비엔나 의회의 용어들을 수정하려 들지 않았다고 주장했다.

과학 기술은 나폴레옹 3세의 군사적 노력, 특히 전자통신, 증기선, 기차에 중요한 역할을 했다. 그 결과, 그가 전보를 통해 멀리에서도 섬세하게 관리하면서 프랑스 군대의 이동은 매우 빨라졌다. 1859년의 전쟁 덕분에, 1860년 나폴레옹 3세는 니스와 사부아를 얻었고, 2차 세계대전 기간을 제외하고는 그것들을 다시 잃는 일이 없었다. 또한 1861~67년에 멕시코에 군대를 보냈고, 비록 영국의 개입 거부로 무산되긴 했지만, 1862년 미국 남북 전쟁에서 북연방에 대항한 중재를 고려했다.

프로이센과의 전쟁

나폴레옹의 예상대로 멕시코에서의 철수로 서방의 전략은 끝을 맺고, 1866년 오스트리아를 물리치고 독일의 지배권을 확보한 프로이센의 세력 확장에 응대가 시작됐다. 프로이센을 위협적이라 느낀 그는, 새로운 관세 동맹에 편입된 듯 그들을 독일 연방으로 이끌면서 프로이센이 독일 남부의 바덴^{Baden}, 바이에른^{Bavaria}, 팔츠^{Palatinate}, 뷔르템베르크^{Württemberg} 같은 공국들의 점령을 막기로 했다.

독일의 총리 오토 폰 비스마르크Otto von Bismarck는 이러한 동맹을 확보하기 위해서 프랑스와 전쟁이 필요할지 모른다고 느꼈다. 그러나 1859년에 자신의 명망 있는 위치와 대조적으로, 나폴레옹 3세는 1870년 비스마르크의 술책에 넘어가 굴욕을 맛봐야 했다. 비스마르크는 바트엠스Bad Ems에서의 빌헬름 1세(프로이센 국왕)와 베네데티 백작Count Benedetti(프랑스 대사)의 회의를 녹음한 전보를 교묘하게 편집했다. 공석인 스페인 왕위 후보로 호엔촐레른Hohenzollern 출신이 거론된 내용은 왜곡돼 프랑스와 독일의 여론을 조작해 전쟁 촉구의 여론이 뜨거워졌다. 파리의 주요 인사 몇 명, 특히 옛 귀족의 장관이던 그라몽 공작 아제노르Agénor는 쉽게 덫에 걸렸거나, 단순히 모든 균형 감각을 잃은 듯하다. 프로이센의 성장을 환영할 리 없는 나폴레옹 3세는 1870년 7월 16일에 선전포고를 선포했고, 동맹국 없이 전쟁을 치렀다.

결국 프랑스-프로이센 전쟁은 나폴레옹 3세를 급속하게 무너뜨렸다. 프로이센의 군사력은 프랑스를 월등히 앞섰는데, 프랑스의 인구 증가율이 영국과 독일보다 낮았기 때문이었다. 이는 프랑스 역사에 근본적인 영향을 미쳤는데, 프랑스의 출산율 및 1792~1815년의 전쟁은 심각한 인구 감소를 초래했다.

1870년의 프랑스군은 프로이센의 예비군과 동등한 것이 하나도 없었는데, 부분적으로는 입법부의 정치적인 반대로 1868년 군사법에서 40만 명의 국민 기동대인 예비군 창설을 방해했기 때문이었다. 또한 정치적, 군사적인 이유로, 프로이센의 예비군처럼 잘 훈련된 병력은 없었다. 공화당의 나폴레옹 반대자들은 그의 모험주의를 불신했고, 더 큰 군대의 가치에 회의적이어서 1870년 1월에는 군비 예산이 삭감됐다. 정규군은 많은 징집병들로 인한 군의 가치 하락을 걱정해 확장에 무관심했다. 하지만 독일보다 더 적었던 인구(그리고 더 낮은 출생률)는 군 징집 대상의 감소를 불러일으켰으며, 1866년 프로이센의 독일 통일은 프

XI. 1882년 오스만 재건 이후의 파리 계획.

1789년부터 1871년까지 프랑스 역사에서 대부분 극적인 일이 일어난 파리.

파리는 나폴레옹 3세의 통치 아래 새로운 권력의 무대로 변신했다.

랑스에 끼친 피해를 더욱 부각시켰다.

상대적인 잠재 수치로 비추어 볼 때, 프로이센이 예비군을 소집하고 남부 독일의 병력과 연계하기 전에 프랑스가 주도권을 잡는 것이 현명했겠지만, 프로이센과의 전쟁에 대비한 적절한 계획은 없었다. 1854년, 천천히 움직이는(그리고 더 멀리 있는) 러시아와 1859년에 오스트리아와 벌인 즉흥전은 더 이상 적절하지 않았고, 1860년대의 알제리, 멕시코, 교황령에서의 전투는 강력한 프로이센이 주도권을 잡고 유지하는 분쟁의 대비는 되지 못했다. 그것들은 대규모 동원전이나 대규모 군사력의 훈련과 통솔, 군비軍備 및 화력에 대한 좋은 경험이 되지 못했고, 식민지 탐험 여행은 유럽 전장에서의 군단 통솔을 위한 최고의 선행학습은 더더욱 아니었다.

결국 1870년, 나폴레옹 3세는 자기중심적인 고집과 대담함은 갖추었으나 재치는 없었던 리더임이 증명됐다. 게다가 수하 장군들도 무능한 것이 문제였다. 그러다 보니 프랑스는 독일의 속도를 따라잡을 수 없다는 것을 증명했는데, 장군들이 첫걸음에서 전략적 우위를 얻으려다 실패해 프랑스군은 주도권을 유지하지 못하고 후퇴했다. 대부분의 전투가 프랑스 땅에서 치러졌고, 이는 프랑스군의 사기에 치명적 타격이었다. 대체로 수적으로 열세한 상태에서 방어에 주력한 프랑스군은 능숙한 독일 지휘관들에게 반복적으로 허를 찔렸다.

프랑스의 주요 두 군대는 각각 패배했다. 라인군의 사령관인 아실 바젠 원수Marshal Achille Bazaine는 메스Metz의 광대한 요새로 후퇴해 프로이센을 방해할 기동성과 포위를 막을 기회를 동시에 내줬다. 바젠의 후속 작전들도 무기력했고, 프로이센군이 파트리스 드 매크마옹 원수Marshal Patrice de MacMahon 휘하에서 집결된 샬롱군을 파괴할 기회를 제공했다. 메츠에서 바젠이 자신을 위해 전진 중이라고 한 나폴레옹의 단언을 믿고 메츠로 진격하는 것은 매크마옹에게 있어 위험한 묘책이었다. 그것이 사실이 아니라는 점과 프로이센 육군 원수 헬무트 폰 몰트케Helmuth von Moltke가 자신을 포위 중이라는 사실이 명백해지자, 매크마옹은 안전지대로 후퇴하려 했지만, 이미 주변 언덕들도 장악하고 빠르게 진격하는 프로이센군에 의해 스당Sedan에 갇혔다.

9월 2일, 퍼붓는 포격 아래서 프랑스는 항복했다. 프로이센은 36시간 동안 3만 5,000발의 포탄을 발사했다. 나폴레옹을 제외한 8만 3,000명의 군인들이 포로가 되었고, 2만 1,000명은 이미 전투에서 포로가 됐다. 비스마르크는 나폴레옹의 항복으로 프랑스의 저항 역시 종식되기를 바랐지만, 1940년까지 존속된 제3공화국의 기초인 새로운 공화정 정부는 전쟁을 위해 만들어진 셈이 되었다.

나폴레옹이 남긴 것들

나폴레옹 3세 치하에서 특히 철도의 보급과 함께 상당한 경제성장이 있었다. 프랑스는 영국보다 영토가 더 넓었으나 사용할 수 있는 석탄은 더 적었다. 하지만 야금 산업과 석탄과 철의 사용이 확대됨에 따라 철도 체계가 만들어졌다. 첫 번째 철도는 석탄을 바지선으로 옮기기 위해 1827년 앙드레지외^{Andrézieux}와 생테티엔$^{Saint-Étienne}$ 사이에 만들어졌고, 1835년 여객 서비스가 시행되었다. 정부의 신중함으로 1842년까지 완공된 선로는 300마일로 1,900마일인 영국보다 훨씬 적었다. 그해에 정부는 철도 비용을 크게 지원하기로 합의했고, 1848년까지 2,000마일의 선로가 운영됐다.

1850~60년대에는 더 큰 약진이 있었다. 주행거리의 확대는 물론이고, 아직 여러 회사가 완전히 통합되지는 않았지만, 파리가 핵심 거점역譯인 전국 교통망으로 1871년에는 2만 3,000km(1만 4,000마일) 이상, 1914년에는 6만km(37,000마일)가 운행됐다. 철도는 해당 지역들은 물론 프랑스의 지역적 국가적 지리, 특히 수상 무역이나 교량 지점, 도로 분기점이 우회했던 마을들을 변화시켰다. 철도와 함께 운하도 여전히 중요했는데, 1783년에는 라인강에서 손강까지, 1833년에는 완공돼 론강까지-프랑스 북부와 남부가-이어졌다.

영국에서처럼 프랑스는 1850년대는 1840년대보다 더 역동적임을 증명했다. (비록 1860년대의 성장이 훨씬 더 중요했지만) 석탄과 철 생산이 증가했고, 증기 기관 설치도 늘어났다. 프랑스 경제는 사회와 정치에 영향을 주며 변하고 있었고, 특히 파리는 도시화가 이루어졌다. 진보 사상은 철학자이자 급진적이고 합리주의적 성향의 개혁가인 오귀스트 콩트$^{Auguste\ Comte}$(1798~1857년)의 저서 『긍정 정치 제도$^{Système\ de\ politique}$ ^{positive}』(1851~54년)에서 제시됐는데, 그는 책에서 과학이 신학적에서 형이상학적으로 변화하는 단계를 소개하고, 긍정적이거나 실험적인 접근법의 이론을 발전해 나갔다.

드리우^{Drioux}와 르로이^{Leroy}의 『역사 지도와 지리 지도^{Atlas d'histoire et de géographie}』(1867)는 정부의 지시로 교육적 목적을 충족하려 했으며, 그 지도들은 샤를마뉴와 나폴레옹 1세 치하에서 프랑스의 영토 범위를 강조했으며, 나폴레옹 3세 치하의 '프랑스 부서 목록^{départements réunis}' 중 하나는 사르데냐^{Sardinia}와 피에몽^{Piedmont} 공국의 획득으로 그가 가치 있는 통치자임을 분명히 했다. 한편 그는 산업과 무역 자극을 포함한 국가 발전을 장려했지만, 이어지는 외교 정책 실패와 1870년의 전쟁은 나폴레옹식 에피소드를 종결시켰다.

제국주의 프로젝트는 프랑스 전역에 기념비를 남겼다. 두 황제를 연결하는 것은 퐁티비^{Pontivy}로, 나폴레옹 1세에 의해 브르타뉴의 전략적 상업 및 군사 중심지로 선택됐고, 1804년에 나폴레옹빌^{Napoleonville}이 됐다가 1870년 이름을 되찾았다. 나폴레옹 3세는 1858년에 외제니 황후와 함께 그 마을을 방문했을 뿐 아니라, 나폴레옹 1세의 원래 계획에 따라 늘어선 거리의 중심에 새로운 생 조제프 성당을 건축하기 위해 상당한 금액을 개인적으로 기부했다. 1대 나폴레옹이 구상하고 3대 나폴레옹이 완성한 퐁티비 신도시의 격자 모양 거리는 나폴레옹의 승리에서 이름을 차용했으며, 거대한 광장은 원래 기병대의 제국 프로젝트를 재현한 행진의 장이었다.

나폴레옹 3세 이후로 프랑스의 왕이나 황제는 존재하지 않았다. 공화정 시도에 두 번이나 희롱당한 지금, 사람들은 더 이상 민족의 정체성과 통일감을 주장하는 조각된 왕의 얼굴에 안심하고 의지할 수 없게 됐다.

9. 나폴레옹 1세부터 나폴레옹 3세까지, 1799~1870년
·

프랑스 패권의 상징, 틸지트 조약

틸지트 조약은 1807년 동프로이센의 틸지트에서 프랑스 제1제국이 프로이센 왕국, 러시아 제국과 맺은 평화 조약으로, 실제로는 프랑스가 러시아와 프로이센 각각과 체결한 두 가지 조약을 하나로 묶어 일컫는다. 이를 통해 프랑스는 영국과의 경쟁에서 유리한 고지를 점하고 유럽대륙의 재편성을 이루는 기회를 얻었다고 평가된다.

틸지트 조약은 제4차 대프랑스 동맹 전쟁의 결과물이다. 프랑스는 1806년 10월 14일 예나-아우어슈테트 전투에서 프로이센 왕국군을 상대로 압승했고, 10월 27일에는 프로이센의 수도 베를린에 무혈입성하기에 이른다. 비록 프로이센 수뇌부는 이에 끝까지 저항했고 여기에 러시아도 본격적으로 개입하며 연합했지만, 1807년 6월 프리틀란트 전투에서 프랑스에 대패하며 프로이센의 임시 수도인 쾨니히스베르크마저 빼앗기고 만다. 결국 프로이센과 러시아는 나폴레옹에게 사절을 보내 강화를 제의하게 된다.

나폴레옹은 러시아와 프로이센에게 각각 다른 온도 차이를 보이며 대응했는데, 압승을 거두었음에도 러시아 사절단에게는 비교적 유화적인 태도를 취했고, 이에 러시아 황제인 알렉산드르 1세가 나폴레옹과 직접 평화교섭을 진행하기에 이른다. 두 황제는 틸지트에서 만나 서로에게 훈장을 수여하거나 연극을 보는 등 우애를 다졌고, 1807년 7월 7일 양국 사이의 강화가 체결된다. 이를 통해 러시아는 프랑스의 대륙봉쇄령에 동참, 영국과의 무역을 중단하게 된다. 또한 프랑스는 러시아의 핀란드 및 발칸 반도 일부에 대한 영향력을 인정한다.

반면 나폴레옹은 외무장관 탈레랑의 반대에도 불구하고 프로이센에게 가혹한 강화조건을 강요했다. 그 결과 프로이센은 엘베강 서쪽의 모든 영토를 할양하고 나폴레옹의 동생인 제롬 보나파르트를 국왕으로 베스트팔렌 왕국이 신설되었으며, 코트부스는 작센에, 비아위스토크는 러시아 제국에게 할양해야 했다. 상비군은 4만 3천 명으로 그 규모가 제한되었다. 또한 프로이센은 프랑스에게 1억 2천만 프랑의 배상금을 지급하게 된다.

이처럼 틸지트 조약은 프랑스가 유럽 대륙에서 지배력을 확립하는 중요한 계기가 되었다. 나폴레옹은 러시아와의 동맹을 통해 영국을 고립시키려 했고, 반면에 프로이센을 약화시킴으로써 영향력을 더욱 키웠다. 하지만 동시에 대륙봉쇄령으로 인해 영국에 농산물을 수출하던 러시아의 경제가 침체되었고, 몹시 굴욕적인 조약을 강요받은 프로이센에서는 프랑스에 복수를 요구하는 목소리가 높아졌다.

채 3년이 지나지 않아 러시아는 나폴레옹의 대륙봉쇄령에 반항하면서 균열이 일어났고, 1812년 나폴레옹이 러시아 원정을 감행하는 계기가 된다. 또한 프랑스는 지나치게 넓은 확장으로 인해 재정적 문제가 발생함은 물론 프로이센을 비롯해 다른 유럽 국가들의 반발을 샀다. 결정적으로 틸지트 조약은 프로이센이 내부 개혁을 통해 군사, 행정, 교육 및 사회 개혁을 단행하여 후일 반프랑스 동맹에서 활약하게 하는 계기를 제공한다.

프랑스에서 미국으로, 루이지애나

미국 남부에 위치한 루이지애나는 여러 역사 및 문화적인 유산을 간직한 지역이다. 프랑스어를 사용하는 유럽계 혼혈인 크리올과 프랑스계 이민자 후손인 케이준 문화를 보유했으며, 재즈의 발상지인 뉴얼리언스가 위치해 있기도 하다. 이처럼 루이지애나는 여러 미국의 주들 중에서도 프랑스를 비롯해 스페인과 아프리카, 원주민 문화가 뒤섞인 독특한 정체성을 자랑한다.

　루이지애나는 1682년 프랑스 탐험가인 르네 로베르 카벨리에가 미시시피강 유역을 탐사한 뒤 이 지역을 프랑스 영토로 선언하면서 처음 명명된다. 그는 태양왕 루이 14세의 이름을 따 이 지역을 '루이 왕의 땅'이라는 뜻의 '루이지애나라고 명명했는데, 당시 루이지애나는 프랑스의 북미 식민지 네트워크의 일부로서 모피 교역과 농업 중심의 경제 활동이 주를 이루었다.

　이후 루이지애나는 1762년 파리 조약의 결과로 프랑스에서 스페인으로 할양되지만, 스페인의 통치 기간 동안 루이지애나는 경제적으로 크게 발전하지 못한 대신 지역 내 혼합 문화를 인정, 크리올 공동체를 유지한다. 그러다가 스페인은 1800년에 이르러 산일데폰소 조약을 통해 루이지애나를 다시 프랑스에 반환했다. 나폴레옹 1세는 이 지역을 프랑스령 서인도제도의 주요 농산물 공급 기지로 활용하는 방안을 통해 북미 제국 건설을 꿈꾸었다. 하지만 1804년까지 진행된 아이티 혁명을 통해 나폴레옹은 서인도제도 제국 건설의 꿈을 접었고, 전략적 가치가 크게 떨어진 루이지애나를 활용할 방안을 모색한다.

　나폴레옹 전쟁이 한창이던 1803년, 나폴레옹은 영국과의 전쟁 준비를 위해 자금을 마련해야 했다. 그리고 당시 미국 대통령이었던 토머스 제퍼슨은 루이지애나를 통해 미시시피 강의 통제권을 확보함과 동시에 서쪽으로 영토를 확장하려 했다. 두 국가의 이해가 맞물리면서 프랑스는 미국과 협상 끝에 루이지애나를 1,500만 달러에 매각하기로 합의한다. 이는 미국 역사상 가장 큰 영토 확장 사건으로, 무려 한번에 영토가 두 배로 늘어나는 결과로 이어졌다.

　프랑스는 루이지애나 매각을 통해 1,500만 달러라는 당시로서는 큰 금액을 확보했는데, 나폴레옹은 이를 활용해 유럽에서 진행하려던 군사 작전에 필요한 재정적 기반을 마련했다. 또한 프랑스는 루이지애나를 매각함으로써 해당 지역을 유지하는 데 들었던 막대한 자원을 줄이고, 영국 입장에서 북미에 신경쓸 수밖에 없게 만들었다. 이처럼 루이지애나 매각은 프랑스와 나폴레옹에게 단기적으로는 여러 이점을 주었지만, 결과적으로 이 선택은 장기적으로 북미 및 대서양에서의 영향력 상실로 이어졌다.

❧

빈 회의(1814)

빈 회의는 1814년부터 1815년까지 오스트리아 빈에서 열린 유럽 국가들의 국제 회의로, 나폴레옹 전쟁 이후 유럽의 정치적 혼란을 수습하고 국제 질서를 구축하기 위해 열렸다. 이 회의에서는 주로 전후 유럽의 영토 문제와 권력 균형이 논의되었는데, 한편으로는 프랑스 혁명 이후 유럽 전역에 만연하던 자유주의와 민족주의를 탄압하고 폐위된 왕조와 기존의 질서를 회복하려는 노력이 이루어졌다.

빈 회의의 주요 참가국은 회의를 주도하고 보수적 질서의 복원을 주장한 오스트리아, 폴란드에 대한 지배권을 주장한 러시아, 프랑스의 팽창 억제 및 해상 무역에 초점을 맞춘 영국, 영토 확장 및 독일 내 영향력 강화를 목표로 한 프로이센, 그리고 나폴레옹의 패배 이후에도 협상을 통해 기존 강대국으로 인정받은 프랑스 등이 있다.

이들 국가들은 어느 한 국가가 지나치게 강해지는 것을 상호 간에 견제하며 평화와 안정을 유지할 것을 논의했다. 이를 위해 빈 회의에서는 몇 가지 원칙과 목표를 세웠는데, 이는 크게 나폴레옹 전쟁 중 폐위된 왕조의 복권과 전쟁 방지를 위한 각국의 세력 균형, 영토 문제 해결, 보수적 구체제 부활로 정리할 수 있다.

회의 결과, 프랑스에서는 부르봉 왕조가 복원되었고 스페인과 나폴리 역시 왕조가 복귀한다. 영토 재편에서 프랑스는 혁명 이전의 국경으로 크기가 축소되었고, 오스트리아와 프로이센, 러시아는 영토가 확장되었다. 한편 영국은 해외 식민지를 확보하며 해상에서의 패권이 강화되었다. 또한 나폴레옹 전쟁 중 해체되었던 신성 로마 제국은 오스트리아가 주도하는 39개 독일 국가들로 구성된 독일 연방으로 재설립되었다. 또한 러시아와 오스트리아, 프로이센의 주도 아래 유럽의 왕정 질서를 보호하는 신성동맹, 영국, 오스트리아, 러시아, 프로이센이 참여해 혁명적 움직임을 억제하고 유럽 평화를 유지하는 4국 동맹이 결성된다.

이처럼 빈 회의는 이후 100여 년 동안 유럽 내 대규모 전쟁을 방지하고 비교적 안정적인 국제 질서를 유지했다는 점에서 의의가 있다. 또한 세력 균형이라는 국제 관계의 원칙을 수립함으로써 이후 유럽 외교에서도 중요한 기준이 되었다고 평가받는다. 하지만 왕조의 복권이라는 구체제 복원에 치중하여 민족주의와 자유주의 이념을 억압했고, 이러한 억압은 이후 유럽에서 다양한 혁명과 민족주의 운동이 폭발하는 계기가 된다. 게다가 강대국 중심의 협상으로 회의가 진행되었기에 소규모 국가들의 권익이 무시되었다는 한계를 지닌다.

❦

프로이센-프랑스 전쟁

프로이센-프랑스 전쟁은 유럽의 지정학적 판도를 바꿨다는 평을 받는 중요한 전쟁이다. 결과적으로 이 전쟁은 독일 제국의 탄생과 프랑스 제2제국의 몰락을 초래했는데, 특히 독일 민족주의와 통일에 있어 결정적인 계기로 작용했다. 이후 프랑스는 독일에 복수심을 품었고 이는 제1차 세계대전이 발발하는 원인 중 하나로 평가받는다.

프로이센은 오스트리아와 함께 약 39개의 소국으로 나뉘어 있던 독일에서 가장 강력한 국가 중 하나였다. 프로이센에서 철혈정책으로 독일 통일을 추진했던 재상 오토 폰 비스마르크는 1866년 오스트리아를 상대로 승리한 뒤 북독일 연방을 설립, 독일 통일의 주도권을 확보한다.

한편 나폴레옹 3세는 나폴레옹 전쟁 이후 쇠퇴한 프랑스를 부흥시키고 스페인과 동맹을 맺으려는 프로이센을 견제하며, 또 자신의 정치적 입지를 강화할 필요성을 느꼈다. 따라서 나폴레옹 3세는 북독일 연방으로 인한 프로이센의 급속한 성장으로 압박을 받는 와중에 전쟁을 통해 다양한 문제를 해결하려고 했다.

전쟁이 일어나는 직접적인 계기는 스페인 왕위 계승 문제였으나 그 내막에는 비스마르크의 전보 조작 사건이 있었다. 나폴레옹 3세는 프로이센 국왕 빌헬름 1세에게 호엔촐레른 왕자의 스페인 왕위 계승 포기를 요구했고, 빌헬름 1세 역시 이를 받아들였지만 그 사이에서 비스마르크가 프랑스의 요구를 모욕적인 어조로 조작한 엠스 전보를 언론에 공개함으로써 프랑스를 자극한 것이다. 결국 프랑스는 프로이센에게 전쟁을 선포하며 프로이센-프랑스 전쟁의 막이 오른다.

　전쟁은 내내 프로이센에게 유리하게 흘러갔다. 프로이센의 전투력을 과소평가했던 프랑스는 이전부터 전쟁 준비를 해왔던 프로이센에게 고배를 마셔야 했다. 결정적으로 1870년 스당 전투에서 나폴레옹 3세가 직접 지휘하던 프랑스군이 패배하고, 나폴레옹 3세는 포로로 붙잡힌다. 1871년에는 프로이센군이 프랑스 파리로 진격해 도시를 포위했고, 프랑스 임시정부가 항복하면서 전쟁은 종결된다. 1871년 1월 18일, 프로이센은 프랑스 베르사유 궁전에서 독일 제국의 탄생을 선포했고 빌헬름 1세가 독일 황제로 즉위한다. 비스마르크는 이 전쟁에서 독일 민족주의를 활용해 독일 통일을 완성했고, 이후 다른 민족주의 운동에도 영향을 미친다.

　반면 프랑스 사회에 있어 전쟁의 패배는 큰 충격으로 다가왔다. 프랑스는 알자스-로렌 지역을 독일에 할양함과 동시에 막대한 전쟁 배상금을 지불해야 했다. 결과적으로 나폴레옹 3세의 프랑스 제2제국은 몰락했고, 이후 프랑스 제3공화국이 수립된다. 하지만 국내 정치적으로는 좌우 대립이 격화되었으며 독일과 주변국들과의 갈등이 심화되며 제1차 세계대전이라는 파멸의 씨앗을 품는 계기가 된다.

10
제3공화국, 1870~1939년

제3공화국은 1870년 프로이센전의 패배와 1940년의 나치 독일에의 패배까지 이어졌을지 모르지만, 사실 그사이 프랑스에서는 전례 없는 경제적, 제국적 성장이 이루어진 데다, 자유롭고 민주적인 사회로서의 정교함이 상당히 발달했다. 프랑스 마을의 오래된 건축물은 이 시기로부터 유래됐으며, 그 시기는 오늘날 프랑스 문화의 가장 매력적이고 흥미로운 특징, 특히 회화에 큰 영향을 미쳤다. 다만 시작은 프로이센과의 계속되는 전쟁 위기에 대응하는 공화주의 정치인 무리에 의해 1870년 9월 4일 파리에서 국방부로 선포됐기 때문에 훨씬 덜 경쾌했다. 또한 파리가 곧 포위되면서 임시정부는 투르^{Tours}로 이동해야 했다.

한편 프랑스-프로이센 전쟁은 독일군의 기대대로 전개되지 않았다. 스당에서의 승리 후 프랑스 내륙으로 진격할 때, 그들은 새롭게 떠오르는 세력에 의해 전혀 다른 저항과 대치했다. 물론 이런 자유 사격수 francs-tireurs(비정규군)들은 전투에서 비교적 쉽게 패할 가능성이 높았다. 하지만 이들의 저항 자체가 문제였다. 프로이센은 전쟁을 끝내고 싶었으나 이들의 저항 때문에 군수 물품 확보에 어려움을 겪었다. 프로이센 군은 포로들을 총으로 쏘고 정착촌을 불 지르는 등 가혹한 조치를 취했다. 그들의 군대는 공포심 유발에 의존하다 보니 정치적 해결책이 부족했다. 다행히도, 1871년 3월의 추운 겨울, 독일의 폭격으로 포위된 파리에서 공화정이 독일의 조건을 받아들였다. 독일군은 협상이 가능한 합법적 프랑스 정부를 수립할 선거 보장을 위해 1월 28일 휴전에 합의했다.

전후 변화하는 프랑스

그 평화에는 벨포르^{Alsace bar Belfort}를 제외한 알자스의 프로이센 합병이 포함돼 있었다. 벨포르는 성공적으로 저항해 메츠 인근 영토로 교환됐다. 그리고 로렌^{Lorraine}의 일부도 포함되었는데 이것은 프랑스의 영토, 산업 원자재 및 산업 능력에 상당한 손실을 불러왔다. 독일의 지배 아래가 아닌, 프랑스인의 삶과 집을 원했던 벨포르의 알자스인들은 1872년 이후 프랑스령 드 벨포르와 프랑스 산업에 상당히 공헌했다.

1873년에 배상금이 지급될 때까지 독일군은 프랑스에 남았다. 한편 독일은 알자스-로렌에 독일화를 위한 새로운 질서를 강제했는데, 오늘날, 이 흔적은 정부의 중심지에서 볼 수 있는 신고딕 양식의 공공건물, 기차역, 막사, 특히 스트라스부르와 메츠에나 좀 남아 있을 뿐이다. 메츠는 독일군 수송을 돕기 위해, 철도가 발달한 주요 수비 중심지가 됐다. 드레퓌스 사건의 중심인물인 알프레드 드레퓌스와 가족이 알자스의 뮐루즈^{Mulhouse}를 떠나 파리로 가는 동안, 메츠 출신 약 5만 명을 포함한 많은 사람이 프랑스령으로 떠났다. 프랑스의 지도들은 프랑스의 실패에 대한 교훈을 인식시켰다. 특히 라모트^{Lamothe}의 『군주제, 공화국, 제국 아래 프랑스가 연속적으로 이룬 영토 확장 지도^{Carte des}

agrandissements successifs de la France sous la monarchie, la république et l'empire』(1873)

는 프랑스가 나폴레옹 3세 치하에서 연속적으로 영토가 획득됐다가 상실되었음을 보여준다. 메시지가 제대로 전달되지 않을지도 모른다는 우려에 의해 지도에는 다음과 같은 내용이 덧붙여졌다.

> [요약하자면, **프랑스**가 받은 것은 다음과 같다. 제1공화국의 행정구역의 절반인 85.5개의 행정구역 및 부르봉의 알제리, 나폴레옹 3세로부터는 물려받은 3개의 행정구역이다. 나폴레옹 3세와 그의 공화국의 공로로, 프랑스는 영토에서 가장 부유한 3.5개의 행정구역을 얻었다.]

1871년 2월 8일에 실시된 국민의회 선거로 군주제 지지자 다수가 배출됐다. 보르도에서 열린 회의에서 헌법 제정 감독인 아돌프 티에르Adolphe Thiers(1797~1877년)가 '프랑스 공화국의 행정부 수반'으로 선출됐다. 매우 이질적으로, 파리에서는 급진적 노동자 계급 모임인 파리 코뮌the Paris Commune이 권력을 잡았고, 정교분리부터 빵집의 야근 폐지에 이르는 급진적 명령을 발표했다. 양측의 타협안이 없었기 때문에 새로운 공화정 군대는 공격 명령을 받았고, 3월 18일 대포의 통제권을 두고 전투를 시작했다. 약 1만 명의 파리 시민이 살해되고, 전통적 권위의 장소들이 있던 광범위한 거리 충돌 후 튈르리궁과 팔레 루아얄에 방화가 일어났다. 코뮌은 5월에 진압됐다. 코뮌이 쏴서 죽인 인질과 비슷한 수의 코뮌들이 빠르게 총살됐고, 페르 라셰즈Père Lachaise 묘지에 있는 인민의 벽Mur des Fédérés(Communards' Wall)의 일부가 됐다. 그 외의 코뮌 가담자들은 감옥(일드엑스Île d'Aix에 있는 리에도 요새Fort Liédot에 있는 곳을 포함해)에 갇혔다. 정부가 베르사유에 잠시 기반을 두면서, 파리 사람들은 불화를 일으키는 트라우마를 갖게 됐다. 그 도시의 물리적 위협은 종교의 주둔을 분명히 보여주기 위한 몽마르트 언덕의 사크레쾨르Sacré-Coeur 대성당

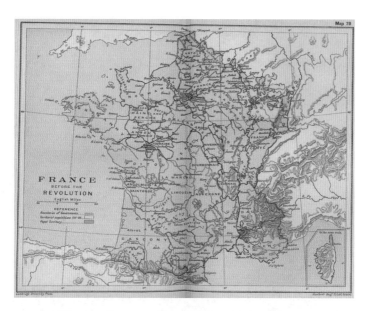

XII. / XIII. 두 장의 동시대 지도는 혼란스러웠던
혁명의 전후 프랑스의 영토가 어떻게 달라졌는지 명확히 보여준다.

10. 제3공화국, 1870~1939년
·

XIV. 코뮌의 바리케이드, 1871년 4월. 시청 광장의 모퉁이와 리볼리 거리의 골목, 피에르 앙브로즈 리슈부르Rivoli, Pierre-Ambrose Richebourg, 1871.

건축도 포함됐다.

제3공화국의 안정

비록 상당한 어려움에 직면했지만, 제3공화국은 서서히 안정되고 있었다. 공화국 사회지도부^{Société d'Instruction Républicaine}는 1870년대에 제3공화국의 자유주의적이고 공화주의적인 가치관을 심어주는 데 도움을 주었으나, 정부와 마찬가지로 심각한 문제에 직면했다. 군주제 지지자들 역시 어려움을 겪었다. 부르봉이나 오를레앙 주의자이자, 좀 덜 강력한 나폴레옹 주의자, 그리고 샤를 10세의 손자였던 '앙리 5세'가 좀 더 호의적이었다면 그는 1871년에 국왕이 될 수 있었을 것이다. 처음 몇 년은 반공화국 정치인들이 지배했다. 그리고 군대의 입지에 대한 불확실성도 있었는데, 특히 카리스마적인 독재자 조르주 불랑제^{Georges Boulanger} 장군이 1888~89년의 쿠데타를 실현할 가능성도 있었다. 결국, 군주제는 오랫동안 대안으로 남아 있었지만 1870년대 후반에 공화주의가 우세했고, 귀족의 통제를 받지 않는 정치 체제가 확립됐다.

1875년 헌법은 보편적인 남성 선거권, 의회제 정권, 그리고 나폴레옹 3세와 같은 제도를 만들 능력이 없는 장식용 대통령을 기초로 한 정치 시스템을 만들어냈다. 정치적으로 혼란했고 새로운 부처들의 생성과 소멸이 반복됐지만, 파리와 지방의 권력 중개자들을 통제함으로 근본적 안정이 이루어졌다.

한편, 프랑스는 크게 변화하고 있었다. 지방의 지도는 전국 철도망과 그로 인한 국가 경제 잠재력을 기록했다. 하지만 국제적 경제 경쟁이 낳은 무시무시한 변종들(특히 신대륙으로부터의 농산물 수입)이나 경제적 문제로 인한 브르타뉴에서의 대규모 이주민 발생 등의 내용은 기록하지 않았다. 게다가 1863년부터 포도밭에는 필록세라^{phylloxera}(포도 뿌리혹벌레, 진딧물과 모양과 습성이 유사 - 포도나무의 잎, 뿌리를 먹고 고사시켜, 와인의 역사를 바꾼 벌레로 유명하다)가 널리 퍼져, 와인 생산량은 1875년 8,450만 hl(헥토리터-100리터)(19억 갤런)에서 1889년 2,340만 hl(5억 1,500만 갤런)으로 감소했다. 1880년부터 1914년까지 프랑스의 세계적인 제조업 생산 비율은 러시아보다 떨어졌고, 다시금

XV. 사크레쾨르Sacré-Coeu는 19세기 후반에 벌어진 문화 전쟁을 가장 극적으로,
또한 교회의 권력을 분명하게 보여주는 예시이다.

독일보다 처절하게 떨어졌지만, 이 기간에 석탄 기반의 대규모 산업화
가 이루어졌다. 특히 북동부 도시인 두에^{Douai}, 루베^{Roubaix}, 랑스^{Lens}, 릴
^{Lille}, 발렌시엔^{Valenciennes}이 그러했다.

　노동자 계급의 정치는 산업화와 밀접하게 관련돼 있었다. 석탄은 섬유
산업 확장에도 기여했고, 인구는 그의 서사시적 사회 현실주의 시리즈의
일부인 에밀 졸라의 소설『제르미날^{Germinal}』(1885)에서 냉혹한 현실주의로
묘사된 북유럽에서 급증했다. 탄광을 배경으로 한 이 소설은 광부들이
광차(탄차)를 밀고 지하로 들어가는 작업의 어려움과 광부들의 가난한

삶을 묘사했다. 1884년 졸라가 갱내 방문을 포함한 탄광촌 체류 체험을 바탕으로 서술한 이 소설에서, 광부들의 파업은 잔인하게 진압됐다.

프랑스 문화를 떠올릴 때 핵심 요소는, 그 나라 고대의 솜씨와 생산품들이 처음과 다름없이 보존된 상태라는 것이다. 비록 최근의 연구가 신조어라고 시사하는 '떼루아^{terroir}(환경에 따른 포도주의 독특한 풍미)'의 개념도 그 일부이다. 이는 프랑스의 많은 문화 기관이 지역과 생산지의 독특한 연상을 설명하기 위해 채택했으며, 생산물 고유의 특수한 가치와 연계된다. 예를 들어, 보르도나 루아르 계곡의 와인, 또는 로크포르^{Roquefort}나 모르비에^{Morbier}의 치즈 종류는 '원산지 명칭 통제^{appellation} $^{d'origine\ contrôlée}$'로 국제 시장에서 보호받을 수 있다. 테루아의 영향력은 곧 랭스 주변 지역에서 만든 와인만이 '샴페인'이라 칭할 수 있고, 다른 곳의 유사한 와인이 그 용어를 사용할 수 없다는 의미이다. 프랑스는 여전히 세계 최대의 와인 생산국 중 하나이다.

프랑스 문화의 발전

석탄은 운하보다는 철도로 운송되고 있었다. 부유층이 도빌^{Deauville}과 르투케$^{Le\ Touquet}$의 해변 휴양지로 이동하면서 철도의 용도도 새로워졌다. 1860년대부터의 파리 발 열차로, 니스는 프랑스를 가로질러 남으로 이동하는 사람들의 주요 휴양지가 됐다. 좀 더 보편적으로, 직접적으로는 철도 시스템으로 훨씬 향상된 여행을 통해, 간접적으로는 출판물과 그림들을 통해-특히 노르망디와 브르타뉴를 방문하는 화가들을 통해 프랑스 해안의 다양한 매력이 발굴됐다. 리비에라 해안의 빛, 선명한 색조, 여인들의 매력, 독특한 하늘, 그리고 한층 더한 북쪽의 풍광들은 르누아르, 모네, 시냑^{Signac}, 그리고 마티스와 같은 화가들을 끌어들였다. 서쪽

XVI. <전쟁의 부름The Call to Arms>, 오귀스트 로댕Auguste Rodin, 1879년. 예술은
새로운 공화주의의 이념을 훌륭하게 보여주는 수단이었다.

세상에서 가장 짧은 프랑스사
·

으로는, 1876년 세잔이 마르세유 근처의 어촌인 레스타크^{L'Estaque}에 머물렀고, 야외에서 그려진 장면들은 지중해 특유의 강한 빛을 포착했다.

또한 프랑스의 시골과 평지 지역들의 연결도 있었다. 퐁텐블로^{Fontainebleau} 근처의 바르비종학교^{Barbizon School}는 장관인 풍경뿐 아니라 영국 화가 존 콘스터블^{John Constable}의 그림의 영향을 받았다. 프랑스의 풍경은 자연 속에서 위안을 찾던 모든 사람에게 신 낭만주의적 매력을 제공했다. 1886년부터 고갱은 브르타뉴의 퐁타벤^{Pont-Aven}에서 색채와 형태의 합성을 통한 기법을 개발했는데, 이는 브르타뉴 농부들의 가혹한 삶에 기념비적 품위를 가지고 투자할 수 있게 했고 그 지역의 대중적 종교 예술을 채택하고 기념할 수 있게 했다.

퐁타벤 학교에는 폴 세뤼지에^{Paul Serrusier}와 에밀 주르댕이^{Emile Jourdain} 있었는데, 이들의 전통 의상과 풍습의 생생하게 표현은, 호기심 많은 파리지앵을 대상으로 한 관광산업을 만들어냈다. 매우 결이 다르게는, 1895년 브장송 태생의 뤼미에르 형제가 그들의 영화 촬영 기술에 특허를 냈고, 많은 이들이 그해에 촬영된 영화를 동시에 볼 수 있게 해줬다. 그들은 또한 컬러 사진술의 발전도 이뤘다.

프랑스에 등장한 모든 기술적, 문화적 발전 중, 리옹의 뤼미에르 형제가 완성한 것은 가장 위대한 것 중 하나이다. 첫 촬영 날짜가 논쟁에 휩싸인 가운데, 1895년 3월 22일, 뤼미에르 형제는 파리에서 열린 국가산업발전학회^{Society for the Development of the National Industry}에서 그들의 발명품을 상영했다. 그곳에서, 200명의 관객들이 〈라시오타 역에 들어오는 기차^{Arrival of a Train at La Ciotat Station}〉라는 제목의 영화를 관람했다. 그 후로 프랑스는 영화 매체 발전의 선두에 있었다. 조르주 멜리에스^{Georges Méliès}와 아벨 강스^{Abel Gance}의 초창기 6시간짜리 작품 〈나폴레옹^{Napoléon}〉(1927)부터 1960년대

뉴웨이브 영화, 그리고 1980년대와 1990년대의 활기찬 국내 현실
주의에 이르기까지, 프랑스 영화는 종종 더 강한 주류 할리우드에
대항하는 이미지로 비추어졌다. 매년 남부에서 열리는 칸 영화제는
올해 최고의 영화에 황금종려상을 수여한다.

드레퓌스 스캔들

드레퓌스 사건이 터지면서 1894년부터 10년 동안 정치적 라이벌 관계의
억제가 어려워지자, 국가 안정성에 적신호가 켜졌다. 근본적 반유대주
의는 종교적 차이도 확실히 전면에 드러났다. 육군이 (이전 복무에서 반
유대주의를 겪은) 유대인 장교 알프레드 드레퓌스를 프랑스 육군의 기
밀 명세서를 익명으로 독일 대사관으로 보내려던 독일의 스파이라 오
판했고, 훗날 더 확실한 증거로 진범이 밝혀진 후에도 이를 은폐한 사
건은 국가적 스캔들을 일으켰다(제12장 참조).

군대 자체는 1790년대와 매우 다르게 보수적이었다. 사병에서 하급
장교로 진급하는 전통은 1890년대와 1900년대에 와서 훨씬 덜 중요해
졌고, 장교 군단은 사회적으로 더 배타적으로 변했다. 또한 군은 1891
년 북부 푸르미^Fourmie의 직물 노동자들 시위대에게 발포하면서 노조에
대항했다. 민간인에 대한 군대의 진압은 1871년 이후 감소했지만, 노조
에 대한 두려움으로 1890년부터 다시 증가했다.

비록 1907년 나르본^Narbonne에서 필록세라 문제(포도나무 해충 대재
앙)에 의한 와인 재배자 시위에 대한 무력 억제가 거부된 사례도 있긴
하나, 부대들은 보통 명령에 충실했다. 다만 드레퓌스 사건은 달랐는
데, 이는 전체 군대의 성격, 역할, 공화국에 대한 충성심과 국가의 본질

에 대한 위기가 됐다. 드레퓌스파는 군대가 공화정이 아닌 성적자의 이익에 동조하는 장교들에 의해 운영된다고 주장했고, 반드레퓌스파는 보호 대상인 프랑스 귀족과 명예의 상징이 군대라고 여겼다. 군대를 숙청하거나 방어해야 한다는 등의 거친 이야기들은 1898년 수단의 지배권을 둘러싼 파쇼다 위기^{Fashoda Crisis}에서 영국에 대한 대응을 약화하고 혼란스럽게 했다.

1899년, 드레퓌스는 재심에서 무죄 증거가 있었음에도 다시 유죄 판결을 받는다. 하지만 이후 수단 위기를 잠재우기 위해 드레퓌스는 특별사면을 받았고, 마침내 1906년에 무죄를 선고받아 제1차 세계대전에 참전했다. 드레퓌스 사건은 상급 부대에 계엄령의 위협을 가했지만, 동시에 쿠데타의 위협도 제기했다. 결과적으로 1900년대 초, 군대가 성직자를 지지하는 것이 아닌가 하고 의심하던 정부는 경찰을 동원해 장교들을 정탐했고 프리메이슨을 부추겼다는 정보가 퍼져나가 사태는 1904년 언론 대란으로 이어졌다. 1905년, 정부는 교회와 국가의 법적 분리와 종교의 자유를 시행했다. 종교적 건축물은 국유재산이 됐다. 그러는 동안 정부는 정교 단체에 더 이상 지원금을 주지 않았다.

이용되는 역사

세자르 리츠^{César Ritz}(1850-1918)라는 이름은 부와 더없이 훌륭한 맛과 영원히 연결된다. 스위스 출신인 그는 1898년에 파리의 방돔 광장이 내려다보이는 17세기 건물에 그의 이름을 딴 호텔을 개업하기 전에 런던의 사보이 호텔에서 일했다. 그의 수석 셰프는 오귀스트 에스코피에^{Auguste Escoffier}였는데, 그는 현재 인식되

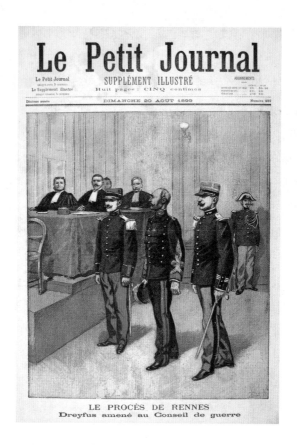

XVII. <렌에서 재판을 받고 있는 드레퓌스Dreyfus being retried at Rennes>(1899). 드
레퓌스 재판으로 프랑스는 충격에 휩싸였고 분열됐다.

는 수많은 프랑스 특유의 고급 요리들을 체계적으로 정리했다.
개업 이래로, 리츠는 고위인사들, 대통령들, 스타들의 방문을 유
치해 화려함과 고급스러움의 대명사였다. 코코 샤넬(1883~1971
년)은 34년 동안 이 호텔에서 살았고, 오늘날 그녀를 기리기 위해
이름 지어진 스위트룸이 있다.

그 무렵 1870년의 제3공화국 수립은 1789년으로 거슬러 올라가는 일련의 정권 교체와 헌법적 변화 중, 새로운 공공 이념과 그에 따른 새로운 역사로 이어진 마지막 정권으로 보였다. 논란의 중심이 된 대부분의 공공 역사와 마찬가지로, 이 새로운 역사도 코뮌과 같은 최근의 과거에 초점을 맞췄다. 1940년, 1944년 및 1958년의 헌법적 변형 후 반복될 과정인 가장 최근 변화의 정당화가 특히 필요했다. 공화당원들과 그들의 경쟁자들은 1789년 자코뱅 극단주의의 혁명과 같이 현재에 적용할 수 있는 설명을 제공하기 위해 그들의 최근 역사를 재작업하려 했다. 이것은 자코뱅파에게 처형된 지역 정치인들을 기념하기 위해 보르도에 세워진 지롱댕 기념비에서 볼 수 있다.

제3공화국은 이전의 군주제, 특히 나폴레옹 3세의 제2제국에 대한 거부에 바탕을 뒀다. 하지만 동시에 제3공화국의 이전 프랑스 역사에 대한 이러한 논의는 단순히 이전 정권의 성과를 부정하는 데에만 집중하지 않았다. 프랑스 공화정의 전통은 국내외 위협의 극복을 강조했고, 이는 국가의 불가분성과 그 경제 내에서 권력의 보편성을 강조했다. 따라서 역사적 기반을 가진 민족주의는 우파만의 것이 아니었다.

프랑스의 역사는 거리와 광장의 이름을 바꾸는 것에서 특히 활발히 경쟁했다. 가톨릭 정당 주의자들은 제3공화국에 대한 끊임없이 공격의 하나로 1889년 혁명 100주년에 강력하게 도전했다. 가톨릭의 역사적 관점은 중세로 거슬러 올라가는 듯했으나 그 당시의 정치에는 더욱 적극적으로 참여했다. 교황 피우스 비오 9세[Pope Pius IX](임기 1846~1878년)에 의해 자유주의가 최종적으로 거부됨에 따라 가톨릭이 더 단호해졌기 때문이다. 이것은 프랑스 역사에서 중요한 주제의 또 다른 측면-프랑스의 발전이 외부의 발전에 어느 정도까지 의존했는지에 대한 것-이었다. 동정녀 마리아의 완전한 개념에 대한 교리[the Immaculate Conception of the Virgin Mary(1854)는 자유주의를 비판한 오류 강의 교서^{the bull Syllabus} Errorum(1864)와 교황의 무오류 선언을 발표한 제1차 바티칸 공의회 (1869~70년) 소집으로 이어졌다.

가톨릭과 보수적 민족주의의 만남

가톨릭은 프랑스에서 후퇴하지 않았다. 오히려 그들의 존재감은 교회 건축으로 더욱 드러났다. 특히 파리 몽마르트르의 사크레쾨르^{Sacré-Coeur}(성심대성당)이 대표적이며, 투르의 새로운 공회당^{Basilica} 생마르탱 대성당^{Saint Martin}과 리옹의 언덕 꼭대기에 있는 노트르담 드 푸르비에르 ^{Notre-Dame-de-Fourvière} 성당 역시 손에 꼽는다.

사크레쾨르는 1873년에 시작된 프레르몽니알^{Paray-le-Monial} 마을의 성지순례를 통해 부분적으로 자금을 충당했는데, 이 순례는 1858년부터 베르나데트 수비뤼^{Bernadette Soubirus}에게 목격된 성모 마리아의 환영을 기념하는 첫 번째 순례가 있던 해이기도 하다. 이 순례는 반세속주의 가톨릭 운동인 '승천주의' 지지자^{Assomptioniste}에 의해 조직됐다. 1866년에 지어진 루트르 지하 동굴은 1871~83년에 지어진 큰 공회당의 서막이었다. 게다가, 바젤레^{Vézelay} 수도원과 같은 중세 장소들이 부활했다.

또한 다양한 편견과 과거의 역사가 동원됐는데, 특히 (가짜) 유대인, 프리메이슨, 그리고 개신교인이 제3공화국을 운영하기에 이를 타도할 필요가 있다고 주장했던 테오도르 가르니에^{Théodore Garnier}에 의해 1892년에 설립된 가톨릭 정치 운동인 '국가 연합^{Union nationale}'이 그랬다. 1791년 혁명가들을 통해 유대인이 해방되자, 그는 이것이 의도적인 반가톨릭 행위라며 유대인과 혁명가들을 비난했다.

레옹 드옹^{Léon Dehon}과 같은 성직자들은 드레퓌스 사건을 긍정적으로 바라보는 반유대주의자였다. 19세기 후반 가톨릭 보수주의자들은 잔 다르크의 투쟁에서 민족주의적이고 역사적인 모범을 찾았다. 그들의 눈에 그녀의 투쟁은 뚜렷한 종교적 색채를 띠고 있었으며, 그에 따라 그녀는 신의 섭리에 의한 인물로 여겨졌다. 1874년 개장한 파리 피라미드 광장의 에마뉘엘 프레미에$^{Emmanuel\ Frémiet}$의 잔 다르크 황금 기마상은 오늘날처럼 보수적 민족주의자들에 의한 대규모 시위의 요충지가 되었다. 이후에도 잔의 투쟁은 2차 세계대전 당시 나치에 협력한 비시 정부에 의해 자주 활용된 주제였다.

제3공화국 지지자들은 갈리아를 프랑스의 기원으로 선호했다. 이에 반해 보수주의자들은 정교 유착의 가톨릭적 정체성을 강조하며 로마 제국을 무너뜨린 게르만 침략자들, 특히 프랑스 최초의 가톨릭 군주로 세례를 받은 클로비스를 기원으로 내세웠다. 종교가 국가 정체성의 핵심 요소로 부각되면서 가톨릭의 행동주의도 세속적인 반응에 기여했다.

과거의 역사는 계속 정치적으로 이용됐다. 2006년에 자크 시라크$^{Jacques\ Chirac}$ 대통령은 한 세기 전의 드레퓌스의 정당성을 높이 샀다. 그로 인해 우파인 시라크는 오랫동안 좋지 않은 영향을 끼칠 수 있는 우파의 유산에 반대를 표명했다. 기성 우파와 전선 국가 사이에 선을 그으면서, 시라크는 우파가 (좌파가 오랫동안 주장해 온) 공화주의 유산의 적절한 관리인임을 보여줬다. 이는 시라크가 비시로부터 공화국을 분리하려는 전략이기도 했다. 반유대주의 공격은 두 가지 목적에 모두 도움이 됐다.

19세기 후반의 기억들은 주로 최근의 독일에 의한 패배에 초점이 맞춰졌다. 1870~71년 독일의 포위망에 성공적 방어를 거두었던 '벨포르의 사자' 피에르 당페르 로슈로$^{Pierre\ Denfert-Rochereau}$는 많은 공공장소에 그의 이름을 올렸고, 벨포르의 바위 표면에는 사자가 기념으로 조각됐다. 오귀스트 로댕의 조각품 <전쟁의 부름$^{The\ Call\ to\ Arms}$>(1879)은 파리의 방어를 기념했고, 1882년에 설립된 '애국자 연맹'은 전투지로서 정기적

순례가 이루어졌다.

1900년대 소설가 모리스 바레^{Maurice Barrès}의 책들은 프랑스 영혼에 새겨진 알자스-로렌의 위치를 강조했고, 그는 1914년에 애국자 연맹의 회장이 됐다. 다소 다른 방식으로, 학생들을 위해 디자인된 『멜랭의 역사와 지리 지도^{Atlas Melin Historique et Geographique}』(1895)는 프랑스와 독일의 영토 전쟁에 초점을 맞췄다. 더 널리는, 1620년대 열성 가톨릭 숭배자들의 견해와 그들의 리슐리외에 대한 반감 등의 프랑스 정책 내의 과거 분열 상황은 무시됐다.

제국의 확장

'투르 드 프랑스^{Tour de France}'는 수백만 TV 시청자를 가진 세계 최대의 연간 스포츠 행사 중 하나다. 매년 가장 유명세를 타는 자전거 경주는 여름 한 달 동안 (가끔 다른 나라에서 출발하기도 하는) 프랑스 주변의 비슷하면서도 항상 다른 경로를 따른다. 이 행사는 사이클링이 매우 인기 스포츠이자 취미인 프랑스 국민의 마음속에 특별하게 자리 잡고 있고, 해외에서는 프랑스의 명물로 인식된다. 그 경주는 편집자이자 사업가인 앙리 데그랑주^{Henri Desgrange}에 의해, 그의 잡지 「자동차^{L'Auto}」의 지면을 채우기 위해 만들어졌고, 선두 주자가 착용했던 '노란 셔츠^{Mailot jaune}(옐로 저지)'는 잡지의 지면 색상에 맞춘 것이다. 첫 경주는 1903년에 열렸고, 파리에서 시작해 시계 방향으로, 가능한 프랑스의 해안과 국경을 따라 돌았다. 현재에 들어서는, 샹젤리제의 자갈 도로를 전력 질주하는 것으로 경기가 끝난다. 이 글을 쓰는 시점인 1985년 이후로 프랑스인 우승자는 없었다.

한편, 프랑스는 아프리카에서뿐 아니라 동남아시아와 태평양에서도 새로운 제국을 추가했다. 프랑스령 근대 아프리카 국가로는 알제리, 모로코, 튀니지, 마우레타니아, 세네갈, 기니, 다호메이, 차드, 부르키나파소, 니제르, 말리, 중앙아프리카공화국, 콩고민주공화국, 지부티 등이 포함됐다. 동남아시아에는 베트남, 캄보디아, 라오스가 있었다. 또한 카리브해와 인도양에도 식민지가 있었다. 제국의 확장은 자연스러웠고, 피할 수 없었으며, 유익했다. 그래서 사관학교의 교사였던 H. 바스트[H. Vast]와 G. 말테르[G. Malterre]는 그들의 『역사 지도[Atlas historique]』(1900)에 다음과 같이 썼다.

> 튀니지와 함께 알제리는 프랑스의 연장이다. 그곳에 라틴계의 새로운 민족이 탄생하고 있다. 알제리는 우리의 무역과 상선에 중대한 도움이 될 것이다. 그곳은 우리 군대에는 징집의 땅이고 우리 민족에게는 식민지이다.

프랑스는 지난 1830년 침략한 북아프리카의 핵심 식민지인 알제리의 지속적 점령에는 가장 공을 많이 들였다. 프랑스인들은 민족학을 이용해 알제리 문화가 무슬림일 뿐 아니라 사상, 조직, 풍습도 원시적이라는 사실을 스스로에게 확신시켰다. 이는 제국주의를 정당화했고, 기독교의 노력이라는 주제보다는 제3공화국에 더 적합한 대안적 요소를 제시했다.

제1차 세계대전의 시작

1914년까지 제3공화국의 장기적 전망은 순탄해 보였다. 경제성장과 함께 1904년에 영국과 화친협약[Entente cordiale]을 맺고 이견을 해결했지만, 외부 요인은 다시 한번 중요성이 증명됐다. 프랑스는 전쟁을 원하지 않앉고, 러시아와 군사 협정을 맺었음에도 연합전 계획은 따로 없었지만, 그럼에도 독일은 두려움을 가지게 됐다.

독일은 1864~1871년에 프로이센이 덴마크, 오스트리아, 프랑스를 물리쳤던 방식처럼 속도를 내기로 계획했다. 러시아의 종심 방어 전략은 독일의 전술가들이 프랑스를 격퇴하는 일에 집중하게 만들었다(같은 과정이 1940~41년에도 이어졌다). 1870~71의 경험으로 사기가 오른 독일은 더 철저히 준비한 군대가 프랑스의 행동과 상관없이 승리할 것으로 생각했다.

1914년 8월 1일, 독일이 러시아에 선전포고한 후, 프랑스는 독일의 중심 목표가 됐다. 독일은 프랑스가 중립을 선언하고 이를 보장해야 한다는 받아들이기 어려운 최후통첩을 발표했다. 이는 프랑스와 러시아의 동맹관계를 파괴하고 프랑스를 다른 어떤 세력에게도 무익한 동맹국으로 전락시켰다. 그 보장에는 툴, 베르됭 및 다른 지역의 요새가 포함되어 있어 프랑스는 매우 취약했을 것이다. 프랑스가 거부하자 독일은 8월 3일 전쟁을 선포했다.

제1차 세계대전의 전투 개시에서 독일군은 침투에 성공해 벨기에를 통과했으나, 프랑스군이 방어 진지에서 공격할 것이라는 예측을 가볍게 여겼다. 파리에서 출발한 제6군은 마른 전투Battle of the Marne를 시작했다. 제6군은 이 전투에서 물자가 부족하고, 지칠 대로 지쳤으며, 통솔은 엉망인 데다 빈약하게 배치된 독일군을 저지하고 파리 근교에서 퇴각시켰다. 프랑스군은 철도, 트럭, 버스, 택시 등으로 내곽을 돌며, 수송수단이 없는 채로 외곽을 돌던 독일군이 불가능한 방법으로 병력을 재배치했다. 반면 로렌에 대한 프랑스의 대규모 공세는 큰 사상자를 내며 실패했는데, 특히 보병대가 독일 포병에게 산산조각났다.

그 후 프랑스는 영토의 일부를 점령당한 채 전쟁을 치렀고, 이로 인해 프랑스는 공격을 시작할 필요가 있다고 믿게 됐다. 비록 공격은 성공하지 못했지만, 프랑스는 독일의 공격에도 흔들리지 않았다. 1916년, 독일군은 프랑스의 전의를 꺾기 위해 프랑스인들에게 상징적 의미가 큰 베르됭 요새를 공격했다. 독일군은 영토를 점령하기 위해 전면에서 빠르게 진격할 계획이었다. 프랑스군은 베르됭 탈환을 위해 큰 손실을 감당해야 했다. 독일군의 전략은 상상 이상이었다. 프랑스군은 37만 8,000명의 사상자를 냈으나 그 의지만큼은 꺾이지 않았다. 게다가 독일군 역시 피해가 적지 않았다. 그들은 프랑스의 바르르뒤크^{Bar-le-Duc}, 신성한 길^{voie sacrée}로 알려진 베르됭^{Verdun}을 경유해 보급품의 이동을 지속할 수 있었다. 그러나 1916년에도 솜강^{Somme}에 대한 공격이 있었고, 루이 바르타^{Louis Barthas} 상병은 영불 폭격에 대해 다음과 같이 썼다.

> 아무리 연속된 폭음에 익숙했을지라도, 이런 폭풍은 우리의 뇌를 뒤흔들고, 두개골을 파고들어 가슴을 짓누르고...고통으로 가득 찬 나폴레옹의 모든 작전보다 더 많은 대포가 하룻밤에 발사됐다.

1917년에는 1915년과 마찬가지로, 독일군이 서부 전선에서 방어 태세를 취하는 동안 프랑스는 공세를 취했다. 막대한 군비가 투입된 샹파뉴 공세는 프랑스군 지휘관 니벨^{Nivelle}의 이름을 따 '니벨 공세^{Nivelle offensive}'로 명명됐다. 하지만 이 전투의 완전한 실패는 프랑스군의 많은 불만을 야기했고, 실제로 어느 정도의 반란으로 이어졌다. 그러나 10월 혁명 전 러시아처럼 주요 위기로 발전하지는 않았다. 대신, '베르됭의 사자' 필리프 페탱^{Philippe Pétain} 장군(1856~1951년)이 총사령관으로 임명돼 사기를 회복했고, 군내 상황 개선이 분위기를 진정시켰다. 1918년에 비록 큰 압박을 받았으나, 프랑스는 독일의 공격 재개를 잘 견뎌냈다.

전쟁의 부담에 직면해 정부는 빵 가격을 통제했고, 국가가 감독하는 협회는 주요 산업에서 물자의 배분을 지시했다. 예를 들어, 정부가 주도하는 신발과 화학 산업이 생겨났다. 독일과 달리 민간인의 필요를 충족하는 적절한 보살핌으로 인해 사람들이 의욕적이었다. 독일에 대항한 프랑스의 동맹은 중요했다 - 영국이 독일 점령으로 발생한 산업 손실을 석탄, 철, 강철 공급으로 보상했고, 미국과의 경제적 관계도 중요했다.

굴욕적인 평화

그러나, 전쟁 기간 −비록 멸종 위기에 처한 사람의 보호를 위한 국민 통합이라는 평가가 아직도 지배적이지만− 서서히 진행되는 정치적 위기가 있었다. 높은 전쟁 비용 및 오랜 교착으로 인해 발생한 정당성 위기의 일환으로, 1917년 초에 일련의 파업이 있었다. 1914년부터는 모든 정당의 '신성한 연합'이라는 개념에 기반을 둔 사회당 내에서 정부 참여에 대한 반대의 목소리가 높아지고 있었다. 전쟁에 따른 부담은 1917년 세 내각의 몰락에 큰 영향을 미쳤다. 비록 일부 정치인들은 독일과 평화롭게 지내는 행위에 관심이 있었지만, 어디까지나 이는 반역 행위로 취급됐다.

　1917년, 전쟁과 외교를 위한 상원 위원회의 의장이었던 급진적 정치인 조르주 클레망소$^{Georges\ Clemenceau}$(1841~1929년)는 그가 애국적이지 않다고 생각하는 다른 정치인들을 공격했다. 그해 11월, 그는 총리이자 전쟁부 장관이 됐다. 클레망소는 "더 이상 평화주의 운동은 없다...오직 전쟁뿐이다"라고 선언하고 전쟁이 완벽한 대안이라는 것을 증명하기 위해 국가 자원 동원에 초점을 맞춘 '총력전'을 촉구했다. 훗날 '승리의 아버지'로 불리는 클레망소는 전쟁 경제에 강력한 권위주의를 더했고, 전쟁 지원 산업에 총력을 다했다. 전 총리였던 조제프 카요$^{Joseph\ Caillaux}$ 등 패배주의로 의심되는 자들이 체포됐다.

1918년, 사회당은 클레망소를 강력하게 공격했고, 성스러운 연합은 공식적으로 폐당됐다. 그러나, 프랑스 붕괴 가능성에 대한 영국의 우려에도 전쟁에 대한 프랑스의 정치적, 대중적 지지는 강력했다. 심지어는 독일의 새로운 공격에 직면해 패배 가능성이 다시 점쳐짐에도 지지는 더욱 강해졌다. 국가적 패배와 혁명을 두려워한 노동조합 간부들이 벼랑 끝에서 물러나면서 파리의 대규모 파업은 막을 내렸다. 연합군은 그해 말, 독일을 격파했고 프랑스군은 최후 공세에서 중요한 역할을 했다.

전쟁의 전반적 부담은 매우 컸다. 실제로 프랑스 전역에서 큰 손실이 발생했는데, 18세에서 27세 사이의 남성 중 27%를 전쟁으로 잃었고, 전쟁 총사망자 수는 140만 명이었다. 많은 여성과 어린이들이 징집되어 농장 노동자들을 대신했고, 60만 명의 여성들이 과부가 됐다. 전투 장소, 전쟁 기념비, 묘지, 박물관은 인적 비용을 기록하고 있으며 모든 프랑스 마을에서 볼 수 있지만, 그러나 전쟁의 실상은 베르됭 근처의 전장, 특히 두오몽 박물관^{Ossuaire de Douaumont}과 플뢰리 기념박물관^{Musée-Mémorial de Fleury}, 두오몽 요새, 수빌^{Souville}과 보^{Vaux}, 그리고 산산조각난 풍경에서, 대부분 명확하게 이해할 수 있다.

베르됭 전투는 전쟁 기념비는 물론 베르됭의 많은 마을과 거리에 그 흔적을 남겼다. 거리와 광장은 포슈 원수^{Marshal Foch}와 다른 참전용사들의 이름이 붙여졌다. 페론^{Péronne}의 '제1차 세계대전 역사관^{The Historial de la Grande Guerre}'은 특히 인상적인 박물관이다. 프랑스 북동부 전쟁의 폐허, 특히 폭격을 통한 파괴는 랭스 같은 도시 풍경에서 볼 수 있는데, 폐허에 대한 보다 확실한 대응은 전후 재건뿐이었다.

프랑스는 1871년(보불전쟁에서 패배)의 굴욕적인 평화에 대한 대응으로 베르사유에서 회의를 개최하면서 이후의 평화 정착에 주요 역할을 했다. '베르사유 조약'에 의해 영토 분배에서, 프랑스는 독일로부터 알자스-로렌과 아프리카 영토(토고와 카메룬)를, 터키로부터 국제연맹의 위임을 받아 시리아와 레바논을 획득했다. 또한 프랑스는 소련을 억제하는 데 주도적 역할을 했다. 1919~21년 러시아 내전 개입은 실패했지만, 폴란드에서는 1920년 소련의 팽창을 막는 데 도움을 받았다.

한편, 공산주의에 대한 우려는 프랑스 정치권에서 두드러졌다. 1919년 11월의 선거는 우파 연합인 '국민당^{Bloc national}'의 승리로 이어져 여성 참정권 운동이 좌절됐고, 대신 정부 강화 노력을 위한 출산 장려 조치가 취해졌다. 1920년에 피임 정보 제공은 불법으로 정해졌다. 특히 철도의 1920년 5월 대규모 파업의 배경에 대항해 사회당이 분할됐고, 그 일부가 공산당이 됐다.

표면화되는 정치적 분열

1920년대에는 세계대전의 참화 이후 전례 없는 파업의 물결과 회복 모두를 겪었고, 프랑을 금본위제로 되돌리는 것을 포함해 1920년대 후반까지 국고 안정이 있었다. 회복은 새로움에 감응했다. 자동차의 보급은 농촌과 도시 모두 프랑스의 경관과 경험에 영향을 미쳤고, 패션성과 현대성의 새로운 이미지를 제공했다. 그로 인해 철도의 지배력이 문제가 생겼다. 이와 관련된 석탄과 석유의 경쟁은 정치경제의 본질과 노동조합에 중대한 긴장감을 부여했다. 한편, 항공기의 유행은 새로움의 차원을 한 층 높였다. 좀 더 단순해진 기풍과 양식은 디자인에서 중요했지만, 문화에 미친 영향은 비교할 만한 것이 아니었다.

그러나 1930년대에는 대공황이 찾아왔고, 1933년에는 독일의 나치가 정권을 잡았다. 산업생산과 임금, 세수는 감소했고 실업률은 증가했다. 이러한 어려운 상황 속에서 1933~34년에는 정치적 거물이 포함된 횡령자가 연루된 스타비스키 사건^{Stavisky Affair}을 중심으로 부패 스캔들이 표면화됐다. 파시스트 운동은 이 상황을 악용했는데, 특히 1934년까지 60만 명의 회원을 보유한 '불의 십자가^{Croix de feu}'가 유난했다. 12월 6일, 파리는 폭력적인 시위로 혼란했다. 한편, 정부는 긴축 정책을 거부했고, 이와 대조적으로 1932년 브르타뉴 민족주의자들이 랜에서 브르타뉴와 프랑스 연합을 기념하기 위해 1532년에 터뜨린 기념비적 사건은, 지역주의가 프랑스에서 큰 문제가 아니었기 때문에 사소한 이슈로 기억될 뿐이었다.

정치적 위기에 대응해, 좌파는 국민전선^{Front populaire}과 연합해 1936년 5월 총선에서 승리했다. 사회당의 레옹 블룸^{Léon Blum}이 총리로 임명됐다. 좌파의 정책 중에 주요 고용주들과의 협상은, 경제에서 국가와 노동조합의 역할을 더 많이 부과하는 마티뇽 협정으로 이어졌고, 주 40시간 근무와 2주의 유급 휴일이 도입됐는데, 정작 이것이 독일과 경쟁하기 위한 최선책은 아니었다. 임금이 오른 만큼 인플레이션도 마찬가지로 올랐다. 철도는 1937년에 국가 소유가 됐다. 그러나 외환 통제가 상원 의회에 너무 버겁다는 것이 증명됐고, 이것은 1937년 6월 정부의 몰락으로 이어졌다.

'돈의 벽^{The wall of money}'은 좌파의 신화에 부합한 정부를 물리쳤다고 알려졌지만, 실제로 블룸 정부는 '라 카굴 ^{La cagoule}(파시스트 성향과 반공산주의 테러리스트 그룹, 프랑스 우익 테러조직)'로 대표되는 폭력적 성격의 새로운 파시스트 집단, 더 심각한 1931년 영국의 노동당 정부처럼 경제 정책의 실용성 논란 등을 포함한 다양한 문제에 직면했다. 인민전선^{Popular Front}은 1938년에 해체되었고 좌파는 1981년까지 권력에 복귀하지 못했다. 심각한 정치의 내적 분열을 배경으로, 프랑스 정부는 1936~39년에 독일과 이탈리아에 유화정책을 펼쳤지만, 1939년에 독일이 추가 팽창에 대한 적대감으로 발전했다. 이것은 독일이 1939년 9월 1일에 폴란드를 침공했을 때 프랑스와 영국을 연합하게 했다.

1938년까지 프랑스는 여전히 초반과 비슷했다. 농업 고용 35%, GDP

4,424달러로 미국(18.5%, 6,134달러), 영국(5%, 5,983달러), 독일(28.5%, 5,126달러)에 비해 '현대적' 수준이 낮았지만, 그 대신 서구의 다른 주요 국가들보다 식량 수입량은 적었다. 산업 부문은 미국, 영국, 독일보다 부진했고, 특허 출원 건수도 더 적었다. 비록 1934년에 시트로엥 자동차 회사가 '트락시옹 아방^{Traction Avant}(최초의 대량생산 전륜구동 자동차)'을 선보이긴 했지만, 출고 수는 1938년 22만 7천 대로 자동차 생산 4개국 중 최하위를 기록했고, 전기와 화학 생산에서는 세 번째 순위였다. 투자, 시장, 산업 발전 부문에서 미국, 독일, 영국보다는 뒤처졌지만, 여전히 번영했으며 또 생산적이었다. 또한 프랑스는 영국 다음으로 세계에서 두 번째로 큰 제국이었다.

전쟁의 역경 속에서도 삶의 많은 측면에서 중앙 정부가 개입한 국민 통합의 수준이 상승했다. 동시에, 1930년대 후반에 정치적 분열이 다시 표면화됐다. 스페인 내전(1936~39년)에 대한 대응은 프랑스 정치를 독살하는 데 도움이 됐고, 경보 주의자들은 프랑스 내전의 위험을 예측했다. 이는 정치·사회·종교·문화·지역적 긴장과 경쟁이 상호작용했던 프랑스 혁명으로 시작된 정치적 분열의 한 측면이었다. 그래서 1871년에 파리 코뮌을 진압하면서 아돌프 티에르는 온건한 공화국이 어떻게 부르주아 적들을 제압할 수 있는지 보여주고 싶었다. 매음굴의 수도이기도 했던 순례의 나라 프랑스의 변화는 다양성의 산물이기도 했지만, 큰 압박의 원천이기도 했다.

❦

알자스-로렌 지역의 짧은 역사

알자스-로렌은 라인강 서쪽에 위치한 지역으로 프랑스와 독일의 국경 지역을 포함하고 있다. 보다 구체적으로 알자스는 독일과 가까운 북동쪽, 로렌은 프랑스 내부와 더 가까운 서쪽에 자리잡고 있는데, 그로 인해 프랑스와 독일 양국의 문화가 혼합되어 두 국가의 언어가 모두 사용되고 있다. 게다가 알자스-로렌은 광대한 농업 지대와 풍부한 철광석 자원을 보유했기에 산업화 및 군사력 강화에 있어 주요한 역할을 하는 요충지였다. 이러한 다양한 요인으로 인해 알자스-로렌은 프랑스와 독일이 서로 지배권을 주장하며 여러 차례 주인이 바뀌었으며, 이는 유럽사에 상당한 영향을 미쳤다.

과거 알자스-로렌 지역은 켈트족과 로마를 거쳐 프랑크 왕국에 흡수되어 중요한 지방으로 발전되었다. 특히 알자스는 게르만 문화와 로마 문화가 혼합된 지역으로 기록되어 있다. 이후 알자스-로렌 지역이 구체적으로 역사에 등장한 중요한 사건은 843년 베르됭 조약이다. 처음 알자스-로렌 지역은 중프랑크 왕국에 속해있었으나 이후 알자스는 동프랑크 왕국쪽으로 흡수되었고, 로렌은 서프랑크 왕국과 동프랑크 왕국 사이에서 경쟁 대상이 된다.

이후 알자스 지역은 신성 로마 제국의 일부가 되어 중세 내내 독일어권 지역으로 간주되었고, 반면에 로렌 지역은 프랑스와 신성 로마 제국 사이에서 경계를 이루는 지역으로 분쟁의 씨앗이 되었다. 그러다 1648년 베스트팔렌 조약으로 알자스 지역 대부분이 프랑스의 영토로 편입되면서 로렌은 한동안 독립적인 공국으로 남아있다가 1766년 프랑스에 합병된다.

이후 1871년 프로이센-프랑스 전쟁으로 인해 알자스-로렌의 주인이 다시 바뀌게 되는데, 전쟁에서 프랑스가 패배한 후 프랑크푸르트 조약으로 알자스-로렌은 독일 제국의 영토로 병합된다. 하지만 알자스-로렌 지역의 상실을 국가적인 굴욕이라고 여겼던 프랑스는 복수심을 품었고, 제1차 세계대전에서 패배한 독일에게서 1919년 베르사유 조약을 통해 알자스-로렌을 다시 가져온다.

그로부터 얼마 지나지 않아 제2차 세계대전에서 히틀러가 이끄는 나치 독일은 알자스-로렌을 다시 독일 영토로 병합하며 현지 주민들을 독일 병역에 강제 징집하고 해당 지역의 독일어 사용을 강제한다. 하지만 1945년 전쟁이 끝난 후 독일의 패망과 함께 알자스-로렌은 프랑스에 반환되었고, 오늘날에 이르기까지 프랑스의 일부로 확정되었다. 그 결과 현대의 알자스-로렌은 유럽 의회와 유럽인권재판소가 위치한 곳으로, 프랑스와 독일 간의 협력과 화해를 넘어 유럽 통합을 상징하는 지역으로 자리잡고 있다.

7월 혁명, 2월 혁명, 파리 코뮌

프랑스의 역사는 곧 '민중 봉기와 혁명의 역사'라고 부를 수 있을 정도로 다양한 혁명과 사건이 기록되어 있다. 이중에서 특히 1789년 프랑스 대혁명 이후 1830년 7월 혁명과 1848년의 2월 혁명, 1871년의 파리 코뮌은 비록 각기 다른 맥락에서 발생했지만 민중의 불만과 정치적 이상, 사회적 변화의 요구가 그 근본에 있다는 점에서 유사성을 지니는 역사적 사건이다.

1830년 발발한 7월 혁명의 배경에는 부르봉 왕조의 마지막 왕인 샤를 10세의 반동적인 통치와 언론 탄압, 귀족 중심 정책에 대한 불만이 있었다. 이에 의원들은 입헌군주제를 요구하는 '221명의 청원서'를 발표하지만 샤를 10세는 이를 거부하고, 의원들과 시민들의 반발로 7월 혁명이 일어난다. 샤를 10세는 부대를 보내 시민들을 사격하는 등 강경 진압에 나섰지만 중과부적이었고, 이후 정부군마저 시민들에게 가담함에 따라 샤를 10세는 사실상 폐위된다. 하지만 이후 왕위에 오른 오를레앙 왕조 역시 부르주아 중심의 보수 체제로 일관하면서 혁명의 이상이 충분히 실현되지 못했다는 평가를 받는다.

전유럽으로 번져나간 1848년 혁명의 시초로 평가받는 2월 혁명은 프랑스의 경제적 위기와 함께 루이 필리프의 보수적 통치에 대한 불만으로 촉발되었다. 이 시기 프랑스는 토지를 보유한 소수의 지주들에게 제한적으로 투표권을 주었는데, 이는 산업자본가 및 노동자들에게 큰 불만이 되었다. 결과적으로 2월 혁명은 입헌군주제를 종식하고 제2공화국을 탄생시켰으며 노동계급의 공화주의와 사회주의적 요구가 등장하는 계기가 된다. 하지만 프랑스는 훗날 나폴레옹 3세가 되는 샤를 루이 나폴레옹의 쿠데타로 인해 제2제국이 수립되며 그 한계를 드러낸다.

프랑스-프로이센 전쟁 이후 시작된 제3공화국을 거부하고 노동자 계급의 자치 정권을 시도한 파리 코뮌은 인류 역사상 최초의 공산주의 정부이다. 비록 72일이라는 짧은 시간 동안 지속되었고 프랑스 정부군의 무자비한 진압으로 2만에 이르는 사상자가 발생하며 실패로 돌아갔지만, 그 사이 여성 참정권 보장과 노동 시간 제한 등 매우 진보적인 정책을 펼쳤다. 이후 파리 코뮌은 국제적 노동운동과 함께 사회주의 운동에 깊은 영향을 미친다.

이처럼 세 사건은 모두 일정 부분에서 성과를 거두었지만 그 뜻을 끝내 이루지 못하거나 무자비하게 진압되는 등 비극적인 결말을 낳았다. 하지만 세 사건 모두 프랑스라는 국가의 민주주의와 정치적인 권리 발전에 있어 중요한 이정표가 되었으며, 무엇보다 프랑스를 넘어 유럽 전역에 민주주의적 열의를 퍼뜨렸다는 점에서 그 의의를 인정받고 있다.

◦❧◦

프랑스 제1, 제2, 제3공화국

프랑스의 제1, 제2, 제3공화국은 각각 서로 다른 역사적 맥락에서 태어났지만, 세 공화국 모두 불안정한 정치 상황 속에서 왕정을 폐지하고 권력의 세습을 부정하며 공화주의, 자유주의, 평등과 같은 혁명적 가치를 핵심 이념으로 삼았다. 이러한 프랑스 공화정의 정치적 실험과 갈등은 국민주권과 보통선거와 같은 민주주의 개념의 발전에 기여했다.

프랑스 혁명 이후 1792년 루이 16세가 퇴위하면서 처음으로 세워진 프랑스 제1공화국은 이듬해 루이 16세가 처형되며 급진화되어 곧 자코뱅파의 독재로 이어졌다. 비록 이 시기에 봉건제 폐지와 토지 분배 등의 개혁이 이루어졌으나 로베스피에르로 대표되는 공포정치로 인해 혁명을 지지하지 않는 세력, 왕당파, 반혁명주의자들이 단두대에 올랐고 정치적 탄압이 극에 달했다. 이후 온건파가 권력을 잡으며 들어선 총재 정부는 내부 부패화 비효율로 인해 불안정했고, 1799년 나폴레옹 보나파르트의 쿠데타로 인해 끝을 맞이한다. 이처럼 혼란 속에서 탄생한 제1공화국은 혁명적 이상을 토대로 새로운 정치 체제를 시도했지만 혁명을 두려워한 외부 국가의 도전과 극단적 정치로 늘 불안정했다.

제2공화국은 루이 필리프의 왕권 강화 및 부르주아 계층 중심의 통치, 그리고 경제 불황과 농업 위기에 불만을 품은 노동자와 농민 계층이 일으킨 1848년 2월 혁명을 계기로 설립되었다. 제2공화국은 4년 남짓의 짧은 기간 유지되었지만 새 헌법을 통해 공화주의와 자유, 평등, 형제애의 이념을 강조했고, 특히 모든 남성에게 보통선거권을 부여했다. 이는 유럽 최초의 남성 보통 선거로 알려져 있다. 또한 제2공화국에서는 실업자들에게 공공 일자리를 제공하거나 노동 시간을 단축하려는 시도가 이루어졌다. 하지만 제2공화국은 공화주의자와 보수파, 사회주의자 사이에 이념 차이가 컸고, 각 계층 간 이해관계가 충돌하면서 내부 분열이 일어났다. 게다가 프랑스 역사상 최초의 대통령으로 당선된 루이 나폴레옹 보나파르트가 1851년 쿠데타를 일으켜 권력을 장악, 이듬해 나폴레옹 3세로서 황제 자리에 등극하면서 제2공화국은 종말을 맞이한다.

프랑스 역사상 가장 오랜 기간 지속된 공화정이기도 한 제3공화국은 1870년 프로이센-프랑스 전쟁에서 패배한 나폴레옹 3세가 퇴위하면서 선포되었다. 이 시기는 파리 코뮌이라는 급진적인 사회주의 운동이 진압된 뒤 정치적 안정이 찾아왔지만 내부에서는 여전히 공화주의자, 왕당파, 교회 세력 간 갈등이 계속되었다. 하지만 1905년 정교분리법을 통해 교회의 정치적 영향력이 줄어들고 교육 및 공공생활에서의 세속주의가 강화되었고, 산업화와 도시화가 진행되면서 프랑스 문화가 황금기를 맞이한다. 하지만 제3공화국은 세계 제2차 대전 중인 1940년 독일에 의해 파리가 점령당하며 비시 정부가 새로 수립됨에 따라 그 끝을 맞이한다.

10. 제3공화국, 1870~1939년

꽃장식

벨 에포크 시대

벨 에포크는 유럽사의 시대 구분 중 하나로, 프랑스어로 '아름다움 시절'이라는 뜻을 지닌 단어이다. 보통 벨 에포크 시대는 19세기 말부터 제1차 세계대전이 발발하기 전까지 프랑스를 포함한 유럽 전반에서 평화를 누리며 경제와 문화가 급속하게 발전한 태평성대를 의미한다. 특히 프랑스는 이 시기에 세계적인 문화 중심지로 자리매김했다.

비록 벨 에포크 시대의 시작을 어디로 잡을 것인가는 의견이 분분하지만 프랑스의 경우 1870년 프로이센-프랑스 전쟁에서 패배한 이후 제3공화국이 수립되며 정치적 안정과 민주주의의 발전을 이룬 시기가 포함된다. 이 시기에는 유럽 전역에서 비교적 큰 전쟁이 없었기에 경제와 문화가 성장할 수 있는 여건이 조성되었다. 기계화와 산업화가 본격화되며 중심지의 도시화가 빠르게 진행되었고, 이로 인해 철도와 전기와 같은 신기술이 생활 전반에 큰 변화를 가져온다. 파리에는 백화점이나 카페, 식당과 같은 현대적인 소비문화가 발달했으며, 아프리카와 동남아시아에 건설한 대규모 식민지를 토대로 경제적 풍요를 누렸다.

벨 에포크 시대는 프랑스에 있어 문화적, 경제적, 기술적으로 프랑스의 황금기를 선사했는데, 파리에는 몽마르트르 지역을 중심으로 수많은 예술가와 문학가들이 모여들었고 연극과 오페라가 대중적인 인기를 끌었다. 또 이 시기는 피에르와 마리 퀴리의 방사능 연구나 파스퇴르의 세균학 등 다양한 과학자들에 의해 의학과 위생의 발전이 이루어져 인류 수명 연장에 기여한다. 사회적으로는 부르주아 계층이 성장하며 새로운 도시 문화의 중심이 되었고, 여성들의 교육과 사회적 참여가 확대되며 패션과 미용 산업이 급격히 성장한다.

특히 벨 에포크 시기 개최된 박람회는 프랑스의 과학적, 예술적 역량을 세계에 과시하는 중요한 이벤트였다. 1889년과 1900년 개최된 파리 세계 박람회에서는 구스타브 에펠이 설계한 에펠탑이 당시 세계에서 가장 높은 건축물로 소개되었고, 초기 영화나 엘리베이터, 전기 자동차 등 새로운 전기 기술이 대대적으로 전시되며 현대적인 에너지 시대의 도래를 알렸다. 또한 박람회 개막과 함께 파리 지하철의 첫 노선이 개통되었으며 현대 예술과 새로운 형식의 건축물, 음악, 무대 예술 등의 작품들이 소개되었다. 박람회 한켠에서는 프랑스가 식민지에서 가져온 문화와 상품들도 전시되었는데, 이를 통해 프랑스는 제국주의적 면모를 드러내기도 했다.

결과적으로 프랑스의 벨 에포크 시대는 1914년 제1차 세계대전과 함께 끝을 맞이하는데, 이로 인해 산업화와 제국주의로 점철된 벨 에포크의 지나친 낙관주의가 이후 전쟁과 세계적 격변을 예견하지 못했다는 비판 역시 존재한다. 그러나 벨 에포크는 현대 세계로의 전환기로, 그 유산은 오늘날까지 다양한 문화적 요소에서 드러난다.

제1차 세계대전과 프랑스

1914년부터 1918년까지 치러진 제1차 세계대전에서 프랑스는 주요 참전국 중 하나로, 전쟁 기간 내내 독일의 침공에 맞서 자국을 방어하고 연합군의 승리를 이끄는 데 중요한 역할을 했다. 특히 북부 프랑스는 벨기에를 우회하여 파리를 점령하려 했던 슐리펜 계획에 의해 주요 전장이 되었는데, 1914년 9월 일어난 마른 전투에서 이러한 독일의 파리 점령 시도를 저지함으로써 전쟁이 장기전으로 이어지게 된다.

마른 전투는 1914년 9월 5일부터 12일까지 프랑스 북동부 마른강 부근에서 전개된 전투다. 본래 빠르게 파리를 점령함으로써 전쟁을 단기간에 끝내는 것이 목표였던 독일군은 계획 초기 벨기에와 북부 프랑스에 연달아 승리하며 빠르게 남쪽으로 진격했다. 이에 따라 프랑스군과 영국 원정군은 독일군의 압박에 못이겨 후퇴하며 방어선을 재정비했는데, 결과적으로 독일군은 지나치게 빠른 진군으로 인해 보급선이 늘어나고 병력이 분산되고 만다.

이러한 독일군의 약점을 파악한 프랑스군 총사령관 조세프 조르프는 파리 인근에서 전투를 준비한다. 파리의 방어를 위해 프랑스 제6군이 급히 조직되었고, 파리 시민들은 군부대의 수송을 돕기 위해 약 650대의 택시를 동원하여 6천이 넘는 병력을 마른 전선으로 이동시켰다. 훗날 '파리 택시 작전'으로 불리는 이 작전을 통해 프랑스는 빠르게 병력을 증원하며 전선을 강화할 수 있었다.

결과적으로 독일군은 파리를 약 40km 앞둔 지점까지 진격했으나 병력과 보급선의 문제, 계속해서 증원되는 프랑스군과 영국군에 의해 포위 위험에 처했고, 독일군 최고 사령부가 후퇴를 명령함에 따라 아인 강 부근으로 퇴각하여 새로운 방어선을 구축한다. 이러한 독일군의 퇴각으로 연합군은 파리를 수호하는 데 성공하지만, 전쟁의 양상이 단기 결전에서 참호선을 이용한 장기 소모전으로 전환되고 만다.

전쟁 중기에는 양측이 수백만 명에 이르는 병력을 동원하였는데, 주요 전장이었던 프랑스 북부 지역은 도시와 민간인 피해를 입었다. 게다가 프랑스는 베르됭 전투와 솜 전투를 거치며 사상자가 누적됨에 따라 전쟁에 대한 피로와 반발감이 커졌고, 1917년에는 병사들의 반란까지 발생하기에 이른다. 그러나 러시아 혁명으로 동부전선이 붕괴되고 미국이 참전함에 따라 연합군은 승기를 잡았고, 1918년 7월 마른강에서의 제2차 전투를 통해 반격에 성공, 1918년 11월 11일 정전 협정이 체결되며 전쟁이 끝난다.

이후 프랑스는 1919년 베르사유 조약을 통해 알자스-로렌 지역을 돌려받으며 국토를 회복하지만, 전쟁 기간 동안 약 140만 명의 군인을 잃었고 주요 전장이었던 북부 프랑스 도시가 크게 파괴되는 피해를 입는다. 무엇보다 이후 전쟁에 대한 후유증으로 정치적 불안정과 국민 사기가 저하되어 전쟁 대비가 허술해지면서 제2차 세계대전에서의 참패를 초래하게 된다.

11
제2차 세계대전, 1939~1945년

이 시기는 '정치'가 가장 중요한 논의의 대상이다. 1940년 독일에 패망해 신뢰를 잃은 프랑스 제3공화국은 비시 정권과 협력하면서 끝을 맺는다. 전쟁이 끝난 후 1946년에 국민투표를 통해 헌법을 기반으로 한제4공화국이 탄생했다. 안정적이고 성공적인 정치 체제를 찾는 문제들을 조명해 볼 때, 제4공화국의 어려움은 쿠데타나 다름없었지만 평화로운 방법으로 대통령제 성격이 좀 더 강한 제5공화국으로 대체됐다. 1940년에는 이러한 해법이 아직 명백하지 않았지만, 패배로 인해 점령, 부역, 저항(레지스탕스)이 가져온 결과는 기존의 정치적 분열을 반영하면서도 악화시켰다.

파리에 무혈입성하다
1940년 5월 10일 독일군은 남하하여 프랑스 동쪽 국경을 지켰고, 현재는 대부분 지하에 있는 페르몽 요새^{Fort de Fermont}를 통해 마지노선의 요새를 우회 공격했다. 독일군은 아르덴^{Ardennes}강을 지나 스당의 뫼즈 계곡^{Meuse Valley}을 가로질러 아베빌^{Abbeville} 근처의 해협으로 진격했다. 예상되는 독일군의 벨기에 평원 돌파를 막기 위해 진격했던 영국군과 프랑스군은 진로가 차단돼 됭케르크를 통해 철수하거나 항복해야 했다. 다시 전열을 가다듬은 독일군은 돌파 지역 남쪽으로 프랑스군을 공격했고, 마른^{Marne}강과 솜강에서 격전 끝에 수적으로 우세한 프랑스군을 격파하고 6월 14일 무방비 상태의 파리에 입성했다.

프랑스군은 형편없는 전략, 공군력과 대전차포의 허약함, 그리고 독일 적군들의 역동적인 속도 등으로 인해 고통을 겪었다. 프랑스군은 전의를 계속 표하고자 5월보다 6월에 더 많은 독일군을 죽였지만, 5월 전투에서 더욱 많은 장비와 응집력을 상실했다. 이러한 혼란으로 인해 파리 인구의 약 60%를 포함한 약 700만 명의 사람들이 전진하는 독일인들을 피해 서쪽과 남쪽으로 피신하는, 이른바 '대탈출'로 불리는 인구의 대규모 이동도 있었다.

무엇보다 정치적 붕괴는 패배에 있어 결정적 역할을 했다. 마치 최고사령부가 패배를 앞두고 자신의 책임을 망각한 것 같았다. 총사령관 막심 베강^{Maxime Weygand}은 정치 체제에 비판적이었고, 부총리이자 제1차 세계대전의 영웅이었던 필리프 페탱 원수도 미래를 비관하며 영국인, 정확히는 윈스턴 처칠이 가장 분명하게 강조한 노선인 전쟁의 지속을 반대했다.

파리에서 탈출한 뒤 보르도로 근거지를 옮긴 내각은 6월 15일, 독일이 제시할 조건을 알아보기로 합의했다. 6월 16일, 호전적인 폴 레이노^{Paul Reynaud}가 사임하고 페탱이 새로운 총리가 됐다. 프랑스는 6월 17일에 휴전을 요청했고, 22일에는 낭트와 리옹을 향해 독일군이 남프랑스로 진격하는 조건들이 수락됐다. 히틀러의 주장에 따라 1918년에 독일이 휴전 조건을 받아들였던 레통드^{Rethondes}의 열차에서 조약들이 서명됐다.

휴전 이후, 프랑스 정부는 보르도를 떠나 비시로 향했는데, 비시는 프랑스 중앙부의 남쪽과 일부를 차지하는 자유 지대(독일이 점령하지 않은 지역)에 속하며, 프랑스 남부의 약 40%를 차지한다. 1871년 독일이 획득한 알자스와 로렌 지역은 다시 프랑스로 합병됐고, 프랑스 북부와 서부는 모든 해안선을 포함해-처음에는 영국 공격의 근거지로 간주, 침략 항구, 비행장, 해군 기지 등을 제공했다. 비시의 통제권은 독일 점령지에 있었다. 이 비행장은 최초로 개발됐는데, 1940년 11월 14일부터 15일까지 코번트리Coventry를 파괴하는 공습에 사용됐다. 대조적으로, 생나제르Saint-Nazaire의 잠수함 기지는 1942년이 되어야 완공됐다. 훗날 기지의 지붕은 잘 설계된 충격 분산 층으로 인해 뛰어난 방폭성을 가진 약 8미터(26피트)에 달하는 높이로 지어졌다. 주목할 만한 유적으로는 생나제르에 있는 거대한 콘크리트 잠수함 대피소, 그리고 라 팔리스La Pallice(라 로셸의 심해 항구)가 있다. 그 후, 해안은 연합군의 침공에 대비하기 위해 요새화로 거듭났다. 6월 10일에 알프스 전면을 통해 공격한 이탈리아군은 별다른 성공을 거두지 못해 제한된 영토만 얻었다.

비시 프랑스

런던의 피난처에서 망명정부인 샤를 드골 준장Brigadier-General Charles de Gaulle(1890~1970년) 휘하의 '자유 프랑스the Free French'는 프랑스의 지속적 저항을 요구했다. 비록 적도의 아프리카 대부분은 '자유 프랑스'를 따랐으나, 프랑스 제국의 대부분은 비시Vichy 정권의 명령을 따랐다. 1940~42년에 비시군은 다카르와 레바논, 시리아, 마다가스카르에서 영국의 공격에 단호하게 맞섰고, 다카르, 레바논, 시리아에서는 영국-자유 프랑스군과 대결했다. 다카르에서의 저항은 성공했으나 다른 지역은 정복당했다. 하지만 지부티Djibouti는 1942년 12월까지 영국의 봉쇄에 저항했고, 과들루프와 마르티니크는 1943년까지 버텼다.

1942년 11월 10일부터 추축군은 저항에 부딪히지 않고 비시 지역을 점령했다. 이는 연합군이 프랑스령 북아프리카를 침공한 '횃불 작전'에 대응으로, 이틀 전까지만 해도 약간의 저항에 부딪혔다. 그러나 점령당한 프랑스와 비시 프랑스 사이의 경계선은 여전히 유효했다. 이탈리아군은 그 기회를 이용해 프랑스 남동부의 대부분을 차지했고 부분적으로 론강까지 도달했다. 독일군은 마르세유와 툴롱에서 그들을 이겼지만, 결정적으로 가장 중요한 군사적 저항 행위에서, 프랑스 군함들은 허둥지둥 달아났다. 1943년 9월, 이탈리아가 독일과의 동맹을 포기하자 독일군은 이탈리아 지역을 점령했고, 더욱 강해진 반유대주의 때문에 도망친 많은 유대인에게 참담한 결과를 초래했다.

비시 엘리트 내에서, 특히 가톨릭 활동주의에 개방적이었던 더욱 광범위한 기반을 가진 보수 민족주의와 대조적으로, 파시즘에 대한 지지는 높지 않았다. 하지만 비시 프랑스는 초기부터 유대인을 차별하려는 의지가 있었다. 이와 관련해 독일의 촉구는 별로 필요 없었고, 압박은커녕 그냥 두면 저절로 해결될 수준이었다.

드레퓌스 사건의 종교, 문화, 정치, 사회적 결함은 과시적 기독교(특히 가톨릭) 프랑스를 추구하면서 다시 나타났다. 자유주의, 공산주의, 사회주의, 프리메이슨, 유대인, 개신교(비시파 개신교도 있었지만)에 대한 적대감은 제3공화국 우익에서 일상다반사였고, 비시는 1930년대 대중 전선Popular Front에 대한 냉담한 보수 측의 반응을 끌어냈다. 그리고 비시는 '셈족 부흥 반대 운동', 특히 유대인 난민 반대에 대한 1930년대 후반 반유대주의의 부활을 자아냈다. 비시는 제3공화국, 그중에서도 정치를 퇴폐적이고 나약한 것으로 여겼으며, 무엇보다 1940년의 패배에 대부분 책임이 있다고 비판했다.

반영국적 화제들은 1920년에 성자의 반열에 오른 잔 다르크에 대한

XVIII. 열망의 간직: 제2차 세계대전 중 망명한 드골 장군이 1942년 프랑스 혁명
기념일(바스티유 데이)에 런던에서 자유 프랑스 특공대원들에게 경례했다.

숭배로 더욱 강조됐고, 영국의 시리아 침략은 유달리 비시 군대 내의 적
대감을 부추겼다. 과거에 대한 비시의 평가는 프랑스 혁명, 특히 그것의
반가톨릭주의, 유대인과 노예를 대표해 평등을 요구했던 그레구아르
사제와 같은 계몽주의 인물들에 대해 강하게 반발했다. 독일인들은
1942년 뤼네빌^{Lunéville}에 있는 그의 동상을 파괴했는데, 훗날 제5공화국
아래 국민전선 역시 그의 유산을 공격하려 했다.

한편, 전투에서의 패배와 점령에 대응해야 할 필요성, 그리고 비시 이
데올로기의 다른 측면들은 일부에게 독일과의 협력에 그럴듯한 구실을
제공하기도 했고, 공정한 관찰자들을 도리어 반역자라고 공격할 수 있
게 도움을 주었다. 게다가, 제3공화국 아래에서 이름을 날린 많은 이들
은 다른 사람들의 불행으로부터 이익을 얻는 동안, 제3공화국 시절을

강하게 저주했다. 그래서 프랑스 군인으로 복무하던 중 전쟁포로가 된 철학자 장 폴 사르트르Jean-Paul Sartre(1905~1980년)는 유대인 교수가 강제 해임되며 공석이 된 교수직을 수락하기도 했다.

비시 프랑스의 양가감정

전쟁 후, 프랑스의 많은 '타협한 자'들과 '협력한 자'들은 뛰어난 경력을 쌓을 수 있었다. 하지만 비시 내부에서도 이와 상반된 흐름이 얽히며 상당히 복잡한 양상이 나타나곤 했다. 보수적 민족주의는 곧 독일의 침투에 대한 적개심으로 이어졌다. 그리고 그 적개심은 독일군을 위해 활동하는 스파이를 추적하는 행위, 그리고 제국과 함대의 통제권을 놓지 않으려고 독일뿐 아니라 영국도 멀리하려는 행위에서 나타났다.

그러나 한편으로는 비시와 나란히, 비시의 반동적 보수주의와는 매우 다르게 혁신적 아이디어를 제안하고 서로 경쟁했던 파시스트 운동들이 있었고, 이에 따라 독일의 선택권이 확대되는 결과를 불러왔다. 파시스트는 제3공화국을 비난하고 다른 곳에서 파시즘의 성공을 칭송하며 히틀러의 새로운 질서 아래 프랑스의 자리를 확보하려고 했는데, 이는 비시의 목표와 크게 다르지 않았다(비록 비시가 파시스트는 아니었지만). 분열된 극우파는 전쟁 이전의 영향력을 약화시켰지만, 페탱에 대한 지지를 조직했고, 그에 따라 페탱의 악취를 풍기는 반유대주의가 번영했다.

1940년 이후, 유대인을 구별해 정계나 교계에서 배제하는 입법이 진행되는 동안, 많은 귀화 유대인의 시민권이 비시에 의해 박탈됐고, '외국 유대인들'은 억류됐다. 1941년에는 고용과 상업에 더 많은 제한이 있었다. 점유지와 비 점유지 모두에서 유대인 재산이 몰수됐고, 독일인들과 협력하려는 열망을 과시하기 위해 비시 내무부에 의해 유대인 문제를 위한 경찰이 별도로 설립됐다. 1942년, 비시는 '외국 유대인들'을 강제 수용소로 추방하기 위해 넘겼고, 그해 추방된 대부분의 '외국 유대인들'은 국경을 넘기 전까지 독일의 통제권 밖에 놓였다.

그러나 비시는 일부 여론의 비판으로 프랑스 유대인들의 양도를 그렇게 열망하지 않았다. 1943년에 이르러 추방자 숫자는 줄어들었는데, 검거된 유대인 대부분은 프랑스 경찰이 아닌 히틀러 친위대^{Schutzstaffel}에 의해서였다. 비시 정부는 유대인 학살을 인지하고 있었다. 추방된 프랑스 비유대인의 59%와 비교했을 때, 추방된 유대인 7만 5,000명 중 겨우 3% 미만만이 생존했고, 대부분 라벤스브뤼크^{Ravensbrück}와 부헨발트^{Buchenwald} 수용소로 보내졌다. 1944년, 비시가 1943년에 설립한 악랄한 '비밀경찰' 밀리스^{Milice}가 유대인들을 검거했다. 프랑스에서 추방된 유대인 중 거의 3분의 1이 프랑스인들이었다. 예를 들어, 사회당의 전 총리 레옹 블룸은 체포됐고, 반역죄로 재판을 받았고, 강제 수용소에 수용됐다.

대중은 분열됐다. 특히 개신교가 지배하는 세벤느^{Cévennes}에서 두 유대교는 유대인들은 보호했고, 비록 그 정도는 적지만 그들은 개인 차원에서도 도움을 받았다. 프랑스인 유대인의 대다수, 특히 만약 아이들은(특히 입양돼 기독교인으로 자란 경우) 전쟁에서 살아남을 수 있었다. 그들의 생존 비율은 벨기에나 네덜란드보다 훨씬 더 높았다. 가톨릭교회에는 몽토방 주교$^{Bishop of Montauban}$처럼 추방을 비판하며 위험을 감수하고 유대인들을 돕는 사람들이 포함돼 있었지만, 그 외에 널리 퍼진 반유대주의의 혜택을 받은 비시를 진정으로 지지하는 사람들은 매우 많았다.

비시 프랑스가 남긴 것들

비록 대부분 기록에서 삭제됐지만, 비시는(종종 1944년 이후 간단히 갱

신된 법안으로) 지속적 영향(또는 종종 갑자기)을 미쳤다. 예를 들어, 1943년부터 국립암연구소는 암에 대한 데이터를 정기적으로 수집했으며, 이는 1952년 세계보건기구가 채택한 암 명명의 최종 결정에 영향을 미쳤다. 질병 단계에 대한 개념이 분류 체계를 갖춰, 종양학에 '완화' 개념이 도입되기 전까지 '치료 가능'과 '불치'로만 제한됐던 개념은 다양한 생존 기간에 대한 데이터를 형성했다.

한편 비시가 초기에 관심을 기울인 정책은 인구 감소 해결이었는데, 이는 프랑스 정치인들의 오랜 관심사이기도 했다. 비시는 낙태에 매우 적대적이었고, 다산한 어머니들을 위한 메달 제작을 포함해 기혼 여성들이 집에 머무르며 출산하도록 장려했으며, 어머니의 날 기념행사를 아름답게 포장했다. 제3공화국은 출산 장려 프로그램을 이어갔다. 출산 정책은 이제 정권의 모토였던 '일, 가족, 조국'이라는 이름으로 무르익었다.

1943년 1월 프랑스 경찰이 세계적인 도시에 대한 히틀러의 '순화醇化'의 일환으로 마르세유 구항을 폭파하는 등의 의도적 파괴 외에도, 프랑스는 독일의 이익을 위해 막대한 수탈을 당했으며, 실제로 독일의 전쟁 운동을 유지하는 데 큰 도움을 주었다. 점령 비용은 1940년 81만 6천, 144만 3천 (1941), 156만 7천(1942), 273만 6천(1943), 206만 3천(1944) 프랑으로 상승했다. GDP 비율은 각각 19.5%, 36.8%, 36.9%, 55.5%, 27.9%였다. 조작된 환율 역시 독일이 경제를 통제하는 데 도움이 됐다. 마르크 대 프랑 환율은 1940년 6월 10일에 1:11에서 6월 25일에 1:20이었다.

이들은 점령군을 위해 식량을 구매하거나 징발하여 점령군에게 공급하고, 독일로도 보냈다. 그 결과 프랑스인의 하루 칼로리 섭취량이 절반으로 줄어 심각한 영양실조를 초래했다. 1942년 11월, 소위 자유 구역 (비시 프랑스)은 점령 후 더욱 가혹해졌다. 가난은 일부 노동자들에게 자발적으로 독일에서 일하도록 종용했지만, 실제로는 1943년 독일인들이 비시에 부과한 강제력이 핵심 요소였다. 총 64만 6천 명 정도의 민간인들이 강제 노동에 동원됐다. 프랑스 내 식량 부족은 곧 암시장 활동과 폭동을 초래했다. 저항 활동은 더 강렬해졌지만, 강제 노동을 위한 대규모 남성 강제 수송이 이루어졌으며, 이는 가혹한 탄압의 영향을 받았다. 이러한 탄압은 또한 협력자들의 지원을 받으며 더욱 강화되었다.

비시 정부와 레지스탕스

동등성을 제시하려는 건 아니지만, 비시 정부의 국가 역사 처리 방식은 전쟁 후, 특히 레지스탕스의 역할에 대한 논란이 되는 전후 기록들과 유사한 점이 있었다. 1940년 프랑스의 급속한 전복 이후, 프랑스에는 대규모 저항이 없었다. 처음부터 분열됐던 레지스탕스는 팽팽한 대결로 인해 본격적으로 활동하는 데 시간이 걸렸고, 특히 드골 망명정부가 그들을 지휘하고 대표하려는 문제로 긴장도 겪어야 했다.

1941년 6월 독일의 소련 침공은 프랑스 공산주의자들의 견해에 영향을 미쳤다. 그 이전까지만 해도 소련은 독일과 동맹관계였다. 게다가, 1942년 말부터 전쟁이 추축국에 불리하게 움직이고 있다는 인식과 더불어 독일의 강제 노동에 대한 지나친 요구는 레지스탕스 결집을 촉진했다. 그 결과, 1941~42년에 독일의 억압에 상당한 타격을 받았던 레지스탕스 회원은 1943년부터 크게 늘었고, 1943년 말부터 군사적, 정치적인 입지가 더 커졌다. 정보를 보내고, 도주선을 운영하고, 선전에 전념해오던 단체들은 점차 무기를 들 준비가 된 단체들이 합류했다. 1943년 5월, 장 물랭^{Jean Moulin} 휘하의 레지스탕스 전국 평의회^{National Council of the Resistance}의 설립도 중요한 역할을 했는데, 이는 비시에 대한 합법성을 위한 투쟁 못지않게 의미가 컸다.

'마퀴스(레지스탕스의 게릴라 부대를 설명하는 데 사용되는 관목 지대를 뜻하는 코르시카어)의 힘 ^{The forces of the Maquis}, 군대는 영국군에 의해 무장되었는데, 그들은 마시프 상트랄^{Massif Central}(프랑스 중부와 남부에 걸쳐 있는 산맥-옮긴이), 코르시카, 알프스, 브르타뉴에서 특히 강세였다. 레지스탕스 활동은 지형과 자연환경에 영향을 받았으며, 이는 평평하고 제대로 경작된 잘 가꾸어진 루아르 계곡보다는 마시프 상트랄 지역에서 활동이 활발했다.

보복의 강압적 특성, 특히 독일군이 살해당하면 (아주 불균형한) 많은 수의 민간인을 사살하는 행위는 악랄한 비극이었다(거리 이름을 포함해 사망자들의 추모비는 프랑스 전역에서 볼 수 있다). 저항은 식량을 포함한 가족과 공동체의 긴급한 근심거리에 대한 우려로 인해 억제됐고, 그들에게는 무장 공격을 피하는 한 점령자들과의 관계를 협상하려는 의지가 있었다. 또한 저항 활동에는 지역 정치와 사회의 세부적인 구성, 독일인과 '밀리스', 그리고 저항 세력이 이용한 협력과 저항의 복잡한 역학관계가 영향을 미쳤다. 저항 세력에 의해 전사한 독일 병사는 거의 없었지만, 귀중한 정보 수집, 방해 행위, 탈출자 지원, 그리고 비시의 위치에 대한 중요한 도전이 있었다.

1940년에는 가봉과 세네갈에서, 1941년에는 시리아에서 싸우며 비시가 운영하는 식민지에 대한 전투에서 처음부터 주요한 역할을 했던 자유 프랑스군에 의해 매우 다른 형태의 저항이 있었다. 게다가 자유 프랑스군은 1942년 봄에 리비아 가잘라^{Gazala} 전투의 비르 아켐^{Bir Hakeim}과 마찬가지로 독일군을 상대로 한 작전에 참여했다. 이 능력은 아프리카의 대규모 프랑스 군대와 합병을 가능하게 한 프랑스령 북아프리카 정복의 결과로 더욱 중요해졌고, 미국이 보급한 장비도 크게 도움이 됐다.

XIX. 아라스의 성채에서 처형된 200여 명의 레지스탕스 전사들의 기념패. 독일군은
레지스탕스 진압 과정에서 엄청난 잔혹함을 보여주었다.

전쟁이 끝난 뒤

1943년 6월에 창설된 프랑스 국민해방위원회^{French Committee of National} 는 1944년 6월 3일에 프랑스 공화국의 임시정부가 됐고, 연합군이 이탈리아를 정복할 수 있도록 군대를 제공했다. 그 후 1944년 프랑스 재탈환에서 대규모 병력이 제공됐고, 특히 남부 프랑스에서는 8월 15일 매우 성공적인 미국-프랑스의 프로방스 탈환 작전인 '드래곤 작전'에서 특히 도움이 됐다. 이 병력은 이후 동부 프랑스로 진격해 라인 강을 건너기 전 알자스에서 독일군과 싸웠다. 자유 프랑스군은 1940~42년에 약 3,200명을 잃었고, 1943~45년 프랑스 해방군은 2만 5,730명의 사망자와 75,823명의 부상자를 냈는데, 특히 1945년은 가장 치명적인 해였다.

점령된 프랑스 내에서 1944년 여름, 해방이 분명해지자 폭력이 극에 달했고, 이에 독일인들이 극악무도한 잔혹함으로 대응했다. 리모주 인근 오라두르쉬르글란$^{Oradour-sur-Glane}$ 마을에서는 민간인 642명이 독일군에게 살해됐다. 남자들은 총에 맞았고, 여자들과 아이들은 지역 교회에 갇혔다가 불에 타 숨졌다. 오늘날 마을은 파괴 이후의 모습을 유지하고 있고, 최근 상호작용 체험 박물관인 메모리얼 센터$^{Centre\ de\ la\ Mémoire}$가 들어섰다. 튈^{Tulle}에서는 6월에 99명이 독일군에게 교수형을 당했고, 6~7월에는 독일군이 베르코르^{Vercors} 고원에서 반대파를 잔인하게 소탕했다. 7월 14일, 브르타뉴 플뤼멜리오^{Plumeliau}에서 레지스탕스가 새벽에 포위되어 62명이 사망했고, 같은 기간에 14명이 퐁티비 근처에서 붙잡혀 고문을 당한 후 총살당했다.

1944년 프랑스 내 독일인들의 철수(8월, 비시 정부의 독일 이전 관련)는 지역 광장의 이름을 '해방광장$^{Places\ de\ la\ Libération}$'으로 바꾸면서 전국적으로 기념된 행사였다. 이러한 축하 행사는 '정화'라 부르는 대중의 분노로 이어졌다. 이 '정화'로 인해 최대 1만 명이 사망하고 4만 명이 구금된 것으로 추정된다. 독일군과 성관계를 가진 많은 여성들이 공개적으로 굴욕을 당하는 등 가혹한 응징을 겪었다. 그녀들은 머리카락이 깎인 뒤에 공공장소에서 강제로 행진해야 했다. 이러한 분노는 부분적으로는 정치적으로 연출된 것이기도 하다. 하지만 동시에 점령기에 형성된 대중의 적대감, 전쟁 이후에 이루어진 정책에 대한 적대감을 반영하는 것이기도 했다. 특히 개별 공동체와 가족 단위에서 일어난 적대감이었다.

이후에 나치 협력자들을 대상으로 한 재판이 있었다. 임시정부가 설립한 27개의 사법 지방 법원은 1944~48년 사이에 독일군이나 밀리스(Milice, 비시 정권이 레지스탕스 소탕을 위해 만든 민병대)와 협력한 혐의로 13만 2,828명의 피의자를 기소했다. 반역죄로 유죄 판결을 받은 페탱은 사형을 선고받지만, 이후에 종신형으로 감형됐다. 국가 안보에 대한 음모와 독일과의 협력 혐의로 유죄 판결을 받은 비시 정부의 총리 피에르 라발

Pierre Laval은 총살형을 당했다.

1944년 6월에 선포된 프랑스 공화국 임시정부는 1943년 6월에 만들어진 프랑스 민족해방위원회를 대신했다. 드골은 주권을 보존하기 위해서는 프랑스를 연합군의 군사 점령 아래 두어서는 안 된다고 다짐했다. 1944년 9월 9일 '국민 만장일치' 정부가 수립됐고, 조르주 비도 Georges Bidault가 이끄는 대중 공화주의 운동과 함께 공산주의자와 사회주의자들이 정부에서 요직을 차지했다. 1944년에는 여성과 군인들에게도 투표권이 주어졌고(1945년에 처음으로 투표권을 행사), 1946년에는 제3공화국의 폐지가 결정되면서 제4공화국이 들어섰다.

점령 기간 개인과 가문 사이에 남은 증오와 함께, 최근 역사에 대한 모범적인 기록을 만들려는 시도가 있었고, 특히 레지스탕스에 대한 강조가 이루어졌지만, 그 과정에서 공산당의 역할은 논란이 되었다. 전쟁 기간 국가적 저항의 신화를 통한 이러한 정화 작업은 1958년부터 1969년까지 드골의 대통령 재임 동안 더욱 강력히 강조되었다. 나치와의 협력을 대폭 축소한 실용적인 과거사가 만들어졌는데, 이는 국가의 통합을 재건하고 미래에 대한 자신감을 높이기 위해서라도 필요한 작업이라 여겨졌다.

전쟁은 독일군과 연합군의 폭격으로, 전투에 직접 참여하지 않거나 강제 수용소로 보내졌던 이들의 삶을 여전히 황폐하게 했다. 파리 하류의 모든 다리를 포함해 전체 인구의 12.6%가 집을 잃었고, 철도망의 45%가 파괴됐다. 전쟁으로 인해 GDP의 약 150%가 손실됐다. 하루 평균 칼로리 소비량은 1938년 2,830였다가 1946년에 1,160으로 줄었다. 농업 생산은 1948년까지 회복되지 못했고, 배급은 그다음 해에 끝났다. 1938년에 1,870억 달러였던 GDP는 1945년에 1,020억 달러로 줄었고, 1948년에도 여전히 1,800억 달러에 불과했다. 전후 재건에는 20년 이상이 걸렸다.

전쟁의 유산으로는 독일 해안 방어, 예를 들어 칼레와 솜강 어귀 사이, 특히 생토메르^{Saint-Omer} 근처의 V 로켓 발사장이 포함된다. 독일군에 의해 요새화되고 방어막이 된 항구들은 많이 파손됐는데, 특히 브레스트, 됭케르크, 르 아브르(80% 이상 파괴됨), 로리앙^{Lorient}, 생말로^{Saint-Malo}이 그랬고, 노르망디 전투의 결과로 팔레즈^{Falaise}와 생로^{Saint-Lô}의 피해가 특히 컸다. 레지스탕스에 대한 기념비들은 목적이 저마다 달랐다. 대표적으로는 레지스탕스를 전면에 내세운 아라스^{Arras}의, 분대 팀에 의해 총살형을 당한 대원들을 의미하는 '총살당한 사람들의 벽 기념관^{Mémorial du Mur des Fusillés}'이나 생로 감옥문이 있다. 박물관으로는 1944년 6월 레지스탕스와 자유 프랑스군이 독일군과 성공적으로 교전한 생마르셀^{Saint-Marcel}의 '브르타뉴 레지스탕스 박물관^{Musée de la Résistance Bretonne}'이 포함돼 있다.

홀로코스트(나치 독일의 유대인 대학살)는 1990년 이후로 점점 더 기념되고 있다. 알자스의 나츠와일러-스트루토프^{Natzweiler-Struthof} 강제수용소와 피레네산맥 인근의 귀르^{Gurs} 수용소는 특히 프랑스 정부 아래 처참한 환경에 갇혀 있던 유대인들이 추방된 곳으로, 전쟁의 모습을 생생히 보여주고 있다. 게다가 이 전쟁에서 희생된 사람들을 추모하고 있는 거의 모든 마을과 교회의 추모소들도 마찬가지다. 독일의 '미래에 대한 살인'이라 표현할 수 있는 곳에는 레지스탕스를 지지하는 학생들에게 총격을 가한 사건이 포함돼 있으며, 이들의 죽음은 파리와 그 밖의 지역에 있는 스타니슬라 대학^{Collège Stanislas}에서 추모되고 있다. 현재 이 도시의 학교에도 학살자들에게 희생된 유대인 미성년자들을 추모하는 기념비가 있다.

제2차 세계대전 속 프랑스

프랑스는 제1차 세계대전에서 독일군의 파리 침략 계획을 막고 전쟁을 장기화하여 끝내 연합군의 승리에 공헌했다. 하지만 그 뒤 1939년 발발한 제2차 세계대전에서는 나치 독일의 침략을 막아내지 못하고 6주만에 패배하며 친독일 정부인 비시 정부를 수립하거나, 1944년에 이르러서야 연합군의 도움으로 해방되는 등 여러모로 참혹한 결과를 맞이하게 된다.

앞선 전쟁에서 참호전을 경험했던 프랑스는 독일과의 국경에 걸쳐 강력한 방어선인 마지노선을 건설했다. 하지만 독일군은 과거와 달리 '전격전'이라는 새로운 기동전술을 활용해 빠르게 진격하며 마지노선이 이어지지 않은 벨기에 국경과 아르덴 숲으로 우회하여 프랑스를 침략한다. 게다가 당시 독일은 히틀러의 지도 아래 전차와 항공기, 기동 부대 간의 협력을 극대화하는 등 군사력 강화를 이룬 상황이었기에 분산되어 있던 프랑스군은 미처 대응하지 못했다.

프랑스가 독일군의 침략에 제대로 대응하지 못한 이유 중에는 프랑스 내부의 문제도 있었다. 제1차 세계대전 이후 프랑스는 극우와 극좌가 대립하는 정치적 분열 상태였으며 경제적 대공황으로 인해 사회는 극도로 불안정했다. 게다가 제1차 세계대전에서 140만 명의 전사자와 엄청난 경제적 피해를 경험했던 프랑스는 재무장과 전쟁 준비에 소극적이었고 독일과의 전쟁 자체를 기피하는 분위기가 팽배해있었다. 이는 프랑스군이 초기 방어에 소홀하는 결과를 낳는다.

동맹국과의 협력 부족 문제 역시 한몫했다. 프랑스는 벨기에를 통해 독일이 침공할 가능성을 알고 있었지만, 정작 벨기에가 중립을 고수하면서 사전에 방어선을 구축하지 못했다. 게다가 독일의 침공에 대비해 협력했던 영국 역시 지상군보다는 해군이나 공군에 집중하는 등 상호 간의 군사적 조율이 미흡했으며, 프랑스보다 더욱 전쟁 준비가 부족했던 영국이 방어적 태도를 취한다. 게다가 제1차 세계대전에서 결정적인 역할을 했던 미국이 고립주의 정책을 유지함에 따라 프랑스는 고립된 채로 독일군과 맞서야 했다.

결국 독일은 1940년 아르덴 숲을 돌파하여 프랑스군의 방어선을 붕괴시켰고, 프랑스를 남북으로 분할하며 파리를 점령했다. 그리고 같은 해 6월 22일, 프랑스는 독일과 휴전 협정을 체결하며 비시 프랑스라는 친독일 정부를 수립한다. 프랑스는 영토의 약 6할을 독일에 내주었고, 남부는 비시 정부의 통치를 받게 된다. 하지만 앞서 런던으로 망명한 샤를 드골을 주축으로 하는 자유 프랑스군은 꾸준한 레지스탕스 운동으로 독일 점령군과 비시 정부에 맞섰으며, 1944년 8월 연합군과 함께 프랑스를 해방시키면서 새로운 임시 정부를 수립하게 된다.

비시 프랑스와 자유 프랑스

프랑스의 정치적, 군사적 분열을 상징하는 두 세력이다. 이들은 서로 대립하며 상반된 노선을 걸었는데, 한쪽은 나치 독일의 정책에 협력하고 한쪽은 레지스탕스로서 저항했다. 그 결과 한쪽은 괴뢰 정권으로서 몰락하고, 한쪽은 새로운 프랑스 정부 수립의 발판이 되어어 미래로 향하는 결말을 맞이한다.

비시 프랑스는 1940년 파리를 점령한 독일과 휴전 협정을 체결한 후 프랑스 남부에 수립된 괴뢰 정부로, 군사적 활동을 전면 금지당한 채 독일의 간섭을 받으며 나치에 협력적인 행보를 보였다. 당시 프랑스의 총리이자 1차 세계대전의 영웅으로 추앙받았던 필리프 페텡은 공화국 체제를 폐지하고 권위주의적 체제를 도입했으며, 프랑스 영토의 약 60%를 독일에 내준 채 남부는 통치했다. 수도는 파리에서 프랑스 중부 오베르뉴의 소도시인 비시로 옮겼는데, 이는 독일의 간섭 아래 어느 정도 자치권을 유지하기 위한 전략으로 평가받는다.

비시 정부는 '노동, 가족, 조국'을 표어로 내세우며 나치 이념에 부합하는 정책을 펼쳤는데, 특히 유대인 박해와 강제 노동 동원, 레지스탕스 탄압에 가담했다. 비시 정부의 이러한 행보는 정부가 독일에 전면적으로 저항하기 어려운 상황에서 민간인 피해를 줄이기 위해 어쩔 수 없이 선택한 것이라는 주장도 있으나, 결과적으로 비시 프랑스는 프랑스의 굴욕적인 시기를 상징하며 필리프 페텡을 비롯한 그의 정부는 오늘날 비굴하게 독일에 협력한 배신자로로 평가받고 있다.

독일에 협력한 비시 프랑스와는 달리 자유 프랑스는 샤를 드골의 지도 아래 독일 및 비시 정부에 맞서 싸우며 자국의 독립을 되찾으려 했던 저항 세력이다. 1940년 8월 18일 런던으로 망명한 샤를 드골은 BBC 라디오를 통해 연설하며 항전을 촉구했다. 자신이 진정한 프랑스의 대표라고 주장한 그는 영국, 미국 등과 협력하며 프랑스 본토에서 레지스탕스를 조직했다. 이들은 사보타주나 정보 수집, 연합군 지원 등을 수행했는데, 특히 영국군과 함께 북아프리카에서 추축국 세력과 맞서 싸웠다.

프랑스를 되찾기 위한 노력을 계속하던 자유 프랑스군은 1944년 6월 노르망디 상륙 작전 이후 프랑스 해방 작전에 참여, 파리를 탈환하는 데 성공한다. 이후 프랑스가 연합군에 의해 해방됨에 따라 자연스럽게 비시 정부는 몰락했고 전쟁 이후 페텡은 반역죄로 기소된 반면, 드골은 프랑스의 지도자로서 임시 정부를 수립하여 현대 프랑스의 초석을 다졌다.

12
새롭게 태어난 프랑스, 1945~1969년

프랑스의 근대화를 다시 열고 새로운 나라로 만드는 데 중요한 역할을 한 것은 제2차 세계대전과 그 결과 탄생한 제4공화국보다는 전후 경제 사회적 변혁이었다. 그 후 '영광의 30년^Trente Glorieuses'이라고 불렸던 시기에는 경제가 급속히 발전하면서 기계화가 대거 이루어졌고 이와 함께 새로운 기술이 적극적으로 사용되었다. 이러한 변화로 사람들은 고향 땅을 떠나 다른 곳으로 이주했고 프랑스는 농민 사회의 옷을 점점 더 벗고 있었다. 또한 프랑스가 경제적으로 성장하면서 프랑스로 이민을 오려는 외국인이 늘어났다. 1973년까지 외국인 노동자의 11%가 스페인, 포르투갈, 알제리, 베트남, 사하라 이남 아프리카 출신이었다. 외국인 노동자의 유입은 프랑스 사회를 변화시키는 중요한 요인이었다. 프랑스 사회를 변화시킨 또 다른 중요한 요인으로 1960년대에 문화적으로 일어난 변화가 있었다. 일반적으로 사람들이 더 많은 관심을 기울이는 주제는 1960년대에 문화적으로 일어난 변화다.

전후 프랑스의 성장과 변화

사회 변화는 다양한 형태로 나타났고 서로 영향을 주고받았다. 예를 들어, 소비주의는 섹스를 대하는 개인적이고 독립적인 태도와 관련이 있었다. 섹스를 대하는 태도의 변화는 제2차 세계대전 이후에 나타났다. 동시에 정치 환경이 중요했다. 왜냐하면 비시의 몰락으로 전시에 고압적이던 가톨릭의 도덕주의가 힘을 잃었고 아내와 어머니에게 부과되는 규범이 바뀌었기 때문이다. 동성애에 대한 불안감은 여전히 높았으나 1950년대부터 아이와 젊은이, 특히 여성은 더 많은 권리를 누리게 되었다.

프랑스의 경제적 위치에도 변화가 있었다. 경제의 근대화를 위해서는 석탄과 철강의 주요 부문에서 서독과의 계획적인 협력이 필요했다. 1951년 파리 조약에서 유럽석탄철강공동체(ECSC)가 합의되었으며 이어서 1958년에 유럽경제공동체(EEC)가 설립되었다. 서독이 프랑스가 요구한 양보 조건을 받아들이려는 의지를 보이자, 프랑스도 서독의 계획을 지지했다. 프랑스는 유럽석탄철강공동체와 유럽경제공동체가 서독의 현대화를 도우면서도 서독의 독립을 통제하기를 바랐다. 독일의 독립을 어느 정도 제한하는 것이 필요하다는 생각에 세운 목표였다.

제2차 세계대전의 참담한 경험은 '유럽연합'이라는 아이디어를 생기게 한 원동력이었다. 제2차 세계대전에서의 경험이 심각한 전후 실패로 부각되었던 탓이다. 프랑스가 1945년에 철수한 인도차이나에서 일어난 반란, 나날이 증가하는 아프리카의 문제가 좋은 예시이다. 1956년 프랑스는 이집트의 지원을 받는 아랍 민족주의에 저항하기 위해 계획한 영불 수에즈 개입에서 완전히 실패했다. 그래도 이러한 경험 역시 유럽연합이라는 아이디어를 탄생시키는 데 주요한 역할을 했다.

유럽경제공동체 내에서 관세가 줄고 철폐되면서 무역이 성장했다. 프랑스는 1950년대에 이미 성장을 원동력 삼아, 특히 소비주의, 현대화와 함께 유럽경제공동체가 출범하고 첫 15년 동안 연평균 5.5%의 성장률을 이루었다. 프랑스는 유럽통합을 위해 보호주의 경제 체제를 해체해야 했다. 그 대신, 프랑스는 유럽경제공동체가 영농인에 이익을 주는 농업 시스템을 채택해야 한다고 주장했다. 가격 보장과 소득 지원 제공을 놓고 힘든 협상 과정을 거쳐 1960년에 공동농업정책(CAP)이 최종적으로 합의되었다. 이는 프랑스가 자국의 이익을 높이기 위해 고안한 유럽통합 형태를 성공적으로 추진한 한 가지 방법이었다. 농업에 급격한 변화를 맞이한 시기에 프랑스 내에서 공동농업정책은 급격한 농업 변화의 시기에 사회적 긴장을 완화하는 역할을 했다. 20세기 후반에 사회적 긴장이 더욱 크게 완화함에 따라 중공업 분야에 대한 우려는 낮아진다.

제5공화국의 탄생

새로운 제4공화국의 헌법을 놓고 논쟁이 벌어지자 더 강력한 행정부를 원했던 샤를 드골은 1946년 1월에 임시정부 수반직을 사임했다. 좌파는 1948년에도 견인력을 잃었고 중도파가 정치 무대에 전면에 등장했다. 그러나 제3공화국과 마찬가지로, 부분적으로는 비례대표제 때문에 장관의 안정을 보장하는 데 큰 문제가 있었지만, 식민지 정책의 큰 실패가 상황을 악화시켰다. 야당 운동으로는 공산주의와 푸자드주의 Poujadism가 있었다. 푸자드주의는 공산주의와는 매우 달랐다. 국가, 현대화, 엘리트층에 대항하여 평범한 프랑스인들을 대표한다고 주장하는 상점주인 피에르 푸자드Pierre Poujade(1920~2003년)가 이끈 것이 푸자드주의다. 푸자드주의는 세금에도 저항했다. 푸자드는 1942년에 독일이 프랑스의 '자유 구역'을 점령한 후 레지스탕스에 가담했으나, 그전에는 비시에 충성하던 인물이었다. 얼마 지나지 않아 푸자드는 '푸자도프 Poujadof'라는 별명을 얻었다. '푸자도프'는 푸자드에게 열광하는 20만 명의 대중 지지자, 그리고 푸자드 주변에 있는 파시스트 동조자들을 가리키는 말이었다. 파시스트 동조자 중에는 훗날 국민전선의 지도자가 되는 장 마리 르펜^{Jean-Marie Le Pen}(1928년생)이 있었다. 르펜은 알제리를 프랑스의 식민지로 유지해야 한다는 푸자드의 열의에 동조했다. 푸자드주의의 반유대주의는 특히 1954~1955년에 좌파 총리였던 피에르 망데스 프랑스^{Pierre Mendès-France}를 향했다.

드골은 대중에게 인기가 없던 제4공화국이 분열된 프랑스 상황 속에서 무너지기 시작하자 1958년에 권력을 장악하고 총리가 되었다. 드골은 9월 4일 대국민 연설에서 제5공화국을 수립하는 새로운 헌법을 제시했다. 이날은 제3공화국 선포 기념일이기도 했는데, 권위주의적인 대안이라기보다는 공화제 과거와의 연속성을 확인한 날이었다. 국회의 권한이 줄어들면서 정당의 권한도 줄어들었으나 드골이 정당하게 선출되었던 역할인 대통령은 강력한 행정부의 핵심 직책으로 떠올랐다. 그 결과 대통령이라는 직책은 드골에게 외교 정책에 대한 특별한 통제권을 주게 된다. 드골은 프랑스 쇠퇴의 방향을 뒤집고 국가의 위대함을 분명히 보여주기로 결심했다.

이를 위해 1962년에 드골은 우선 가장 부담스러운 식민지였던 알제리로부터 프랑스를 해방시켰다. 실제로 프랑스에 있어 알제리는 재정적으로 매우 큰 부담이었고, 정치적으로는 심각한 분열을 낳는 문제였다. 1960년, 프랑스령 아프리카 국가의 대부분은 독립을 보장받았으나 알제리는 독립을 얻지 못했다. 알제리는 프랑스 정착민들이 거주한 데다 프랑스에 꼭 필요한 일부 지역으로 관리되었기 때문이다. 그러나 1961년 1월에 프랑스는 국민투표에서 알제리에 대한 자기 결정권을 승인했다. 이는 유럽인 정착민들과 군대의 상부에 달갑지 않은 일이었다. 1961년 4월 21~26일 알제에서 알제리의 자기 결정권에 반대하는 장군들이 무력시위를 일으켰다. 이러한 무력시위가 프랑스로 퍼져나갈 것이라는 위협 앞에서 정부는 탱크를 배치하여 국회를 보호했고 드골은 제복 차림으로 TV에 출연했다.

　이듬해 드골은 유럽 정착민들로 구성된 극단주의 테러 단체인 '비밀군 사기구(OAS, Organization Armée Secrette)'에게 암살당할 뻔했으나 가까스로 살아남았다. 알제리와 프랑스 본토에서는 해방전선(FLN), 알제리 원주민 운동, 비밀 군사 기구가 일으킨 테러 사건이 있었다. 특히 비밀 군사 기구는 1961년 6월 18일에 파리-스트라스부르 열차에 폭탄 공격을 가했다.

　프랑스는 더욱 폭력적인 나라가 되었다. 1961년 10월 17일에 파리에서 시위를 벌이던 알제리인들이 경찰에게 살해된 것이다. 1962년에 테러가 격화하지만, 프랑스를 강하고 현대적인 나라로 만들고 싶었던 드골은 알제리가 자신의 목표와 외교 정책의 방향에 방해가 될 것 같다고 생각해 알제리를 프랑스로부터 떼어내고 싶어 했다. 1962년 4월에 프랑스에서 알제리의 독립 여부를 놓고 이루어진 국민투표에서 알제리 독립을 지지하는 91%의 표가 나왔다. 7월 3일, 프랑스는 알제리의 독립을 인정했고, 8월 22일 드골은 또 한 번 비밀 군사 기구에 암살당할 뻔했으나 이번에도 아슬아슬하게 살아남았다. 유럽계 알제리인들은 함께 일했던 많은 이들과 마찬가지로 알제리를 떠나 프랑스로 달아났다.

국민의 아버지, 샤를 드골

알제리의 독립으로 드골은 프랑스에서 더욱 탄탄하게 입지를 다질 수 있었다. 1962년 10월, 총리 조르주 퐁피두 Georges Pompidou가 국회 불신임안으로 사임을 할 수밖에 없는 상황이 되자 드골은 즉시 퐁피두를 재임명해 새로운 정치 문화를 보여주었다. 퐁피두는 1968년까지 총리직을 맡았다. 1962년 10월 4일, 드골은 대통령 자신이 한 직선제 제안에 반대하는 불신임 투표를 통과시킨 후 국회를 해산했는데, 이는 새로운 정치 문화를 보여주는 것이기도 했다.

10월 28일, 드골은 국회가 선택한 직선제가 아닌 대통령 직선제 개헌에 대해 62%의 지지를 얻었다. 11월 18일과 25일에 치러진 선거에서 드골파 의원들이 국회에서 과반을 차지했다. 개별 정당으로서는 전례가 없는 일이었다. 국회와 장관 임명을 대하는 태도에서 드골이 권위적이고 제4공화국의 정치문화와 구조를 거부했다는 것을 알 수 있다. 권위주의적인 목표를 달성하고자 의도적으로 한 거부였다. 드골의 가족은 왕당파에 속했다. 드골은 루이 14세를 존경했다. 한편, 보나파르트주의라는 용어는 드골의 비평가들을 통해 직접 선거에 사용되었다(프랑스 정치에서 자주 비판의 대상이 되었지만 말이다).

동시에 드골은 1960년대 프랑스의 경제성장과 구조조정으로 이익을 얻었으며 1960년에 도입된 새로운 프랑으로 인플레이션을 조절하는 능력을 보여주면서 이미지를 높였다. 드골은 상대적으로 경제에는 관심이 없었지만, 경제성장이 중요하다는 사실만은 알고 있었다. 또한 드골은 프랑스의 현대화를 열망했다. 1964년 시농^{Chinon} 근처의 아부안^{Avoine}에서 프랑스 최초의 원자력 발전소를 시운전한 사례는 프랑스의 현대화를 향한 드골의 열망을 잘 보여준다. 전쟁 초기 때처럼 드골은 혼자가 아니었다. 그의 주변에는 유능한 사람들이 있었다.

드골은 프랑스를 유럽의 리더로 제시했으며 이를 프랑스의 정치적, 문화적 차원으로 제시했다. 1963년의 엘리제 조약과 함께 프랑스는 서독과의 더욱 긴밀한 관계를 맺었다. 영국을 유럽에서 배제하려는 드골의 결심과 미국의 패권을 공격하려는 드골의 의도가 낳은 결과였다. 드골은 서독 총리 콘라드 아데나워^{Konrad Adenauer}에게 영국이 1957년부터 생각해 온 국제 자유 무역 지역에 대한 아이디어를 거절해달라고 설득했다. 국제 자유 무역은 영국이 유럽에서 이루려던 목표로, 이를 통해 영국이 동등하게 중요한 역할을 고자 했다.

드골은 1961년부터 푸셰 플랜^{Fouchet Plan}을 추진하면서 유럽 정치 연합을 구상했지만 실제로는 프랑스 주도의 연합을 제안하는 것이었다. 네덜란드의 반대로 푸셰 플랜은 실패했으나 앞으로 이 플랜이 실현될지는 드골과 아데나워의 관계에 달려 있었다. 드골은 프랑스의 국익을 꼼꼼하게 따졌고, 이는 1965년 룩셈부르크 합의로 이어졌다. 룩셈부르크 합의에서는 유럽경제공동체 활동의 많은 분야에서 회원국들이 실질적으로 거부권을 가지고 있었다. 계속해서 강한 통제권을 가지려고 한 드골이 유럽경제공동체의 회장으로 있는 동안 유럽경제공동체에 새로 가입한 국가는 없었다. 이제 프랑스가 핵보유국이 된 상황에서, 드골은 1966년 나토의 통합 군사 사령부에서 프랑스를 철수시킨 책임도 있었다. 그 결과 나토의 기지가 폐쇄되었다.

한편, 제5공화국은 프랑스 내에서 상당한 인기를 누렸다. 부분적으로는 제4공화국이 안정을 제공하지 못했기 때문이기도 하지만, 정치적으로 여기저기 분열이 있었기 때문이기도 하다. 그러나 때로는 우연이 중요한 역할을 하기도 한다. 드골은 1965년에 치러진 대통령 선거의 1차 투표에서 절대 다수표를 얻는 데 실패해 사회당의 프랑수아 미테랑^{François Mitterrand}과 2차 결선 투표에서 겨룰 수밖에 없었다. 2차 투표에서 드골은 55.2%의 득표율을 얻어 승리했다. 하지만 1967년에 치러진 국회의원 선거의 제1차 투표에서, 드골파, 그리고 드골파와 손을 잡은 의원들은 38퍼센트의 득표율을 얻는 데 그쳤다.

새로운 변화의 바람

급진적인 행동이 대대적으로 늘어나면서 좌파가 권력을 잡는 것이 대안으로 떠올랐다. 학생들은 좌파로 이동했다. 이는 공산주의가 아닌, 직접 행동하는 좌파였다. 정확히 말하면 마오쩌둥의 중국 혁명수비대를 모델로 한 마오주의, 그리고 아나키즘을 통해 직접 행동하는 좌파라 할 수 있었다. 1967년 학생 행동주의는 1968년 5월 파리와 다른 도시에서 시위와 폭력으로 이어졌다. 파리에서 경찰이 소요를 진압하는 과정에서 잔혹하게 대응하자 학생들을 지지하는 사람들이 더욱 많아졌다.

총파업이 일어난 후 노동조합은 꾸준히 활동했고 좌파는 정부의 변화를 촉구하며 정치적으로 압력을 주었다. 5월 29일에 서독 측이 프랑스를 방문해 군사령관들과 만났다. 드골은 서독으로부터 필요하다면 군사적 지원을 제공하겠다는 약속을 받았다. 5월 30일에 드골은 라디오 방송에서 사태를 해결하겠다는 결의를 보였고 주도권을 되찾았다. 그날 파리에서 많은 사람들이 모여 드골에 대한 지지를 표명했고, 드골은 이에 용기를 얻은 것이다. 퐁피두의 철저한 준비로 6월 23일과 30일에 드골의 추종자들은 의회 선거에서 압도적인 다수를 차지했다. 반면, 좌파는 참담한 결과와 마주했다. 학생 운동은 내부 분열이 일어났고 노동자와 대중의 지지도 하락하면서 무너졌다.

1969년 4월 28일, 드골은 1년도 채 지나지 않아 사임했다. 상원의 구성, 행정구역에서 지역으로의 이동 등 헌법 수정을 놓고 벌어진 국민투표에서 정부가 패하면서였다. 국민투표는 부분적으로 드골의 유임을 결정하는 투표로 이해되었다. 인플레이션으로 많은 사람들이 힘들어하는 상황에서 드골의 제안으로 우파가 분열되었다. 53%는 반대표를 던졌다. 1990년 영국의 마거릿 대처 때와 마찬가지로 드골도 실패한 셈이다. 물론 대처나 드골이나 서로 비슷하다고 생각되지는 않을 것이다. 드골은 1970년 11월 9일에 사망했다.

이 시기에 프랑스는 문화적으로 글쓰기와 영화에서 매우 빛났다. 특히 프랑스는 삶의 복잡한 속성을 받아들이는 내용을 담은, 할리우드의 영화와는 다른 영화를 내놓으며 1950년대 후반에 누벨 바그^{Nouvelle} Vague(새로운 물결, 뉴웨이브)를 맞았다. 통제를 강화하려면 정보를 국가가 사용해야 한다는 제안을 한 미셸 푸코^{Michel Foucault}와 같은 지식인들은 권위를 세밀하게 관찰해 비판했다. 여기서 학생 급진주의와 비슷한 점을 발견하게 된다.

동시에 프랑스의 다양한 사상으로는 예수회 소속 지질학자이자 철학자 피에르 테야르 드 샤르댕^{Pierre Teilhard de Chardin}(1881~1955년)이 소개한 '인간 에너지^{L'energie humain}'와 '인간 현상^{Le phénomène humain}'이 있다. 샤르댕은 인간이 완벽한 정신적 상태로 진화한다고 묘사했으나 이러한 사상에 불쾌감을 느낀 가톨릭교회는 출판 허가를 거부했다. 1940년에 테제^{Taizé}에서 탄생한 신앙 공동체는 기독교 사상과 활동이 다양하다는 것을 상기시키는 역할을 하기도 한다.

한편, 전쟁의 피해가 아물어 도시화가 진행되고 주택의 많은 부분이 현대화되면서 건축과 재건축이 활발하게 일어났다. 그 시기에 나온 많은 건축물은 차별성이 거의 없이 비슷했으나 프랑스 전역에서 찾아볼 수 있다. 1950년대에는 경제가 새로운 방향으로 전환되었고 1960년대에는 이러한 전환이 더 활발했다. 그 결과 중산층이 크게 성장했고 노동자 계층은 소득이 증가하고 실업률이 낮아지면서 혜택을 받았다. 이렇게 벌어들인 소득은 많은 부분이 소비재, 특히 자동차 구매를 비롯해 냉장고와 같은 백색 가전 구매에도 사용되었다. 전화 사용 또한 늘어났다. 소비 산업은 성장했고 중공업과 광공업은 감소했으며 농업 고용은 감소했다. 다른 서구권 국가와 마찬가지로 프랑스도 1942년에 베이비붐이 시작되었다. 이는 부분적으로는 출산 장려 정책이 원인이었다. 베이비붐은 소비주의의 또 다른 표현이었다. 20세기 초에 나타난 저출산과는 크게 달라진 상황이었다.

제4공화국과 제5공화국

프랑스 제4공화국과 제5공화국은 제2차 세계대전 이후 프랑스의 정치 체제를 대표하는 두 가지 형태의 공화정이다. 제4공화국과 제5공화국은 각각 의회 중심의 연립 정부와 대통령 중심의 강력한 행정부로 구성되었다는 차이 외에도 여러 부분에서 대립되는 면을 지니고 있다. 특히 이러한 두 공화국 사이에는 빠질 수 없는 인물이 있는데, 바로 제2차 세계대전의 영웅인 샤를 드골이다.

제4공화국은 1946년 전쟁으로 폐허가 된 프랑스를 재건하기 위한 새 헌법이 제정되면서 수립되었다. 이들은 나치에 협력했던 비시 정부와 결렬하고 민주주의를 복원하기 위해 노력했다. 이 과정에서 국민적 영웅이었던 샤를 드골이 초기 리더로 부상했지만, 드골은 헌법 초안이 너무 의회 중심적이라고 비판했고 정치적 갈등 속에서 사임했다. 실제로 제4공화국은 의회 중심의 정치 체제를 기반으로 했기에 사실상 제3공화국의 연속이라고도 평가받는다.

의회 중심의 정치 체제인 제4공화국에서 대통령은 국가의 상징적 역할만 담당했을 뿐 실질적인 권한은 거의 없었다. 그 결과 불안정한 다당제 연립 정부가 주를 이루었고 정권 역시 자주 교체되었는데, 제4공화국이 유지된 12년 사이 총리가 20차례가 넘게 바뀌는 등 정치적 불안정이 심각했다. 게다가 제4공화국은 프랑스 식민지의 독립 움직임에 적절히 대응하지 못했는데, 인도차이나 전쟁과 알제리 전쟁에서 실패를 겪으며 위기를 초래한다. 결국 1958년 알제리 문제로 정치적 위기가 절정에 달했고 세력이 나뉘어 정치적 혼란이 극심해졌다.

이러한 위기 상황을 해결한 것이 앞서 사임한 샤를 드골로, 그는 1958년 다시 정치에 복귀한 뒤 새 헌법을 제정하며 제5공화국을 탄생시킨다. 그는 강력한 행정부를 중심으로 하는 체제를 주장했는데, 행정부 수반인 대통령은 총리의 임명과 해임, 의회 해산, 긴급 상황 시 특별 권한 행사 등 강력한 권한을 지닐 수 있었다. 이러한 강력한 대통령 중심제를 기반으로 정부는 지속성을 보장받을 수 있었고 장기적인 정책 수행이 가능해졌다. 무엇보다 드골은 1962년 알제리의 독립을 승인하며 앞선 제4공화국의 문제를 종결했다.

드골과 드골 이후 대통령들은 유럽 통합과 프랑스 핵무장을 통해 국가적 위상이 더욱 높아졌는데, 특히 1960년대부터 70년대에 프랑스 경제가 급성장하며 1945년부터 1975년까지 '영광의 30년'이라 일컬어지는 경제적인 호황기를 맞는다. 오늘날까지 이어지고 있는 제5공화국 프랑스는 EU의 주요 국가로서 경제 성장을 주도하고 있다.

제2차 중동전쟁과 프랑스

1948년 이스라엘과 아랍 국가간에 벌어졌던 제1차 중동전쟁 이후 1956년 발발한 제2차 중동전쟁은 수에즈 운하 국유화를 둘러싸고 이집트와 이스라엘, 영국과 프랑스가 얽혀 벌어진 갈등이다. 1956년 10월 29일부터 11월 7일까지 열흘간 진행된 이 전쟁에서 프랑스는 국제적 입지에 타격을 입으며 독자적인 외교와 핵무기를 중심으로 하는 군사력 강화를 추구하게 된다.

이집트에 있는 수에즈 운하는 유럽과 아시아를 잇는 중요 해상 교역로로, 19세기 말부터 사실상 수에즈 운하를 지배해온 영국과 프랑스는 이 운하를 통해 석유를 포함한 주요 자원을 수송했다. 하지만 아랍 민족주의를 내세우며 이집트의 독립과 경제적 주권 강화를 추진했던 대통령 가말 압델 나세르는 1956년 7월 26일 수에즈 운하의 국유화를 선언, 이로 인한 운하 수익을 사용해 아스완 댐 건설 자금을 마련하려 한다. 이에 기존 수에즈 운하 회사 주주였던 영국과 프랑스가 반발하고, 여기에 기존에 이집트의 경제적 봉쇄로 피해를 입어온 이스라엘이 전쟁에 가담하면서 제2차 중동전쟁의 막이 오른다.

1956년 10월 29일 사전에 영국과 프랑스와 협의를 마친 이스라엘이 이집트를 공격하여 시나이 반도를 점령했고, 여기에 영국과 프랑스는 둘의 휴전을 요구하며 군사 개입을 정당화한다. 당연히 이 요구는 거부되었고 영국과 프랑스는 이집트를 공격한다. 하지만 두 강대국인 미국과 소련이 저마다의 이유로 이 전쟁에 반대했고, 결정적으로 UN이 개입하여 휴전을 선언하면서 영국과 프랑스는 철군한다. 그 결과 이집트는 군사적으로는 피해를 입었으나 외교적인 승리를 거두었고 나세르 대통령은 아랍 세계에서 영웅적 지도자로 부상한다.

이 전쟁에서 영국과 프랑스는 수에즈 운하를 잃었으며, 무엇보다도 세계의 패권이 더이상 유럽에 있지 않음을 자각하게 된다. 이후 기존 열강들의 식민지 내에서 독립운동이 더욱 탄력을 받았으며, 특히 프랑스의 식민지였던 알제리는 전쟁을 통해 독립에 성공한다. 게다가 이 전쟁을 통해 핵전쟁의 위기에서 미국이 자신들을 보호하지 않을 것이라는 확신을 얻게 된다.

이러한 교훈에 힘입어 프랑스는 1958년 제5공화국 수립과 함께 샤를 드골을 대통령으로 복귀시켰고, 드골은 미국 중심의 NATO 체계에 반발하여 프랑스의 독립적 방위 능력을 기르고자 한다. 1960년에는 사하라 사막에서 첫 핵실험에 성공하며 핵 보유국이 되었고 이후 미국의 베트남 전쟁 개입에 반대하는 등 독립적인 외교 노선을 강화한다. 또한 제2차 중동 전쟁으로 어색해진 아랍 세계와의 관계 개선을 위해 노력했고 탈식민지화와 더불어 탈식민지 국가들과 관계를 유지하기 위해 애쓴다.

꧁꧂

영광의 30년과 68혁명

프랑스 '영광의 30년'은 제2차 세계대전이 끝난 1945년부터 1970년대 석유 파동이 시작되기까지 약 30년 동안 지속된 경제적 번영과 사회적 변화의 시기를 가리킨다. 오늘날 프랑스 경제의 축이 되는 자동차 산업이나 항공우주산업 등이 이 시기에 발전했으며, 1964년에는 영국의 GDP를 뛰어넘기도 한다. 이 시기 프랑스를 포함한 서유럽 국가 대부분이 전후 복구와 함께 경제 성장을 경험했다.

1944년 샤를 드골과 프랑스 임시정부는 미국의 뉴딜 정책에서 영감을 얻은 지도주의적 경제체제를 통해 전후 복구를 시작한다. 당시 프랑스의 GDP는 전쟁 이전의 40%까지 추락했는데, 일부 지역에서는 배급제를 시행해야 할 정도였다. 또한 비시 정부와 나치 독일에 부역했던 기업들을 처벌을 겸하여 공영화했으며 노동조합들과 협력하여 생산성을 높이는 데 심혈을 기울인다. 외교적으로도 미국에게서 전시부채 탕감을 요청하는 한편 프랑스 시장을 대가로 높은 금액의 마셜 플랜 지원액을 받아냈고, 독일로부터 공업시설과 자원을 얻어낸다.

그 결과 프랑스는 1950년대에 이르러 거의 모든 목표치를 달성하거나 뛰어넘을 정도로 국가 복구에 성공한다. 이후 본 궤도에 오른 경제는 급성장을 겪으며 노동자들의 구매력과 민간소비량이 증가했는데 인력이 부족해 이민자를 받아들여 충당할 정도였다. 그 결과 프랑스인들의 삶은 매우 풍족해졌으며 출산율 또한 높아지며 인구정체 현상이 해결되었다. 사회적으로는 급격한 도시화가 진행되었고 대중문화와 소비

생활이 풍요로워지며 외국의 대중문화의 도전에도 불구하고 오늘날까지 자체적인 경제력을 유지하고 있다.

하지만 급격하게 이루어진 경제 발전으로 사회적, 경제적 불만은 꾸준히 누적되고 있었고, 이는 결국 1968년 5월 대규모 학생운동 및 사회적 혁명으로 폭발한다. '68혁명'으로 불리는 이 사건은 드골 정부 아래 자유주의를 억압하는 보수적인 사회 분위기와 소비주의에 저항한 학생 계층, 경제 성장이 이루어졌음에도 불구하고 열악한 노동 환경과 빈곤에 놓였던 노동자, 그리고 지식인들이 연대하여 시작되었는데, 점차 정치적 요구와 사회적 변화를 외치는 전국적인 혁명으로 번졌다.

파리 낭테르 대학에서 소규모 학생 시위로 시작되었던 68혁명은 경찰의 강경 진압으로 도리어 시위가 전국적으로 확대되어 5월 13일에는 노동자들이 총파업에 돌입했고, 정부와 기업의 수습 노력에도 불구하고 학생 중심의 정치적 요구로 계속 확대된다. 그 결과 드골 정부의 권위가 급격히 약화하여 1969년 드골이 사임하고 조르주 퐁피두가 대통령직을 잇게 된다. 사회적으로는 프랑스의 가부장적 질서와 전통적 규범이 약화되었고, 노동 환경이 개선되고 교육 제도가 개혁되는 등 일부 구조적 변화가 생긴다.

프랑스와 미국의 짧은 역사

오늘날 프랑스와 미국은 민주주의와 자유주의라는 공통된 가치를 바탕으로 국제 문제에서 동맹을 유지하고 있다. 그러나 한편으로 프랑스는 미국의 패권적인 태도를 경계하며 유럽 중심의 독립적 외교를 추진하는 등, 미국의 무조건적인 동맹이라기보다는 상황에 따라 협력하거나 갈등을 빚는 등 복잡한 관계를 유지하고 있다.

　과거 프랑스는 미국이 영국에게서 독립함에 있어 가장 중요한 동맹국이었다. 당시 프랑스는 영국의 패권에 맞서기 위해 미국에 대한 물적, 군사적 지원을 아끼지 않았는데, 특히 1778년 미국-프랑스 동맹 조약을 체결하며 미국이라는 국가를 공식적으로 인정하고 군사 지원을 약속했다. 또한 1781년 요크타운 전투에서 미국군과 협력해 승리를 거두며 미국 독립에 결정적인 역할을 했다. 한편 미국 혁명에 영감을 얻은 프랑스는 1789년 프랑스 혁명을 일으키며 유럽에 큰 변화의 바람을 몰고 온다. 이후 나폴레옹의 등장으로 두 나라의 관계는 잠시 냉각되지만, 1803년에는 미국에 루이지애나 영토를 매매하며 재정적 어려움을 해결하거나 남북 전쟁에 소극적으로나마 참여하는 등 역사적인 교류는 이어진다.

　이후에도 프랑스와 미국은 두 차례의 세계대전에서 동맹 관계를 이어간다. 제1차 세계대전에서 초기 중립을 유지했던 미국은 1917년부터 참전하며 프랑스를 지원했으며, 전후에도 프랑스를 재정적으로 보조하는 등 도움을 준다. 그러나 미국은 한편으로 국제 연맹에 참여하지 않고 고립주의를 선택하며 프랑스와 갈등을 빚는다. 이후 제2차 세계대전에서 나치 독일에 점령된 프랑스는 비시 프랑스와 자유 프랑스로 세력이 나뉘는데, 미국은 이들 중 자유 프랑스와 협력한다. 결과적으로 1944년 노르망디 상륙작전에서 미국은 프랑스 해방에 중요한 역할을 했고, 전후에는 마셜 플랜을 통해 프랑스의 경제 재건을 돕는다.

냉전 시기 프랑스와 프랑스는 NATO의 주축 멤버로 공산주의 확산을 저지하기 위해 협력한다. 하지만 제2차 중동전쟁에서 미국의 견제에 의해 수모를 겪은 프랑스는 1966년 NATO의 군사통합기구에서 탈퇴하고 독자적으로 핵무기를 개발하는 등 차츰 미국과 거리를 둔다. 이러한 프랑스의 대 미국 노선은 현재까지 EU의 핵심국가로서 미국의 패권주의를 견제하는 입장으로 이어진다. 그러나 프랑스와 미국은 한편으로 무역과 기후변화, 테러리즘 등 다양한 분야에서 긴밀히 협력하고 있으며, 비록 문화적, 정치적 차이로 종종 긴장이 발생하지만 상호의존적인 관계로서 갈등을 조율하고 있다.

13
현대 프랑스, 1969~2000년

보수파는 1968년의 시민혁명을 잠재운 후 1970년대에는 프랑스를 지배했다. 처음은 1969년 57.6%의 득표율로 대통령직을 차지한 조르주 퐁피두(1911~1974년) 정부였다. 퐁피두가 사망한 후 발레리 지스카르 데스탱Valéry Giscard d'Estaing(1926년생) 정부가 들어섰다. 데스탱은 사회당 미테랑을 50.8%의 득표율로 누르고 1981년까지 대통령직을 유지했다. 그러나 1970년대에 경제가 전반적으로 혼란한 상황이 되자 우파의 입지는 도전을 받았다. 1973년 세계 경제 위기로 1975년부터 프랑스에서 임금뿐만 아니라 GDP의 연평균 성장률이 낮아졌고 실업률이 높아졌다.

지켜보는 정부
지스카르 대통령의 재임 동안 보호무역주의자이자 드골파인 자크 시라크Jacques Chirac(1932~2019년)가 총리직을 사임했다. 경제학 교수를 지냈고 1976년부터 1981년까지 총리를 지낸 지식인 레이몽 바르Raymond

^{Barre}(1924~2007년) 내각은 경제 자유화로 대응했는데, 이를 위해 정부의 역할을 축소하고 시장의 힘을 강조했으며 실업률보다 인플레이션 통제가 필요하다고 강하게 주장했다. 바르는 가격 통제를 대부분 없앴다. 이에 따라 철도와 같은 공공 서비스가 가격을 올릴 수 있었고, 정부의 지출이 그만큼 줄어들 수 있었다. 또한 바르는 고용 수준을 유지하고자 고안된 산업 지원도 줄였다. 이는 바르의 인기를 떨어뜨리는 데 큰 역할을 한 긴축 정책이었다. 외부 영향에 맞춰 경제를 개방한 정책의 일부에 속했다. 이러한 정책으로 경제가 성장했으나 문제점도 동시에 생겼다. 바르의 정책은 인기를 얻지 못했다. 이는 국가의 관리와 정책의 실제적 실행이 쉽지 않다는 점을 보여주는 사례다.

산업 지원 축소는 가격 통제 폐지보다 더욱 논란이 되었다(경쟁력을 장려하며 서로 연결된 두 정책이지만 논란의 대상이 되었다). 산업 지원 축소는 1977년에 100만 명으로 증가한 실업률에 즉각적으로 영향을 미쳤다. 실업률 증가는 전통적으로 로렌의 경제에서 중심이었던 철강 산업의 위기와 함께 1979년에 일어난 결과다. 바르는 긴축을 주장했고, 그에 따라 로렌에서 산업 분야의 긴축이 이루어지면서 2만 명의 노동자가 해고되었다. 이 정책으로 로렌에는 대규모 시위가 일어났다. 이에 바르는 한발 물러나 국가 지원금을 더 많이 제공해야 했다. 프랑스가 추구한 방식은 국가 자본주의였다. 바르의 보수주의는 1980년대 영국의 마가렛 대처^{Margaret Thatcher} 총리(1925~2013년)의 보수주의보다 더 권위적이고 상명하복 성격이 강했다.

1981년, 지스카르가 사회당 후보 프랑수아 미테랑(1916~1996년)으로 교체되면서 정치적, 경제적, 문화적으로 큰 공백이 있었다. 반대자들은 지스카르의 포스터에 다이아몬드 모양으로 오린 종이로 눈 부분을 가렸다. 지스카르가 1966년부터 1979년까지 중앙아프리카공화국의 잔혹한 독재자로 '황제'라 불린 장 베델 보카사Jean-Bédel Bokassa로부터 받은 것으로 알려진 보석을 조롱하려는 의도였다. 또한 대통령과 구질서가 관련된 부패를 조롱하려는 의도였다.

지스카르는 인기를 얻기 위해 지하철을 타는 모습을 보여주려 했으나 지하철표를 사는 방법을 몰랐다는 사실이 기자들 앞에 드러나고 말았다. 우파는 지스카르와 시라크 사이의 선거운동에서 분열되었다. 시라크는 1976년에 '공화국을 위한 집회'로 드골주의 운동을 다시 시작했고 1977년에 파리 시장이 되었다. 당시 1975년의 법에 따라 현이 관리하는 도시를 책임질 시장직이 다시 생겨났다. 지스카르와 시라크는 1981년 제1차 투표에서 미테랑, 낡은 사상에서 벗어나지 못한 공산주의자 조르주 마르셰Georges Marchais보다 더 많은 표를 얻었지만, 두 유력 후보 간의 결선 투표에서 미테랑은 우파에게 부족한 좌파의 결집력으로부터 혜택을 받았다. 시라크에게 표를 던졌던 유권자 중 약 6분의 1이 이제는 미테랑에게 표를 던졌다. 그 결과 미테랑은 51.75%의 표를 얻었다.

자유주의의 득세

미테랑의 승리는 새로운 정치 시대를 열어갈 큰 사건으로 소개되었다. 일간지 「르몽드Le Monde」는 선거 결과를 가리켜 '바스티유가 다시 함락되었다'라고 표현했다. 정치적 논쟁의 오랜 특징을 과거에서 찾아 비유한 것이다. 많은 수의 미테랑 지지자들이 선거 결과를 축하하기 위해 공공장소로 몰려들었다. 그리고 미테랑은 총선을 실시했다. 총선에서 사회당은 최저임금, 가족수당, 저소득층 주거보조금을 인상하는 공약으로 국회 의석의 과반수를 차지했다. 491석 중 283석을 차지한 것이다.

분명 우파는 패배했다. 하지만 그렇다고 해서 우파가 공산당과 동맹을 맺을 필요는 없었다. 공산당도 의석을 차지하고 있었으나 우파 입장에서 굳이 동맹까지는 필요 없었다. 새 정부가 도입한 자유주의 성격의 정책으로는 1981년 사형제 폐지, 이민 규제 완화, 동성애 합법화 등이 있었다. 모두 가톨릭 법전의 커다란 변화를 보여주는 정책이다. 그러나 도취감은 국가 주도의 변화로 급진적인 변화를 이룰 수 있다는 비현실적인 희망의 물결로 이어졌다. 더 긍정적으로 평가하자면, 1981년의 제5공화국은 우파와 좌파 사이의 정권 교체를 받아들일 수 있는 정교함과 안정성을 보여주었다.

많은 면에서 1981~1983년에 이어진 정책들은 좌파가 전통적으로 사용하는 국가의 통제 개입과 관련 있었다. 1982년에는 주지사로부터 지방의회로 권력을 분산시키는 정책도 있었다. 바르가 인기를 얻지 못한 것에서 사회당은 교훈을 얻었다. 고용을 유지하기 위해서는 국가 보조금을 사용하기로 했고 산업의 현대화보다는 석탄, 철강, 조선과 같은 전통적인 산업에 더 중점을 두어야 한다는 것을 깨달았다. 그러면서 사회당은 단호히 제조업과 금융 시스템을 통제하려고 했다. 1982년에는 대규모 국유화가 이루어졌다. 거기에 자본 도피를 막고 프랑화를 보호하기 위해 외환 통제가 이루어졌으나 별 효과는 없었다. 세제는 최저임금 인상, 주 노동시간 감축, 정년 단축 등에 따른 부유세를 앞세워 재분배를 목표로 했다.

국제 경제 경쟁으로 나타난 규범을 일부 받아들이지 않으려는 시도였다. 사실, 국제 경제 경쟁은 이질적인 영미 개념이라 거부한 것이다. 1981년에서 1984년 사이에 총리였던 피에르 모루아^{Pierre Mauroy}(1928~2013년)의 지원을 받은 미테랑의 야심 찬 정책은 경제 현실과 유럽경제공동체의 규율로 급속히 좌절되었다. 특히 1982년에 우파 성향의 기독교 민주당이 집권한 서독이 용납하지 못한 정책이었기에 더욱 그러했다. 인플레이션과 실업률이 높아지면서 프랑스 내부에서도 심각한 긴장의 징후가 나타났다. 특히 1983년에 일어난 파업과 시위, 그리고 비즈니스 위기, 유럽 통화 시스템 안에서 프랑화에 대해 이루어진 압력, 통화의 대규모 해외 이탈이 있었다. 한편, 정부에 대한 노동자 계층의 실망감은 커졌다. 이에 노동조합은 조합원의 급여, 연금, 조건을 안정적으로 보장해야겠다는 결심을 했다.

프랑스 내 문화 전쟁

상황이 이렇게 되자 미테랑은 1982년 6월부터 정책의 방향을 바꾸기로 했다. 미테랑은 사회당이 1983년 3월 6일과 13일 지방 선거에서 만족스러운 결과를 얻지 못하자 그 후에는 본연의 업무에만 충실했다. 바르의 정책을 이루었던 요소가 다시 도입되었다. 특히 기업의 신뢰에 타격을 주고 화폐 가치와 기존의 사회 질서에 악영향을 끼치는 인플레이션 통제, 1981년에 크게 늘었던 공공 지출 삭감이 도입되었다. 프랑스 특유의 사회주의 방식은 더 이상 목표나 정책의 슬로건이 아니었다. 미테랑은 좌파와 결별하고 '혼합' 경제를 추구했다. 이제 인기가 떨어질 대로 떨어진 모루아는 1984년 6월에 총리직을 사임했다. 모루아의 뒤를 이어 기술관료 로랑 파비우스^{Laurent Fabius}(1946년생)가 새로운 총리가 되었다. 파비우스는 1984년부터 1986년까지 총리직을 맡았다. 파비우스는 자의식이 있고 현대화를 추구하는 인물로 민간 비즈니스를 도우려 했고 자신은 정통 사회주의에서는 벗어났음을 보여주었다.

한편, 문화적 보수주의는 정부가 사립 가톨릭 학교에 대한 보조금을 삭감하려고 하자 이에 반대하는 시위로 나타났다. 정부의 동기가 세속화 추구라고 본 것이다. 1984년 6월 24일, 시라크 시장의 주도로 100만 명의 사람들이 파리에서 해당 법안의 입법에 반대하는 행진을 벌였다.

미테랑은 이미 TV에 출연해 문제의 법안을 철회하겠다고 선언했다.

하지만 급진주의 정책에 초점을 맞춘 시위가 중심인 상황에서 종교와 관계된 시위는 간과되곤 한다. 1984년의 시위자들은 종교의 가치를 강조했다. 종교의 가치는 관용, 르네상스, 계몽주의와는 대조적인 개념이다. 1981~1993년 대부분의 기간 사회당 문화부 장관을 지낸 자크 랑^{Jack Lang}은 관용, 르네상스, 계몽주의를 '유럽의 영혼'이라고 불렀다. 이러한 대조는 오랫동안 이어진 문화 전쟁의 한 단면이었다. 실업률이 증가하는 상황 속에서(1986년까지 실업자 수 250만 명) 이민, 그중에서도 북아프리카 출신의 이민을 반대하는 여론이 높아지면서 문화 전쟁은 다시 주목받았다. 국민전선은 1983년 지방 선거에서 드뢰^{Dreux} 마을에서 승리했고 이민을 정치 문제로 이용하면서 프랑스 전역에서 더욱 폭넓은 지지를 받았다. 극우파를 이용하여 우파를 무너뜨리고 싶었던 미테랑은 이민 문제를 도구처럼 활용했다.

한편, 프랑스 역사를 읽는 방식을 두고 논쟁이 있었다. 1966년부터 1982년까지 소르본 대학의 교수로 지낸 알베르 소불^{Albert Soboul}과 같은 공산주의 성향의 학자들은 혁명을 마르크스식으로 해석하는 것을 열렬히 옹호했다. 혁명이 처음에는 구체제의 낡은 질서에 도전한 부르주아적인 승리였고, 그다음에는 대중적인 급진주의로 다루어졌다.

이와 달리 수정주의자들은 마르크스 이론에 도전하고 혁명을 사회경제학적으로 설명할 필요가 없다고 주장하며 혁명을 마르크스주의적으로 해석하는 방식에 이의를 제기했다. 수정주의자로 대표적인 인물은 『프랑스 혁명을 생각하다^{Penser la Révolution française}』(1978)를 쓴 프랑수아 퓌레^{François Furet}였다. 그러나 실제로 대학에서 우파의 영향은 미미했다.

1986년의 국회의원 선거는 우파가 승리했고 시라크는 총리가 되었다. 시라크는 미테랑 대통령과 동거정부를 구성했다. 동거정부는 1988년까지 이어졌다. 새 정부는 이민 문제에 대해 더 강경한 입장을 취했다. 하지만 파업 문제와 급진적인 '직접 좌파 행동Left-wing Action directe'이 일으킨 테러가 골칫거리였다. 인플레이션은 통제되었지만, 실업률은 여전히 높았다. 그렇지만 미테랑은 '조용한 힘'으로 정치계에 등장할 수 있었다.

1988년 미테랑이 재선에 성공하면서 좌파의 기운은 더욱 강해졌다. 5월 8일 2차 투표에서 미테랑은 54%의 득표율로 시라크를 누르고 대통령에 당선되었다. 그러나 이번에도 비좌파 사이에 일어난 분열이 결정적인 역할을 했다. 중도파 성향의 후보 바르는 득표율 14.4%로 4위를 차지한 국민전선의 장 마리 르펜과 마찬가지로 제1차 투표에서 탈락했다.

공산당의 쇠퇴가 미테랑에게 호재로 작용했다. 게다가 1986년 국회의원 선거에서 시라크 정부의 우파가 거둔 승리는 1988년 새로운 선거와 함께 역전되었다. 비사회주의자들에게도 환영받을 수 있는 사회당의 미셸 로카르Michel Rocard는 총리가 되었지만 1991년에 사임할 수밖에 없었다. 절차를 조종할 수 있는 미테랑 특유의 능력이 거둔 승리였다. 예를 들어, 미테랑은 극우파 정당 국민전선이 기존의 우파 정당에 악재로 작용할 수 있도록 선거제도를 변경했다. 그러나 1993년 3월, 국회의원 선거에서 사회주의자들이 참패하면서 또 다른 동거정부의 시기가 시작되었다.

문제, 문제들

"마지막 위대한 대통령이 될 것이다"라고 선언한 것으로 알려진 미테랑에게는 위험한 경쟁자가 있었다. 1989년 혁명의 날 기념 200주년 때 미테랑은 시라크를 만났다. 당시 그는 '인간으로 태어난 역사'와 같이 될 인물이라는 인상을 받았다. 마치 루이 14세를 가장 가까이서 보는 기분

XX. 프랑스를 지나치며 찍은 사진. 2011년 리모주의 어느 빵집 바깥에 주차된 블루 시트로엥 2cv. 현재 슈퍼마켓은 인수된 상태다.

이었다. 미테랑 정부 아래에서 시라크는 절충을 추구하는 것처럼 보였다. 미테랑 대통령 치하에서, 바스티유의 '국민 오페라', 새로운 국립 도서관, 라 데팡스의 그랑드 아르슈$^{Grande\ Arche}$처럼 비용이 많이 들어가는 대형 프로젝트는 정부의 정당성, 그리고 정부의 관점을 밀고 나갈 기회를 정당화하는 수단으로 제시되었다.

도서관뿐만 아니라 전시 센터가 입점한 그랑드 아르슈는 1989년에 완공되었다. 그랑드 아르슈는 전쟁이 아니라 인도주의적 이상에 초점을 맞춘 개선문의 현대판이라는 평가를 받았다. 1995년 유럽 의회에서 미테랑은 민족주의를 호전적이라고 폄하했고 유럽 정책을 긍정적이라고 발표했지만, 실제로는 다른 프랑스 지도자들과 마찬가지로 미테랑도 유럽을 매우 프랑스식 해석으로 인식했고, 이는 이해할 만했다.

1980년대부터 미테랑은 비시^{Vichy}에 관한 역사 전쟁에 휘말렸다. 비시에 관한 역사 전쟁은 점점 화제에 오르게 되었다. 극단적으로 다른 전쟁 기록, 1959년에 조작된 것처럼 보이는 암살 시도 외에도 미테랑은 비시 정권에 대한 사과를 완강히 거부하면서도, 또 다른 한 편으로는 비시 인사들의 친구가 되어 페탱의 무덤에 화환을 보내는 등 모호하게 행동했다. 미테랑의 친구 르네 부스케^{René Bousquet}는 점령 지역의 전시 경찰국장을 지냈다. 부스케는 유대인 체포를 위해 경찰이 동원되는 것을 허용했고 외국인 유대인을 동유럽으로 추방하라고 압력을 넣은 이력이 있었다. 부스케는 1993년에 암살당했다. 유대인 어린이들을 모아 죽음의 수용소로 추방한 혐의로 재판을 받기 직전에 암살당한 것이다. 보르도의 유대인 추방에 큰 역할을 한 지롱드 현의 전시 사무총장 모리스 파퐁^{Maurice Papon}은 미테랑이 사망한 후에야 체포되었다.

이전에도 그렇고, 무엇인가를 은폐하는 듯한 미테랑의 입장은 서서히 발전하고 있는 개방 문화와 맞지 않았다. 시라크는 미테랑과도 달랐고 비시 정권이라는 주제를 이용한 국민전선과도 달랐다. 1995년에 시라크는 전쟁 시기에 유대인들이 받았던 부당한 대우에 국가도 책임이 있다고 인정했다.

병으로 쇠약해진 미테랑은 1995년 3선에 도전하지 못했다. 1차 투표에서는 사회당 후보 리오넬 조스팽^{Lionel Jospin}이 승리했으나 결선 투표에서 시라크가 승리하며 우파를 통합했다. 미테랑이 결코 진지하게 생각하지 않았던 이슈는 바로 정부의 지출을 줄일 필요성에 관한 것이었다. 하지만 시라크가 임명한 알랭 쥐페^{Alain Juppé} 총리는 정부의 지출 삭감을 제안했다. 그러자 대규모 시위가 일어났고 1997년 선거에서 시라크 정부는 패하고 말았다. 「파이낸셜 타임스^{Financial Times}」는 5월 9일에 다음과 같이 경고했다.

우파는 경제에 활력을 줄 약을 더 써야 하는데도 그 필요성을 전혀 생각하지 않는다. 좌파는 여전히 국가가 만든 일자리와 노동 시간 단축이라는 말을 한가하게 하고 있다. 우파의 승리가 유력하다. 하지만 이미 약해진 프랑스 정부가 투자 친화적인 비즈니스 환경을 만들기 위해 구조조정을 지원하겠다는 강한 의지가 있을지 의문이 든다.

시라크는 선거에서 패배 후 사회당과의 '동거정부'로 복귀하게 되었고 조스팽은 총리가 되었다. 동거정부 시스템은 제대로 작동하지 않았다. 그러다 보니 경제시스템 문제를 해결하기보다는 외교 정책에서 제스처를 보여주는 정치를 선호하던 시라크의 입지가 악화되었다. 사회당 정부는 2000~2002년에 주당 노동시간을 35시간으로 제한했다. 생산성을 해치는 엄격한 조항이었다. 사회당 정부가 주당 노동 시간 35시간을 정책으로 선택한 것은 대중의 인기를 얻기 위해서, 그리고 실업 문제를 해결하려는 의지를 보여주기 위해서였다.

당파 분쟁과 함께 엘리트층을 통한 정치 관리도 있었다. 그랑제콜, 특히 파리공과대학교École Polytechnique와 국립행정학교École Nationale d'Administration, ENA는 능력주의적인 리더십을 제공하기 위해 1945년에 설립되었다. 파리공과대학교와 국립행정학교의 졸업생들은 '위장pantouflage'이라고 불리는 족벌적인 제도를 통해 정부, 정치, 사업에서 주요 지위를 계속 승계하며 지배했다.

지스카르, 시라크, 로카르, 조스팽, 쥐페, 도미니크 드 빌팽, 에마뉘엘 마크롱 모두 국립행정학교(ENA) 졸업생들이었다. 쥐페 내각이 법령으로 정부의 지출을 삭감하는 정책을 도입하던 때, 민주주의에 위기가 나타났다. 정책을 도입하는 과정에서 비판이 불편해 국회를 거치지 않은 것이다.

이어지는 발전과 소외되는 농촌

1998년 FIFA 월드컵은 프랑스에서 열렸고 결승전은 프랑스 북부 생드니^{Saint-Denis}에 위치한 스타드 드 프랑스^{Stade de France}에서 열렸다. 다문화 분위기의 교외에 새로 국립경기장이 생긴 것은 결코 우연이 아니었다. 프랑스 팀은 매우 현대적이고 다양한 프랑스를 그대로 반영했다. 서아프리카, 북아프리카, 카리브해, 태평양 섬, 아르메니아, 바스크 지방, 그리고 기타 지역 출신에 인종이 다양한 선수들로 구성이 되어 있기 때문이다. 프랑스는 월드컵에서 한 번도 우승한 적이 없었다. 그런데 '무지개' 팀이라 불리는 프랑스 팀의 결승전 승리는 프랑스의 분수령이자 국내외의 강력한 통합의 힘으로 작용했다. 결승전 승리를 계기로 프랑스는 축구계의 지배 기간을 굳혀갔다. 프랑스 팀은 다음 유럽 축구 선수권 대회에서도 우승을 차지했다. 위대한 축구 선수 세대가 국제적인 경력을 쌓기 시작한 계기가 되었다.

한편, 경제적, 사회적 변화는 프랑스의 삶과 문화의 많은 부분을 바꾸어 놓았다. 관광객들은 잘 알아차리지 못하는 부분이다. 통신 경로가 개선되었고 원자력 발전이 확산하며 인프라에서 변혁이 나타났다. 고속철도망 계획과정에서 지역사회의 시각과 공간조직의 전통적인 패턴은 매우 종속적이었다. 지역사회는 혼란을 우려했으나 이러한 우려는 노선에 별다른 영향을 미치지 못했다. 270kph(168mph)의 속도로 운행하는 유명한 고속 열차 TGV의 첫 번째 노선은 1981~1983년에 파리와 리옹 사이에 개통되었다. 이 때문에 오랫동안 철도 중심지였던 디종^{Dijon}이 소외되었다. 1990년에는 브르타뉴로 가는 TGV 노선이 개통되었고 2001년에는 마르세유, 2016년에는 스트라스부르로 노선이 이어졌다.

또한 자동차 노선 시스템이 확장되면서 예전에 국도 중심지였던 곳들이 소외되었다. 르 아브르^{Le Havre}에서 옹플뢰르^{Honfleur}까지 센강을 가

XXI. 투르 드 프랑스. 놀라운 속도로 지나가는 연례 서사시.
2018년 제105회 투르 드 프랑스에서는 경주가 산에서 이루어졌다.
루르드에서 피레네산맥 라랑Laruns까지 스테이지 19.

로지르는 노르망디 다리^{Pont de Normandie}(1995)와 같은 주요 다리 건축물
이 좋은 예다. 그러므로 교통은 루앙과 같은 중간 규모의 도시들을 가
로지를 필요가 없었다. 대규모 해안 휴양지들은 랑그독 해안이나 브르
타뉴의 라볼르^{La Baule}에 생겨난 또 다른 변화였다. TGV역은 이 시기의
기능주의를 일부 보여주는 것이다. 이 시기의 기능주의는 매력적인 건
축 언어와 양립할 수 있음을 증명해 주었다. 영화와 예술을 포함한 여
러 문화 장르가 활발하게 발달했다. 예술의 경우는 1977년에 파리 퐁피
두센터에 있는 국립현대미술관^{Musée National d'Art Moderne}으로 집중 조명을
받았다.

　환경주의라는 이슈가 떠오르는 것처럼 변화의 욕구가 있으면, 반대

로 기존의 것을 지키려는 욕구도 있을 수 있다. '환경'이라는 단어는 1980년대에 와서야 일반적으로 쓰이게 되었지만, 프랑스에서는 그보다 앞서 1971년에 자연환경부가 설립되었다. 환경주의는 1968년의 반문화, 그리고 산업자본주의에 대한 비판에서 일부 영향을 받았고 역사가 오래된 농촌주의 흐름에도 일부 영향을 받았다. 농촌주의는 공동 농업 정책을 지지하고 일부 개발에 반대하는 농촌 보호주의에서 나온 것이다. 더 정확히 말하면, 1967년 피레네산맥에 조성된 국립공원, 1970년 세벤산맥에 조성된 국립공원, 1970년 프랑스 남서부의 랑드 지역과 같은 곳에 조성된 지역 공원이 농촌주의를 반영한 산물이다.

한편, 프랑스 농촌의 공동화를 걱정하는 목소리가 있었고 이 문제를 해결하기 위해 유럽 프로젝트가 추진되고 있었다. 유럽 프로젝트에서 미테랑은 1886년에 스페인을 유럽경제공동체의 회원으로 받아들이는 것에 찬성했다. 하지만 이 같은 유럽 프로젝트는 프랑스 남부의 농업, 특히 와인과 과일의 생산에 타격을 주었다. 그러자 프랑스 농부들은 스페인 농산물을 실은 트럭을 압류하고 적재물을 파괴했다. 프랑스 농부들이 보여준 행동은 전통적인 삶의 방식이 변화로 큰 타격을 받자 느끼는 불안감을 반영한 것이다.

전통적인 삶의 방식이 변화의 물결로 타격을 받는 과정은 훗날 '세계화'의 결과라고 비난을 받기도 한다. 그런데 이러한 과정을 들여다보면 프랑스 내부와 유럽연합 내부의 경쟁 문제라는 현실이 나타난다. 프랑스 남부는 특히 큰 피해를 입었지만, 브르타뉴처럼 토양이 열악한 곳에서도 심각한 경쟁이 벌어졌다. 프랑스의 정체성 개념에서 시골은 중요한 의미를 지니기에 시골이 처한 새로운 상황은 그만큼 심각한 위기로 다가왔다. 하지만 도시 지역에서도 문제는 있었다. 전통적으로 남성이 많은 블루칼라 일자리는 그대로지만 서비스 분야의 새로운 일자리는 많은 부분이 여성으로 채워졌다.

14
오늘날의 프랑스, 2001년~

국가 민주주의는 위협을 받은 정도는 아닐지라도 긴장 국면에 놓였다. 이는 2002년 4월 21일과 5월 5일의 대통령 선거로 나타났다. 1차 투표에서는 극우파당인 국민전선을 대표해 후보로 나온 장 마리 르펜^{Jean-} Marie Le Pen(1928년생)은 알제리 전쟁 동안 고문을 자행한 죄로 기소된 적이 있는 인물이지만, 프랑스에 거주하는 북아프리카인들에게 초점을 맞추고 실업과 범죄에 대한 두려움을 선거전략으로 활용했다. 그 결과 르펜은 1997년부터 총리로 재직한 사회당 후보 리오넬 조스팽보다 표를 더 많이 얻었는데, 그해에 결과는 역전되었다. 조스팽은 개인적으로 카리스마가 매우 부족했고 조스팽이 소속된 사회당을 포함해 좌파 진영이 분열을 겪고 있었으며 내각은 인기가 없었다. 이러한 이유로 조스팽은 사면초가에 놓였다. 파시즘의 부상에 대한 오해의 소지가 있는 이야기 가운데, 르펜과 시라크 사이의 2차 결선이 있었다. 시라크는 좌파를 포함한 정치권 전반에서 르펜을 물리치겠다는 결의 덕분에 82% 대 18%로 크게 이겼고, 많은 유권자에게서 표 획득을 확신한다며 자신감을 표현했다. 시라크는 선거에서 승리하면서 사회주의자들과의 동거정부를 끝낼 수 있는 기회를 얻었다. 6월 총선에서 시라크는 압도적인 승리를 거두었다.

프랑스의 경제 문제

민간 부문은 높은 생산성을 기록했으나 경제 상황은 여전히 문제였다. 특히 2001~2002년에 성장률이 하락하면서 더욱 그러했다. 2005년 2분기까지 프랑스의 실업률은 미국의 5.5%에 비해 10%로 높았고 청년 실업률은 23%로 훨씬 심각했다.

2008년 1월, 유로화 대비 파운드화 가치 하락으로 프랑스는 영국을 대신해 세계 5위의 경제 대국이 되었으나 정부 부채는 증가했다. 2005년 5월 국민투표에서 프랑스는 유럽 헌법 초안을 55% 부결시켰다. 좌파와 국민전선이 특히 반대했다. 노동자와 일자리의 자유로운 이동에 관한 안건은 특히 인기가 없었다. 한편, 시라크 대통령은 2003년 이라크 전쟁에 참여하지 않으면서 미국에 휘둘리지 않는 프랑스의 자존심을 보여주었다. 프랑스는 마찬가지로 이라크전에 대해 중립적인 입장을 보여준 독일과의 관계를 확인하며 전쟁의 부담을 피했다.

시라크의 시대는 2007년에 막을 내렸다. 정치적으로는 교착 상태였다. 여기에 시라크와 총리, 그리고 일찌감치 후계자로 낙점된 도미니크 드 빌팽Dominique de Villepin이 연관된 정치 스캔들은 정권의 도덕성에 의심을 불러일으켰다. 시라크 시대가 막을 내린 것은 이러한 요소가 복합적으로 작용했기 때문이다. 실제로, 그해 시라크는 1977년부터 1995년까지 파리 시장 시절에 관련된 횡령 혐의로 공식적으로 치안 판사들에게 기소되었다. 빌팽을 속이고 우파의 후보가 된 시라크의 후임자 니콜라

XXII. 1968년 5월 파리의 카르티앵 라탱Latin Quarter에서 일어난 시위. 드골을 잠시 흔들리게 할 정도로 권력과 통치가 마주한 위기.

사르코지^{Nicolas Sarkozy}(1955년생)는 과거와의 단절을 약속했다. 사르코지는 시라크 정권에서 반이슬람주의 성향의 내무 및 재무장관이었고 시라크 시대에는 주로 외부 인사로서 대통령직을 위해 선거운동을 벌였던 인물이다. 2005년 10월부터 11월까지 파리의 가난한 이민자기 밀집한 교외에서 일어난 폭동은 사르코지가 강경한 모습을 보일 기회였다. 사르코지는 이민과 이슬람주의가 미치는 영향을 비판했다. 이러한 사르코지의 논리에 맞서 무슬림 이민자들이 사회적으로 배제되어 청년 실업률이 높은 것이라는 주장이 나왔다. 이러한 논쟁은 이슈가 되었으나 사르코지에 반박하는 비판은 통하지 않았고, 사르코지의 인기는 높아졌다. 정부는 2006년에 26세 미만의 실업 보호를 축소하고 고용을 장려해 청년 실업 문제를 해결하려고 했으나 이 조치는 2007년 3월 18일 대규모 시위로 이어졌다. 압박을 느낀 정부는 해당 법안을 철회했다.

2006~2007년 대통령 선거운동에서 세골렌 루아얄$^{Ségolène\ Royal}$(1953
년 출생)은 사회당 예비 선거에서 승리했고 사르코지는 '정체성의 위기'
를 강조하며 '이민과 국가 정체정부'를 설립하겠다는 약속으로 우파를
장악했다. 2007년 4월 22일, 사르코지는 30.6%의 득표율을 얻어
25.7%의 루아얄과 10.4%의 르펜을 물리치고 1위를 차지했다. 루아얄은
제3공화국의 전통적인 좌파 지역인 남서쪽과 마시프 상트랄 지역에서
선전했다. 2차 투표에서 사르코지는 53%의 표를 얻어 가난한 사람들
과 부유한 사람들 모두의 표를 얻으며 승리를 거두었고 입법의회 선거
에서 승리를 거두었다.

　　2005년, 시라크 대통령이 유럽연합(EU)의 서비스 시장 개방 계획을
제시한 유럽위원회에 계획을 철회하라고 강요했다. 당시 프레이저 연구
소$^{Fraser\ Institute}$의 세계경제자유지수에 따르면 영국은 공동 5위, 독일은
18위, 프랑스는 52위를 기록했다. 2000년대 후반에 경제 자유화 조치
가 있었는데, 특히 2007년 감세, 2009년 병원 제도 개편이 있었고
2010년부터 TV 채널은 상품을 소개하면서 이익을 얻었다. 경제 국수주
의는 계속되었다. 2007년, 천연가스 회사인 '프랑스 가스$^{Gaz\ de\ France}$'는
외국인이 인수되지 못하도록 결정이 났다. 2008년 은행 소시에테 제네
랄은 부실하게 관리되어 새로운 인수 대상을 찾아야 했으나 외국 은행
에 인수되는 것에는 적대적이었다. 사르코지는 비판자들의 주장과 달리
국가관이 나름 확고해서 영미식 신자유주의 방식을 그렇게 적극적으로
옹호하지 않았다. 프랑스의 전반적인 우파 정치인들보다는 차별성이
있는 부분이었다. 동시에 경제 자유화의 흐름에 따라 프랑스 기업은 해
외에 투자하였다. 1999년에 르노는 루마니아의 다치아^{Dacia}를 인수했고
루마니아에서 자동차 라구나를 출시해 성공했고 르노의 자동차 제품
라인을 보완하기 위해 가격 부담이 적은 모델을 여러 가지 제작했다.

끊임없는 대립

이전에 시라크 대통령 시절에 이루어졌던 개혁 시도와 마찬가지로 사르코지 대통령 시절의 개혁도 파업을 자극하는 면이 있었다. 처음부터 사르코지는 파업에 대해 시라크보다 강경한 모습을 보였다. 1995년 시위 때 정면으로 붙지 않고 회피하는 모습을 보이던 시라크와는 달랐다. 2007년에 일어난 교통 파업에 대한 조치가 이전 조치와 달랐던 것은 공무원 노조의 영향력이 약해져 파업의 영향이 적었기 때문이다. 그러면서도 사회가 그만큼 복잡해졌다는 뜻이다. 사회가 복잡해지면 사회 공동체 사이의 일을 마르크스의 계급 충돌 관점에서 생각하려는 경향이 떨어진다. 프랑스에서 공산주의는 정치적으로 쇠퇴한 세력이 되었다. 극좌 성향의 노동조합은 구성원이 상대적으로 적었으나 소수파가 과격한 방식으로 계속 정치적인 압력을 행사하고 있다.

그런데도 2008년 3월 지방 선거에서 사회당이 승리했다. 사르코지의 허니문은 매우 짧았다. 프랑스는 2008년 세계 불황, 사르코지의 사생활과 과시하는 태도에 대한 비판으로 한시도 조용할 날이 없었다. 2010년 3월의 지역 선거 결과는 참담했다. 재정적자 해소를 위해 연금 문제를 해결하려던 정부의 시도는 부유층에 대한 세금 인상뿐만 아니라 반이슬람 노선을 채택하면서 원래의 목표였던 인기를 얻기는커녕 그 반대의 결과를 낳았다. 국민전선은 더 강하게 도전해 왔다.

사르코지는 4월 22일과 5월 6일에 치러진 2012년 선거에서 48.4%의 표를 얻어 51.6%의 표를 얻은 사회당 후보 프랑수아 올랑드[François Hollande](1945년생)에게 패했다. 2011년에 아버지의 뒤를 이어 국민전선을 이끌게 된 마린 르펜[Marine Le Pen](1968년생)은 1차 투표에서 17.9%의 득표율로 3위를 차지했다. 6월에 치러진 국회의원 선거에서 사회당이 과반수를 차지했다. 하지만 올랑드 대통령은 제5공화국 사상 가장 인기가 없는 대통령이 되었다. 경제 문제, 특히 높은 실업률 때문에 올랑드의 개혁만으로는 상황을 바꿀 수 없다는 불안감이 이어졌기 때문이다. 좌파는 사르코지의 신자유주의, 긴축 정책, 이민 정책 유지에 분노했다. 그리고 자유화는 동성애 결혼 합법화(2013)와 낙태 관련 법규(2013, 2016)의 형태로 나타났으나 상황이 달라지는 것은 아니었다. 2014년 3월의 지방 선거, 2014년 5월의 유럽 선거, 2015년 12월의 지방 선거에서 국민전선이 지속적으로 세력을 과시하면서 좌파는 더욱 긴장했다. 더구나 좌파는 GDP와 고용이 감소하는 상황에서 효과적인 대응책을 내놓지 못하는 상태였다. 부정부패를 향한 비난이 이슈가 되었다. 그러한 가운데, 올랑드는 사생활 문제로 우스꽝스러운 이미지가 되었다.

올랑드 정권은 이슬람 급진주의에 대한 국민의 우려를 제대로 해결해 주지 못하고 있었다. 이슬람 급진주의를 향한 국민의 우려를 활용한 인물은 마리 르펜이었다. 2014년 초, 마리 르펜은 거리에 이슬람 기도가 넘치는 프랑스가 마치 나치에 점령된 프랑스와 비슷하다고 했다가 고소를 당했다. 그러나 사실, 마리 르펜은 비시 정부를 암묵적으로 비판하기 위한 의도로 한 말이었다. 이는 비시에 호의적이고 반유대주의에 동조하는 아버지 장 마리 르펜과 선을 긋고 차별성을 부각하려는 마리 르펜의 전략이었다. 2014년에 아버지와 딸인 장 마리 르펜과 마리 르펜의 불화가 공론화되었다.

2015년 1월 파리, 11월 13일 샤를리 엡도, 2016년 7월 14일 니스는 이슬람 테러 공격을 받았다. 이 사건들로 프랑스 주요 도시에 군대가 배치되었고 정부도 강력하게 대응했다. 테러범 대부분이 프랑스나 유럽의 다른 지역에서 태어난 이민자들이었기에 프랑스를 뒤흔든 테러 사건들이었다.

올랑드를 향한 비난 가운데 일부는 과장된 것이 맞았다. 예를 들어, 2012년 당시 런던 시장이었던 보리스 존슨^{Boris Johnson}이 올랑드의 장관들을 프랑스 혁명 때 과격하고 폭력적으로 행동한 '상퀼로트^{sans-culottes}'('퀼로트culottes'는 프랑스 귀족계층이 즐겨 입던 '주름 잡힌 반바지'다. 따라서 이러한 반바지를 입지 못하는 계층은 노동자 계층이었다. 상퀼로트는 혁명 때 주역으로 활동한 하층민을 가리킨다 - 옮긴이)에 비유하기도 했다. 또한 2014년에는 올랑드 정부가 남녀 장관 동수 '성평등 내각'을 보장하기 위해 용어와 법률을 개정하려고 하자 논란이 일었다. 이에 대해 우파는 오웰식 언어$^{Orwellian\ language}$, 1790년대 프랑스 사회를 변화시키려던 혁명가들의 시도 등 다양한 예를 들어 비유했다. 나자트 발로 벨카셈$^{Najat\ Vallaud-Belkacem}$ 여성인권부 장관은 가족을 챙기랴 자신의 일을 하랴 지칠 줄 모르고 움직이는 푸키에 탱빌 $^{Fouquier\ Tinville}$로 불렸다. 푸키에 탱빌은 공포정치 시대의 검사다.

정부는 도로 화물 운송을 억제하고자 주요 도로를 이용하는 대형 트럭에 새로운 세금인 '환경세'를 부과하기로 했다. 브르타뉴에서는 새로운 환경세에 반발해 대규모 시위가 일어났고 통행료 감지기가 공격을 받았다. 작년에 그랬던 것처럼 정부는 한발 물러섰다. 시위자들은 브르타뉴 깃발을 흔들고 붉은 모자를 썼다. 루이 14세가 부과한 세금에 대항하여 1675년 브르타뉴 시위자들이 쓴 것이 붉은 모자였다.

마크롱의 집권 속 불안정함

올랑드는 계속 인기가 없는 대동령이었기에 2017년 재선에 출마하지 못했다. 선거운동에서 좌파는 분열되었고 전통적인 우파는 후보자 프랑수아 필롱$^{François\ Fillon}$의 부정부패 혐의로 타격을 받았다. 5월 7일 계엄령 아래에서 치러진(2015년 샤를리 엡도 테러 사건 때문에 처음으로 생긴 일) 대선 결선 투표는 '라 레퓌블리크 앙마르슈$^{La\ République\ en\ marche}$' 소속의 에마뉘엘 마크롱 후보와 마린 르펜 후보 간의 대결이었다. 1차 투표가 끝났을 때 르펜은 거의 22%의 표를 얻었으나 마크롱이 2차 투표에서 66%의 표를 얻은 반면, 그녀는 34%의 표를 얻는 데 그쳤다. 결국 마크롱은 마리 르펜을 누르고 승리했다. 제5공화국 역사상 최연소 국가원수이자 근대 프랑스 역사상 두 번째로 젊은 국가원수인 마크롱(1977년생)은 나폴레옹 보나파르트보다 어린 나이에 이후 총선에서 승리했다. 마크롱은 반대가 없어서 다시 한번 이득을 봤다.

이전에 마크롱은 올랑드 정부의 일원으로 중도 개혁가를 자처했으나 정착 정책과 기조는 반대 방향이었다. 2018년 11월부터 시작된 '노란 조끼' 시위는 연료 저장고 봉쇄를 포함해 유류세와 생활비 인상에 반대하는 시위로 시작되었다. 시위대는 정책 문제(연료에 대한 세금 인상과 함께 부유세 폐지를 포함하여 세금을 부과하는 것을 포함)에서 정부의 역할뿐만 아니라 마크롱 개인에게도 불쾌감을 표출했다. 마크롱은 국민을 배려하지 않는 대통령이라는 인식이 널리 퍼져 있는 상태였다. 2019년 12월, 마크롱이 정부 지출에 부담이 되는 연금 조항을 개혁하려고 하자 프랑스 노동총동맹(CGT)이 공산당과 연계해 파업을 선언했다. 마크롱은 대테러 방안도 정책 과제로 삼았다.

부패 문제는 21세기 초에도 정책, 정부와 함께 중요한 역할을 했다. 올바른 정책과 청렴결백이라는 이미지에 타격을 줄 수 있는 것이 부정부패 문제이기 때문이다. 대통령들의 사생활도 관심을 끌기는 했으나, 이보다는 권력과 기업 이익, 합법과 불법의 상호작용이 더 큰 파장을 일으킬 수 있는 문제였다. 여기에는 마녀사냥의 심리가 있을 수도 있다. 2003년 툴루즈에서 일어난 '알레그리 사건'처럼 말이다. 당시, 치안판사, 경찰, 포주, 매춘부, 마약이 연관된 가학-학대(SM) 난교파티 현장에 대한 고발이 있었다. 살인, 강간, 고문, 부정부패도 일부 있었던 것으로 알려져 있다. 그러나 이는 실제 사실이 아닌 것으로 나타났다.

편집증에 가까운 이러한 환상은 새로운 일은 아니지만 성과 권력에 관한 사회적인 불안감을 반영한 것이었다. 성과 권력은 개인적인 적대감 해소와 언론의 선정적 보도에 이용될 수 있었다. 조금 더 일반적인

XXIII. 2019년 파리의 노란 조끼 시위.
마크롱 대통령의 권위에 대한 더딘 도전으로 일부에서는 마크롱 정부가 추구하는
현대화라는 목적의 논리에 의문을 제기하기도 했다.

스캔들로는 금융 스캔들이 있었다. 최근 선거에서 패배한 사회당 출신의 총리 피에르 베레고부아$^{Pierre\ Bérégovoy}$는 1993년에 거액의 무이자 대출 혜택과 관련해 조사를 받던 중 자살했다.

　조금 더 조직적인 스캔들도 있었다. 정부, 거대 석유기업 엘프 아키텐$^{Elf\text{-}Aquitaine}$, 그리고 앙골라, 가봉을 중심으로 산유국들이 관련된 스캔들로 프랑스 이외의 나라가 운영하는 석유 회사들을 의도적으로 비즈니스에서 배제한 사건이었다. 게다가 부패 커넥션에는 프랑스 정재계의 비자금 문제가 있었다. 2002년, 강성 드골파 샤를 파스쿠아$^{Charles\ Pasqua}$가 대통령직을 노렸으나 성공하지 못한 것도 비자금 스캔들 때문이었다. 1990년대에는 미테랑과 독일 총리 헬무트 콜이 연관된 비자금 스캔들의 당사자가 엘프였다.

혼란 속에서 나아가다

프랑스는 정치적으로도 불안정했지만, 전반적인 환경 변화에도 큰 영향을 받았다. 예를 들어, 2003년에는 1만 4,000명이 장기간의 폭염으로 갑자기 사망했고, 2005~2006년에는 가뭄으로 수위가 심각할 정도로 떨어졌다. 이 문제들은 재발했고 앞으로도 계속 또 일어날 것이다. 그러나 사회적, 정치적인 위기와도 관련이 있었다. 2004년에 더위로 노인들이 사망했다. 성인 자녀들이 노부모에 대한 책임을 국가에 맡기고 휴가를 떠났기 때문에 일어난 사건이기도 하다. 따라서 이는 노인들을 돌보는 정부의 정책이 열악하고 사회적 결속력이 붕괴했다는 것을 어느 정도 보여주는 사건이었다. 프랑스인들이 자랑스러워하는 보건 시스템은 효과적인 사회 복지를 위해 필요한 장기적인 돌봄 영역에는 정작 적용되지 못했다. 노인의 수와 비율은 현저히 증가했다. 이는 계속 나타나는 현상으로 특히 프랑스 시골의 작은 마을에서 뚜렷하게 나타나고 있다. 동시에 프랑스는 기후 변화에 대처하기 위해 나름의 역할을 했다. 특히 배기가스 감축을 추진하는 노력을 해왔다. 프랑스는 도쿄 의정서와 파리 협정에서 기후 변화에 대처하기 위한 노력을 했다. 2016년 파리에서 열린 기후 협정에서는 지구 온난화에 맞서기 위해 전 세계가 협력하기로 했다.

프랑스는 폭넓은 국제 활동과 함께 EU에서 계속 핵심적인 역할을 했고 EU를 통해 혜택을 받는 중심 국가가 되었다. 2001년 프랑스는 CAP(농업 지원) 보조금의 22%를 받았고 2002년에는 비판적으로 나오는 영국을 무시한 채 CAP의 미래를 놓고 독일과 양자 간 합의를 끌어냈다. 이러한 양자 간 합의는 이후 EU 정책의 근간이 되었다.

보조금으로 삶의 방식이 정체되지 않고 가장 수익이 높고 생산적인 부분이 상당 부분 강화되었다. 이는 나아가 전체적으로 프랑스의 정치와 경제가 지닌 핵심적인 측면이었다. 특히 일드프랑스와 푸아투^{Poitou}의 목장에서 대규모로 곡물을 생산하는 농부들, 프랑스 서부에서 가금류와 돼지 중심으로 집약 축산을 하는 목축업자들이 혜택을 받았다. 시장이 보장되어 있고 가격을 높이 유지할 수 있게 되면서 기계화와 화학 비료의 대규모 사용이 안정적으로 이루어졌다. 기계화와 화학 비료의 대규모 사용은 농장에 국한되지 않고 농업 비즈니스로 점차 연결되었다. EU는 이익을 추구하는 체계로 국가의 기존 상황이 그대로 반영되었으며 회원국의 이익이 걸려 있을 때는 조건을 놓고 논쟁이 발생하기도 했다. 스트라스부르, 스트라스부르의 식당들, 그리고 1999년에 문을 연 모더니즘 유럽 의회 건물에서는 EU를 통해 얻은 이익이 분명하게 보였다.

그러나 CAP의 지원에도 프랑스 농업의 많은 부분이 경쟁력이 없다는 것이 드러났다. 실제로 막대한 보조금을 받는 대규모 농업회사와 소규모 농업회사라는 양극화가 있었다. 막대한 보조금을 받는 대규모 농업회사는 세계시장에서 미국과 경쟁할 수 있었다. 반면에 소규모 농업회사는 과잉생산이 버겁고 많은 수익을 낼 수도 없기에 결국 파산했다.

농민의 역할이 중요했지만 1970년에 약 160만 곳이었던 농가의 수는 2005년에 약 70만 곳으로 감소했고, 이 같은 현상은 계속되고 있다. 농업부 장관을 지낸 시라크는 대통령이 되자 자신의 표밭인 코레즈Corrèze의 유권자들에게 깊이 공감하면서 시골 지역이야말로 번치 않는 프랑스적인 특징이라고 소개했다. 시라크 박물관은 프랑스 동부의 사랑Sarran에 있다. 이와는 달리, '화려한 것을 좋아하는 남성'이라는 뜻에서 언론에서 '미스터 블링Mr Bling'이라는 부정적인 별명으로 불리던 사르코지는 시골에 별로 관심이 없었다. 헝가리 개신교 교도들, 그리스계 유대인들, 프랑스 가톨릭 선행자들과 어울리던 사르코지는 전통적인 프랑스다움이라는 이미지가 아닌, 화려한 코스모폴리탄 이미지를 보여주었다. 시라크는 매년 열리는 파리 농업 박람회인 '세계 농업 박람회'에 열심히 참석했고 관련 지식도 많이 가지고 있었다. 반대로 사르코지는 세계 농업 박람회에 가서 동물들 사이에서 불편해하는 모습을 보여주어 언론의 조롱을 받았다.

교통이 만들어낸 사회적 구별

TGV의 노선이 프랑스 남부까지 확장되면서 2001년에 마르세유까지 노선이 연결되었다. 이는 당시에 사회적 구별로 이어졌다. 이전의 사회적 구별이 새로운 형태로 나타났다고 할 수 있다. 아비뇽과 엑스^{Aix}를 연결하기 위해 새로운 노선이 만들어졌고 시외에는 커다란 역들이 지어졌다. 이렇게 해서 지방 도시들이 파리와 새로운 관계를 맺게 되었다.

부유한 파리 사람들은 도시에서, 특히 매력적으로 느끼는 오래된 지역에서, 별장 개념으로 또 한 채의 집을 구매했다. 이는 도시 재생으로 이어졌으나 사회 계층에 따른 거리를 보여주기도 했다. 혹은 주변 시골에 별장을 마련하는 부유한 파리 사람들도 있었다. 그러나 가격이 상승하여 부동산을 구매하고자 하는 지역 주민들이 타격을 받았다.

시외에 놓인 새로운 역은 주변 시골에 사는 사람들에게 편리함을 안겨주었다. 도심에 있는 역과 함께 도시 생활의 중심이 되는 기차 대신 TGV가 외곽과 더 넓은 세계를 연결하는 중요한 매개체가 되었으며 교외로 출근하는 사람들과 주택을 2채 가진 사람들에게 큰 도움이 되어 사회의 역동성에 기여했다.

동시에 공공 재정 지원 철도 시스템은 역사적인 패턴이 계속되었다. 프랑스 중부에서와 같이 상대적으로 적은 사람들이 이용하는 시골과 고지대 지역의 노선은 유지되었지만 2000년대부터는 유지보수에 도전하는 업계 내부로부터 강한 압력이 있었다. 이러한 압력은 부분적으로 규제와 통일성 추진 때문에 일어났다. 안전 요구사항에 따라 해당 노선

중 많은 부분이 개방된 상태를 유지해야 할 경우에는 상당한 투자가 필요했기 때문이다. 관광객들은 교통 시스템으로 화려한 풍경을 더 쉽게 볼 수 있었다. 채널 터널$^{Channel\ Tunnel}$의 개통(1992)이나 에펠탑보다 더 높은 다리이자 깊은 탄 계곡$^{Tarn\ valley}$을 가로지르는 도로 다리(2004)가 대표적이다. 프랑스 전역을 고속철도로 이동할 수 있는 혜택은 영국과 미국의 상황과는 확실히 달랐다. 도로와 항공 연결에 대한 압력이 줄어들었기에, 이러한 고속철도는 프랑스인들이 당연히 자랑스러워하는 것 중 하나가 되었다.

지역 경제는 여러 분야에서 속도는 달라도 계속 발전했고 지역적으로 변화가 있었다. 북부, 특히 파드칼레$^{Pas-de-Calais}$, 로렌 지역에서는 오래된 산업 공동체가 계속 쇠퇴했다. 릴과 루베^{Roubaix}처럼 한때 거대 산업 지역이던 곳에서 공장들이 버려지고 탄광들이 사용되지 않은 채 빈곤이 계속되었다. 뫼즈 철강 산업도 마찬가지로 쇠퇴했다. 2008년에 로렌의 철강 산업이 새로운 문제에 직면했고 타이어 회사 미슐랭^{Michelin}('미쉐린')이 인력을 감축하면서 산업 지역이던 클레르몽페랑이 타격을 입었다.

이와는 대조적으로 론알프스 지역은 그르노블 근처의 전자제품과 마찬가지로 산업화가 이루어졌다. 툴루즈의 항공우주 산업도 마찬가지였다. 북부에서는 랭스와 같은 도시들의 인구 증가가 미미했다. 이러한 북부에서 남부로 일자리를 찾아가는 국내 이주가 생겨났다. 니오르^{Niort}의 보험처럼 수익성 있는 서비스 산업이 더욱 중요해졌다. 그러나 일부 지역만의 문제가 아니었다. 남부, 서부, 중앙 지역에서도 오래된 산업이 쇠퇴했기 때문이다. 앙굴렘의 제지, 리모주의 도자기, 알레^{Alès}의 석탄, 생테티엔의 무기가 대표적인 예다.

프랑스의 인구 문제

프랑스의 인구는 유럽 일부 지역의 추세와 달리 2020년에는 6,527만 명으로 증가했다. 프랑스 정부는 출산 장려 정책을 적극적으로 추진하고 있는데, 이는 예로부터 당연한 것으로 생각되어 온 정책이다. 그 결과 프랑스의 출산율은 독일, 이탈리아, 스페인의 출산율보다 높다. 프랑스의 인구는 2050년까지 약 7,200만 명으로 독일의 인구와 맞먹는다. 그러나 출산율 증가는 상당 부분 '본토' 프랑스인의 출산율 덕분이라기보다는 알제리인이 중심이 된 이민자들의 높은 출산율 덕분이다. 프랑스에서 합법적으로 거주하는 이민자들 사이에서 태어난 아이들은 1993년까지 프랑스 인구의 10.8퍼센트를 차지했다.

그러나 이는 프랑스의 출산 장려 정책의 성공이라고 보기 힘들다. 외국인 부모 사이에서 태어난 아이들은 성인이 되면 자동으로 프랑스 국적을 갖게 되고 귀화한 외국인들의 자녀도 프랑스 시민이 되기 때문이다. 2008년에는 프랑스 인구의 약 19%에 해당하는 약 1,180만 명의 사람들이 외국에서 태어난 이민자들과 이들의 직계 후손들로 이루어져 있다고 한다. 2016년까지 프랑스에는 570만 명의 무슬림이 있었고 프랑스 인구의 8% 이상을 차지했다. 하지만 인구조사 양식에는 종교에 대한 부분이 없었기 때문에 이 수치도 대략적이다. 게다가 합법적인 이민자들과 불법 이민자들이 도시에 모였다. 특히 불법 이민자들이 도시로 모이다 보니 프랑스 시골에서 이민자는 더욱 이질적인 입지로 남았다. 파리의 벨빌^{Belleville}, 빈곤한 곳으로 꼽히는 마르세유의 북부 지역과 페르피냥 ^{Perpignan}의 북아프리카 지역은 이민자들이 집중적으로 모여 있는 곳이다.

1986년부터 1988년까지, 그리고 1993년부터 1995년까지 시라크 정부에서 내무부 장관을 지낸 샤를 파스쿠아가 말했듯이, 우파는 이민과 이민자 공동체를 문제로 여겼으며 입법과 예비 입법의 대상으로 생각했다. 2004년에는 프랑스 내 공립학교와 공공 기관 건물에서 종교적 상징물을 착용할 수 없게 되었다. 사실상 무슬림의 히잡 착용을 금지하는 것이 목적이었다. 이는 정치적으로도 이익이었고 프랑스의 통합을 공고히 하기 위해 마련된 정책이었다. 하지만 장기적인 문제가 되기도 한 정책이다. 실제로 여러 지역과 중앙 정부의 정치에서 문제가 발생했다. 2005년에 교외 지역에서 일어난 폭동으로 동화 문제가 더욱 수면 위로 떠올랐다. '동화가 힘들 것 같다'라는 이유로 국적 신청을 거부한 프랑스 최고행정법원인 국참사원$^{\text{Conseil d'État}}$의 2008년도 결정도 마찬가지였다. 2016년 마뉘엘 발스$^{\text{Manuel Valls}}$ 총리(1962년 출생)는 이슬람을 '문제'로 묘사했다.

프랑스가 주로 알제리 이민자들에게 집중하기는 하나, 대중이 민감하게 반응하는 이민자는 단순히 북아프리카 이민자들만이 아니다. 실제로 프랑스 대중들은 동유럽 출신의 노동자들에 대해서도 적대적인데, 이러한 면모는 발의된 유럽 헌법에 대해 2005년 이루어진 국민투표에서도 나타났다. 이를 통해 대중은 여전히 유럽을 공동의 유럽 사회로 보는 것이 아니라 이해관계가 다른 각각의 나라들이 섞여 있는 공간으로 이해하고 있다는 점을 알 수 있다. 영국의 블레어 총리 정부와 비교해 프랑스는 동유럽 출신의 이민자를 많이 받아들이는 것을 꺼렸다.

산재한 문제들

2019년 4월 15일 저녁, 노트르담 드 파리 대성당이 개보수 과정 중에 불이 붙어 타자, 전 세계가 공포에 질린 눈으로 바라봤다. 불길은 수 세기 된 참나무로 이루어진 지붕 첨탑 부분에서 빠르게 번져 나갔다. 저녁 7시 57분에 소방관들이 대성당의 나머지 부분을 불길에서 구하려고 서둘렀으나 첨탑이 무너지고 지붕이 일부 내려앉았다. 850년 동안 파리 중앙의 시테섬에 세워져 있던 고딕 양식의 대성당 노트르담 드 파리는 1804년 나폴레옹의 대관식이 열린 곳이었고 빅토르 위고의 유명한 소설 『노트르담의 꼽추The Hunchback of Notre-Dame』(1831)(소설의 프랑스어 원제는 '노트르담 드 파리Notre-Dame de Paris'다 - 옮긴이)에서 배경으로 등장했다. 그런 노트르담 드 파리 대성당이 거의 15시간 동안 불에 탔다. 마크롱 대통령은 나중에 이렇게 말했다. "노트르담 드 파리는 모든 프랑스 국민의 대성당이고 심지어 한 번도 발을 들여놓지 않은 사람들에게도 특별한 대성당입니다. 노트르담 드 파리의 이야기는 우리의 이야기입니다. 그런 노트르담 드 파리가 불타고 있습니다."

프랑스는 높은 출산율의 결과, 2006년 중위연령이 상대적으로 젊었다. 독일과 이탈리아가 42세로 나온 것에 비해 프랑스는 39세로 나왔다. 또한 60세 이상이 인구에서 차지하는 비율을 보면, 독일과 프랑스는 26%인 것에 비해 프랑스는 22%로 나왔다.

그러나 프랑스는 노동 시장이 빈약하고 유연하지 않아 많은 젊은이들은 그다지 좋은 일자리를 찾지 못했다. 직원들의 보험을 들어주어야 하는 부담 때문에 해고도 함부로 할 수 없는 터라 직원을 고용하는 선택이 그다지 매력적이지 않았던 탓이다. 오히려 인건비를 절약할 수 있게 돕는 기계에 더욱 투자하려는 경향이 두드러졌다. 실제로 생산성이 높은 경향이 있는 민간 부문과 생산성이 낮고 노조 관계가 악화한 공공 부문은 뚜렷한 대조를 보였다.

이러한 생산성 문제는 주당 근무 시간과 수당 문제로 부각됐다. 주당 근무 시간과 수당 문제는 새로운 노동자를 채용하는 것을 방해하는 두 가지 요소였다. 노동조합은 미덕을 과시하지만 실제로는 실업자들이 겪는 어려움보다 직원들의 상황을 더 걱정했다. 역대 대통령마다 유연하지 않은 경제 문제를 다루려고 했으나 노동조합원들에게는 거의 영향을 미치지 못했고 지지하는 대중도 일부라는 사실을 깨닫게 됐다.

세대의 공정성 문제는 2019년 GDP의 14%에 달하는 연금 관련 지출 규모와 관련이 있었다. 연금 관련 지출 규모는 2019년에 GDP의 14퍼센트에 달했다. 경제협력개발기구(OECD)의 연금 관련 지출 규모는 평균 8%였다. 프랑스가 연금 관련 지출 규모가 높은 것은 부분적으로는 정년 나이가 62세이기 때문이다. 그러나 1995년, 2003년, 2010년, 2019~2020년의 대규모 시위는 연금 개혁 계획에 타격을 입혔다. 동시에 사회적 불평등은 부유세보다는 소비세에 방점이 있었다.

정치적 긴장은 이민이 얽힌 문화적 문제와 관련될 때가 많았다. 이는 국민전선^{front natinal}의 관심과 에너지를 집중시키는 데 도움이 됐다. 호사가들은 이를 제2차 세계대전 이전의 파시스트 우파 포퓰리즘 운동, 그리고 비시와 연결 지으려 했다. 물론 실제로 어느 정도의 연계성은 있었다. 그러나 또 다른 우려도 있었다. 지배적인 사회적 흐름으로부터 확산하는 소외감이 그 예다. 이러한 우려는 정치적으로 좌파든 우파든 비슷한 편이다. 진영과 관계없이 정치계를 관통하는 감정은 환멸감이었다.

그래도 중도우파 정부(시라크, 사르코지), 중도좌파 정부(올랑드), 중도파 정부(마크롱)는 모두 정치적으로 지지를 받으려고 노력했고 스스로 온건하고 나라를 통합시킬 수 있는 존재로 소개하면서 나름의 목적을 정하려고 애썼다. 이는 필요한 입장이기는 하지만 정치적 자원이 그만큼 취약함을 증명하는 것이기도 했다. 정부의 인기가 꾸준히 유지되지 않고 극단적인 호소를 통해 유지될 때가 많았기 때문이다. 정부마다 미래 지향적으로 정책을 발전시킬 수 있는 능력은 제한적이었다. 따라서 프랑스 정치의 고질병은 국민전선의 인기가 아니었다. 비록 국민전선이 유권자들에게 인기를 얻는 현상은 심각하고 걱정되는 일이기는 하지만 말이다.

사실상 프랑스 정치의 고질병은, 다수에게 힘을 실어 광범위한 지지를 명령할 수 있는 개혁 정책을 지지하기에는 현실적 어려움이 있다는 것이었다. 대통령직의 권력과 의회 선거 승리가 함께 하면서 마크롱이 주도권을 가졌고 제5공화국에서 행정부가 입법부를 누르고 승리했다. 게다가 대통령직의 힘과 의회 선거 승리가 결합하면서 마크롱은 흡사 궁전의 군주가 누리는 것 같은 권위를 갖게 되었다. 하지만 베르사유 궁전에서 자주 행사를 여는 마크롱이 여전히 인기가 없다는 점에서 알 수 있듯이, 실제로는 이 역시 애매한 권위이기는 하다. 결국 마크롱의 취약한 입지는 2019~2020년 겨울에 분명하게 드러났다. 하지만 드골파의 후계자를 자처하는 우파인 공화당의 공감 능력 결여와 좌파의 부정성도 마찬가지로 분명하게 드러났다.

오늘날 프랑스의 문화

오늘날 프랑스는 찬란한 유산에서 비롯된 다양한 문화를 바탕으로 세계적으로 두각을 보이고 있다. 이러한 프랑스의 문화적 토대는 매우 폭넓게 분포되어 있으며, 국가의 강력한 지원과 창의적인 환경이 이를 뒷받침하고 있다. 프랑스의 문화는 단순히 경제적인 이점을 넘어 여전히 세계적인 선진국으로 인식케 하는 데 중요한 역할을 하고 있다.

프랑스는 세계 최초로 상업 영화를 상영한 나라로, 이후에도 세계 영화사에서 중요한 역할을 해왔다. 1895년 뤼미에르 형제가 <공장 출구>와 <열차의 도착>을 개봉하여 대중에게 공개한 이래, 오늘날까지 프랑스에서는 매년 수백 편의 영화가 제작되고 있다. 특히 프랑스는 1950년대 후반에 등장한 영화 운동인 '누벨바그'를 토대로 예술 영화 및 독립 영화 강국이 되었으며, 오늘날에도 정부에서 보조금 및 정책 지원이 이루어지고 있다. 한편 프랑스에서는 세계 3대 영화제 중 하나인 칸 영화제가 개최되며 국제 영화계에서 프랑스의 위상을 높이고 있다.

프랑스의 요리는 중세 시기부터 궁정 요리를 중심으로 발전하였는데, 호화로운 잔치를 중심으로 다양한 요리법이 자리 잡았다. 특히 향신료와 허브를 이용한 소스는 오늘날 프랑스 요리의 초석이 되었으며, 훗날 르네상스 시대의 이탈리아 요리와 교류하며 테이블 매너와 새로운 요리 기술이 도입되거나 디저트 문화가 생겨나는 등 더욱 세련되게 변모한다. 오늘날까지 프랑스 요리는 고급 요리와 외식 문화의 표준을 정의하고 있다.

패션 역시 프랑스 문화에서 빠질 수 없는 요소인데, 세계 패션의 수도로 불리는 프랑스에는 다양한 고급 브랜드 및 의류 산업에서 독보적인 위치를 점하고 있다. 루이비통과 샤넬, 디올 등 명품 브랜드가 프랑스에서 탄생했으며, 매년 열리는 파리 패션위크는 세계 4대 패션위크로써 전 세계 디자이너와 브랜드가 주목하는 세계적인 이벤트이다.

미술 및 박물관은 프랑스 문화 산업의 큰 축으로, 루브르 박물관은 세계에서 가장 많은 방문객이 찾는 박물관으로서, <모나리자>를 비롯해 수많은 걸작을 보유하고 있다. 또한 퐁피두 센터에서는 현대 미술과 디자인을 전시하며 다양한 활동을 통해 국제적인 명성을 얻고 있다. 파리의 미술 시장은 유럽 미술계에서 큰 축으로, 국제적인 경매 및 갤러리가 활발히 운영 중이다.

문학에 있어서도 프랑스는 세계사에서 중요한 위치를 차지하고 있다. 몽테뉴, 볼테르, 루소, 위고, 카뮈 등 수많은 프랑스 출신 작가들이 세계 문학사에 큰 영향을 미쳤으며, 오늘날에도 프랑스는 노벨 문학상 수상자를 가장 많이 배출한 국가로 자리매김하고 있다. 한편 프랑스는 유럽 최대의 출판 시장 중 하나이며, '파리 도서전'은 국제적으로 주목받는 문학 행사 중 하나다.

프랑스의 관광산업

프랑스는 매년 약 9천만 명에서 1억 명에 이르는 관광객이 방문하는 명실상부한 세계 1위의 관광 국가로, 프랑스의 관광 산업은 GDP의 약 8%, 2천억 유로로 추산된다. 또한 프랑스는 유네스코 세계문화유산으로 지정된 유적지가 2023년 10월 기준 총 52곳으로 큰 비중을 차지하고 있다. 프랑스는 유럽의 중심부에 위치해 접근하기 쉽다는 점 외에도 풍부한 문화 및 역사적 유산, 예술과 패션, 미식 등 다채로운 요소들로 관광객들을 유혹한다.

프랑스는 파리의 에펠탑을 비롯해 <모나리자>, <밀로의 비너스>를 소장하고 있는 루브르 박물관 등 세계적으로 유명한 랜드마크를 보유하고 있는 한편, 루이 14세의 절대왕정을 상징하는 베르사유 궁전, 독특한 자연 경관과 역사적 중요성을 겸비한 몽생미셸 등 다채로운 유적지를 자랑한다. 이외에도 다양한 럭셔리 브랜드의 본고장인 파리에서는 세계적으로 가장 중요한 패션위크가 개최되며, 고급 백화점 및 부티크는 쇼핑 목적의 관광객들에게 사랑받는다.

한편 프랑스는 세계적으로 인정받는 미식의 중심지이기도 하다. 프랑스 전역에는 보르도, 샹파뉴 등 세계 최고 품질의 와인 생산지가 분포해 있으며 1,000가지가 넘는 치즈는 미식가들이 프랑스를 찾아오게 만든다. 이외에도 미슐랭 가이드에서 선정된 고급 레스토랑 상당수가 프랑스에 집중되어 있으며, 전통적인 빵과 디저트를 비롯해 지역색이 강한 독특한 요리를 통해 프랑스 고유의 식문화를 경험해볼 수 있다.

이외에도 프랑스에서는 알프스와 피레네 산맥에서 겨울 스포츠를 즐기거나 코트다쥐르의 지중해 해안을 따라 온화한 기후를 만끽할 수 있다. 빈센트 반 고흐와 폴 세잔이 사랑한 프로방스에서 대규모의 라벤더 밭과 포도밭, 고유의 마을 풍경을 감상할 수도 있다. 프랑스에서는 칸 영화제를 비롯해 세계적으로 유명한 사이클 대회인 투르 드 프랑스, 니스 카니발과 아비뇽 연극제 등 다채로운 행사도 개최된다.

이처럼 프랑스에서 다양한 관광거리를 즐길 수 있게 된 데에는 정부의 다양한 진흥정책도 한몫을 하고 있다. 프랑스 정부는 공식 관광 웹사이트를 운영하며 다양한 매력을 홍보하고 있는데, 와인 투어, 역사 투어 등 특정 지역을 강조하는 테마 관광을 기획하고 있다. 또한 파리 샤를드골 공항을 비롯해 TGV 등 여러 교통 허브를 현대화하여 관광객 편의를 증대하였으며, 농촌 및 지방 소도시의 관광 인프라를 개선하여 파리 외 지역에도 관광객이 찾아갈 수 있도록 했다.

프랑스 정부는 관광산업에 있어 치명적이었던 코로나19 펜데믹의 회복을 위해 특별 기금을 조성하고, 소규모 호텔 및 레스토랑을 지원하거나 세금 감면 및 납부 기한 연장 등의 정책을 시행했으며, 지속 가능한 관광을 목표로 친환경 관광 옵션을 개발 및 홍보하고 있다.

프랑스의 현재와 미래

오늘날 프랑스는 세계 7위의 경제 대국으로 풍부한 역사적 유산과 경제적 잠재력을 바탕으로 여전히 유럽을 포함한 세계 무대에서 중요한 위치를 차지하고 있다. 하지만 내부적으로는 경제, 사회, 정치 등 다양한 분야에서 위기와 도전이 공존하는 복잡한 상황을 유지하고 있다.

프랑스는 첨단 기술을 비롯해 자동차, 항공, 농업, 패션 등 다양한 산업 분야에서 경쟁력을 유지하고 있으며, 한편으로는 EU의 핵심 회원국으로서 유럽 경제 통합 및 규제에서 중요한 역할을 담당하고 있다. 또한 세계적인 도시 파리를 중심으로 예술, 음식, 영화 등 세계적인 소프트 파워를 행사하며 매년 수많은 관광객을 받아들이고 있다. 게다가 프랑스는 국제적인 기후 변화 대응에 있어서도 주도적인 역할을 하고 있다. 프랑스는 2015년 파리 기후협정 중심국으로서 탄소 중립 목표와 재생 가능 에너지 확산을 위해 노력을 다하고 있다.

그러나 프랑스의 현 상황이 마냥 긍정적인 것만은 아니다. 프랑스는 높은 청년 실업률과 빈부 격차로 인한 사회적 불안정 문제를 겪고 있으며, 이러한 경제적 불평등은 파리를 비롯해 각 지역의 치안 문제와 갈등을 심화시키고 있다. 또한 프랑스는 급증한 이민자로 인해 발생하는 빈곤 및 차별 문제로 골치를 앓고 있으며 이슬람 극단주의 테러의 주요 표적이 됨에 따라 고위험 국가로 분류되어 불필요한 사회적 비용을 지불하고 있다. 이에 따라 시민들은 경찰로 대표되는 공권력과 마찰을 빚으며 폭동과 같은 사건으로 번지기도 했다. 한편으로 프랑스는 탄소 배출 감소와 재생 가능 에너지로의 전환 과정에서 산업 및 경제적 제약이 발생함에 따라 이를 해결할 수 있을 것인지 주목받고 있다.

결국 프랑스의 미래는 현재의 유산을 활용하여 경제적 불평등과 사회적 갈등, 정치적 양극화와 같이 내부적으로 산재한 문제를 얼마나 잘 해결할 수 있는가에 달려 있다고 할 수 있다. 또한 국제적으로는 오늘날 미국과 중국 간의 글로벌 패권 경쟁 속에서 프랑스가 기존의 독립적이고 강력한 외교 정책을 유지할 수 있을지, 그리고 브렉시트 이후 변화가 일어난 EU 내에서 독일과의 관계를 어떻게 조율할 것인가가 앞으로의 중요한 과제로 남아있다. 이러한 여러 위기를 효과적으로 관리한다면 프랑스는 유럽을 포함한 세계에서 여전히 중요한 강국으로 자리잡을 것이다.

15
결론

프랑스 역사에서 보수주의는 계속되는 주제다. 기존 이익을 보호하려는 태도를 '보수주의'라고 일컫는다. 그리고 경제 분야에서 보수주의가 현재까지 이어져 오고 있는 것 또한 프랑스 역사의 특징이다. 예를 들어, 혁명 이전에 중요한 비중을 차지한 제분 산업에서 제빵사들은 가격이 떨어질 것을 우려해 제분소를 더 큰 단위로 결합하는 것에 반대했고 행동의 자유가 제한받을까 제분 방법이 달라지지 못하게 방해를 놓았다. 심지어는 새로운 취급 방식, 새로운 반죽과 제빵 기술을 배워야 하는 것이 번거롭다는 이유로 기존과 다른 종류의 곡물을 도입하지 않으려고 했다.

　한편, 공공 당국은 대중의 불안으로 이어질 수 있다는 이유로 새로운 제분 방식을 받아들이지 않으려 하며 저항했다. 당국은 투기로 곡물을 구매하는 것처럼 특정 관행을 도입하지 못하도록 했다. 이렇게 해서 산업이 자본주의 방식으로 현대화되는 과정이 쉽지 않았다.

현대의 보수주의

현대 프랑스에도 보수주의는 엄연히 존재한다. 유연하지 않은 노동 시장이 대표적인 예인데, 이는 정부에 직접적인 부담으로 작용했다. 2006년에는 5백만 명의 노동자가 공공 부문에 종사했는데, 노동자의 약 4분의 1에 해당하는 규모다. 2007년 사르코지 정부는 연금이 전액 지급되기 전에 근로자들이 연금을 내는 기간을 늘리려고 했고 이는 파업으로 이어졌다. 경제 활동과 그 사회적 배경을 대하는 대중의 태도를 통해 정부의 정책에 저항하고 있음을 알 수 있었다.

파업의 목적은 일자리 지원을 비롯해 고용주의 사회보장 비용 부담에 대한 약속을 받아내는 것이었다. 그러나 규제 완화가 바르 장관^{Barre} ^{ministry}(1976~1981년) 때처럼 논란을 불러일으킨 것만은 아니다. 민영화로 1980년대 후반과 1990년대 중반처럼 규제가 완화되었다. 2005년에 '프랑스 전기^{Électricité de France}'가 일부 민영화되자 5백만 명 이상의 인구가 주주가 되어서 기뻐했다. 그럼에도 연금 개혁에 계속 반대하는 것은 변화를 받아들이지 않으려는 태도에 기인한다. 그리고 기존 특권에 거부감을 가지는 것은 정부에 반대하는 혁명정신을 그대로 보여준다.

프랑스라는 나라가 남다르다는 점을 계속 강조하는 것 역시 프랑스 보수주의의 또 다른 단면이다. 1975년의 법률과 1994년의 법률에 따라 프랑스어로 충분히 표현할 수 없는 특수한 내용이 아니라면 공식 문서, 광고, 포장에 외래어를 사용하지 못하게 했다. 외래어 사용 금지 조치를 통해 우리는 프랑스라는 나라가 특유의 자만심과 고집을 지녔을 뿐만 아니라, 또 한편으로는 자신감이 부족하다는 사실을 알 수 있다.

프랑스는 무역 자유화가 프랑스 문화에 타격을 줄 수 있다는 우려로 다양한 방법의 저항을 지속했다. 영화 산업에 보조금을 지급하고 미국의 요리와 문화를 멀리하는 데 전반적으로 많은 에너지를 쏟았다. 그럼에도 프랑스가 코카콜라와 맥도날드에 점점 점령되어 가는 현상은 막을 수 없었다. 이러한 현상에 대한 비판의 목소리도 높아졌다. 맥도날드의 '해피밀'은 2000년대부터 인기가 높았으나 파스타는 아주 오래전부터 인기가 있었다. 프랑스에서 파스타 소비는 2006년부터 증가했다. 그 결과 2014년에 프랑스 성인의 87%가 적어도 일주일에 한 번은 파스타, 밥, 혹은 국수를 먹었다. 특히 젊은 사람들이 파스타를 선호했다. 디즈니랜드 파리는 프랑스의 주요 관광지 중 하나가 됐으며 적어도 이곳에서는 영어로 말하는 것이 더 자연스러운 일이었다. 세계화가 빠르게 진행되면서 외국인 혐오도 함께 늘어났다. 프랑스의 국가 정체성은 과거에 비하면 탄탄하지 않았다.

차츰 프랑스 방문객들도 감지할 수 있는 변화가 나타났다. 2007년에 금연 정책이 생겨나면서 카페와 음식점 문화도 달라졌다. 1,400만명의 흡연자가 있는 프랑스는 변화가 특히 강하게 찾아온 나라 중 하나가 되었다. 과거 흡연자들은 사무실이나 레스토랑을 나가 바깥 공공장소에서 '담뱃불을 붙였다.' 그러나 더 이상 공공 흡연이 세련된 행위로 보이지 않게 되면서 프랑스 사회의 모습도 달라졌다. 한때 프랑스 문화의 개성은 강하게 나타났으나, 현재는 과거에 비해 프랑스만의 개성이 그리 강하게 드러나지 않는 듯하다. 특히 프랑스의 기독교가 그렇다. 1950년대에 비해 기독교가 프랑스 생활에 끼치는 영향력은 눈에 띄게 줄었다. 대규모 무슬림 이민의 영향이 하나의 원인으로 지목되지만, 또 다른 원인으로는 더욱 강해진 정교분리, 그리고 이혼, 낙태, 편부모 가정, 동성애, 동거의 증가 등이 있다. 개인이든 집단이든 선택할 수 있는 윤리와 삶의 형태가 다양해진 것이다. 그렇게 프랑스는 다른 서구권 국가와 마찬가지로 스타일과 성격이 변하면서 우울증과 분열 문제로 몸살을 앓게 되었다.

동의와 권위의 역사

프랑스 역사에는 시기와 관계없이 국가의 건설과 부에 관한 서사들이 존재한다. 이것들은 어느날 갑자기 만들어진 것이 아니다. 그렇기에 뜻밖의 상황과 우연이 결정적인 역할을 하기도 한다. 프랑스도 다른 국가와 마찬가지로 폭력의 역사, 통치자들 간의 지속적인 재협상과 통치의 과정을 거쳐 만들어졌다. 실제로 정치 제도를 만든 요인은 동의와 권위다. 권위는 장기적이면서도 유동적임을 역사를 통해 알 수 있었다. 물론 동의와 권위 모두 진지하게 파고들면 심각한 결함이 있지만 말이다.

1590년대에 종교전쟁을 끝내는 데 필요한 것은 어느 정도의 타협이었다. 타협은 오늘날에도 여전히 통하는 정치의 한 부분이다. 특이하게도 프랑스는 권력과 권위의 상징에 초점을 맞추는 경향이 있다. 마크롱 대통령이 보여주는 '제왕적 대통령'의 형태 혹은 지역에서 권위를 내세우는 관료들의 행동과 생활 방식이 좋은 예다. 프랑스의 관리들은 이전에 군주제가 휘두르던 방식의 권위를 그대로 이어받았고 이를 즐기는 것 같다. 그러나 권력과 권위의 현실은 다소 다르다. 현실의 권력과 권위에서는 타협의 과정이 중요하게 포함되어 있다. 절충안의 일부인 타협 과정이야말로 항상 왕권을 실질적으로 뒷받침했고, 이는 공화정에서도 마찬가지였다.

이제 타협은 종교 문제를 해결하기 위해서만 사용하지는 않고 전반적인 분야에 적용된다. 하지만 1984년의 상황에서 볼 수 있듯이 교회학교의 경우에는 상황이 달랐다. 이는 제3공화국, 특히 1900년대 초부터 이어진 영향을 반영한다. 이슬람의 경우 기독교와 비슷한 타협이 있을 것 같지는 않다. 그래도 크게 보면 이슬람, 그리고 이전에 일어난 기독교 이단 운동 사이에는 유사점이 있다. 따라서 앙리 4세가 했던 말 "파리는 미사여구로 표현할 가치가 있다"라는 말에는 더 이상 울림이 없다.

하지만 1590년대는 오늘날의 정치와 비교했을 때 상황이 다르다.

1950년대에는 정치적 수단으로 폭력이 사용되었으나 현재는 의견대립과 타협이 같이 작동한다. 대통령마다 활동하는 시대적 배경은 다르나 근본적인 상황은 같다. 특히 대중의 분노를 잠재우고 성공한 모습을 만들어내는 기술이 있어야 권력이 주는 압박에 대처할 수 있다. 앙리 4세는 군사에서 정치에 이르기까지 필요한 능력을 갖추었다는 점을 보여주면서 1598년에도 지속적 위기를 잘 이겨나갔다. 그러나 문제의 요소는 그대로 남아 있었고 프랑스도 다른 나라와 마찬가지로 위기를 극복하기까지 시간이 걸렸다.

왕권이나 국가 권력이 발전해 온 과정을 일직선 구도로 보거나 단순한 설명으로 요약해서는 안 된다. 신중한 태도가 필요한 이유다. 예를 들어, 시간이 지나면서 국가가 반드시 강해지는 것은 아니다. 그보다는 상황이 다양해졌다고 보는 편이 맞다. 역사의 흐름을 단선적으로만 볼 때(역사의 과정을 하나의 직선으로 보려는 시도) 발생할 수 있는 문제는 또 있다. 목표의 변화 과정을 제대로 포착하지 못한다는 것이다. 이는 프랑스 혁명과 다른 역사적 사건에서도 확인할 수 있는 내용이다. 루이 세바스티앵 메르시에는 소설 『2440년$^{\text{L'An 2440}}$』(1770)에서 밀 생산 규제, 충분한 양이 확보된 곡물, 그리고 교배와 선택적인 번식을 거쳐 개선이 이루어진 농작물과 가축 등이 존재하는 상황을 상상해 묘사했다. 요즘은 환경 문제가 주로 강조될 수 있겠지만 2100년 정도에는 급격한 인구 증가로 생산 쪽으로 초점이 맞춰질 수도 있다.

프랑스 안에서 권위와 권력의 성격은 항상 달라져 왔다. 부분적으로는 거리, 지형, 범위를 고려했을 때 현실적인 한계가 있다는 것을 보여준다고 할 수 있다. 그러나 이념적 요인도 매우 중요하다. 여기서 핵심 이념은 보수이다. 특히 강력하고 분리된 정체성을 지닌 지역에 관한 것이다. 보수주의의 중요한 형태는 지속성으로 이루어진다. 프랑스는 제5공화국 아래에서 새로운 헌법 공식과 정치 공식을 갖추게 되었다. 이는

EU 회원국으로서 EU 안에서 지역 정치를 해나가는 데 필요한 새로운 공식이다.

모두가 프랑스는 아니다

같은 프랑스라도 지역마다 상황이 서로 다르다. 19세기부터 획일적인 소비문화가 확산할수록 오히려 지역 차는 더욱 커져만 갔다. 이러한 과정은 1970년대 이후 크게 확대되었다. 국가와 지역의 상호작용은 실제로 프랑스 역사에서 중요한 역동성으로 남아 있다. 프랑스의 통치를 받은 지 250년이 넘은 코르시카의 경우가 이에 해당한다. 한편, 브르타뉴는 지난 10년간 중앙 정부와 지방정부의 의견 차이와 갈등을 잘 보여주었다. 브르타뉴의 노인들은 아직도 '프랑스 안으로' 갔다고 말한다. 중앙 정부와 거리를 두겠다는 각오는 그 외의 지방에서도 마찬가지로 드러난다. 프랑스를 여행으로 찾는 사람들에게는 이처럼 지역마다 안고 있는 갈등이 잘 보이지 않을 것이다.

한 가지 대조적인 요소는 변경 지역과 다른 지역 사이에 있었다. 변경 지역은 물리적인 국경 지역이기도 하지만 밀수와 같이 국가 권력이 충돌하는 국경 지역이기도 하다. 1730년대를 포함해 도피네^{Dauphiné}(프랑스 동남부 지방 - 옮긴이)에서, 1760년대를 포함해 브르타뉴에서, 밀수업자 소탕에 군대가 사용되었으나 지역의 지원이 없어서 상대적으로 성과가 그리 크지 않았다. 1770년대 루시용이 그랬다. 공무원과 군대가 모두 불리한 입장이 되면서 내부의 밀수업자를 소탕하지 못했다.

그러나 프랑스의 지역적 다양성과 언어적 다양성은 단순히 국경지대의 문제가 아니었다. 19세기 공화정이 들어서면서 지역 언어와 문화에 대한 억압이 의도적으로 이루어졌다는 서술은 당시의 현실을 왜곡하는 것이다. 한때 독립적인 공국이었던 지역들이 어설프기는 해도 연합을 할 수밖에 없던 것이 당시의 현실이었다.

통일성을 추구하는 과정에서 항상 반대의견도 따라왔다. 여기서는 언어가 핵심적인 격전지 역할을 했다. 1539년 빌레 코트레 칙령^{Edict of Villers Cotterêts}으로 프랑수아 1세는 공식 문서에 오직 프랑스어만 사용해야 한다고 결정했다. 이에 따라 프랑수아 1세가 통치하는 영토에서 프랑스 이외의 언어는 입지가 매우 작아졌다. 이와 비슷하게 1794년에 자코뱅파는 프랑스의 다양한 언어가 애국심을 기르는데 방해가 될 것이라고 보고 지역 방언이나 사투리를 제거하려고 했다. 1930년대 브르타뉴에서는 집에서 브르타뉴어만 사용하던 학생들이 프랑스어를 배울 때까지 학교에서 목에 B자로 표시된 슬레이트(점판암)를 걸고 있었다. 그러나 이에 저항하는 사람들은 계속 생겨났다. 언어가 유일한 정체성은 아니더라도 언어가 정체성 형성에 중요한 역할을 하기는 한다. 그래서 옥시탕^{Occitan}, 브르타뉴, 바스크, 코르시카, 알자스는 현재도 언어 정체성을 위해 투쟁하고 있다.

유럽 속 프랑스

지역이라는 주제는 오랫동안 프랑스의 역사에서 꾸준히 다루어졌다. 유럽 내 프랑스라는 주제도 프랑스의 역사에서 자주 다루어졌다. 즉, 전쟁, 그리고 문화적 연계와 정체성, 특히 기독교에 관련된 문제였다. 처음에 프랑스는 로마에 정복당해 연합된 형태로 나타났으나 1945년까지 지속된 분쟁으로 한계를 안고 있었다. 그러나 프랑스는 실질적 영향력도 있었고 다양한 형태의 소프트 파워를 포함한 다른 여러 수단을 통해 그 힘을 과시했다.

프랑스는 제2차 세계대전에서 독일에 패해 충격을 받았고 이후에는 냉전의 도전을 받으면서 다자주의, 특히 나토와 EU에 크게 관심을 보였다. 하지만 나토는 프랑스의 이익을 포함하여 프랑스 정부에 별로 도움이 되지 않았다. 그 결과 프랑스는 나토와 거리를 두었다. 드골이 군사 동맹을 탈퇴하기도 했고 2019년에 마크롱은 나토가 '뇌사' 상태라고 주장했다.

이와는 대조적으로 제5공화국 대통령들은 EU를 강조하는 것을 가장 좋아했다. 특히 EU를 적극적으로 강조하는 대통령은 마크롱이다. 2017년에 유로존 예산을 압박하고 프랑스를 유럽의 핵심 주체로 삼는 '멀티 스피드 유럽(서유럽을 중심으로 유럽연합의 외연을 확장하는 프로젝트)'이라는 아이디어를 추진한 것이 바로 마크롱이었다.

하지만 유럽 안에서 프랑스가 앞으로 어떤 길을 갈지는 여전히 미지수다. 프랑스의 향후 행보가 명확하지 않은 이유는 유럽 프로젝트의 발전 가능성이 아직 분명하지 않아서라고 할 수 있다. 특히 유럽 안에서 민족주의가 다시 대두하는 상황에서는 더욱 그렇다. 유럽 프로젝트는 이전부터도 관심의 대상이었다. 1940년대부터 프랑스 정부들은 이념적인 이유와 정치적인 이유로 프로젝트에 많은 투자를 했다. 그러나 장기적으로 봤을 때, 특히 경제 상황이 악화할 경우, 유로 컨버전스 지역^{Euro convergence}이 주장하는 대의가 서로 생각하는 국익과 정체성이 제각각인 프랑스 및 회원국들이 이루는 정치집단을 위해 사용될 것이라고는 생각하기 어렵다.

마치며

아무래도 과거는 다시 반복되는 깃 같다. 현재 프랑스 정치의 '문화 선쟁'에서 작용하는 몇 가지 사상과 그 차이점을 평가하면 더욱 그렇다. 프랑스는 1950년대에 호황을 경험하고 1960년대에 현대화를 이루었으며 1981년에 평화적인 방식으로 사회주의로 전환하는 것에 성공하면서 자신감을 가졌다. 프랑스 혁명 이후로 오랫동안 분열해 온 사회가 안정을 찾아가고 있다는 자신감이었다.

그러나 극우파의 부활을 보면, 사회가 평화로워질 것이라는 낙관론은 그다지 현실적이지 않아 보인다. 더구나 극우파는 소수라 해도 무시할 수 없는 존재다. 게다가 인기가 떨어진 우파(시라크, 사르코지)와 좌파(올랑드), 중도(마크롱) 정부를 통해 분명한 프랑스 노선이라는 생각이 실현하기 얼마나 어려운지 짐작할 수 있다. 분명한 프랑스 노선에 저항하는 것은 극단주의자뿐이지만 이외에도 극복해야 할 어려움이 가득차 있는 것이다.

정부가 프랑스를 이끌어갈 때 곤란한 문제를 일으키는 것은 두 가지다. 하나는 혁명정신, 또 하나는 '노란 조끼'에서 나타났듯이 '직접 민주주의'에 대한 애정이다. 이는 프랑스 정치의 오랜 전통이다. 이러한 프랑스 정치의 오랜 전통 중에서 일부는 새로운 상황을 만들어낼 수 있다. 오랜 차이 중 일부는 특정 이점으로 이전될 수 있다. 따라서 특정 영역에서 개신교가 이후의 공화주의나 급진주의와 관련될 수 있고, 그 반대의 경우도 있다.

그러나 프랑스는 특유의 감성을 만드는 데 성공했다. 게다가 한편으로는 다양성이 활발하게 존재하는 국가를 통합적으로 이끌어가는 데에도 성공했다. 프랑스는 영광스러우면서도 결코 쉽지 않은 역사를 거치면서 하나의 국가로 완성됐다.

감사의 말

호기심 많은 소년 시절에 아버지와 함께 두 번의 장거리 자동차 여행을 했다. 프랑스 여행의 시작이었다. 그 후 다녀온 프랑스 여행을 생각하면서 누구와 함께, 누구를 위해 여행을 했을지 떠올리게 된다. 프랑스를 관광하면서 기쁨과 흥미를 느꼈다. 이를 계기로 1979년부터 1989년까지 장기 학술 연구 여행을 하면서 반복적으로 파리를 찾았고 학회, 강연, 학술 여행을 정말로 많이 하면서 프랑스 전국을 다녔다.

원고 초안에 대해 의견을 준 알리스 카트린 카를Alice-Catherine Carls, 말콤 쿡Malcolm Cook, 에드워드 코프Edward Corp, 찰스 쿠티뉴Charles Coutinho, 빌 도일Bill Doyle, 에르베 드레비용Hervé Drévillon, 앨런 포레스트Alan Forrest, 자크 프레모Jacques Fremeaux, 로버트 길디아Robert Gildea, 앨런 제임스Alan James, 콜린 존스Colin Jones, 장 마크 라고Jean-Marc Largeaud, 장 밥티스트 망숑Jean-Baptiste Manchon, 도로테 페링Dorothée Perring, 마이클 라포Michael Rapport, 프레데릭 사프로이Frédéric Saffroy, 나이젤 사울Nigel Saul, 모리스 베스Maurice Vaisse, 필립 우드파인Philip Woodfine에게 감사의 인사를 전하고 싶다. 만일 이 책

에 오류가 발견된다면 전적으로 필자의 책임이며 초안을 검토해 준 사람들에게는 전혀 책임이 없음을 밝힌다. 항상 필자에게 도움과 격려를 준 사람들이다. 벤 헤이스^{Ben Hayes}는 특히 많은 지지를 해준 발행인이었고 같이 일하는 하워드 왓슨^{Howard Watson}은 능력있는 편집자의 모범이었다. 이 책을 훌륭한 역사학자 찰스 쿠티뉴에게 바칠 수 있어서 매우 기쁘게 생각한다. 쿠티뉴와 함께 팟캐스트를 만들면서 아주 즐거웠다. 과거에 적극적으로 접근하는 또 다른 방법을 전해준 팟캐스트였다.

추가로 읽을거리

어떤 도서일지라도 '생략'과 '추가'라는 문제를 안고 있으며, 시간이 지나면 금방 구식이 될 수 있다. 이를 완화하기 위해, 아래 제시한 도서 목록은 최근의 작품에 초점을 맞추었다. 이전의 작품들은 그들의 참고문헌을 통해 찾아볼 수 있다.

이 책의 방향에서 분명히 드러나는 좀 더 미묘한 문제는, 문헌 대부분이 프랑스 역사와 그 방향, 그리고 거의 불가피함을 마치 주어진 사실처럼 다룬다는 점이다. 특히, 프랑스 지역들의 대안적인 경로를 추적하는 데 약점이 있다. 따라서 필자는 도서 목록을 의도적으로 지리학에서 시작했는데, 이는 결정론을 지지해서가 아닌, 지리학의 중요성 때문임을 밝힌다.

지리학

Braudel, F., *The Identity of France*, New York, 1988–90

Clout, H., *Themes in the Historical Geography of France*, St Louis, 1977

de Planhol, X., *An Historical Geography of France*, Cambridge,

2006/*Géographie Historique de la France,* Paris, 1989 (if one book deserves attention, it is this)

일반 저서

Fenby, J., *The History of Modern France*, London, 2015

Hazareesingh, S., *How the French Think*, London, 2015

Price, R., *A Concise History of France*, Cambridge, 2005 (2nd edn)

서기 410년까지의 프랑스

Bourdier, F., *Préhistoire de France*, Paris, 1967

Drinkwater, J. F., *Roman Gaul: The Three Provinces*, New York, 1983

Pigott, S., Daniel, G. and McBurney, C. (eds), *France Before the Romans*, Park Ridge, NJ, 1973

Roman, D., *Histoire de la Gaule*, Paris, 1997

중세 프랑스

Bull, M., *France in the Central Middle Ages*, 900–1200, Oxford, 2002

Delort, R., *La Vie au Moyen Age*, Paris, 1982

Gaposchkin, M., *The Making of Saint Louis: Kingship, Sanctity and Crusade in the Later Middle Ages*, Ithaca, NY, 2008

James, E., *The Origins of France: From Clovis to the Capetians 500–1000*, New York, 1982

Potter, D. (ed.), *France in the Later Middle Ages, 1200–1500*, Oxford, 2003

1494-1598년

Holt, M. P. (ed.), *Renaissance and Reformation France*, 1500–1648,

Oxford, 2002

Knecht, R., *Francis I*, Oxford, 1982

de Muchembled, R., *Sociétés, cultures et mentalités dans la Francemoderne,*

XVIe–XVIIIe siècle, Paris, 2001

1598-1715년

Bergin, J., *Cardinal Richelieu*, New Haven, CT, 1990

Mansel, P., *King of the World: The Life of Louis XIV*, London, 2019

Pitts, V. J., *Henri IV of France*, Baltimore, 2008

Shennan, J. H., *The Bourbons*, London, 2007

1715-1788년

Hardman, J., *The Life of Louis XVI*, New Haven, CT, 2016

Jones, C., *The Great Nation*, Harmondsworth, 2003

1789년

Crook, M. (ed.), *Revolutionary France*, Oxford, 2002

Doyle, W., *The Oxford History of the French Revolution*, Oxford, 2003 (2nd edn)

Price, M., *The Fall of the French Monarchy*, London, 2002

Scurr, R., *Fatal Purity: Robespierre and the French Revolution*, New York, 2006

1799-1815년

Alexander, R. S., *Napoleon, London*, 2001

Roberts, A., *Napoleon the Great, London*, 2014

1815-1914년

Begley, L., *Why the Dreyfus Affair Matters*, New Haven, CT, and London, 2010

Bresler, F., *Napoleon III*, New York, 1999

Démier, F., *La France du XIX siècle*, Paris, 2000

Mansel, P., *Louis XVIII*, London, 2005 (2nd edn)

Price, M., *The Perilous Crown: France between Revolutions*, London, 2007

Tombs, R., *France 1814–1914 (Longman History of France)*, London, 1996

Tombs, R., *The Paris Commune*, 1871, London, 1999

1914-1945년

Agulhon, M., *La République de Jules Ferry à François Mitterrand, 1880–1995*, Paris, 1997

Paxton, R. O., *Vichy France: Old Guard and New Order, 1940–1944*, New York, 2001

Rémond, R., *Le Siècle dernier, 1918–2002*, Paris, 2003

Smith, L., *Audoin-Rouzeau, S. and Becker, A., France and the Great War, 1914–18*, Cambridge, 2003

추가로 읽을거리

·

1945-2020년

Badiou, A., *The Meaning of Sarkozy*, London, 2008

Becker, J.-J., *Histoire politique de la France depuis 1945*, Paris, 1998

Gildea, R., *France since 1945*, Oxford, 2002 (2nd edn)

Jackson, J., *A Certain Idea of France: The Life of Charles de Gaulle*, London, 2018

Nester, W. R., *De Gaulle's Legacy: The Art of Power in France's Fifth Republic*, New York, 2014

Short, P., *Mitterrand: A Study in Ambiguity*, London, 2013

Sirinelli, J.-F. (ed.), *La France de 1914 à nos jours*, Paris, 2004

프랑스 역사는 단순히 한 국가의 과거가 아니라, 인류의 공통된 유산의 일부다.
프랑스는 고대 로마와 갈리아의 교차점에서 시작되어 중세 유럽의 문화적 중심
지로 자리 잡았으며 르네상스와 계몽주의를 통해 세계에 지적 혁신을 선사했다.

특별 부록

프랑스 여행자를 위한 핵심 가이드

| 프랑스 유네스코 세계문화유산 |

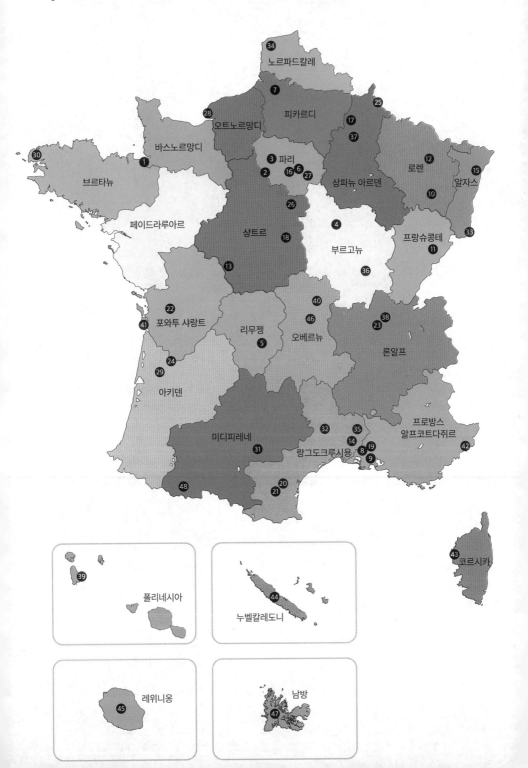

노르파드칼레

피카르디

오트노르망디

바스노르망디

파리

브르타뉴

페이드라루아르

샹트르

상파뉴 아르덴

로렌

알자스

프랑슈콩테

부르고뉴

포와투 샤랑트

리무쟁

오베르뉴

론알프

아키덴

미디피레네

프로방스
알프코트다쥐르

랑그도크루시용

폴리네시아

누벨칼레도니

코르시카

레위니옹

남방

1. 몽생미셸과 만(Mont-Saint-Michel and its Bay)

2. 샤르트르 대성당(Chartres Cathedral)

3. 베르사유 궁전과 정원(Palace and Park of Versailles)

4. 베즐레, 교회와 언덕(Vézelay, Church and Hill)

5. 베제르 계곡의 선사 유적지와 동굴 벽화(Prehistoric Sites and Decorated Caves

6. 퐁텐블로 궁전과 정원(Palace and Park of Fontainebleau)

7. 아미앵 대성당(Amiens Cathedral)

8. 오랑주 지방의 로마 극장과 개선문(Roman Theatre and its Surroundings and the "Triumphal Arch" of Orange)

9. 아를의 로마 시대 로마네스크 기념물(Arles, Roman and Romanesque Monuments)

10. 퐁트네의 시토회 수도원(Cistercian Abbey of Fontenay)

11. 살랭레뱅 대 제염소에서 아르케스낭 왕립 제염소까지, 염전 제염(From the Great Saltworks of Salins-les-Bains to the Royal Saltworks of Arc-et-Senans, the production of open-pan salt)

12. 낭시의 스태니슬라스 광장, 케리에르과 알리앙스 광장(Place Stanislas, Place de la Carrière and Place d'Alliance in Nancy)

13. 생 사벵 쉬르 가르텅프 교회(Abbey Church of Saint-Savin sur Gartempe)

14. 가르 교(로마시대 수도교) 〈Pont du Gard (Roman Aqueduct)〉

15. 스트라스부르: 그랑딜에서 노이슈타르까지(Strasbourg, Grande-Île and Neustadt)

16. 파리의 센 강변(Paris, Banks of the Seine)

17. 랭스 대성당과 생 레미 수도원 및 토 궁전(Cathedral of Notre-Dame, Former Abbey of Saint-Rémi and Palace of Tau, Reims)

18. 부르주 대성당(Bourges Cathedral)

19. 아비뇽 역사 지구: 로마 교황의 궁전, 감독파 앙상블, 아비뇽 다리(Historic Centre of Avignon : Papal Palace, Episcopal Ensemble and Avignon Bridge)

20. 미디 운하(Canal du Midi)

21. 카르카손 역사 요새 도시(Historic Fortified City of Carcassonne)

22. 프랑스 산티아고 데 콤포스텔라 순례길(Routes of Santiago de Compostela in France)

23. 리옹 역사지구(Historic Site of Lyons)

24. 생테밀리옹 특별지구(Jurisdiction of Saint-Emilion)

25. 벨기에와 프랑스의 종루(Belfries of Belgium and France)

26. 쉴리 쉬르 루아르와 샬론 사이에 있는 루아르 계곡(The Loire Valley between Sully-sur-Loire and Chalonnes)

27. 프로뱅, 중세 시장 도시(Provins, Town of Medieval Fairs)

28. 르 아브르, 오귀스트 페레가 재건한 도시(Le Havre, the City Rebuilt by Auguste Perret)

29. 보르도, 달의 항구(Bordeaux, Port of the Moon)

30. 보방의 요새 시설(Fortifications of Vauban)

31. 알비 주교시(Episcopal City of Albi)

32. 코스와 세벤의 중세 농경목축 문화 경관(The Causses and the Cévennes, Mediterranean agro-pastoral Cultural Landscape)

33. 알프스 주변의 선사 시대 호상 가옥(Prehistoric Pile dwellings around the Alps)

34. 노르-파 드 칼레 광산(Nord-Pas de Calais Mining Basin)

35. 퐁다르크의 장식동굴, 아르데슈주에 있는 쇼베-퐁다르크 동굴(Decorated Cave of Pont d'Arc, known as Grotte Chauvet-Pont d'Arc, Ardèche)

36. 클리마, 부르고뉴의 테루아(Climats, terroirs of Burgundy)

37. 샹파뉴 언덕, 샴페인 하우스와 저장고(Champagne Hillsides, Houses and Cellars)

38. 르코르뷔지에의 건축 작품, 모더니즘 운동에 관한 탁월한 기여(The Architectural Work of Le Corbusier, an Outstanding Contribution to the Modern Movement)

39. 타푸타푸아테아(Taputapuātea)

40. 유럽의 대 온천 마을들(The Great Spa Towns of Europe)

41. 코르두앙 등대(Cordouan Lighthouse)

42. 니스, 리비에라의 겨울 휴양 도시(Nice, Winter Resort Town of the Riviera)

43. 포르토 만: 피아나의 칼랑슈, 지롤라타만, 스캉돌라 자연 보호 구역(Gulf of Porto: Calanche of Piana, Gulf of Girolata, Scandola Reserve)

44. 누벨칼레도니 섬의 석호: 다양한 산호초와 생태계(Lagoons of New Caledonia: Reef Diversity and Associated Ecosystems)

45. 레위니옹 섬의 피통, 시르크, 랑파르(Pitons, cirques and remparts of Reunion Island)

46. 퓌 산맥-리마뉴 단층지역(Chaîne des Puys – Limagne fault tectonic arena)

47. 프랑스령 남방의 땅과 바다(French Austral Lands and Seas)

48. 피레네 산맥- 몽 페르뒤 산(Pyrénées-Mont Perdu)

1. 몽생미셸과 만(Mont-Saint-Michel and its Bay)

지정일: 1979년

L'Abbaye, 50170 Le Mont-Saint-Michel

'성 미카엘의 산'이라는 뜻의 몽생미셸 수도원은 노르망디와 브르타뉴 사이 조수간만의 차가 심한 거대한 모래톱 한가운데 솟아 있는 작은 섬에 있다. 밀물 때는 고립되고 썰물 때 물이 빠지면 육로로 통행이 가능하다. 수도원 건물은 11세기와 16세기 사이에 건축되었으며 그 높이가 최대 80m에 이르며 독특한 자연 지형을 극복하고 건설된 걸작으로 손꼽힌다. 전승에 따르면 708년 아브란슈의 주교였던 성 아우트베르토가 꿈 속에서 대천사 미카엘로부터 "바다 위에 성을 쌓아라."라는 명령을 세 번이나 듣고 지은 후 미카엘에게 봉헌된 고딕 양식의 베네딕트회 수도원으로 '서구의 경이(Wonder of the West)'로 꼽힌다. 수도원과 성당은 고딕 양식으로 지어졌으며 베네딕토회 소속 수도원이 들어와 있다.

2. 샤르트르 대성당(Chartres Cathedral)

지정일: 1979년

16 Cloître Notre Dame, 28000 Chartres

샤르트르 대성당은 프랑스 고딕예술의 절정을 보여주는 건축물로 이후 13세기 건축의 표준이 되는 전성기 고딕 양식의 문을 열었다는 평가를 받고 있다. 샤르트르 대성당 건물의 일부는 1145년 건설되기 시작해 이후 1194년 화재를 겪고 26년에 걸쳐 재건되었다. 대성당의 경우, 로마네스크 양식으로 대화재 사고 이전에 건설된 탑과 고딕 양식으로 새로 지어진 비대칭의 두 탑과 함께 150개에 달하는 화려하고 거대한 스테인드 글라스 장식이 특징이며 특히 '샤르트르 블루'라고 불리는 파란색이 유명하다. 또한, 이곳은 성모 마리아가 예수를 낳을 때 입었던 옷이 보관된 성지이기도 하다. 나폴레옹조차 샤르트르 성당의 천장을 보고 "무신론자도 불편함을 느낄 것이다."라고 말했다는 이야기가 전해져 내려오고 있다.

3. 베르사유 궁전과 정원(Palace and Park of Versailles)

지정일: 1979년

Place d'Armes, 78000 Versailles

베르사유 궁전과 정원은 수도 파리에서 남서쪽으로 22km가량 떨어진 베르사유 시에 있는 궁전이다. 프랑스 왕국 부르봉 왕조 시대에 건설되었으며 루이14세부터 루이16세까지 프랑스 왕들의 주요 거처였다. 특히 '태양왕' 루이14세의 강력한 권력을 상징한다. 궁전 건물의 면적보다 더 넓은 정원이 유명하며 별궁으로 대 트리아농 궁과 소 트리아농 궁이 있다. 궁전 내 거울의 방은 독일 제국의 선포식과 베르사유 조약이 이루어진 방으로 17개의 창문 반대쪽에는 17개의 거울이 배열되어 있으며 방 전체를 수놓은 거울은 총 357개에 달한다. 베르사유 궁전은 유럽에서는 한 세기 넘도록 이상적인 왕국의 표본이었으며 세고비아 근교의 라 그랑하 데 산 일데폰소 궁전과 켈루스 궁전, 베나리아 궁전 등이 이 베르사유 궁전을 모방한 것으로 알려져 있다.

4. 베즐레, 교회와 언덕(Vézelay, Church and Hill)

지정일: 1979년

Vézelay Abbey, 24 Rue Saint-Pierre, 89450 Vézelay

베즐레의 베네딕트 수도원은 9세기 초 중세 봉건 영주 지라르 백작이 퀴어 강변에 작은 교회당을 건축하면서 시작되었다. 그 후 건립된 지 얼마 지나지 않아 성 막달라 마리아의 유해를 안치하면서 중요한 순례지가 되었다. 베즐레 마들렌 교회는 부르고뉴 지방의 로마네스크 미술 및 건축 양식의 걸작으로 손꼽힌다.. 특히 베즐레가 세계적인 명성을 얻게 된 것은 현관에 조각된 예술품 덕분인데 이 '사도들의 사명'은 그 시대의 학문 수준을 잘 보여 준다. 베즐레는 십자군 원정과 인연이 깊은데 베르나르는 1146년 이곳에서 제2차 십자군 원정의 당위성을 역설했으며 1190년 '사자왕' 리처드와 필리프 2세가 이곳에서 만나 제3차 십자군 원정을 떠났다.

5. 베제르 계곡의 선사 유적지와 동굴 벽화 (Prehistoric Sites and Decorated Caves of the Vézère Valley)

지정일: 1979년

24290 Montignac-Lascaux

프랑스 남서부에 위치한 베제르 계곡에는 구석기 시대로 거슬러 올라가는 147개의 선사 시대 유적지와 25개의 장식된 동굴이 있다. 마르케에서 발굴된 '로셀의 비너스'를 비롯해 카프블랑의 말 모양의 높은 돋을새김 장식이 대표적인 유적이다. 이 유적지에는 민족학적이나 인류학적으로 흥미로운 요소로 가득하며 특히 라스코 동굴벽화들이 미학적으로 큰 관심을 받고 있다. 라스코 동굴 벽화는 1940년 마을의 소년들에 의해 우연히 발견되었으며 선사 시대 미술사적 의미에서 매우 중요한 위치를 차지하고 있다. 이 벽화에서 구성된 사냥 장면들에는 100여 마리의 동물이 그려져 있는데 세밀한 세부묘사와 풍부한 색채, 생동감 넘치는 묘사가 인상적이다.

6. 퐁텐블로 궁전과 정원(Palace and Park of Fontainebleau)

지정일: 1981년

77300 Fontainebleau

12세기 후반부터 루이7세에 의해 왕실의 사냥터로 활용된 퐁텐블로는 일 드 프랑스 주 숲 한가운데 자리잡고 있다. 16세기에는 이곳을 로마처럼 만들고 싶어했던 프랑수아 1세에 의해 궁전이 완전히 바뀌고 확장되어 더 아름답게 변모했다. 16세기 실내 장식에서 프랑스 매너리즘 양식은 '퐁텐블로 양식'으로 알려져 있는데 이는 조각과 금속공예, 회화, 치장 벽토와 목공예가 합쳐진 것으로 조형물과 우화적인 회화를 결합하고 그 가장자리를 가죽이나 종이처럼 칼집을 내 소용돌이처럼 돌돌 만 것이다. 이런 양식은 프랑스뿐만 아니라 전 유럽의 미술 발전에 지대한 영향을 미쳤다. 거대한 정원으로 둘러싸인 퐁텐블로 궁전은 이탈리아 르네상스 양식과 프랑스 예술의 전통이 잘 어우러져 있다.

7. 아미앵 대성당(Amiens Cathedral)

지정일: 1981년

30 Place Notre Dame, 80000 Amiens

아미앵은 프랑스 북부 오 드 프랑스 지방 솜 주에 있는 도시로 솜강 연안에 있으며 1802년 나폴레옹이 영국과 아미앵 조약을 체결한 곳으로 유명하다. 그곳의 완만한 산마루에 자리 잡은 아미앵 대성당은 13세기 정통 고딕 양식의 교회로 매우 큰 규모를 자랑한다. 원래는 1152년 로마네스크 양식으로 건립되었지만 1218년 화재로 소실된 후 1220년 무렵 재건축을 시작해 1245년 완공되었다. 설계의 일관성, 3단 구조의 내부, 남쪽 트랜셉트와 파사드를 장식한 조각이 유명하다. 아미앵 대성당은 프랑스에서 완성된 대성당 중 가장 높은 성당으로 돌을 깎아 만든 천장이 있는 회중석은 높이가 42.30m에 이른다. 이외에도 아미앵 대성당에는 청동 무덤 2개가 있는데 이는 13세기 주물 기술을 보여주는 매우 드문 작품이다.

8. 오랑주 지방의 로마 극장과 개선문 (Roman Theatre and its Surroundings and the "Triumphal Arch" of Orange)

지정일: 1987년

Av. de l'Arc de Triomphe, 84100 Orange

프랑스 남부 보클뤼즈 주 오랑주 지방 론강 계곡 골짜기에 있는 길이 103m의 고대 오랑주 극장은 수많은 대형 로마극장 중 가장 잘 보존되어 있는 극장으로 알려져 있다. 이는 1세기 아우구스투스 통치 아래 건조된 것으로 극장 수용 인원은 약 8천~1만 명으로 추측된다. 1869년부터는 매년 여름 예술축제가 개최되고 있다. 또한, 10~25년 사이 건축된 것으로 추측되는 로마 시대 개선문은 아우구스투스 대제 치세 당시 세워진 개선문으로 팍스 로마나의 성립을 기념해 갈리아인과 로마인의 전투 및 전리품 등이 얕은 돋을새김으로 장식된 것이 특징이다. 개선문은 고대극장과 현 시청사가 있는 부지에서 북쪽으로 조금 벗어난 위치에 있다.

9. 아를의 로마 시대 로마네스크 기념물
(Arles, Roman and Romanesque Monuments)
지정일: 1981년

1 Rdpt des Arènes, 13200 Arles

아를은 고전적인 도시에 중서유럽 문명을 적용한 대표적인 예로 기원전 7세기 포카이아인들이 아렐라테라는 이름으로 건설한 마을이다. 4세기 동안 아를은 정치적, 종교적 수도가 되었는데 그 근거로 콘스탄티누스 1세의 목욕탕과 알리스캉 공동묘지의 대리석 석관을 들 수 있다. 하지만 480년 야만인들에게 점령당해 쇠퇴하다가 9세기가 되어서야 수도의 지위를 되찾을 수 있었다. 아를에는 기원전 1세기까지 거슬러 올라가는 가장 오래된 아레나 극장과 기원 후 건설되어 관객 2만 명을 수용할 수 있는 원형경기장, 지하회랑 등 로마 시대 기념물들이 남아 있다. 또한, 도시 성벽 안에 세워진 생 트로핌 대성당은 프로방스 지방의 중요 로마네스크 양식의 기념물로 회랑이 특징적이다.

10. 퐁트네의 시토회 수도원(Cistercian Abbey of Fontenay)
지정일: 1981년

Marmagne, 21500 Montbard

시토회는 가톨릭교회의 봉쇄 수도회 중 하나로 흰색 수도복 위에 검은색 스카풀라레를 걸친다. 많은 시토회 소속 수도원들은 전통적으로 농업이나 맥주 제조 등의 활동을 통해 자체적으로 경제를 부양해오고 있다. 이 수도회의 명칭은 프랑스 중동부 디종 인근 마을 시토에서 유래했으며 12세기 말엽까지 프랑스에서 뻗어나가 잉글랜드, 웨일스, 스코틀랜드, 아일랜드, 동유럽 등지로 진출했다. 그중에서도 장식이 절제된 수수한 건축양식으로 금욕적이고 청빈한 생활을 지향하는 퐁트네의 시토회 수도원은 1119년 생 베르나르가 건립했는데 성당과 회랑, 식당과 침실, 부엌, 대장간을 갖추고 있어 초기 시토회 수사 공동체가 수행한 이상적인 자급자족 생활을 잘 보여주고 있다.

11. 살랭레뱅 대 제염소에서 아르케스낭 왕립 제염소까지, 염전 제염(From the Great Saltworks of Salins-les-Bains to the Royal Saltworks of Arc-et-Senans, the Production of Open-pan Salt)

지정일: 1982년

Grande Rue, 25610 Arc-et-Senans

클로드 니콜라 르두에 의해 1775년 건설된 아르케스낭 왕립 제염소는 루이16세 치세 아래 이상적인 계몽주의 사상이 발전되고 있었음을 반영하는 최초의 산업건물이라는 점에서 중요하다. 르두는 합리적인 작업이 가능하도록 건물을 거대한 반원형 모양으로 배치했다. 한편, 살랭레뱅 대 제염소는 1,200년 이상 조업해 오다가 1962년 가동을 멈추었는데 나무로 만든 21km의 파이프를 통해 염전 소금물을 아르케스낭으로 운반했다. 이 두 제염소는 중세 이후 20세기까지 지하에서 소금물을 끌어올려 소금을 추출하고 만드는 데 전반적으로 뛰어난 기술을 자랑하며 연간 5만 명에 가까운 관광객을 끌어들이고 있다.

12. 낭시의 스태니슬라스 광장, 케리에르와 알리앙스 광장(Place Stanislas, Place de la Carrière and Place d'Alliance in Nancy)

지정일: 1983년

Pl. Stanislas, 54000 Nancy

낭시는 1752년부터 1756년 사이 건축가 에마뉘엘 에레가 지휘한 건축 전문가들에 의해 건설된 근대도시다. 낭시는 왕국 없는 왕 스태니슬라스 레스친스키의 임시 거주지였는데 계몽 군주가 대중의 요구에 부응해 지은 근대도시의 가장 오래되고 전형적인 사례라고 할 수 있다. 이 도시 계획은 왕권 강화와 함께 도시의 기능성에도 역점을 두었다. 특히 낭시의 3개 광장은 독특한 예술적 업적을 대표하는데 낭시의 도시화로 인해 생겨난 이 광장들은 스태니슬라스의 후원으로 창조된 것들이다. 광장에는 왕의 승리를 기념하는 개선문을 비롯해 조각상, 분수 등 각종 건축물 외에도 시청, 재판소, 행정부서, 의대, 공공 정원과 카페, 당구장 등이 있다.

13. 생 사벵 쉬르 가르텅프 교회(Abbey Church of Saint-Savin sur Gartempe)

지정일: 1983년

Pl. de la Libération, 86310 Saint-Savin

프랑스 가르텅프 강변에 위치한 이 교회는 11~12세기 아름다운 벽화로 유명하다. '로마네스크 시스티나 예배당'이라는 별칭으로 널리 알려진 생 사벵 쉬르 가르텅프 교회는 천장과 벽에 그려진 프레스코화가 지금까지 잘 보존되어 있다. 교회는 11세기에 지어진 것으로 알려졌지만 백년 전쟁과 16세기 종교전쟁, 프랑스 혁명을 거치며 많은 유물들이 불타거나 파손되어 정확한 시기는 불명이다. 생 사벵 교회는 전체적으로 십자가 모양으로 지어졌으며 뒷쪽 동쪽으로는 5개의 예배당, 서쪽으로는 종탑이 높게 솟아 있다. 전설에 따르면 교회는 성 사벵과 성 키프리아누스의 유해를 보관할 장소로 지어졌다고 하며 지하에 두 성인의 묘가 있다.

14. 포르토 만: 피아나의 칼랑슈, 지롤라타 만, 스캉돌라 자연보호구역(Gulf of Porto: Calanche of Piana, Gulf of Girolata, Scandola Reserve)

지정일: 1983년

포르토 만은 프랑스 코르시카 섬의 자연보호구역으로 화산활동으로 생겨난 독특한 지질구조와 천연의 자연환경으로 인해 다양한 동식물군 서식지가 되었다. 이 구역 내 자연자원과 생태계는 법적 보호를 받고 있어 낚시를 비롯해 스쿠버 다이빙, 수중생물 채집, 쓰레기 투기 등이 금지되어 있다. 코르시카 섬에서 세계유산으로 지정된 부분은 총 12,000ha로 일부 지역은 사유지다. 포르토 만에는 600여 종의 식물군과 125종의 해양동물, 230종의 조류가 서식하고 있으며 연안 바위에는 희귀 홍조류들이 자라고 있다. 해양에서도 왕새우, 굴, 게, 바닷가재 등 다양한 동물들이 살고 있다. 현재 이 지역에서는 이 동식물들에 대한 과학적 연구들이 활발히 이루어지고 있다.

15. 가르 교(로마 시대 수도교)<Pont du Gard (Roman Aqueduct)>

지정일: 1985년

30210 Vers-Pont-du-Gard

가르강 계곡을 가로지르는 부분에 만들어진 가르 교(橋)는 기독교가 전파되기 전 시대에 만들어진 유적으로 1세기 초 석회암으로 건조되었다. 이 수도교는 고대 로마 시대에 약 50km 떨어진 식민도시 님(Nimes)까지 물을 끌어올리기 위해 건설되었는데 높이 50m에 계속 이어지는 3단 아치 형식으로 길이 275m 에 달하는 수로구가 있다. 한편, 2단의 아케이드는 가장 깊은 수심에 맞추었는데 홍수에 대비해 기둥 수를 제한해 아치의 지름이 각각 다른 것이 특징이다. 이 수도교는 중세에는 일반 다리로도 활용되었는데 19세기 나폴레옹 3세에 의해 보수되었으며 현재까지도 보존 상태가 양호하다.

16. 스트라스부르: 그랑딜에서 노이슈타트 까지(Strasbourg, Grande-Île and Neustadt)

지정일: 1988년

Pl. de la Cathédrale, 67000 Strasbourg(노트르담 대성당)

1988년 세계유산에 등재될 당시 공식 명칭은 '스트라스부르 옛 시가지'로 대성당 중심의 역사도심인 스트라스부르의 그랑딜만 지정했다. 이후 독일이 설계하고 건축한 신시가지 노이슈타트까지 포함되었다. 이 옛 시가지에는 매우 작은 지역 안 곳곳에 대성당, 4개의 고대 교회 등과 같은 빼어난 기념물들이 밀집해 있다. 노이슈타트는 오스만 스타일의 모델에서 도시 구성의 영감을 얻었으며 외관은 게르만족의 건축 규범을 따른 것이 특징이다. 이 두 영향을 받음으로써 스트라스부르는 독특한 도시 공간을 완성하게 되었다. 상점과 장인들의 거리가 그물처럼 뒤엉킨 도시의 모습에서 중세와 중세 후기 기독교 사회의 이미지가 묻어난다. 독일의 대문호 괴테는 스트라스부르의 노트르담 대성당을 뛰어난 고딕 성당이라고 극찬한 바 있다.

17. 파리의 센 강변(Paris, Banks of the Seine)

지정일: 1991년

75001 Paris(퐁 네프 다리)

파리의 센 강변에서는 노트르담 대성당과 생
트샤펠 성당, 루브르 미술관, 랭스티투 궁, 콩
코르드 광장, 에콜 밀리테르, 모네 거리, 샹젤
리제 거리이 그랑팔레, 에펠 탑, 샤이오 궁 등
의 걸작을 한 번에 만날 수 있다. 이런 걸작들
은 오랜 세월에 걸쳐 파리의 풍경과 조화를 이
루어냈으며 이는 파리의 역사와 발전 과정을
한 눈에 보여준다. 그 덕분에 센 강변은 1991
년 유네스코에 의해 그 역사적, 문화적 가치를
인정받아 세계유산으로 지정되었다. 파리의
센 강은 퐁 네프, 퐁 디에나 등 30여 개의 크고
작은 다리로 연결되어 있으며 그중 퐁 네프는
개통된 시 400년이 지난 오랜 역사를 지니고
있다. 이 다리들을 사이에 두고 센 강의 좌우
에 과거와 현대의 건축물들이 늘어서 있다.

18. 랭스 대성당과 생 레미 수도원 및 토 궁
전(Cathedral of Notre-Dame, Former Abbey
of Saint-Rémi and Palace of Tau, Reims)

지정일: 1991년

Pl. du Cardinal Luçon, 51100 Reims

랭스 대성당은 13세기 건축 기술과 조각 장식
이 조화롭게 결합된 고딕 양식의 대표적인 건
물이다. 특히 게르만 지역을 비롯한 수많은 대
형 건조물에 영향을 미쳤으며 프랑크 왕국 초
대 국왕 클로비스가 가톨릭으로 개종한 것으
로 널리 알려져 있다. 생 레미 옛 수도원의 부
속 성당에는 프랑스 왕들에게 거룩한 관유를
발라준 생 레미 대주교의 유해가 안치되어 있
다. 현재 이 건물은 11세기 로마네스크 양식으
로 생 레미 대주교가 클로비스에게 기름을 발
라주는 조각상을 볼 수 있다. 토 궁전으로 유
명한 옛 대주교의 궁전은 종교의식에서 중요
한 역할을 했으며 17세기에 대부분 재건되었
다. 내부에는 랭스 대성당의 보물과 태피스트
리, 장식닫집, 중세 필사본 서적 등이 전시되어
있다.

19. 부르주 대성당(Bourges Cathedral)

지정일: 1992년

Pl. Etienne Dolet, 18000 Bourges

부르주 대성당은 12세기 말부터 13세기에 걸쳐 건축되었으며 설계상의 균형미와 통일성을 갖춘 고딕 양식의 건축물로 칭송받는다. 팀파눔에 새겨진 조각과 세밀한 13세기 스테인드글라스로 장식된 창문이 유명하다. 이 건축물은 그 외형 외에도 중세 프랑스에서 기독교의 권력을 증명하는 유적이라는 점에서 가치가 높다. 대성당이 위치한 부르주 지역은 고대 로마 도시인 아바리쿰이 있던 곳으로 3세기에 이미 갈리아 최초의 그리스도교 숭배가 이루어진 곳이기도 하다. 원래 대성당은 고딕 양식이었지만 파손이나 공사 문제 등으로 19세기까지 보수가 이어져 일부에 다른 양식들이 섞여 있는 것이 특징이다. 지하 예배실에는 현재 14세기 프랑스의 문화 예술 후원자였던 '장 드 베리 공작의 묘'를 비롯한 몇 기의 묘가 안치되어 있다.

20. 아비뇽 역사지구: 로마 교황의 궁전, 감독파 앙상블, 아비뇽 다리(Historic Centre of Avignon : Papal Palace, Episcopal Ensemble and Avignon Bridge)

지정일: 1995년

23 Rue des Fourbisseurs, 84000 Avignon

파리에서 남쪽으로 677km 떨어진 아비뇽 시는 14세기 로마 교황의 거처였다. 특히 시몬 마르티니와 마테오 조반네티가 화려하게 장식한 아비뇽 교황청은 난공불락의 요새로 시를 둘러싼 성벽, 12세기에 건설된 론 강의 다리 유적을 내려다볼 수 있다. 광장에 있는 고딕 양식의 건축물들도 이 지역이 14세기 그리스도교 전파의 주요 도시였음을 상징하고 있다. 아비뇽 역사지구의 대표적인 건축물로는 로마네스크 후기 양식으로 지어진 노트르담 데 돔 성당과 생베네제 다리, 교황청 궁전 등이 있다. 또한, 아비뇽에는 유대인 유적들이 여러 군데 남아 있는데 교황의 양해로 유대인들은 이곳에서 안전하게 거주할 수 있었다.

21. 미디 운하(Canal du Midi)

지정일: 1996년

길이 360km에 이르는 미디 운하는 수문과 수로, 다리 터널 등 모두 328개의 구조물이 설치되어 있다. 랑그도크 운하라고도 불리는 미디 운하는 지중해와 대서양을 연결하는 대량 수송 루트로, 근대 과학기술이 낳은 가장 뛰어난 작품 중 하나로 손꼽힌다. 이곳은 1667년 ~1694년에 건설되어 이후 산업혁명의 기반을 마련했다. 65개의 갑문을 이용해 최고 높이는 해발 190m에 달하며 폭 5.5m, 길이 30m의 선박이 운항 가능하다. 이 운하를 통해 대서양 연안과 지중해 연안과 직접 이어지는 툴루즈가 상업적으로 발전했지만 19세기 미디 철도가 개통하면서 현재는 국지적으로 이용되고 있다. 미디 운하는 설립자인 피에르 폴 리케의 기술적 위업이 위대한 예술작품으로 승화된 사례다.

22. 카르카손 역사 요새 도시(Historic Fortified City of Carcassonne)

지정일: 1997년

1 Rue Viollet le Duc, 11000 Carcassonne

파리에서 남쪽으로 700km 지점에 있는 카르카손은 유럽에서 가장 규모가 크고 잘 보존된 중세 시대 요새 도시나. 1,650m에 달하는 외곽의 중세풍의 원형 성벽이 보존되어 있으며 요새는 원형의 이중 성벽으로 둘러 싸여 있고 외벽 앞에는 외부의 침입을 막기 위한 해자가 설치되어 있다. 로마 시대에 방어시설로 요새가 들어서기 시작한 것은 기원전 122년으로 12세기에 전성기를 구가했다. 이후 1209년 알비겐저 전쟁에서 십자군에게 패한 후 프랑스 루이 9세가 성곽 주위를 둘러싼 원형 성벽을 더 쌓아 2개의 원형 성벽에 둘러싸이게 되었다. 카르카손은 중세 음유시인들이 즐겨 노래했던 전설을 가지고 있으며 그 이름도 '카르카스의 승리'라는 뜻에서 유래한 것으로 알려져 있다.

23. 피레네 산맥- 몽 페르뒤 산(Pyrénées-Mont Perdu)

지정일: 1997년

피레네 산맥 중앙에 위치한 산악지역인 몽 페르뒤 산은 프랑스와 스페인 두 나라에 걸쳐 있으며 스페인의 '오르데사 - 몬테 페르디도 국립공원' 전체와 프랑스의 '페레네 서부 국립공원' 동쪽 부분을 포함하고 있다. 석회암 단층지괴인 이 지역에는 크고 깊은 계곡들과 빙하 침식 지형인 권곡이 있다. 지형학적으로 이 지역의 지형은 크게 3개로 나뉘는데 북쪽의 권곡과 계곡지대, 20km 이상 뻗어있는 석회암지대, 남쪽의 사암과 편암으로 이루어진 고원지대다. 이런 산악지형의 환경으로 인해 뛰어난 자연풍광이 만들어졌고 이는 유네스코 세계자연유산으로서의 가치를 인정받는 데 큰 역할을 했다. 또한, 이곳은 스페인과 프랑스 경계에 위치해 양국의 문화가 뒤섞여 있음을 확인할 수 있다.

24. 프랑스 산티아고 데 콤포스텔라 순례길 (Routes of Santiago de Compostela in France)

지정일: 1998년

스페인 북서부 산티아고 데 콤포스텔라로 가기 위해 거쳐야 했던 프랑스 지역의 순례길로 두 국가의 접경지대에 있는 것이 특징이다. 이 길들 위에는 순례자들을 위해 지어진 종교적, 세속적 건축물들이 남아있다. 당시 산티아고로 가려면 반드시 프랑스를 거쳐야 했기에 11~15세기 프랑스 지역 순례길들에는 항상 순례자들의 발걸음이 이어졌다. 특히 프랑스 파리, 베즐레, 퓌이, 아를에서 각각 시작되는 네 갈래의 순례길은 세계문화유산으로 등재되었는데 그중에는 갈래길 곳곳에 있는 역사적 기념물들도 포함된다. 이 순례길들은 중세 후기 종교적, 문화적 교역과 발달에 중심적인 역할을 수행한 한편, 기독교 신앙의 강인성을 나타낸다는 점에서 의의가 있다.

25. 리옹 역사지구(Historic Site of Lyons)
지정일: 1998년

Pl. de la Bourse, 69002 Lyon

기원전 43년 로마인에 의해 탄생한 리옹은 2천 년 역사의 향기를 간직한 옛 시가지를 자랑한다. 리옹은 파리와 마르세유에 이어 프랑스에서 세 번째로 큰 도시이며 바르셀로나, 밀라노, 프랑크푸르트로 연결되는 교통의 요지이기도 하다. 리옹 옛 시가지에서 가장 중요한 건물은 12세기에 세워진 로마네스크 양식의 생 장 대성당으로 화려한 스테인드 글라스와 장미창, 16세기에 만들어진 천체시계가 명물이다. 북쪽 탑에서는 리옹 시를 한눈에 조망할 수 있다. 옛 시가지의 생 장 거리에는 후기 고딕 양식과 이탈리아 르네상스 양식의 건물 300여 채가 보존되어 있으며 고풍스러운 중세 건물들이 좁은 통로를 따라 늘어서 있다. 특별한 방식으로 건설되어 몇 세기에 걸쳐 기획된 도시와 건축술의 발전 과정을 만날 수 있다.

26. 생 테밀리옹 특별지구(Jurisdiction of Saint-Emilion)
지정일: 1999년

생 테밀리옹은 프랑스 보르도 근처의 유서 깊은 포도 재배지로 중세 시대의 모습을 간직하고 있다. 오늘날까지 이어지는 포도주 생산 역사와 문화, 중세 기념물들, 독특한 풍경을 인정받아 1999년 유네스코 세계문화유산으로 지정되었다. 이 지역의 이름은 주요 브랜드 이름으로도 사용되고 있다. 이 특별지구는 프랑스 산티아고 데 콤포스텔라 순례길 위에 있었기 때문에 11세기 이후부터 매우 번성해 수도원과 교회 등 종교적, 역사적 건축물이 많은 것이 특징이다. 이런 석조건물을 짓기 위해 생 테밀리옹의 석회암이 18세기 직전까지 계속 채굴되었다. 그렇게 채석장으로 쓰이던 몇몇 동굴은 알맞은 온도와 습도를 유지시켜 준다는 이점 덕분에 포도주 저장고로도 사용되고 있다.

27. 벨기에와 프랑스의 종루(Belfries of Belgium and France)

지정일: 1999년

Pl. Charles Valentin, 59820 Gravelines(프랑스)

벨기에와 프랑스에 있는 총 56개의 종루로 11세기부터 17세기 사이 로마네스크, 고딕, 르네상스, 바로크 등 다양한 건축 양식으로 만들어진 것이 특징이다. 1999년 벨기에에 있던 32개의 종루가 먼저 등재되었고 2005년 프랑스 북부 및 벨기에 왈로니아 지방의 장블루에 있는 종루 23개가 추가로 등재되었다. 성탑이 봉건 영주의 권력을 상징하고 종탑이 교회의 권위를 상징하는 것처럼 이 종루들은 중세 봉건 시대에 시민의 자유가 승리했음을 상징적으로 보여주는 유산이다. 봉건제도로부터 얻어낸 도시의 자유를 상징적으로 표현할 건축물이 필요했을 때 이탈리아와 독일, 영국의 도시들은 공회당을 지은 반면, 북서유럽 일부 지역인 프랑스와 벨기에에서는 종루를 지었다. 이후 이 종루들은 도시의 부와 영향력을 상징하게 되었다.

28. 쉴리 쉬르 루아르와 샬론 사이에 있는 루아르 계곡(The Loire Valley between Sully-sur-Loire and Chalonnes)

지정일: 2000년

Chem. de la Salle Verte, 45600 Sully-sur-Loire

'프랑스의 정원'이라는 별명으로 불리던 프랑스 쉴리 쉬르 루아르는 프랑스 중서부 루아르 지방의 루아르 강 주변에 펼쳐진 계곡의 고성 유적이다. 중세와 르네상스 시대 아름다운 고성들로 80여 개가 줄지어 있다. 특히 유명한 것은 샹보르 성과 슈농소 성, 앙부아즈 성과 위세 성 등으로 2000년 유네스코 세계문화유산으로 지정되었다. 마을을 비롯한 거대한 고성, 경작지 등이 어우러져 아름답고 독특한 문화적 경관을 자랑하는데 특히 경작지와 도시는 루아르 강을 중심으로 하는 물리적 환경과 주민들의 상호작용을 통해 형성되어 독특한 모습을 자랑한다. 19세기에는 수많은 작가와 화가들이 루아르 계곡을 낭만적으로 묘사하면서 최고의 관광지로 각광받게 되었다.

29. 프로뱅, 중세 시장 도시(Provins, Town of Medieval Fairs)

지정일: 2001년

프로뱅은 11세기 강력한 권력을 누리던 샹파뉴 백작 가문의 옛 영토에 속해 있던 중세 시대 요새 도시로 무역시장의 설립과 모직산업의 초기 발달 과정을 보여주는 곳이다. 프로뱅의 정치적, 상업적 중요성 때문에 고지대에 세워진 성은 11~12세기에 요새화되었는데 거주지는 급속도로 요새 밖으로 확장되었고, 이로인해 12세기 말에는 방어용 나무 벽을 세웠으며 13세기 전반에는 돌로 세 번째 요새를 만들었다. 이렇게 프로뱅은 4대 대도시 중 하나가되었으며 샹파뉴 백작 치세 당시 무역시장이 번성하며 발달했다. 프로뱅에는 대형 건물이 2개 있는데 하나는 '카이사르의 탑'으로 불리는 대형 석탑으로 12세기에 처음 세워진 3층탑이며 또 하나는 로마네스크 고딕 양식의 생 키리아스 대성당이다.

30. 르 아브르, 오귀스트 페레가 재건한 도시(Le Havre, the City Rebuilt by Auguste Perret)

지정일: 2005년

Place Auguste Perret, 76600 Le Havre

'프랑스의 브라질리아'라고도 불리는 르 아브르는 노르망디 북부 영불해협에 있는 항구도시로 루앙·파리 등 내륙으로 접근하는 데 전략적 요충지이자 제2의 무역항으로도 유명하다. 원래 작은 어촌 마을이던 르 아브르는 프랑수아1세의 명령으로 새로운 항구도시로 건설되었으며 나폴레옹1세에 의해 제1의 해군기지가 되기도 했다. 도시는 제2차 세계대전으로 대부분 훼손되었지만 1945년부터 1964년까지의 재건작업을 통해 복구되었다. 이 재건 과정은 프랑스 건축가 오귀스트 페레가 주도했는데 그 덕분에 도시는 전통과 현대의 건축을 잘 접목시키면서 조립식 건축과 체계적인 토목건축, 혁신적인 콘크리트 건축의 잠재성을 보여주었다는 평가를 받고 있다.

31. 보르도, 달의 항구(Bordeaux, Port of the Moon)

지정일: 2007년

33000 Bordeaux

프랑스 남서부의 항구도시 보르도는 지형이 초승달 모양이어서 '달의 항구'로 불린다. 1154년부터 1453년까지 보르도는 영국의 지배를 받았지만 포도주 수출이 활발해 경제적으로 크게 발전할 수 있었다. 1753년 프랑스에 귀속된 후 사탕수수 및 노예무역항으로 번성했는데 제1차, 제2차 세계대전 당시는 프랑스 임시정부가 세워지기도 했다. 보르도는 2천 년 이상 유럽 역사와 문화의 중심지로 이 지역의 건축물은 대부분 16~119세기에 건축되었으며 특히 보존 가치가 높은 18세기 건축물이 많다. 또한, 로마 시대 궁전, 원형극장 등의 고대 유적과 11세기에 지어진 보르도 성당, 건축가 빅토르 루이의 작품인 대극장 등의 문화적 유산이 풍부하다.

32. 보방의 요새시설(Fortifications of Vauban)

지정일: 2008년

12 Rue Aristide Briand, 54400 Longwy

보방의 요새시설은 루이14세의 공학자 세바스티앵 르 프레스트르 드 보방이 세운 성채 및 유적지로 프랑스 서쪽, 북쪽, 동쪽 국경지대를 따라 14군(群)이 자리잡고 있다. 연속 유산에는 보방이 세운 마을들, 성들, 도시 성벽, 성탑들이 포함되며 산악 요새, 항구, 산악 포대, 두 개의 산악 통신 구조물들도 있다. 보방의 요새시설은 전형적인 서양 군사건축의 고전주의적 절정을 증명하는 유산이다. 특히 유럽과 아메리카 대륙에서는 보방의 군용 건물을 표준적 모델로 모방했고 러시아와 터키는 보방의 이론과 사고를 보급했다. 또한, 극동 지역에서는 그의 성채 형태를 요새의 모델로 사용했다. 한편, 보방은 총리 마자랭에게 중용되어 요새 건설과 툴롱 군항 건설을 담당했으며 전쟁에서 최초로 참호를 사용하기도 했다.

33. 누벨칼레도니 섬의 석호: 다양한 산호초와 생태계(Lagoons of New Caledonia: Reef Diversity and Associated Ecosystems)

지정일: 2008년

프랑스 해외 준주인 누벨칼레도니 섬에 있는 석호의 다양한 사주와 생태계로 세계에서 가장 광범위한 3대 사주지역에 속하며 총 6개 구역으로 나뉜다. 핵심 면적은 157만 4,300ha, 완충 면적은 128만 7,100ha이다. 석호에는 다양한 산호초와 어종이 서식하며 적당한 수의 거대한 육식동물과 많은 물고기들을 포함한 본연의 생태계를 유지하고 있다. 또한, 세계에서 세 번째로 많은 듀공을 포함해 멸종위기의 많은 물고기와 거북이, 해양 포유동물에게 적합한 서식환경을 제공하고 있다. 이곳은 뛰어난 자연경관과 더불어 현재 퇴적이 진행 중인 사주로부터 고대 화석 사주까지 다양한 시기의 사주를 보유하고 있으며 오세아니아의 자연사 연구에도 중요한 정보를 제공하고 있다.

34. 알비 주교시(Episcopal City of Albi)

지정일: 2010년

Pl. du Vigan, 81000 Albi

알비는 타른 강 유역에 위치한 중세도시로 중세 프랑스 고딕 양식 건물들이 거의 온전히 남아 있는 것이 특징이다. 이곳은 13세기에 카타리파의 한 분파인 이단 알비파를 축출하기 위해 교황 이노켄티우스 3세가 파견한 알비아주 십자군이 주둔하면서부터 도시가 주교시로 번성하게 되었다. 오늘날에도 알비시의 르 퐁비유와 생살비 마을 및 상가, 10~11세기에 지어진 교회는 당시 유럽의 도시 발전상을 고스란히 증명하고 있다. 남프랑스 고딕 건축양식의 대표작인 생트세실 대성당은 붉은색과 주황색의 지역산 벽돌로 지은 건축물로 로마가톨릭 성직자들의 권력을 자랑한다. 또한, 이 대성당과 강 사이에 있는 붉은 벽돌의 베르비 궁은 주교의 거처로 쓰였다.

35. 레위니옹 섬의 피통, 시르크, 랑파르 (Pitons, Cirques and Remparts of Reunion Island)

지정일: 2010년

레위니옹 섬은 아프리카 남동부 마다가스카르 섬 동쪽 해상의 서인도양에 있는 프랑스 해외 주로 이곳에는 봉우리(피통)와 시르크(웅덩이 모양의 지형), 벽처럼 치솟은 거대한 산(랑파르)으로 이루어진 지형이 있다. 총면적은 10만ha로 2개의 연이은 화산성 산괴로 이루어진 레위니옹 섬 면적의 40%를 차지한다. 2개의 화산은 섬 동쪽 끝에 있는 순상화산인 푸르네즈봉과 네주봉으로, 푸르네즈봉은 1640년 이후 2010년 1월까지 100여 번 폭발했다. 푸르네즈봉 북서쪽에 있는 네주봉은 사화산으로 섬에서 가장 높으며, 이 네주봉 남서쪽에는 칼데라와 협곡이 있다. 웅덩이 모양의 시르크는 살라지와 실라오, 마파트 총 3개가 있는데 마파트는 도보나 헬리콥터로만 접근 가능하다. 이곳에는 다양한 식물이 서식하는 자연환경과 함께 아열대성 우림, 열대지방 삼림인 운무림, 황무지가 각각 뚜렷한 모자이크를 이루며 펼쳐져 있다.

36. 코스와 세벤의 중세 농경목축 문화 경관(The Causses and the Cévennes, Mediterranean Agro-Pastoral Cultural Landscape)

지정일: 2011년

48150 Gatuzières

이는 프랑스 남부 랑그도크루시용 주와 미디 피레네 주에 있는 중세 산악경관이다. 총 넓이는 302,319ha에 이른다. 이 유적에는 코스의 깊은 계단식 지형인 단구에 건설된 마을과 견고한 석조 농촌 주택들이 있는데 이는 11세기부터 대형 수도원들이 조직되었음을 보여준다. 보존 가치를 인정받는 문화경관 및 유적에는 밤나무 및 뽕나무 농사, 돌담으로 둘러싼 면양사, 소떼나 양떼 등의 가축을 몰고 가는 길, 중세 군사 건축물, 농장 단지 등이 포함된다. 특히 이 가축을 몰고 가는 길은 농축산업과 생물물리학적 환경의 관계를 보여준다. 한편, 이곳에는 중세 템플기사단과 호스피털기사단이 이 지역 토지를 소유한 영향으로 인해 수도원 조직의 자취가 남아 있다.

37. 알프스 주변의 선사 시대 호상 가옥
(Prehistoric Pile Dwellings around the Alps)

지정일: 2011년

알프스 주변 선사 시대 호상 가옥은 총 111개의 작은 유적들로 이루어진 연속 유산이다. 프랑스를 비롯해 독일, 오스트리아, 이탈리아, 슬로베니아, 스위스에서 찾아볼 수 있다. 호상 가옥이란 물 속에 기둥을 세워 수면 위로 떠받치도록 건축한 집들로 기원전 5천 년부터 기원전 500년까지 알프스 및 주변 호숫가, 강변, 습지 등에 건축된 유적이다. 일부 유적에서는 당시 알프스 산맥 지역의 신석기와 청동기 생활상, 지역 사회 및 환경 간의 상호작용 방식을 확인할 수 있는 유물이 나오기도 했다. 이 호상 가옥은 입지에 따라 3가지로 나눌 수 있는데 호숫가 주거지가 가장 많고 그 다음은 습지 주거지이며 강의 범람원 주거지가 가장 적다. 이 주거지들에는 약 30개의 다양한 문화집단이 거주한 것으로 추정된다.

38. 노르-파 드 칼레 광산(Nord-Pas de Calais Mining Basin)

지정일: 2012년

Carreau de fosse 9, 9 Rue du Tordoir 9bis, 62590 Oignies

프랑스 노르-파 드 칼레 광산 유적은 1700년대부터 1900년대까지 300여 년 동안 석탄 채굴로 형성된 주목할 만한 경관을 간직하고 있다. 이 유적에는 51곳의 광재 더미와 농경지, 채굴 침전 연못 및 숲 등의 유형적, 지형적 요소, 17개소의 갱과 잔존 공장건물 및 21개의 권양탑 등 탄광산업 유산, 수도, 철도 등 석탄 수송 및 하역시설 등이 남아 있다. 또한, 학교나 종교 건물, 보건시설 등 공동생활의 증거를 보여주는 건축요소와 함께 1906년 폭발사고로 1,000여 명이 사망한 쿠리에르 광산 대참사와 같은 주요 재난 역사, 광부들을 기념하는 기념물 및 기념장소 10개 소 등의 유적이 남아 있다. 이 유적은 노동자용 주택 설계와 도시계획, 지하의 탄층 추출법 등에 대한 아이디어 및 영향의 상호교류를 여실히 보여주는 사례다.

39. 퐁다르크의 장식동굴, 아르데슈주에 있는 쇼베-퐁다르크 동굴(Decorated Cave of Pont d'Arc, known as Grotte Chauvet-Pont d'Arc, Ardèche)

지정일: 2014년

D290, 07150 Vallon-Pont-d'Arc

프랑스 남부 아르데슈 강의 석회암 고원에 있는 이 유산에는 매우 잘 보존된 세계 최고(最古)의 구상 벽화가 여러 점 있다. 동굴은 아르데슈 강 협곡 지대 암벽 사이에 형성되어 있는데 약 400m 길이에 달한다. 이 동굴은 1994년 장 마리 쇼베 등 3명의 동굴탐험가가 발견해 발견자의 이름을 따 쇼베동굴로 명명되었다. 이 동굴은 탄소연대측정법에 의해 약 3만 년에서 3만 2천 년 사이 후기 구석기 시대에 존재했던 오리냐크 문화에 해당하는 유적으로 밝혀졌다. 동굴에는 라스코 동굴벽화를 비롯해 알타미라 동굴벽화보다 오래된 1,000점이 보존되어 있다. 이들은 황토와 숯 등으로 각 동물들의 특징을 정교하게 묘사했는데 특히 동굴의 곡면 등의 지형을 이용하고 원근법을 활용한 것이 특징이다.

40. 클리마, 부르고뉴의 테루아(Climats, Terroirs of Burgundy)

지정일: 2015년

'클리마'란 코트 드 뉘와 디종 시의 남쪽 코트 드 본의 언덕을 따라 뚜렷한 경계로 구분된 포도밭 구획을 말한다. 이 유산은 포도 생산에 영향을 미치는 부르고뉴 지방 특유의 와인 생산 조건에 대한 것으로 각각의 클리마에서 자라는 포도나무가 서로 다른 특색을 지닌 것이 특징이다. 디종과 본에서부터 상뜨네까지 연결되는 약 60km 구간 사이에 1천 여 개가 넘는 와인 농가가 자리잡고 있다. 그중에는 샹베르땡, 로마네 꽁티, 끌로드 부조 등 프랑스 최고급 와인으로 유명한 와인 생산 농가들이 속해 있다. 한편, 노트르담 성당 근처에는 부르고뉴 대공의 궁전이 있는데 보존 상태가 양호하며 가장 오래된 부분은 14~15세기 고딕 양식으로 지어졌다. 현재는 시청도 이 궁전을 사용하고 있다.

41. 샹파뉴 언덕, 샴페인 하우스와 저장고
(Champagne Hillsides, Houses and Cellars)
지정일: 2015년

이 유산은 17세기 초부터 19세기 산업화에 이르기까지 샴페인 개발 및 생산 기술과 관련된 모든 지역, 즉 재료 공급원인 포도밭과 마을, 물건을 사고 파는 도시 구역으로 이루어진 경관을 포괄한다. 발포성 와인인 샴페인은 백포도주를 병 속에서 2차 발효시키는 원리로 개발된 것으로 유서 깊은 포도밭과 샴페인 하우스, 저장고까지 3가지 유산으로 이루어졌다. 돔 페리뇽이라는 이름으로 더 유명한 베네딕트회 수도사 피에르 페리뇽이 소속된 수도원의 주 수입원은 와인 생산이었는데 미각이 뛰어났던 그는 최초로 샴페인을 만들었다. 이 스파클링 와인은 프랑스 귀족과 왕족들에게 큰 인기를 끌었으며 루이14세와 루이15세도 이를 즐겼다고 한다. 오늘날까지도 이 지역에서 생산된 스파클링 와인만 샴페인으로 부르고 있다.

42. 르코르뷔지에의 건축 작품, 모더니즘 운동에 관한 탁월한 기여(The Architectural Work of Le Corbusier, an Outstanding Contribution to the Modern Movement)
지정일: 2016년
280 Bd Michelet, 13008 Marseille(유니테 다비타시옹)

구체적으로는 르코르뷔지에가 설계한 건축물 중 7개국에 분포된 17개 선정 작품이다. 해당 소재지인 프랑스, 스위스, 벨기에, 독일, 아르헨티나, 인도, 일본 7개국이 공동 등재되었다. 르코르뷔지에는 20세기 산업화 및 기계화 사회의 배경 속에서 효율적인 공간을 추구한 도시계획자이자 모더니즘 건축의 선구자다. 그는 당대 보편적 건축공법이던 벽돌을 쌓아올리는 조적식 구조에서 철근-콘크리트 구조로 전환했다. 또한, 1층을 비워두는 필로티 양식과 옥상 정원, 수평으로 긴 연속창을 내는 양식을 제창했고 신체 척도와 비율을 계산해 건축학적으로 수치화한 표준 모듈러 이론을 설계에 적용했다. 그가 설계한 17개 등재 건축물 중 마르세유의 위니테 다비타시옹을 포함한 10개가 프랑스에 존재한다.

43. 타푸타푸아테아(Taputapuātea)

지정일: 2017년

JG8X+9H4, Tubuai

타푸타푸아테아는 프랑스령 작은 행정구역인 코뮌으로 남태평양 폴리네시아의 라이아테아 섬 남동쪽, 정확히 말해 하와이와 이스터 섬, 뉴질랜드를 꼭지점으로 하는 폴리네시안 트라이앵글의 중심부에 위치한다. 타푸타푸아테아의 유산은 주로 라이아테아 섬의 문화 경관과 바다 경관으로 구성되어 있다. 유산의 중심은 정치, 예식, 장례 종교의 중심지인 마라에 단지다. 이 마라에 단지는 육지와 바다 사이에 있으며 석호로 둘러싸인 것이 특징이다. 이곳은 의식을 올리는 성스러운 사회적 공간으로 폴리네시아 지역에 널리 퍼져 있다. 타푸타푸아테아 마라에 단지 정중앙에는 오로(Oro) 신에게 봉헌된 마라에 타푸타푸아테아가 있다. 타푸타푸아테아는 오늘날까지도 폴리네시아 사람들에게 자신들의 정체성을 보여주는 상징적이고 중요한 장소다.

44. 퓌 산맥 - 리마뉴 단층지역(Chaîne des Puys - Limagne Fault Tectonic Arena)

지정일: 2018년

63680 Chastreix

프랑스 중남부 지역에 있는 마시프랑트랄 산맥에 속한 화산지대로 48개 분석구와 8개 종상화산, 마르 분화구와 폭발화구 등으로 이루어져 있다. 이곳에서 가장 높은 화상은 푸이드 돔으로 종을 엎어놓은 듯한 형상의 종상화산이다. 화산지대 중앙부에 위치하며 해발고도는 약 1,465m에 달한다. 이곳은 서유럽 단층의 전형적인 모습을 나타내며 약 3천 5백만 년 전 알프스 산맥이 형성될 당시의 여파로 생겨났다. 이곳은 판 구조론의 5가지 주요 단계 중 하나인 대륙 붕괴와 열곡에 대한 특별한 예시다. 리마뉴 지각 표층 지역은 약 3,700만 년 전부터 2,500만 년 전 사이에 발생했던 대륙 이동과 침강, 퇴적 등의 활동에 대한 증거가 된다. 이 지역은 현재 도베르뉴 화산 국립공원의 일부로 관리 중이다.

45. 프랑스령 남방의 땅과 바다(French Austral Lands and Seas)

지정일: 2019년

이곳은 인도양 남부 프랑스령 해양 보호지역으로 여러 섬들이 포함되어 있다. 인도양 남부에서 가장 큰 섬들이 속해 있으며 크로제제도, 케르겔렌제도, 생폴과 암스테르담제도를 비롯해 남극 연안의 작은 섬 60개가 포함되어 있다. 이곳은 세계에서 가장 많은 조류와 해양 포유류가 밀집한 곳 중 하나로 해양학적, 지형학적 특성으로 인해 생산성이 매우 높으며 풍부하고 다양한 먹이사슬의 든든한 기초가 되고 있다. 최대 47종의 조류, 약 5천여 만 마리가 이곳에 서식하는데 그중 16종은 전체 개체수 중 절반에 가까운 수가 이 섬들에서 번식 중이다. 프랑스 정부의 규정에 따라 최고 수준의 보호를 받고 있으며 유네스코 지정 면적 중약 1/3에서 인간의 활동이 철저히 금지되어 있다.

46. 유럽의 대 온천 마을(The Great Spa Towns of Europe)

지정일: 2021년

유럽의 대 온천 마을들은 1700년 무렵부터 1930년대까지 절정에 달했던 유럽의 온천 현상에 대한 증거를 간직하고 있다. 프랑스의 비시(Vichy)를 포함해 7개국 11개 도시의 온천 마을들이 지정되었다. 이 도시들은 모두 천연 광천수 온천을 중심으로 개발되었다. 이 유산들은 천연광천수라는 자원을 활용하고 목욕 및 음용의 목적으로 설계된 욕탕, 쿠어하우스, 펌프실, 음용실, 주랑과 회랑 등 온천 시설물 총체를 중심으로 대규모 국제적 리조트의 출현을 이끌었으며 해당 도시에 영향을 미쳤다. 관련 시설로는 온천을 지원하는 기반시설뿐만 아니라 정원, 회의실, 카지노, 극장, 호텔, 별장 등이 있다. 아울러 이 유적지들은 의학과 과학, 온천치료학의 발전과 함께 인간의 중요한 가치 교류를 입증하는 사료다.

47. 코르두앙 등대(Cordouan Lighthouse)

지정일: 2021년

33123 Le Verdon-sur-Mer

코르두앙 등대는 누벨아키텐 레지옹의 지롱드 강어귀 입구에 있다. 대서양 얕은 바다 암석 위에 건설된 이 등대는 16세기에서 17세기로 접어드는 시기에 엔지니어 루이 드 푸아가 설계해 흰색 석회암을 덧댄 블록으로 건축되었다가 18세기 후반 엔지니어 조셉 튈레르가 리모델링했다. 이 등대에는 벽기둥과 지붕 처마 장식, 괴물 형상의 외부 빗물 배수구가 장식되어 있어 등대 건축 역사의 위대한 단계를 구현한 것으로 평가받고 있다. 의도적 기념비인 코르두앙 등대는 웅장하고 독특한 창조물로 건축적, 양식적, 기술적 측면에 상징적, 개념적 측면에서도 인간의 천재성이 발현되어 있다. 등대의 건축 양식은 고대 모델, 르네상스 매너리즘, 프랑스의 공과대학인 국립고등교량도로학교의 특정한 건축언어에서 영감을 받았다.

48. 니스, 리비에라의 겨울 휴양도시(Nice, Winter Resort Town of the Riviera)

지정일: 2021년

프랑스 프로방스-알프 코트다쥐르 주 이탈리아와 국경 인근 알프스 산기슭 지중해에 자리한 니스는 온화한 기후, 바다와 산이 면한 해안가라는 조건으로 겨울철 관광을 목적으로 조성된 도시의 발전상을 보여준다. 18세기 중반부터 귀족과 상류층이 이 도시를 찾아왔는데 특히 영국인들은 겨울에 일상적으로 이곳을 찾아왔다. 1832년 당시 사르디니아 왕국에 속했던 니스는 '장식협회'를 통해 외국인들에게 매력적으로 느껴지도록 설계되었고 그에 따른 도시 계획과 건축 요구 사항 등의 세부 사항이 작성되었다. 1824년에는 영국인 겨울 방문객들에 의해 '영국인의 길'이 만들어졌고 이는 훗날 유명한 '영국인의 산책로'가 되었다. 1860년 프랑스에 양도된 니스는 유럽 철도망과 연결되면서 유럽 전역에서 겨울 관광객들이 몰려들었고 그에 따라 새로운 지역까지 개발되어 국제적인 겨울 휴양지로서 명성을 얻게 되었다.

| 프랑스 테마 루트 추천 |

르아브르
루앙
옹플뢰르
트루빌
지베르니
오베르쉬르우아즈
샤뚜
오를레앙
블루아
앙제
투르
낭트

말렌하임
오베르네
몰샤임
히보빌레
바흐
콜마르
게브빌레르
탄

쏘
압트
발랑솔
카스텔라네
고흐드
마노스크
그라스
봉 레 미모사
타네롱
샌라파엘
생트막심

생플로랑
칼비
바스티아
코르테
아작시오

❶ 알자스 와인 루트

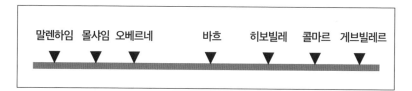

말렌하임　몰샤임　오베르네　　바흐　　히보빌레　콜마르　게브빌레르

프랑스는 약 755,000ha에 달하는 포도밭을 보유한 명실상부 와인의 나라로, 프랑스 각 지방에서는 보르도 와인을 비롯해 저마다의 역사와 전통이 담긴 와인을 생산한다. 프랑스 전역의 와인가도 중 가장 유명하고 오래된 알자스 와인가도(Route des Vins d'Alsace)는 프랑스 북동부 알자스 지방에 자리한 170km 길이의 와인 여행 코스다. 1953년 알자스 지방에서 열린 자동차 경주를 계기로 만들어진 알자스 와인가도는 세계적으로 유명한 알자스 와인을 비롯해 중세풍 마을, 그림과 같은 포도밭을 따라 여행하는 독특한 경험을 제공한다.

화이트 와인은 알자스에서 생산되는 전체 와인 생산량의 90%에 달하는데 특히 '리슬링'과 '게뷔르츠트라미너'가 널리 알려져 있다. 알자스 와인가도를 따라가 보면 300개가 넘는 와이너리가 있어 시음 및 투어가 가능한데, 에기솅과 같은 곳에서는 와인 생산자와 함께 그곳에서 재배되는 7가지 포도 종류와 와인 재배자들의 역할 등을 안내받을 수 있다. 프랑스와 독일 양국의 영향을 모두 받은 알자스 특유의 마을 분위기는 여행자들에게 독특한 감상을 자아내게 한다. 보주 산맥의 언덕을 따라 펼쳐진 포도밭과 중세풍 마을은 그림과 같이 조화를 이루는데, 거리 곳곳에 자리한 목조 건물과 꽃으로 장식된 풍경은 긴 여행길을 한층 화사하게 한다.

알자스 와인가도를 관통하는 마을 중 70여 곳이 포도 재배 마을로, 이들 중에는 '프랑스에서 가장 아름다운 마을'인 에기솅, 리크위르, 위나비르, 미텔베르하임이 포함되어 있다. 알자스 지역은 크리스마스 마켓으로도 유명하며, 특히 스트라스부르와 콜마르 등지에서 크리스마스 분위기와 함께 와인 투어를 즐기는 것이 가능하다. 하지만 무엇보다 알자스 와인가도의 추천 여행 시기는 와인 수확기인 가을로, 다양한 와인 축제와 이벤트가 열리기에 여행의 하이라이트로 추천된다.

❷ 인상주의 루트

샤투   오베르쉬르우아즈 지베르니   루앙   트루빌   옹플뢰르   르아브르

인상주의 가도(Route des Impressionnistes)는 프랑스 북부 노르망디 지역을 중심으로 펼쳐진 예술 여행 루트로, 19세기에 활약했던 인상주의 화가들이 실제로 활동했던 장소나, 그들의 작품 배경이 된 풍경을 탐방할 수 있는 것이 특징이다. 이 가도는 특히 클로드 모네를 비롯해 외젠 부댕, 카미유 피사로, 구스타브 쿠르베 등 다양한 인상주의 거장들이 활동했던 장소를 따라간다.

인상주의 가도는 정확히 정해진 경로는 없지만, 대부분 이블린주의 코뮌인 샤투에서 시작된다. 센의 강변마을인 샤투는 '파리 근교에서 가장 아름다운 곳'이라고 오귀스트 르누아르가 칭송했을 정도로 19세기 말엽 인상파 화가들을 유혹했던 곳이다. 샤투 강변의 '푸르네즈 집(la Maison Fournaise)'은 당시 인상파들의 아지트로, 현재는 레스토랑으로 개조되어 손님을 맞이하고 있다.

오베르쉬르우아즈는 파리에서 30km 떨어진 작은 마을로, 네덜란드 인상주의 화가 빈센트 반 고흐가 많은 작품을 완성시켰으며 마지막 생을 보낸 곳으로 매년 많은 관광객의 발길이 끊이지 않는다. 지베르니 역시 작은 마을이지만 클로드 모네를 비롯한 유명 예술가들의 흔적을 엿볼 수 있는 곳이다. 특히 클로드 모네는 생의 절반을 이곳 지베르니에서 보낸 것으로 알려져 있으며, 그의 역작인 <수련> 역시 이곳에서 탄생했다.

노르망디의 수도인 루앙은 문화의 도시로 알려져 있는데, 귀스타브 플로베르, 기드 모파상과 같은 문학가를 비롯해 인상주의 화가들이 모여들었기 때문이다. 도시 전체에는 중세 고딕 양식으로 지어진 성당들이 즐비한데, 특히 루앙대성당은 파리 4대 노트르담 성당 중 하나로 오랜 역사를 지니고 있다. 항구 도시인 르아브르는 모네가 유년시절 스승 외젠 부댕에게 그림을 배운 곳으로, 이곳에서 <인상, 해돋이>가 탄생했다. 지금은 도시 전체가 유네스코 세계문화유산으로 선정되기도 했다.

❸ 루아르 고성 루트

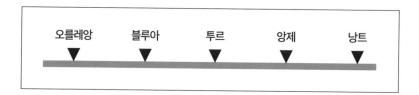

프랑스 중서부에 위치한 루아르 지방은 천혜의 자연으로 인해 '프랑스의 정원'이라고 불리던 지역이다. 그중 루아르 고성지대는 오를레앙에서 낭트까지 이어지는 루아르 강변 지역을 일컫는데, 이 지역은 중세 이후 왕족과 귀족들의 휴양지로 쓰이며 많은 성이 건축되었다. 유네스코가 세계문화유산으로 지정된 지역에만 80여 개의 성이 들어서 있으며, 강변에 있는 성을 모두 포함하면 300개에 이른다.

프랑스 루아르에셰르주의 코뮌인 샹보르에 위치한 샹보르성은 세계에서 가장 널리 알려진 궁전 중 하나로 전통적인 프랑스 중세 양식과 고전 이탈리아 건축물 양식이 혼합된 것이 특징이다. 원래는 왕실의 사냥용 별장이었으나 프랑수아 1세가 외국 사절들과 군주들을 초대한 곳으로도 알려져 있다. 한편 샹보르성에는 프랑스에 머물던 레오나르도 다빈치가 설계한 것으로 추정되는 이중 나선형 계단이 있다.

루아르에셰르주의 주도 블루아에 있는 블루아성은 여러 프랑스 왕들이 머물던 곳으로, 1429년 잔다르크가 랭스 주교에게서 신의 가호를 받은 곳으로 널리 알려져 있다. 블루아성은 특이하게도 건물 4면 양식이 고딕, 르네상스, 고전 스타일로 제각각 지어졌다. '여인들의 성'이라는 별명을 지닌 쉬농소성은 4세기에 걸쳐 여섯 명에 이르는 여성 주가 살았으며, 성 내 박물관에서는 그녀들의 발자취를 더듬어 볼 수 있다. 앙부아즈성은 종교전쟁 당시 수많은 위그노 교도들이 처형된 '앙부아즈의 음모' 사건과 함께, 레오나르도 다빈치가 최후를 맞은 곳으로 유명하다. 현재 다빈치의 시신은 앙부아즈 내 성 위베르 성당에 안치되어 있다.

투르는 루아르 고성 가도의 거점으로 소설가 발자크의 출생지이기도 하며 루이 11세 당시 잠시 프랑스의 수도이기도 했다. 현재 투르 역사박물관 및 현대 미술관으로 사용 중인 투르성을 비롯해 로마네스크 양식과 중세 고딕 양식이 혼합된 생 가티앵 대성당, 중세 시대 당시 순례자들이 찾아 머물던 투르 생 쥘리앵 성당 등이 볼거리다.

❹ 프로방스 라벤더 루트

압트   쏘   고흐드   마노스크   발랑솔   카스텔라네

프랑스를 대표하는 라벤더 재배 지역인 프로방스에서는 꽃이 만개하는 6월 중순부터 8월 중순에 사방이 보랏빛으로 가득해진다. 라벤더의 길, 즉 라벤더 루트(Route de la Lavande)는 보클뤼즈와 드롬에 이르는 넓은 면적에 분포하고 있는데, 약 1000km에 걸쳐 압도적인 색상과 향기로 찾아오는 이들을 맞이한다. 이 라벤더 루트는 라벤더밭을 포함해 프로방스 특유의 자연경관과 전통 마을, 지역 문화를 체험해 볼 수 있기에 매년 수많은 관광객에게 사랑받고 있다.

라벤더 루트를 방문하는 이들의 필수코스라고 불리는 발랑솔은 프로방스에서도 가장 큰 라벤더밭을 소유한 곳으로, 온화한 기후와 더불어 습도가 비교적 낮고 고도가 높기에 라벤더를 기르는 최적의 조건을 갖추었다. '프로방스의 향'이라 불리는 라벤더는 포도나무, 올리브나무와 함께 프로방스 지방에 유입된 것으로 추정된다. 이곳에 있는 앙젤뱅 증류소에서는 라벤더 오일을 추출하는 전통 기법을 배우거나 체험 프로그램에 참여하여 직접 향수나 비누를 만들 수도 있다.

보클뤼즈 지역의 작은 마을 쏘는 '라벤더의 수도'로 알려져 있으며 라벤더 루트의 주요 구간에 속한다. 특히 매년 8월 15일에 열리는 라벤더 축제에서 그림 전시와 수공예품, 라벤더 추수 시합 등 다채로운 행사를 선보인다. 아비뇽 근처에 위치한 고흐드 마을은 세계에서 가장 아름다운 마을로 선정된 곳으로, 높은 절벽 위에 마을이 자리 잡았기에 대중교통으로는 방문하기 어렵지만 그만큼 놀라운 경관을 자랑한다. 고흐드에 있는 세능크 수도원은 사진이나 엽서 등에서 자주 등장하는 수도원으로, 수도원 앞 라벤더와 건물의 조화로 인해 많은 사진작가들에게 사랑받는 곳이다.

❺ 코트다쥐르 미모사 루트

봄 레 미모사   생트막심   생라파엘   타네롱   그라스

해안을 따라가다가 구불구불한 언덕을 따라 내륙지방까지 130km가량 이어지는 미모사 루트는 해안 마을인 봄 레 미모사와 향수의 도시인 그라스 사이를 가로지른다. 미모사 꽃은 1880년경 프랑스 남부에서 처음 소개되었는데, 영국인들이 화사한 겨울을 보내기 위해 프랑스 시골집 정원에 겨울에 꽃을 피우는 미모사를 심으면서 널리 퍼져나갔다고 전해진다. 이 길에서는 겨울철에 황금빛 미모사 꽃이 만발하는 풍경과 함께 코트다쥐르의 해양경관과 문화, 전통을 함께 즐길 수 있어 많은 관광객이 겨울 휴양을 보내기 위해 찾는다.

이름부터 미모사가 들어간 미모사 루트의 시작점 '봄 레 미모사'에는 90여 종에 이르는 미모사가 서식하고 있다. 이곳에서는 1월부터 3월 사이 꽃이 만개하며 2월에는 이를 기리는 대규모 꽃 축제가 열린다. 지중해의 매력적인 풍경을 자랑하는 해안 도시 생라파엘은 여름철 휴양지로 사랑받고 있다. 생라파엘의 중심지인 생라파엘 항구에는 요트 및 어선이 정박하는데, 주변에는 레스토랑과 카페가 많아 신선한 해산물 요리를 즐길 수 있다. 특히 일몰 시간에 볼 수 있는 황금빛 풍경이 널리 알려져 있다.

세계적인 미모사 생산지로 유명한 타네롱은 전형적인 지중해성 기후로 온화한 겨울이 특징이다. 이곳은 '미모사 언덕'이라 불릴 정도로 미모사 재배에 있어 중심지 역할을 하는데, 언덕을 따라 다양한 트레일 코스가 마련되어 있다. 특히 '미모사 숲'은 타네롱에서 빠질 수 없는 관광명소로 유럽에서 가장 큰 미모사 숲으로 알려져 있다. 그라스는 미모사 루트의 종착점이 되는 곳으로, 향수의 본고장으로 알려져 있다. 디오르 샤넬 등 유명 향수 브랜드들이 바로 이곳에서 향수를 생산했는데, 이는 과거 가죽 가공에서 발생하는 냄새를 억제하기 위해 뿌린 향에서 비롯되었다고 전해진다.

❻ 코르시카섬 루트

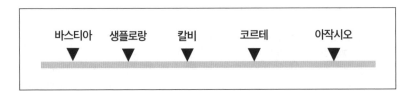

바스티아   생플로랑   칼비   코르테   아작시오

코르시카섬 가도(Route de la Corse)는 섬의 주요 경관을 따라 달릴 수 있는 다양한 도로를 포함한다. '미의 섬'이라 불리는 코르시카섬은 험준한 산악 지형과 1,000km가 넘는 해안선을 따라 이어지는 아름다운 도로로 인해 자동차 여행자들에게 매우 인기 있는 장소로 꼽힌다. 나폴레옹의 고향이기도 한 코르시카섬의 가도는 섬의 자연과 역사, 문화적인 매력을 모두 경험할 수 있는 독특한 방식으로 설계된 것이 특징이다.

코르시카섬 북동부에 위치한 바스티아는 섬에서 두 번째로 큰 도시이자 중요한 항구 도시이다. 이곳은 활기찬 항구와 역사적인 건축물, 그리고 지중해적인 분위기가 어우러져 많은 관광객이 찾아온다. 매년 7월에는 바스티아 음악 축제가 열리며 도시 주변으로는 카프 코르스와 같이 자연경관이 빼어난 지역들이 있어 해안 드라이브를 즐길 수 있다. 16세기 제노바인들이 세운 작은 항구 마을인 생플로랑은 푸른 바다와 고요한 분위기, 고급스러운 해변으로 유명하며, 특히 여름철에는 요트 여행자들이 몰리는 인기 있는 여행지이다. 해안선을 따라 보트 투어를 즐길 수 있으며 근처 비경을 탐험하거나 인근 해변에 접근하는 것도 가능하다.

'안전한 항구'라는 뜻에서 유래한 칼비는 제노바 공화국 시절 코르시카의 중요 요새 도시 중 하나로 발전했다. 하지만 오늘날은 바다와 산이 어우러진 풍경과 역사적인 유적지, 그리고 활기찬 분위기로 코르시카 관광의 중심지 중 하나로 꼽힌다. 칼비의 랜드마크인 칼비 시타델을 비롯해 콜롬버스가 태어났다고 전해지는 생가 등 역사적 유적지와 함께 하이킹을 즐길 수 있는 산악지대와 스노클링을 만끽할 수 있는 칼비 해변이 주요 자랑거리다. 서해안에 위치한 아작시오는 코르시카섬의 중심 도시로 섬의 수도 역할을 한다. 아작시오에서는 나폴레옹의 출생지인 이곳은 현재 박물관으로 운영되는 생가를 비롯해 그의 흔적이 남아 있는 장소를 방문하며 역사적 연관성을 탐구할 수 있는 나폴레옹 테마 투어를 경험할 수 있다.

| 프랑스 테마 추천 여행지 |

1. 역사

프랑스의 수도이자 가장 인구가 많은 도시인 파리는 금융과 외교, 패션과 과학, 예술에 있어 중심지 역할을 한다. '예술의 도시'이자 '낭만의 도시'라는 별칭을 지니고 있으며 역사적으로는 프랑스 대혁명이 시작된 무대이기도 하다. 매년 7월 14일에는 바스티유 감옥 습격 사건을 축하하는 '바스티유 데이'가 열린다.

주요 명소

1) 에펠탑(Tour Eiffel)
주소: Av. Gustave Eiffel, 75007 Paris
1889년 파리 만국 박람회를 기념하여 세워진 파리의 대표 랜드마크

2) 노트르담 대성당(Cathédrale Notre-Dame de Paris)
주소: 6 Parvis Notre-Dame - Pl. Jean-Paul II, 75004 Paris
소설 『파리의 노트르담』의 무대로, 14세기 완공된 프랑스 고딕 양식 건축물의 대표작

3) 에투알 개선문(Arc de Triomphe)
주소: Pl. Charles de Gaulle, 75008 Paris
프랑스 혁명과 나폴레옹 전쟁 시기 전사한 병사들을 기리기 위해 지어진 개선문

4) 루브르 박물관(Musée du Louvre)
주소: 75001 Paris
파리에 있는 옛 궁전이자 박물관으로 38만 점 이상의 작품 수를 자랑한다.

5) 사크레쾨르 대성당(Basilique du Sacré-Cœur de Montmartre)
주소: 35 Rue du Chevalier de la Barre, 75018 Paris
에펠탑 다음으로 관광객이 많이 찾는 돔형의 성당으로 몽마르트르 꼭대기에 있다.

6) 오르세 미술관(Musée d'Orsay)
주소: Esplanade Valéry Giscard d'Estaing, 75007 Paris
옛 기차역을 활용해 주요 유럽 예술 컬렉션을 소장한 국립박물관

7) 베르사유 궁전(Château de Versailles)
주소: Place d'Armes, 78000 Versailles
루이 14세 시기 절대왕권을 상징하는 광대한 18세기 궁전

8) 조르주 퐁피두 센터(Le Centre Pompidou)
주소: Place Georges-Pompidou, 75004 Paris
건물 철골을 그대로 드러낸 외벽 및 유리면이 인상적인 파리 3대 미술관 중 하나

9) 오페라 가르니에(Palais Garnier)
주소: Pl. de l'Opéra, 75009 Paris
샤갈이 그린 천장이 독특한 이탈리아풍 오페라 하우스

10) 생트 샤펠 성당(Sainte-Chapelle)
주소: 10 Bd du Palais, 75001 Paris
시테궁 안에 지어진 왕실 성당으로 내부 스테인드 글라스가 인상적이다.

랭스(Reims)-그랑테스트

프랑스 그랑테스트 지방의 도시 랭스는 프랑스 왕들의 대관식이 개최되는 전통적인 장소로, '대관식의 도시' 또는 '왕들의 도시'라는 별명을 지니고 있다. 프랑크 왕국의 클로비스가 세례를 받은 이래 대부분의 왕이 이곳에서 대관식을 올렸다. 특히 1429년 잔 다르크의 도움으로 샤를 7세가 대관식을 올린 일이 유명하다.

주요 명소
1) 랭스 대성당(Cathédrale Notre-Dame de Reims)
주소: Pl. du Cardinal Luçon, 51100 Reims
프랑크 왕국 시절부터 대부분의 왕이 대관식을 위해 다녀간 대성당

2) 생 레미 수도원 성당(Basilique Saint-Remi)
주소: Rue Saint-Julien, 51100 Reims
클로비스 1세에게 세례를 베푼 생 레미의 유골이 보관된 성당

3) 토 궁전(Palais du Tau)
주소: 2 Pl. du Cardinal Luçon, 51100 Reims
한때 대주교의 궁전으로 사용된 곳으로 17세기 재건축되었다.

리옹(Lyon)-오베르뉴

2천 년의 역사를 간직한 리옹은 고대 로마부터 프랑스 지역의 중요한 도시로 통하였다. 파리와 마르세유에 이은 제3의 도시로 프랑스 르네상스와 비단 산업은 물론 문학과 출판에서도 중심지 역할을 했다. 뤼미에르 형제가 세계 최초로 영사기를 발명하였으며 매년 12월에는 '빛의 축제'가 열린다.

주요 명소
1) 갈로 로망 극장(Théâtre Gallo Romain)
주소: 17 Rue Cleberg, 69005 Lyon
로마 제국의 건축 양식이 적용된 극장 유적지

2) 리옹 대성당(Cathédrale Saint-Jean-Baptiste)
주소: Pl. Saint-Jean, 69005 Lyon
프랑스에서 가장 오래된 천문시계를 볼 수 있는 고딕 양식의 성당

3) 푸비에르 노트르담 성당(Basilique Notre-Dame de Fourvière)
주소: 8 Pl. de Fourvière, 69005 Lyon
유럽을 휩쓴 흑사병으로부터 리옹시를 구원한 성모에게 헌정된 성당

마르세유(Marseille)-프로방스

파리에 이어 두 번째로 인구수가 많은 도시이자 프랑스에서 가장 오래된 도시다. 기원전 600년경 고대 그리스의 무역항으로 시작해 이후 로마 제국과 중세를 거치며 주요 항구 도시로 성장했다. 프랑스의 국가인 <라 마르세예즈>는 마르세유 의용병들이 프랑스 혁명 당시 부르던 군가이기도 하다.

주요 명소
1) 이프 성(Château d'If)
주소: Embarcadère Frioul If, 1 Quai de la Fraternité, 13001 Marseille
프랑수아 1세가 건립한 감옥으로 『몬테크리스토 백작』의 배경이 되었다.

2) 마르세유 대성당(Cathédrale La Major)

주소: Pl. de la Major, 13002 Marseille

1800년대 새롭게 건축된 네오비잔틴 양식의 대성당

3) 마르세유 옛 항구(Vieux-Port de Marseille)

주소: Vieux Port Marseille, Place Général de Gaulle, Marseille

마르세유 대부분의 관광 명소가 모인 프랑스에서 가장 오래된 항구

아비뇽(Avignon)-프로방스

아비뇽은 프랑스 남부 프로방스 지역에 있는 인구 9만 3천의 중소 도시로, 14세기 교황청이 아비뇽으로 이전했던 시기인 '아비뇽 유수'의 배경이 되는 곳이다. 시가지는 중세의 흔적을 그대로 간직하고 있어 유네스코 세계문화유산으로 지정되었다. 매년 여름에는 세계적인 공연 축제인 아비뇽 연극제가 열린다.

주요 명소

1) 아비뇽 교황청(Palais des Papes)

주소: Pl. du Palais, 84000 Avignon

한때 바티칸과 경쟁하던 교황청으로 7대에 걸친 교황이 머물렀다.

2) 아비뇽 다리(Pont Saint-Bénézet)

주소: Bd de la Ligne, 84000 Avignon

프랑스 대표 민요 <아비뇽 다리 위에서>의 배경이 되는 다리

2. 휴양

니스(Nice)-코트다쥐르

프랑스 남동부에 위치한 지중해 항만도시. 특유의 자연경관과 문화유적을 바탕으로 하는 세계적인 관광 휴양지다. 연평균 15도의 기온을 유지할 정도로 연중 온난하며 프랑스에서 5번째로 인구가 많은 지역이다. 세계 3대 카니발 중 하나로 중세 시대부터 이어져 온 니스 카니발은 매년 2~3월에 개최된다.

주요 명소

1) 프롬나드 데 장글레(Promenade des Anglais)

주소: Promenade des Anglais, 06000 Nice

'영국인의 산책로'라는 뜻으로, 지중해를 따라 조명된 7km 길이의 산책로

2) 니스 구시가지(Vieux-Nice)

주소: Vieux Nice, 06000 Nice

꽃과 과일을 비롯해 특색 있는 물건을 파는 구시가지

3) 앙리 마티스 미술관(Musée Matisse)

주소: 164 Av. des Arènes de Cimiez, 06000 Nice

니스에서 자란 앙리 마티스의 작품이 전시된 미술관

생트로페(Saint-Tropez)-코트다쥐르

니스에서 서쪽으로 100km 떨어진 곳에 위치한 생트로페는 고급스러운 해변 리조트와
세련된 분위기로 세계적인 명성을 얻은 휴양지다. 17세기까지만 해도 작은 어촌에 불과
했지만 19세기 말 인상파 화가들이 찾으며 점차 유명해졌다. 매년 9월에는 다양한 모델
의 고급 요트들이 전시되는 생트로페 요트 축제가 열린다.

주요 명소

1) 생트로페 요새(Citadelle de Saint-Tropez)

주소: 1 Mnt de la Citadelle, 83990 Saint-Tropez

17세기 건축된 요새로 현재는 박물관으로 활용되고 있다.

2) 생트로페 항구(Port de Saint-Tropez)

주소: All. du Quai de l'Epi, 83990 Saint-Tropez

요트들이 정박하는 도시의 상징으로 항구를 따라 레스토랑과 카페가 늘어섰다.

3) 생트로페 성당(Église Paroissiale Notre Dame de l'Assomption)

주소: Rue Commandant Guichard, 83990 Saint-Tropez

해변과 항구가 보이는 언덕에 위치한 고딕 양식의 성당

비아리츠(Biarritz)-누벨아키텐

프랑스 남서부 누벨아키텐 지방에 있는 비아리츠는 스페인 국경과 25km로 인접한 휴양 도시이다. 프랑스에서 최초로 조성된 해수욕장인 코트 다르장이 있으며 남쪽 해변은 암초와 절벽, 백사장을 자랑한다. 19세기 중반 나폴레옹 3세가 다녀간 뒤로 왕족과 귀족, 사교계 인사들이 찾는 휴양지로 자리 잡았다.

주요 명소
1) 생 유제니 성당(Église Sainte-Eugénie de Biarritz)
주소: Pl. Sainte-Eugénie, 64200 Biarritz
프랑스 황후 유제니의 요청으로 건축된 성당

2) 비아리츠 등대(Phare de Biarritz)
주소: 60B Espl. Elisabeth II, 64200 Biarritz
높이 73미터로 바스크 지방의 해안을 한눈에 볼 수 있는 등대

3) 바다박물관(Musée de la mer)
주소: Esplanade du, Rocher de la Vierge, 64200 Biarritz
아쿠아리움을 겸한 바다박물관으로 아르데코 양식의 건물이 특징이다.

안시(Annecy)-오베르뉴

휴양지로 유명한 안시는 프랑스에서 두 번째로 큰 호수인 안시 호를 보유해 수상스포츠 레저문화가 발달해 있다. 또한 겨울에는 알프스산맥 능선에서 스키를 즐기려는 관광객들이 모여든다. 매년 6월에는 20여만 명이 찾는 세계 최대 규모의 애니메이션 페스티벌인 '안시국제애니메이션페스티벌'이 열린다.

주요 명소
1) 안시 대성당(Cathédrale Saint-Pierre)
주소: 8 Rue Jean-Jacques Rousseau, 74000 Annecy
안시 구시가지에 위치한 작은 성당으로 정교한 스테인드글라스가 특징이다.

2) 사랑의 다리(Pont des Amours)
주소: 74000 Annecy
바세 운하를 가로지르는 작은 다리로 호수 전경을 바라볼 수 있다.

3) 릴르 궁전(Le Palais de l'Île)
주소: 3 Pass. de l'Île, 74000 Annecy
12세기 지어진 건축물로 중세 시대와 2차 세계대전 때는 감옥으로도 쓰였다.

칸(Cannes)-코트다쥐르

니스의 남쪽에 위치한 칸은 휴양지로 명성이 자자한 도시이다. 중세에는 작은 마을이었다가 19세기부터 해수욕장으로 발전하고 대규모 호텔이 건립되면서 세계적인 관광지가 되었다. 매년 5월 열리는 칸 영화제를 비롯해 미뎀 음악 박람회, 칸 국제광고제 등 세계적인 행사가 이곳에서 개최된다.

주요 명소
1) 라 크루아제트(Croisette Beach Cannes)
주소: Boulevard de la Croisette, 06400 Cannes
다양한 볼거리가 늘어서 있는 칸의 대표적인 해안가

2) 노트르담 드 레스페랑스 성당(Église Notre-Dame d'Espérance)
주소: 1 Rue de la Castre, 06400 Cannes
구시가지 언덕에 위치한 고딕 양식의 16세기 성당

3) 카스트르 박물관(Musée des explorations du monde)
주소: 6 Rue de la Castre, 06400 Cannes
19세기 여행가가 모은 세계 각지의 유물이 모인 박물관

3. 산업

스트라스부르(Strasbourg)-그랑테스트

스트라스부르는 프랑스와 독일의 경계에 위치한 도시로 파리 다음으로 국제회의 및 심포지엄이 많이 개최되는 유럽연합의 주요 도시이다. 또한 스트라스부르는 비즈니스와 상업, 문화 중심지로 경제적으로는 제조업과 공학의 주요 거점이다. 스트라스부르의 크리스마스 마켓은 유럽에서 가장 오래된 마켓이기도 하다.

주요 명소
1) 스트라스부르 대성당(Cathédrale Notre Dame de Strasbourg)
주소: Pl. de la Cathédrale, 67000 Strasbourg
천문 시계 및 장미창을 만나볼 수 있는 고딕 양식의 건축물

2) 로한 궁전(Palais Rohan)
주소: 2 Pl. du Château, 67000 Strasbourg
아르망 추기경이 살던 궁전으로 현재 장식미술 박물관으로 활용되고 있다.

3) 쁘띠뜨 프랑스(Petite France)
주소: Petite France, 67000 Strasbourg
알자스 지역 특유의 목조 건축물과 운하가 특징인 거리

낭트(Nantes)-페이드라루아르

생나제르와 함께 프랑스 굴지의 무역항을 이루고 있는 낭트는 북서아프리카와 영국, 발트해 국가를 상대로 석탄이나 철광 등 소재를 수입하고 기계나 밀가루를 수출한다. 낭트는 전통적인 식품가공업, 공업 및 제조업이 경제의 주축을 담당하나 최근에는 생명공학 분야 산업 또한 급증하고 있다.

주요 명소
1) 낭트 대성당(Cathédrale Saint-Pierre-et-Saint-Paul de Nantes)
주소: 7 Imp. Saint-Laurent, 44000 Nantes
1434년 건축이 시작되어 1891년 완공된 고딕 양식의 대성당

2) 브르타뉴 대공성(Château des ducs de Bretagne)
주소: 4 Pl. Marc Elder, 44000 Nantes
1598년 앙리 4세가 낭트칙령을 발표한 성

3) 브르타뉴 타워(Tour Bretagne)
주소: 44000 Nantes
낭트 제일의 고층 타워로 전망대에서 도시 전경을 바라볼 수 있다.

그르노블(Grenoble)-오베르뉴

4세기 로마 황제 그라티아누스의 이름에서 유래된 도시로, 도피네 지방의 산업 및 문화 중심지였다. 19세기 말 알프스산맥 전원개발에 따라 시멘트나 리넨 등 공업이 발달하였고, 오늘날에는 수력 발전용 터빈이나 전기기계 공업이 주종을 이룬다. 프랑스 작가인 스탕달의 고향이기도 하다.

주요 명소
1) 그르노블 바스티유 요새(Fort de La Bastille à Grenoble)
주소: Quai Stéphane Jay, 38000 Grenoble
19세기 군사 요새로 케이블카를 따라 다양한 전망을 볼 수 있다.

2) 그르노블 미술관(Musée de Grenoble)
주소: 5 Pl. de Lavalette, 38000 Grenoble
다양한 시대의 미술품을 전시하는 프랑스 최초의 현대 미술관

3) 생 앙드레 광장(Pl. Saint-André)
주소: 38000 Grenoble
구시가지에 있는 광장으로 1739년에 문을 연 오래된 카페가 있다.

릴(Lille)-오드프랑스

릴은 벨기에와 인접한 국경 도시로, 1983년 세계 최초의 자동 고속철도 지하망이 개통되기도 했다. 수 세기 동안 '상인들의 도시'로 광범위한 수입을 창출했으며 과거 제조업에서 3차 산업 및 서비스로 전환에 성공하여 오늘날은 서비스 부문이 90%를 차지한다. 한편 릴의 강 항구는 파리와 스트라스부르에 이어 세 번째로 크다.

주요 명소
1) 노트르담 드 라 트레유 릴 대성당(Cathédrale Notre-Dame-de-la-Treille)
주소: Pl. Gilleson, 59800 Lille
성녀 마리아를 기리는 로마 가톨릭 릴 대교구의 성당 교회

2) 보자르 궁전(Palais des Beaux Arts)
주소: Pl. de la République, 59000 Lille

나폴레옹 1세의 지시로 설립된 프랑스 최초의 박물관 중 하나

3) 포르트 드 파리(Porte de Paris)
주소: Pl. Simon Vollant, 59800 Lille
루이 16세의 도시 함락을 기념하기 위해 세워진 아치형 기념물

툴루즈(Toulouse)-옥시타니

프랑스 제4의 도시로 불리는 툴루즈는 프랑스 남부 최대의 교통, 산업, 문화의 중심지로 특히 항공우주산업이 발달해 있다. 과거에는 영국과 보르도 와인을 교역하며 경제력을 쌓았고, 수력 발전 및 천연가스의 이용을 통해 다양한 산업 개발이 이루어졌다. 항공우주산업 및 첨단 산업의 호황으로 인구 증가율이 높은 도시이기도 하다.

주요 명소
1) 생 세르냉 대성당(Basilique Saint-Sernin de Toulouse)
주소: Basilica of St. Sernin, 7 Pl. Saint-Sernin, 31000 Toulouse
스페인 산티아고를 향하는 순례자들을 위해 건설된 중세 성당

2) 자코뱅 수도원(Couvent des Jacobins)
주소: Couvent des Jacobins, 10 Pl. des Jacobins, 31000 Toulouse
성인 토마스 아퀴나스의 무덤이 있는 고딕 양식의 건축물

3) 오귀스탱 박물관(Musée des Augustins)
주소: 21 Rue de Metz, 31000 Toulouse
중세부터 20세기 초까지의 조각 및 그림을 보관한 고딕 양식의 박물관

4. 문화

몽펠리에(Montpellier)-옥시타니

몽펠리에는 파리와 더불어 학문의 도시이자 대학 도시로 유명하다. 특히 12세기에 창설된 의학교는 1289년 창립된 공립대학교인 몽펠리에대학의 전신이기도 하다. 몽펠리에 인구의 약 3분의 1은 학생들이 차지하고 있다. 실증주의 철학자인 콩트가 이 도시 출신이며 16세기에는 위그노 반란군의 근거지이기도 했다.

주요 명소
1) 몽펠리에 생피에르 대성당(Cathédrale Saint-Pierre de Montpellier)
주소: Rue Saint-Pierre, 34000 Montpellier
몽펠리에 대교구가 있는 고딕 건축 양식의 국가기념물

2) 코메디 광장(Place de la Comédie)
주소: Pl. de la Comédie, 34000 Montpellier
과거 도시의 요새가 있던 자리로 불타버린 극장의 이름을 따서 지어졌다.

3) 몽펠리에 식물원(Jardin des Plantes de Montpellier)
주소: Bd Henri IV, 34000 Montpellier
1953년 설립되어 2천여 종의 야외 식물이 자라고 있는 식물원

디종(Dijon)-부르고뉴

옛 부르고뉴 공국의 수도였던 디종에서는 매년 가을에 500명 이상의 대회 참가자와 20만 명의 방문객이 찾는 국제음식박람회를 개최한다. 또한 3년마다 국제꽃박람회 플로리시모를 개최한다. 디종이 속한 부르고뉴 지방은 세계적으로 유명한 와인 재배 지역으로 세계에서 가장 비싼 10대 와인 중 8개가 샹트네에서 디종으로 가는 길목에서 생산된다.

주요 명소
1) 디종 보자르 박물관(Musée des Beaux-Arts de Dijon)
주소: Palais des ducs et des Etats de Bourgogne, Pl. de la Sainte-Chapelle, 21000 Dijon
부르고뉴 공작의 옛 궁전으로 다양한 서양 미술품을 소장하고 있다.

2) 디종 생 베니뉴 대성당(Cathédrale Saint-Bénigne de Dijon)
주소: Pl. Saint Bénigne, 21000 Dijon
성 베니뉴에게 헌정된 석조 성당으로 과거에는 수도원이었다.

3) 그랑 테아트르 드 디종(Grand Théâtre de l'Opéra de Dijon)
주소: 16 Rue Rameau, 21000 Dijon
디종 출신 건축가 자크 셀르리에가 1828년 지은 극장

루앙(Rouen)-노르망디

루앙은 과거 노르망디 지방의 중심지로 로마 시대부터 있던 역사적 도시이다. 고딕 양식의 건물이나 옛 가옥이 많아 '고딕의 도시'라는 별칭으로도 불리며 클로드 모네와 모파상의 작품 소재 및 배경이 되기도 했다. 오랜 기간 영국과 프랑스 사이의 분쟁지로 잔 다르크가 처형된 지역이기도 하다.

주요 명소
1) 루앙 대성당(Cathédrale Notre-Dame de Rouen)
주소: Pl. de la Cathédrale, 76000 Rouen
부분적으로 로마네스크 양식이 남아있는 12세기 고딕 양식의 대성당

2) 루앙 대시계 거리(Rue du Gros Horloge)
주소: 76000 Rouen
루앙 구시가지의 중심이자 상징인 시계탑이 있는 거리

3) 비외마르셰 광장(place du Vieux-Marché)
주소: Pl. du Vieux Marché, 76000 Rouen
잔 다르크가 화형당한 장소로 거대한 조형물이 세워져 있다.

알비(Albi)-옥시타니

알비는 대주교좌가 있는 도시로, 대주교들의 궁전인 베르비성과 생 트세실 대성당의 붉은 벽돌로 인해 '붉은 도시'로 알려져 있다. 성당과 주교좌 건물 집단을 중심으로 도시가 형성되었으며 이와 관련된 다양한 벽돌 구조물과 조각상을 찾아볼 수 있다. 알비 출신의 후기 인상파 화가인 앙리 드 툴루즈 로트렉의 작품이 소장된 박물관이 있다.

주요 명소
1) 베르비 궁(Berbie Palace)
주소: 4 Rue de la Temporalité, 81000 Albi
현재는 앙리 드 툴루즈 로트렉 박물관으로 사용 중인 주교들의 궁전

2) 생 트세실 대성당(Cathédrale Sainte-Cécile)
주소: 5 Bd Général Sibille, 81000 Albi
1282년부터 지어져 1480년 완공된 붉은 벽돌의 건축물

3) 퐁 비외(Pont Vieux)

주소: Pont Vieux, 81000 Albi

1035년 돌로 지은 후 벽돌로 치장한 8개 아치 위의 다리

앙제(Angers)-페이드라루아르

유럽의 대표적인 수국 생산지로 프랑스 혁명 이전에는 옛 앙주 프로방스의 중심지였다. 기원전 갈리아 시대 고대 도시의 터였던 앙제에서는 과거의 전쟁들과 제2차 세계대전으로 많은 건물이 파괴되었음에도 불구하고 여전히 성곽과 성당, 중세풍의 주택을 찾아볼 수 있다.

주요 명소

1) 앙제 성(Château d'Angers)

주소: 2 Prom. du Bout du Monde, 49100 Angers

유명한 중세 태피스트리를 보유한 9세기의 성

2) 생모리스 대성당(Cathédrale Saint-Maurice d'Angers)

주소: 4 Rue Saint-Christophe, 49100 Angers

75m 높이의 2개의 첨탑이 절정을 이루는 도시의 랜드마크

5. 축제

프로뱅(Provins)-일드프랑스

프로뱅은 로마의 역참이 있던 곳으로 십자군이 동방에서 가져온 붉은 장미를 재배하여 '장미의 도시'로도 알려져 있다. 프로뱅의 도시 구조는 당시 무역 시장과 그와 관련된 행사를 주최하기 위해 마련된 것으로 오늘날까지 잘 보존되어 있다. 이곳에서는 6월 9일과 10일 중세 시대를 재연하는 프로뱅 중세 시대 축제가 열린다.

주요 명소

1) 생 에스프리 지하실(Caveau du Saint-Esprit)

주소: 34 Rue de Jouy, 77160 Provins

프로뱅에 모여든 상인과 순례자 수도사 등을 위한 지하 병원

2) 생 장 성벽과 성문(Porte Saint-Jean et les remparts)

주소: Prte Saint-Jean, 77160 Provins
상거래 및 군사 전략적 요충지로 13세기 지어진 성곽 건축물

3) 생트 크루아 교회(Église Sainte Croix)

주소: 12 Rue Sainte-Croix 10, 77160 Provins
프로뱅의 대표적인 중세 종교 건축물로 16세기 르네상스 양식으로 재건되었다.

망통(Menton)-프로방스

망통은 이탈리아 국경과 가까운 휴양도시로 영국 의사인 제임스 헨리 베넷에 의해 유명
해졌다. 아름다운 호텔과 별장, 궁전이 많아 관광객들이 휴양지로 많이 찾아오는데, 이들
건축물 상당수는 제1차 세계대전 당시 부상병들의 요양시설로 이용되었다. 또한 망통에
서는 매년 2월 레몬 축제가 열리는데 축제의 주제는 10년 주기로 바뀐다.

주요 명소

1) 망통 생 미셸 교회(Basilique Saint-Michel-Archange)

주소: Place de l'Eglise, 06500 Menton
17세기 바로크 양식의 화려함을 잘 보여주는 교회 건축물

2) 망통 러시아 정교회 성당(Église Russe-Orthodoxe de Menton)

주소: 14 Rue Paul Morillot, 06500 Menton
17세기 러시아 양식을 재현한 19세기 러시아 정교회 건축물

3) 장 콕토 미술관(Musée Jean Cocteau)

주소: Quai Napoléon III, 06500 Menton
17세기 성채 내부에 20세기 프랑스 예술가 장 콕토의 작품을 전시한 미술관

보르도(Bordeaux)-누벨아키텐

'물 가까이'라는 뜻을 지닌 보르도는 와인으로 그 이름이 널리 잘 알려져 있다. 그 밖에도
목축과 어업, 중공업 및 화학공업이 유명하며 무역 또한 성황을 이룬다. 특히 매년 가론
강 부두에서는 보르도 와인 축제가 열리는데 수많은 보르도 와인을 비롯해 지롱드 치즈,
아르카숑 만에서 채집한 굴 등 다양한 특산물을 만날 수 있다.

주요 명소

1) 보르도 대성당(Cathédrale Saint-André de Bordeaux)
주소: Pl. Pey Berland, 33000 Bordeaux
종탑인 페이-베를랑으로 잘 알려진 보르도 구시가지의 대성당

2) 갈리에니 궁전(Palais Gallien)
주소: 126 Rue du Dr Albert Barraud, 33000 Bordeaux
고대 로마 시대 건설된 유적지로 로마 원형극장의 잔해이다.

3) 보르도 와인 박물관(Cité du Vin)
주소: 134 Quai de Bacalan, 33300 Bordeaux
알루미늄과 유리를 활용해 건설한 최첨단 와인 박물관

샤르트르(Chartres)-상트르발드루아르

전통적으로 학생들의 성지순례 장소로, 산티아고 데 콤포스텔라 순례길 중 투르에서 출발하는 투르길에 위치해 있다. 이 도시에 있는 샤르트르대성당은 1594년 앙리 4세가 대관식을 거행한 장소이기도 하다. 샤르트르 빛 축제는 프랑스에서 가장 유명한 야경 축제 중 하나로, 매년 가을마다 샤르트르 대성당을 비롯해 도시 전역의 건물들이 조명 및 영상으로 장식된다.

주요 명소

1) 샤르트르 대성당(Cathédrale Notre-Dame de Chartres)
주소: 16 Cloître Notre Dame, 28000 Chartres
섬세한 스테인드 글라스와 높은 부벽을 자랑하는 13세기 고딕 성당

2) 생 테그낭 교회(Église catholique Saint-Aignan)
주소: 12 Pl. de l'Étape au Vin, 28000 Chartres
5세기에 설립되어 16~17세기 재건된 건축물로 내부의 화려한 문양이 특징이다.

3) 샤르트르 순수 미술관(Musee des Beaux-Arts de Chartres)
주소: 29 Cloître Notre Dame, 28000 Chartres
17~18세기 주교가 지내던 집으로 15세기 순수 예술작품을 전시 중이다.

루아르(Loire)-오베르뉴

루아르는 중세의 성당 및 성채가 남아있는 옛 마을이 많은 도시로, 루아르 계곡 및 고성들은 프랑스 유네스코 세계문화유산으로 지정되어 있다. 천혜의 자연으로 예로부터 '프랑스의 정원'이라 불리던 루아르의 강변에서는 매년 쇼몽 쉬르 루아르 국제 정원 축제가 열리는데, 매 축제에서는 희귀 원예작물 및 이색적인 꽃들을 만나볼 수 있다.

주요 명소
1) **샹보르성(Château de Chambord)**
주소: 41250 Chambord
프랑수아 1세가 착공하여 루이 14세가 완공한 르네상스 건축물

2) **블루아성(Château de Blois)**
주소: Pl. du Château, 41000 Blois
루이 12세 이후 여러 프랑스 왕이 거주한 대표적인 중세의 성

3) **시농성(Château de Chinon)**
주소: 2 Rue du Château, 37500 Chinon
소도시 시농의 성으로 잔 다르크가 샤를 7세를 독려한 곳으로 유명하다.

6. 아름다운 마을 top 10

프랑스 각 마을은 독특한 역사와 문화, 건축 양식을 자랑하며, 계절마다 다른 매력을 보여준다. 방문 시기는 봄부터 가을까지가 추천되며, 특히 라벤더가 피는 6-7월의 프로방스 지역이 인기가 높다.

콜마르(Colmar), 알자스 지방

알자스 와인 루트의 중심지로, 운하와 중세 목조 건물이 어우러진 '작은 베니스'라 불린다. 특히 색색의 목조 가옥들이 운하를 따라 늘어서 있는 풍경이 매력적이다. 이곳은 알자스 전통의 와이너리 방문과 현지 음식 문화를 체험할 수 있는 곳으로, 특히 '이젠하임 제단화'로 유명한 운터린덴 미술관도 놓칠 수 없다.

- 주소: 68000 Colmar, France
- 특징: 알자스 와인 루트의 중심, 운하와 중세 목조 건물이 어우러짐. '작은 베니스'라고도 불림
- 추천 활동: 와인 루트 투어, 크리스마스 마켓, 운하 보트 투어
- 최적 방문 시기: 4-10월, 12월
- 추천 체류 기간: 2-3일

고르드(Gordes), 프로방스 지방

프로방스 지방 석회암 절벽 위에 세운 중세 마을로, 프로방스를 대표하는 절경을 자랑한다. 특히 마을은 라벤더밭과 함께 프로방스의 전형적인 풍경을 보여주며, 좁은 골목길과 르네상스 양식의 성이 마을 광장에 자리 잡고 있다. 고르드에서는 중세 성채와 세낭크 수도원, 보리 마을 등 다양한 볼거리를 즐길 수 있다.

- 주소: 84220 Gordes, France
- 특징: 석회암 절벽 위 중세 마을, 라벤더 밭과 절경
- 추천 활동: 라벤더 밭 투어, 프로방스 시장 방문, 석양 감상
- 최적 방문 시기: 5-9월, 라벤더 최절정: 7월 초-중순
- 추천 체류 기간: 1-2일

에즈(Èze), 프로방스알프코트다쥐르 지방

에즈는 지중해를 내려다보는 절벽 위의 중세 마을로, 좁은 돌계단과 골목길, 아름다운 정원이 특징이다. 특히, 이국적인 선인장 정원에서 코트다쥐르의 전망을 감상할 수 있다. 또한, 향수 만들기 워크샵이나 미슐랭 레스토랑을 방문하여 고유의 맛과 향을 경험할 수 있는 기회를 제공한다.

- 주소: 06360 Èze, France
- 특징: 지중해 전망, 중세 돌계단 거리, 이국적인 선인장 정원
- 추천 활동: 지중해 전망 산책, 향수 만들기 워크샵, 미슐랭 레스토랑 방문
- 최적 방문 시기: 3-10월
- 추천 체류 기간: 1일

로카마두르(Rocamadour), 옥시타니 지방

로카마두르는 절벽에 매달린 성지 마을로, 중세부터 유명한 순례지였다. 검은 성모 마리아 성당과 계단길이 유명하며, 마을 주변 지역에서는 치즈를 맛볼 수 있는 기회가 많다. 순례자의 계단을 오르거나 동굴 탐험을 즐길 수 있으며, 마을의 유서 깊은 성소들을 둘러보는 것도 놓칠 수 없는 경험이다.

- 주소: 46500 Rocamadour, France
- 특징: 절벽 위 성소, 검은 성모 마리아 성당, 중세 순례지
- 추천 활동: 순례자의 계단 오르기, 로카마두르 치즈 시식, 동굴 탐험
- 최적 방문 시기: 4-10월
- 추천 체류 기간: 1-2일

리보빌레(Riquewihr), 알자스 지방

리보빌레는 16세기의 모습을 그대로 간직한 와인 마을로, 성벽으로 둘러싸인 마을 안에는 알록달록한 목조 가옥들이 아름답게 늘어서 있다. 알자스 최고의 와인을 맛볼 수 있으며, 특히 '도브 탑'과 '와인 박물관'은 방문객들에게 인상적인 경험을 선사한다.

- 주소: 68340 Riquewihr, France
- 특징: 16세기 와인 마을, 성벽으로 둘러싸인 마을, 알록달록한 목조 가옥
- 추천 활동: 와이너리 투어, 알자스 전통 음식 체험, 크리스마스 장식 구경
- 최적 방문 시기: 4-10월, 12월
- 추천 체류 기간: 1일

생폴드방스(Saint-Paul-de-Vence), 프로방스알프코트다쥐르 지방

생폴드방스는 예술가들의 마을로 유명한 중세 요새 마을로, 피카소, 샤갈 등 유명 예술가들이 머물렀던 곳이다. 이곳은 갤러리와 예술 공방이 많고, 예술가의 카페도 흥미로운 방문지를 제공한다. 현대 미술관 투어나 전통 구기 스포츠인 페탕크 구경도 즐길 수 있다.

- 주소: 06570 Saint-Paul-de-Vence, France
- 특징: 예술가 마을, 중세 요새, 갤러리와 예술 공방
- 추천 활동: 현대 미술관 투어, 예술가의 카페 방문, 페탕크 구경
- 최적 방문 시기: 4-10월
- 추천 체류 기간: 1-2일

베농(Beynac), 누벨아키텐 지방

베농은 도르도뉴 강변의 절벽 위에 세운 성채 마을로, 12세기 성과 중세 건축물이 잘 보존되어 있으며, 영화 촬영지로도 유명하다. 카약이나 카누를 타고 도르도뉴강을 즐길 수 있으며, 성을 둘러보거나 트뤼프 사냥 체험을 할 수도 있다.

- 주소: 24220 Beynac-et-Cazenac, France
- 특징: 절벽 위 성채, 중세 건축물 보존, 영화 촬영지
- 추천 활동: 카약/카누 타기, 성 투어, 트뤼프 사냥 체험
- 최적 방문 시기: 5-9월
- 추천 체류 기간: 1-2일

루시용(Roussillon), 프로방스 지방

루시용은 붉은 절벽으로 유명한 마을로, 오크르 황토로 만든 건물들이 특징적이다. 다양한 색조의 절벽 산책로와 예술가들의 작업실을 구경할 수 있다. 이곳에서는 오크르 채석장을 견학하거나 예술가 공방을 방문할 수 있으며, 일몰 감상도 추천된다.

- 주소: 84220 Roussillon, France
- 특징: 붉은 절벽, 오크르로 만든 건물들, 예술가 작업실
- 추천 활동: 오크 채석장 견학, 예술가 공방 방문, 일몰 감상
- 최적 방문 시기: 4-10월
- 추천 체류 기간: 1일

카르카손(Carcassonne), 옥시타니 지방

카르카손은 유럽에서 가장 잘 보존된 중세 요새 도시로, 이중성벽과 52개의 첨탑이 특징이다. 중세 시대의 모습을 그대로 간직하고 있으며, 성벽 산책이나 중세 기사 쇼 관람이 인기 활동이다. 또한 전통 요리인 카시울레를 맛보는 것도 추천된다.

- 주소: 11000 Carcassonne, France
- 특징: 이중성벽과 52개의 첨탑, 중세 요새 도시
- 추천 활동: 성벽 산책, 중세 기사 쇼 관람, 카시울레 맛보기
- 최적 방문 시기: 4-10월
- 추천 체류 기간: 1-2일

옹플뢰르(Honfleur), 노르망디 지방

옹플뢰르는 노르망디의 아름다운 항구 도시로, 인상파 화가들에게 영감을 준 곳이다. 구항구와 좁은 골목길, 목조 교회가 특징이며, 해산물 요리로 유명하다. 또한, 인상파 화가의 발자취를 따라가는 경험도 특별하다.

- 주소: 14600 Honfleur, France
- 특징: 항구 도시, 인상파 화가들의 영감을 준 곳, 해산물 요리로 유명
- 추천 활동: 항구 산책, 해산물 요리 체험, 인상파 화가의 발자취 따라가기
- 최적 방문 시기: 5-9월
- 추천 체류 기간: 1-2일

7. 프랑스의 자연 풍경 Top 5

코트다쥐르(Côte d'Azur)

코트다쥐르는 프랑스 남동부의 지중해 연안을 따라 펼쳐진 해안선으로, 니스, 칸, 생트로페 등 유명한 휴양지들이 위치해 있다. 맑은 바다, 아름다운 해변, 고급 리조트가 특징이며, 세계적인 영화제인 칸 영화제와 같은 행사로 유명하다. 5월과 6월, 그리고 9월과 10월은 여행하기에 가장 적합한 시기이다.

칼랑크(Calanques)

프랑스 남부 프로방스 지역의 지중해 해안선에 위치한 협곡과 바위 절벽 지역으로 아름다운 자연 경관으로 많은 관광객이 찾는다. 칼랑크라는 단어는 프로방스어로 '좁고 깊은 만'을 의미하며, 이러한 지형은 석회암 절벽이 침식되면서 형성되었다..

베르동 협곡(Gorges du Verdon)

베르동 협곡은 프랑스 남부의 웅장한 자연 경관을 자랑하는 곳으로, 깊은 협곡과 푸른 강이 어우러져 장관을 이룬다. 하이킹, 카약, 래프팅 등의 액티비티를 즐기기에 좋은 지역으로, 여름철인 6월부터 9월까지 여행하기에 적합하다.

퓌드돔(Puy-de-Dôme)

퓌드돔은 중앙 프랑스에 위치한 아름다운 자연과 화산 지형을 가진 지역으로, 활화산인 퓌드돔 산과 그 주변의 자연을 탐험할 수 있다. 봄부터 가을까지인 4월에서 10월 사이가 여행하기에 이상적인 시기이다. 하이킹과 자연 탐방을 즐길 수 있다.

코르시카섬(Corsica)

코르시카는 프랑스의 지중해 섬으로, 청정한 자연과 아늑한 해변, 그리고 독특한 문화가 매력적인 지역이다. 섬의 다양한 해변과 산악지대는 5월, 6월, 9월, 10월에 가장 적합한 시기이다. 여행객들은 자연 속에서 힐링하거나, 지역 음식을 맛보며 여유로운 시간을 보낼 수 있다.
*여름 성수기(7-8월)에는 몽생미셸을 제외하고는 혼잡도가 높고 숙박료도 비싸므로 피하는 것이 좋다.
*레스토랑은 현지 특산물을 활용한 전통 요리와 뛰어난 셰프의 모던 퀴진을 맛볼 수 있는 곳들로, 예약이 필수다.

8. 프랑스의 와이너리 지역 Top 5

프랑스는 와인의 본고장으로, 와인 여행을 통해 지역의 문화와 역사, 와인에 대한 깊은 이해를 얻을 수 있다. 와인은 포도 품종, 재배지, 양조 방식에 따라 다채로운 맛을 지니며, 각 지역마다 특색 있는 와인을 생산한다. 프랑스의 주요 와인 지역인 보르도(Bordeaux), 부르고뉴(Burgundy), 샹파뉴(Champagne), 론(Rhône), 알자스(Alsace)는 각각 고유의 와인 문화와 역사를 자랑하며, 여행객들에게 독특한 체험을 선사한다.

보르도(Bordeaux)

보르도는 세계에서 가장 유명한 와인 생산지 중 하나로, 강력하고 탄닌이 풍부한 레드 와인으로 잘 알려져 있다. 특히 까베르네 소비뇽(Cabernet Sauvignon)과 메를로(Merlot) 품종이 주를 이룬다. 보르도의 와인 문화는 18세기부터 상류층과 귀족들에 의해 발달했으며, 지금도 고급 와인을 생산하는 유명한 샤토들이 많다. 이 지역은 '와인의 도시'라고 불리며, 와인 여행자들은 다양한 샤토를 방문해 역사와 문화를 배우며 와인 시음을 즐길 수 있다.

부르고뉴(Burgundy)

부르고뉴는 섬세한 와인으로 유명하며, '피노 누아르(Pinot Noir)와 샤르도네(Chardonnay) 품종이 주를 이룬다. 부르고뉴 와인의 특징은 고유한 떼루아(토양과 기후에 따른 지역적 특성)에 의해 와인의 맛이 달라진다는 점이다. 이 지역의 와인 역사는 로마 시대부터 시작되었으며, 중세 수도원에서 양조법이 발전한 것으로 알려져 있다. 부르고뉴는 특히 코트도르(Côte d'Or) 지역의 와인 등이 유명하며, 이 지역은 와인 애호가들에게 성지와도 같은 존재다.

샹파뉴(Champagne)

샴페인은 세계에서 가장 유명한 스파클링 와인인 샴페인의 생산지로, 주로 피노 누아르(Pinot Noir), 피노 뫼니에(Pinot Meunier), 샤르도네(Chardonnay) 품종이 사용된다. 샴페인의 역사는 17세기까지 거슬러 올라가며, 프랑스 왕실의 사랑을 받으며 전 세계적으로 명성을 얻었다. 샴페인은 기념일이나 축하의 자리에서 자주 소비되며, 그 기포의 섬세함과 청량감이 특징이다. 샴페인 제조 과정은 매우 까다롭고 긴 시간 이 소요된다.

론(Rhône)

론 지역은 북부와 남부로 나눠져 있으며, 북부는 주로 시라(Syrah) 품종을, 남부는 그르나슈(Granache), 무르베드르(Mourvèdre) 등을 사용해 다양한 스타일의 와인 을 생산한다. 론의 역사도 오래되었으며, 고대 로마 시대부터 와인이 생산되었다. 북 부의 론 지역은 특히 Côte-Rôtie와 Hermitage와 같은 유명한 와인 생산지로 알려져 있다. 남부 론은 Châteauneuf-du-Pape로 유명하며, 강한 맛과 향을 가진 와인 등이 생산된다.

알자스(Alsace)

알자스는 독일과의 경계를 접한 지역으로, 독일식 와인 품종인 리슬링(Riesling), 게 뷔르츠트라미너(Gewürztraminer), 뮈슬링(Muscat) 등을 주로 생산한다. 알자스는 특히 백포도주가 많고, 산도가 높고 신선한 맛이 특징이다. 알자스의 와인 역사는 로 마 시대까지 거슬러 올라가며, 이 지역은 독일과 프랑스 문화의 영향을 동시에 받아 와인 양조 방식에서도 그 영향을 찾을 수 있다.

9. 예술가들의 성지

아를(Arles)

고흐가 생의 말년을 보낸 남프랑스의 도시다. 이곳에서 고흐는 그의 대표작 <별이 빛나는 밤>과 <아를의 포룸 광장의 카페 테라스>를 그렸다. 로마 시대의 유적과 프 로방스 특유의 따뜻한 햇살이 인상적인 곳이다. '고흐 루트'를 따라가면서 화가가 실 제로 그림을 그렸던 장소들을 둘러보는 것이 좋다.

주소: Arles, Bouches-du-Rhône, Provence-Alpes-Côte d'Azur, France
필수 방문지

- 포룸 광장의 카페 테라스 (Place du Forum): 고흐의 유명한 그림 배경이 된 카페로, 현재는 'Café van Gogh'라는 이름으로 운영된다.
- 아를의 고흐 재단 (Fondation Vincent van Gogh Arles): 고흐의 작품과 현대 미술 전시를 함께 감상할 수 있다.
- 로마 원형극장 (Amphithéâtre romain): UNESCO 세계문화유산으로 지정된 로마 시대 유적이다.
- 고흐의 병원 (Espace Van Gogh): 과거 고흐가 입원했던 병원으로, 현재는 문화 센터로 사용된다.

지베르니(Giverny)

모네가 43년간 거주하며 작품 활동을 한 곳이다. 특히 그의 정원과 연못은 유명한 <수련> 연작의 배경이 되었다. 모네의 저택과 정원이 잘 보존되어 있어 작가의 일상을 직접 체험할 수 있다. 봄부터 가을까시 계설별로 다양한 꽃을 감상할 수 있으므로, 방문 시기를 잘 고려해야 한다.

주소: 27620 Giverny, Eure, Normandie, France
필수 방문지
- 모네의 집과 정원 (Fondation Claude Monet): 모네가 실제 거주했던 핑크색 저택과 유명한 수련 연못이 있다.
- 지베르니 인상파 미술관 (Musée des impressionnismes Giverny): 인상파 화가들의 작품을 전시한다.
- 모네의 무덤: 지베르니 교회 묘지에 있는 모네의 묘소를 찾아볼 수 있다.

에트르타(Etretat)

부댕이 사랑했던 노르망디 해안가의 도시다. 웅장한 석회암 절벽과 아치형 바위가 특징적이다. 이 절벽들은 많은 인상파 화가들의 영감의 원천이 되었다. 조수 시간을 미리 확인하고 방문하면 더욱 아름다운 풍경을 감상할 수 있다.

주소 76790 Étretat, Seine-Maritime, Normandie, France
필수 방문지
- 에트르타 절벽 (Falaises d'Étretat): 부댕이 즐겨 그렸던 상징적인 아치형 절벽이다.

- 샤펠 노트르담 (Chapelle Notre-Dame de la Garde): 절벽 위에서 전망을 감상할 수 있는 곳이다.
- 에트르타 정원 (Gardens of Etretat): 현대적인 조경 예술과 절벽 전망을 함께 즐길 수 있다.

퐁타벤(Pont-Aven)

고갱이 머물렀던 브르타뉴 지방의 작은 마을이다. 이곳에서 그는 후기인상주의 화풍을 발전시켰다. 현재도 많은 예술가들이 머무는 예술마을로, 곳곳에 갤러리와 아틀리에가 있다. 브르타뉴의 전통 과자인 갈레트와 함께 예술의 거리를 산책하는 것이 좋다.

주소: 29930 Pont-Aven, Finistère, Bretagne, France
필수 방문지
- 퐁타벤 미술관 (Musée de Pont-Aven): 고갱과 퐁타벤 화파의 작품들을 전시한다.
- 보아 다무르 숲길 (Bois d'Amour): 고갱이 영감을 받았던 아름다운 산책로다.
- 글로아넬 예배당 (Chapelle de Trémalo): 고갱의 '노란 그리스도'의 배경이 된 예배당이다.
- 아벨 수제과자점 (Biscuiterie Traou Mad): 1920년부터 운영된 전통 과자점으로 유명한 퐁타벤 버터 쿠키를 맛볼 수 있다.

아래 코드를 스캔하시면
더 많은 일정 정보를 보실 수 있습니다!

프랑스 타임라인

기원전 4400년경
프랑스 카르나크의 선사 시대 유적

기원전 600년경
켈트(골족) 문화의 등장

기원전 58년~기원전 51년
로마, 켈트족 정복

기원전 900년경
할슈타트 문화의 등장

기원전 125년~기원전 121년
로마, 남부 켈트족 식민화

기원전 46년
베르생제토릭스의 저항과 처형

1066년
노르만 왕조 건립

923년
수아송 전투

843년
베르됭 조약 체결

987년
위그 카페 서프랑크 왕으로 즉위(카페 왕조)

870년
중프랑크의 분열로 프랑크 왕국 분할

1095년
교황 우르반 2세에 의한 제1차 십자군 결성

1309년~1398년
아비뇽 유수

1337년
백년 전쟁 발발

1179년
필리프 2세 즉위

1328년
필리프 6세 즉위(발루아 왕조)

1789년
프랑스 혁명

1756년~1763년
7년 전쟁

1648년
베스트팔렌 조약

1618년~1648년
30년 전쟁

1783년
베르사유 조약

1667년~1668년
왕위 계승 전쟁

1643년
태양왕 루이 14세 즉위

1792년
프랑스 제1공화국 정권

1794년
로베스피에르 처형

1804년
나폴레옹 황제 즉위(프랑스 제1제국)

1793년
루이 16세와 마리 앙투아네트 처형

1803년
미국에 루이지애나 양도

1808년
대륙 봉쇄령 시행

1946년
프랑스 제4공화국 정권 수립

1943년
카이로 회담

1939년~1945년
제2차 세계대전

1946년
제1차 인도차이나 전쟁

1944년
프랑스 임시정부

1940년
자유 프랑스와 비시 프랑스 성립

1949년
나토(NATO) 창설

1954년
알제리 전쟁

1958년
프랑스 제5공화국 정권 수립

1952년
프랑스 제2제국

1956년
제2차 중동 전쟁

1985년
쉥겐 조약

177년
리옹에서 최초의 순교자 등장하다

311년
갈리아에서 기독교가 인정되다

395년
로마제국 분열

297년경
프랑크족, 로마와 동맹

375년
고트족의 로마 침공

800년
샤를마뉴, 로마 황제 즉위

511년
파리, 프랑크족의 수도가 되다

476년
서로마제국 멸망

814년
루트비히 1세 프랑크 황제로 즉위

751년
프랑크 왕국, 카롤링거 왕조 수립

481년
프랑크 왕국 건국(메로빙거 왕조)

1348년
흑사병 창궐

1431년
잔 다르크, 화형에 처해지다

1347년
영국에 의해 칼레를 강탈당함

1358년
자크리의 난

1454년
백년 전쟁 종결

1589년
앙리 4세 즉위(부르봉 왕조)

1562년
위그노 전쟁

1482년
브루군트 공국, 프랑스에 통합

1598년
낭트 칙령 선포

1572년
성 바르톨로메오 학살

1534년
자크 카르티에, 캐나다 발견 및 프랑스 왕령 선언

1812년
나폴레옹의 러시아 원정 실패

1815년
워털루 전투에서 패배

1848년
2월 혁명(프랑스 제2공화국)

1814년
루이 18세 왕위 등극(부르봉 왕정 복고)

1830년
7월 혁명

1852년
프랑스 제2제국

1916년
베르됭 전투

1880년~1914년
벨에포크 시대

1870년~1871년
프로이센-프랑스 전쟁

1919년
알자스-로렌 수복

1914년~1918년
제1차 세계대전

1870년
프랑스 제3공화국 정권

1993년
유럽 연합 출범

2002년
프랑스 유로화 유통 시행

1994년
영국-프랑스 해저 터널 공식 개통

세상에서 가장 짧은 프랑스사

초판 1쇄 발행 2025년 1월 21일

지은이 제러미 블랙
옮긴이 이주영
발행인 박상진
편 집 김민준
마케팅 박근령
관 리 황지원
디자인 정지현, 투에스북디자인

펴낸곳 진성북스
등 록 2011년 9월 23일
주 소 서울시 강남구 삼성동 143-23, 어반포레스트삼성
전 화 02)3452-7762
팩 스 02)3452-7751
홈페이지 www.jinsungbooks.com
이메일 jinsungbooks@naver.com

ISBN 978-89-97743-68-1   03900

※ 진성북스는 여러분들의 원고 투고를 환영합니다.
  책으로 엮기를 원하는 좋은 아이디어가 있으신 분은
  이메일(jinsungbooks@naver.com)로
  간단한 개요와 취지 등을 이메일로 보내주십시오.
  당사의 출판 컨셉에 적합한 원고는 적극적으로 책으로 만들어 드리겠습니다.

JINSUNGBOOKS

진성북스
도서목록

사람이 가진 무한한 잠재력을 키워가는 **진성북스**는
지혜로운 삶에 나침반이 되는 양서를 만듭니다.

사람을 움직이는 생각의 본능
마음오프너

최석규 지음 | 268쪽 | 17,000원

마음을 여는 7가지 생각의 본능!

30년 경력의 광고커뮤니케이션 디렉터인 저자는 게으름과 감정, 두 단어가 녹아든 생각의 본능을 크게 7가지 본능, 즉 '절약본능', '직관본능', '감정본능', '편안함추구본능', '일탈본능', '틀짓기본능', 그리고 '자기중심본능'으로 정리한다. 상대의 본능을 이해하고 그 감정에 거스르지 않을 때, 우리는 진정 상대의 마음을 열 수 있는 오프너를 쥘 수 있게 될 것이다.

포스트 코로나 시대의 행복
적정한 삶

김경일 지음 | 360쪽 | 값 16,500원

우리의 삶은 앞으로 어떤 방향으로 나아가게 될까? 인지심리학자인 저자는 이번 팬데믹 사태를 접하면서 수없이 받아ો 질문에 대한 답을 이번 저서를 통해 말하고 있다. 앞으로 인류는 '극대화된 삶'에서 '적정한 삶'으로 갈 것이라고. 낙관적인 예측이 아닌 엄숙한 선언이다. 행복의 척도가 바뀔 것이며 개인의 개성이 존중되는 시대가 온다. 타인이 이야기하는 'want'가 아니라 내가 진짜 좋아하는 'like'를 발견하며 만족감이 스마트해지는 사회가 다가온다. 인간의 수명은 길어졌고 적정한 만족감을 느끼지 못하는 인간은 결국 길 잃은 삶을 살게 될 것이라고 말이다.

인문학과 과학으로 떠나는 인체 탐구 여행
신비한 심장의 역사

빈센트 M. 피게레도 지음 | 최경은 옮김
364쪽 | 22,000원

심장 전문의가 펼쳐낸 경이로운 심장의 연대기!

심장에 얽힌 고대의 제의는 물론 실제로는 심장이 감정을 수용할 수 있다는 '심장-뇌 연결Heart-brain Connection' 연구에 이르기까지 수만 년에 걸친 심장의 문학적, 역사적, 의학적 이야기를 한 권에 담았다. 우리는 이 책을 통해 태양의 신 샤마시에게 공물로 바쳐졌던 제의는 물론, 잘 훈련된 운동선수의 심박출량이나 450kg에 달하는 대왕고래의 심장 무게, 그리고 손상된 심장을 복원하는 줄기세포 시술이나 3D 프린팅 기술까지 심장에 관한 모든 역사를 마주하게 될 것이다.

삶의 순간에서 당신을 지탱해 줄 열세 가지 철학
홀로서기 철학

양현길 지음 | 276쪽 | 17,000원

지금, 우리에게 필요한 홀로서기

삶의 고통에서 벗어나기 위해 앞서 고민했던 이들이 있다. 바로 '철학자'들이다. 그들은 더 나은 삶을 살아가기 위해 저마다의 고뇌를 안고 삶과 마주했다. 온전한 자기 자신이 되기 위하여, 나에게 주어진 삶의 의미를 찾기 위하여, 물 흘러가듯 편안하게 살아가는 삶을 위하여, 그리고 스스로 만들어나가는 삶을 살기 위하여 고민해 왔다. 그렇게 열세 명의 철학자가 마주한 '홀로서기'의 비결을 이 책에 담았다.

누구를 위한 박물관인가?
박물관의 그림자

애덤 쿠퍼 지음 | 김상조 옮김
556쪽 | 값 23,000원

문명과 야만이 공존하는 박물관의 탄생과 발전, 그리고 미래

문명과 야만의 역사와 함께한 박물관의 탄생과 발전을 다루는 도서. 이 책은 그들이 어떻게 타인의 유물을 기반으로 성장해 왔는지, 그리고 어떻게 위기에 봉착하게 되었는지를 가감 없이 드러낸다. 때로는 피해자의 시선으로, 때로는 인류학자의 시선으로 균형감을 유지한 이 책은 독자 여러분에게 여러 논쟁 속에서 실존하는 박물관의 미래를 함께 고민하며 약탈 혹은 환수의 이분법에서 벗어난 제3의 대안을 제시할 것이다.

● 네이처 북 리뷰 추천 도서
● 조선일보, 매일경제 등 주요 언론사 추천

모든 전쟁의 시작과 끝은 어떻게 가능한가
세상에서 가장 짧은 전쟁사

그윈 다이어 지음 | 김상조 옮김
312쪽 | 23,000원

'전쟁의 역사'를 통해 '전쟁의 끝'을 모색하다

전쟁의 기원, 아주 먼 조상이 자연스럽게 벌여온 전쟁의 시작부터 전투의 작동 방식, 냉병기의 발전을 통한 전투의 진화와 고전적인 전쟁을 거쳐 지전과 대량 전쟁, 총력전과 핵전쟁에 이르기까지 전쟁의 역사를 모두 아우르는 도서. 한편 저자는 비록 인류의 탄생과 함께한 전쟁일지라도 인간이 얼마나 살인을 기피하는지를 가감 없이 소개한다.

● 퍼블리셔스 위클리, BBC 히스토리 매거진 추천 도서
● 매일경제 등 주요 언론사 추천

새로운 리더십을 위한 지혜의 심리학
이끌지 말고 따르게 하라

김경일 지음
328쪽 | 값 15,000원

이 책은 '훌륭한 리더', '존경받는 리더', '사랑받는 리더'가 되고 싶어하는 모든 사람들을 위한 책이다. 요즘 사회에서는 존경보다 질책을 더 많이 받는 리더들의 모습을 쉽게 볼 수 있다. 저자는 리더십의 원형이 되는 인지심리학을 바탕으로 바람직한 리더의 모습을 하나씩 밝혀준다. 현재 리더의 위치에 있는 사람뿐만 아니라, 앞으로 리더가 되기 위해 노력하고 있는 사람이라면 인지심리학의 새로운 접근에 공감하게 될 것이다. 존경받는 리더로서 조직을 성공시키고, 나아가 자신의 삶에서도 승리하기를 원하는 사람들에게 필독을 권한다.

- OtvN <어쩌다 어른> 특강 출연
- 예스24 리더십 분야 베스트 셀러
- 국립중앙도서관 사서 추천 도서

나의 경력을 빛나게 하는 인지심리학
커리어 하이어

아트 마크먼 지음 | 박상진 옮김 | 340쪽
값 17,000원

이 책은 세계 최초로 인지과학 연구 결과를 곳곳에 배치해 '취업-업무 성과-이직'으로 이어지는 경력 경로 전 과정을 새로운 시각에서 조명했다. 또한, 저자인 아트 마크먼 교수가 미국 텍사스 주립대의 '조직의 인재 육성(HDO)'이라는 석사학위 프로그램을 직접 개설하고 책임자까지 맡으면서 '경력 관리'에 대한 이론과 실무를 직접 익혔다. 따라서 탄탄한 이론과 직장에서 바로 적용할 수 있는 실용성까지 갖추고 있다. 특히 2부에서 소개하는 성공적인 직장생활의 4가지 방법들은 이 책의 백미라고 볼 수 있다.

나와 당신을 되돌아보는, 지혜의 심리학
어쩌면 우리가 거꾸로 해왔던 것들

김경일 지음 | 272쪽 | 값 15,000원

저자는 이 책에서 수십 년 동안 심리학을 공부해오면서 사람들로부터 가장 많은 공감을 받은 필자의 말과 글을 모아 엮었다. 수많은 독자와 청중들이 '아! 맞아. 내가 그랬었지'라며 지지했던 내용들이다. 다양한 사람들이 공감한 내용들의 방점은 이렇다. 안타깝게도 세상을 살아가는 우리 대부분은 '거꾸로'하고 있는지도 모른다. 이 책은 지금까지 일상에서 거꾸로 해온 것을 반대로, 즉 우리가 '거꾸로 해왔던 수많은 말과 행동들'을 조금이라도 제자리로 되돌아보려는 노력의 산물이다. 이런 지혜를 터득하고 심리학을 생활 속에서 실천하길 바란다.

10만 독자가 선택한
국내 최고의 인지심리학 교양서
지혜의 심리학
10주년 기념판

김경일 지음
340쪽 | 값 18,500원

10주년 기념판으로 새롭게 만나는 '인지심리학의 지혜'!

생각에 관해서 인간은 여전히 이기적이고 이중적이다. 깊은 생각을 외면하면서도 자신의 생각과 인생에 있어서 근본적인 변화를 애타게 원하기 때문이다. 하지만 과연 몇이나 자기계발서를 읽고 자신의 생각에 근본적인 변화와 개선을 가질 수 있었을까? 불편하지만 진실은 '결코 없다'이다. 우리에게 필요한 것은 '어떻게' 그 이상, '왜'이다.

우리는 살아가면서 다양한 어려움에 봉착하게 된다. 이때 우리는 지금까지 살아오면서 쌓았던 다양한 How들만 가지고는 이해할 수도 해결할 수도 없는 어려움들에 자주 직면하게 된다. 따라서 이 How들을 이해하고 연결해 줄 수 있는 Why에 대한 대답을 지녀야만 한다. 『지혜의 심리학』은 바로 이 점을 우리에게 알려주어 왔다. 이 책은 '이런 이유가 있다'로 우리의 관심을 발전시켜 왔다. 그리고 그 이유들이 도대체 '왜' 그렇게 자리 잡고 있으며 왜 그렇게 고집스럽게 우리의 생각 깊은 곳에서 힘을 발휘하는지에 대하여 눈을 뜨게 해주었다.

그동안 『지혜의 심리학』은 국내 최고의 인지심리학자인 김경일 교수가 생각의 원리에 대해 직접 연구한 내용을 바탕으로 명쾌한 논리로 수많은 독자를 지혜로운 인지심리학의 세계로 안내해 왔다. 그리고 앞으로도, 새로운 독자들에게 참된 도전과 성취에 대한 자신감을 건네주기에 더할 나위 없는 지혜를 선사할 것이다.

- OtvN <어쩌다 어른> 특강 출연
- KBS 1TV <아침마당> 목요특강 '지혜의 심리학' 특강 출연
- 2014년 중국 수출 계약 / 포스코 CEO 추천 도서
- YTN사이언스 <과학, 책을 만나다> '지혜의 심리학' 특강 출연

성공적인 인수합병의 가이드라인

시너지 솔루션

마크 서로워, 제프리 웨이런스 지음 | 김동규 옮김
456쪽 | 값 25,000원

"왜 최고의 기업은 최악의 선택을 하는가?"

유력 경제 주간지 『비즈니스위크Businessweek』의 기사에 따르면 주요 인수합병 거래의 65%가 결국 인수기업의 주가가 무참히 무너지는 결과로 이어졌다. 그럼에도 M&A는 여전히 기업의 가치와 미래 경쟁력을 단기간 내에 끌어올릴 수 있는 매우 유용하며 쉽게 대체할 수 없는 성장 및 발전 수단이다. 그렇다면 수많은 시너지 함정과 실수를 넘어 성공적인 인수합병을 위해서는 과연 무엇이 필요할까? 그 모든 해답이 이 책, 『시너지 솔루션』에 담겨 있다.

UN 선정, 미래 경영의 17가지 과제

지속가능발전목표란 무엇인가?

딜로이트 컨설팅 엮음 | 배정희, 최동건 옮김
360쪽 | 값 17,500원

지속가능발전목표(SDGs)는 세계 193개국으로 구성된 UN에서 2030년까지 달성해야 할 사회과제 해결을 목표로 설정됐으며, 2015년 채택 후 순식간에 전 세계로 퍼졌다. SDG팩 큰 특징 중 하나는 공공, 사회, 개인(기업)의 세 부문에 걸쳐 널리 파급되고 있다는 점이다. 그러나 SDGs가 세계를 향해 던지는 근본적인 질문에 대해서는 사실 충분한 이해와 침투가 이뤄지지 않고 있다. SDGs는 단순한 외부 규범이 아니다. 단순한 자본시장의 요구도 아니다. 단지 신규사업이나 혁신의 한종류도 아니다. SDGs는 과거 수십 년에 걸쳐 글로벌 자본주의 속에서 면면이 구축되어온 현대 기업경영 모델의 근간을 뒤흔드는 변화(진화)에 대한 요구다. 이러한 경영 모델의 진화가 바로 이 책의 주요 테마다.

한국기업, 글로벌 최강 만들기 프로젝트 1

넥스트 이노베이션

김언수, 김봉선, 조준호 지음 | 396쪽
값 18,000원

넥스트 이노베이션은 혁신의 본질, 혁신의 유형, 각종 혁신의 사례들, 다양한 혁신을 일으키기 위한 약간의 방법론들, 혁신을 위한 조직 환경과 디자인, 혁신과 관련해 개인이 할 수 있는 것들, 향후의 혁신 방향 및 그와 관련된 정부의 정책의 역할까지 폭넓게 논의한다. 이 책을 통해 조직 내에서 혁신에 관한 공통의 언어를 생성하고, 새로운 혁신 프로젝트에 맞는 구체적인 도구와 프로세스를 활용하는 방법을 개발하기 바란다. 나아가 여러 혁신 성공 및 실패 사례를 통해 다양하고 창의적인 혁신 아이디어를 얻고 실행에 옮긴다면 분명 좋은 성과를 얻을 수 있으리라 믿는다.

하버드 경영대학원 마이클 포터의 성공전략 지침서

당신의 경쟁전략은 무엇인가?

조안 마그레타 지음 | 김언수, 김주권, 박상진 옮김
368쪽 | 값 22,000원

이 책은 방대하고 주요한 마이클 포터의 이론과 생각을 한 권으로 정리했다. <하버드 비즈니스리뷰> 편집장 출신인 조안 마그레타(Joan Magretta)는 마이클 포터와의 협력으로 포터교수의 아이디어를 업데이트하고, 이론을 증명하기 위해 생생하고 명확한 사례들을 알기 쉽게 설명한다. 전략경영과 경쟁전략의 핵심을 단기간에 마스터하기 위한 사람들의 필독서이다.

- 전략의 대가, 마이클 포터 이론의 결정판
- 아마존 전략분야 베스트 셀러
- 일반인과 대학생을 위한 전략경영 필독서

앞서 가는 사람들의 두뇌 습관

스마트 싱킹

아트 마크먼 지음 | 박상진 옮김
352쪽 | 값 17,000원

숨어 있던 창의성의 비밀을 밝힌다!

인간의 마음이 어떻게 작동하는지 설명하고, 스마트해지는데 필요한 완벽한 종류의 연습을 하도록 도와준다. 고품질 지식의 습득과 문제 해결을 위해 생각의 원리를 제시하는 인지 심리학의 결정판이다! 고등학생이든, 과학자든, 미래의 비즈니스 리더든, 또는 회사의 CEO든 스마트 싱킹을 하고자 하는 누구에게나 이 책은 유용하리라 생각한다.

- 조선일보 등 주요 15개 언론사의 추천
- KBS TV, CBS방영 및 추천

경쟁을 초월하여 영원한 승자로 가는 지름길

탁월한 전략이 미래를 창조한다

리치 호워드 지음 | 박상진 옮김
300쪽 | 값 17,000원

이 책은 혁신과 영감을 통해 자신들의 경험과 지식을 탁월한 전략으로 바꾸려는 리더들에게 실질적인 프레임워크를 제공해준다. 저자는 탁월한 전략을 위해서는 새로운 통찰을 결합하고 독자적인 경쟁 전략을 세우고 헌신을 이끌어내는 것이 중요하다고 강조한다. 나아가 연구 내용과 실제 사례, 사고 모델, 핵심 개념에 대한 명쾌한 설명을 통해 탁월한 전략가가 되는데 필요한 핵심 스킬을 만드는 과정을 제시해준다.

- 조선비즈, 매경이코노미 추천도서
- 저자 전략분야 뉴욕타임즈 베스트 셀러

기후의 역사와 인류의 생존
시그널

벤저민 리버만, 엘리자베스 고든 지음
은종환 옮김 | 440쪽 | 값 18,500원

이 책은 인류의 역사를 기후변화의 관점에서 풀어내고 있다. 인류의 발전과 기후의 상호작용을 흥미 있게 조명한다. 인류 문화의 탄생부터 현재에 이르기까지 역사의 중요한 지점을 기후의 망원경으로 관찰하고 해석한다. 당시의 기후조건이 필연적으로 만들어낸 여러 사회적인 변화를 파악한다. 결코 간단하지 않으면서도 흥미진진한, 그리고 현대인들이 심각하게 다뤄야 할 이 주제에 대해 탐구를 시작하고자 하는 독자에게 이 책이 좋은 길잡이가 되리라 기대해본다.

회사를 살리는 영업 AtoZ
세일즈 마스터

이장석 지음 | 396쪽 | 값 17,500원

영업은 모든 비즈니스의 꽃이다. 오늘날 경영학의 눈부신 발전과 성과에도 불구하고, 영업관리는 여전히 비과학적인 분야로 남아있다. 영업이 한 개인의 개인기나 합법과 불법을 넘나드는 묘기의 수준에 남겨두는 한, 기업의 지속적 발전은 한계에 부딪히기 마련이다. 이제 편법이 아닌 정석에 관심을 쏟을 때다. 본질을 망각한 채 결과에 올인하는 영업직원과 눈앞의 성과만으로 모든 것을 평가하려는 기형적인 조직문화는 사라져야 한다. 이 책은 영업의 획기적인 리엔지니어링을 위한 AtoZ를 제시한다. 디지털과 인공지능 시대에 더 인정받는 영업직원과 리더를 위한 필살기다.

대담한 혁신상품은 어떻게 만들어지는가?
신제품 개발 바이블

로버트 쿠퍼 지음 | 류강석, 박상진, 신동영 옮김
648쪽 | 값 28,000원

오늘날 비즈니스 환경에서 진정한 혁신과 신제품개발은 중요한 도전과제이다. 하지만 대부분의 기업들에게 아심적인 혁신은 보이지 않는다. 이 책의 저자는 제품혁신의 핵심성공 요인이자 세계최고의 제품개발 프로세스인 스테이지-게이트(Stage-Gate)에 대해 강조한다. 아울러 올바른 프로젝트 선택 방법과 스테이지-게이트 프로세스를 활용한 신제품개발 성공방법에 대해서도 밝히고 있다. 신제품은 기업번영의 핵심이다. 이러한 방법을 배우고 기업의 실적과 시장 점유율을 높이는 대담한 혁신을 성취하는 것은 담당자, 관리자, 경영자의 마지노선이다.

비즈니스 성공의 불변법칙
경영의 멘탈모델을 배운다!
퍼스널 MBA
10주년 기념 증보판

조시 카우프만 지음
박상진, 이상호 옮김
832쪽 | 값 35,000원

"MASTER THE ART OF BUSINESS"

지속가능한 성공적인 사업은 경영의 어느 한 부분의 탁월성만으로는 불충분하다. 이는 가치창조, 마케팅, 영업, 유통, 재무회계, 인간의 이해, 인적자원 관리, 전략을 포함한 경영관리 시스템 등 모든 부분의 지식과 경험 그리고 통찰력이 갖추어질 때 가능한 일이다. 그렇다고 그 방대한 경영학을 모두 섭렵할 필요는 없다고 이 책의 저자는 강조한다. 단지 각각의 경영원리를 구성하고 있는 멘탈 모델(Mental Model)을 제대로 익힘으로써 가능하다.

세계 최고의 부자인 빌게이츠, 워런버핏과 그의 동업자 찰리 멍거를 비롯한 많은 기업가들이 이 멘탈 모델을 통해서 비즈니스를 시작하고 또 큰 성공을 거두었다. 이 책에서 제시하는 경영의 핵심개념을 통해 독자들은 경영의 멘탈 모델을 습득하게 된다.

필자는 지난 5년간 수천 권이 넘는 경영 서적을 읽고 수백 명의 경영 전문가를 인터뷰하고, 포춘지 선정 세계 500대 기업에서 일을 했으며, 사업도 시작했다. 그 과정에서 배우고 경험한 지식들을 모으고 정제하여 몇 가지 개념으로 정리했다. 이들 경영의 기본 원리를 이해한다면, 현명한 의사결정을 내리는 데 유익하고 신뢰할 수 있는 도구를 얻게 된다. 이러한 개념들의 학습에 시간과 노력을 투자해 마침내 그 지식을 활용할 수 있게 된다면, 독자는 어렵지 않게 전 세계 인구의 상위 1%에 드는 탁월한 사람이 될 것이다.

● 아마존 경영 & 리더십 트레이닝 분야 1위
● 미국, 일본, 중국 베스트셀러
● 전 세계 100만 부 이상 판매

언어를 넘어 문화와 예술을 관통하는 수사학의 힘

현대 수사학

요아힘 크나페 지음
김종영, 홍설영 옮김 | 480쪽 | 값 25,000원

이 책의 목표는 인문학, 문화, 예술, 미디어 등 여러 분야에 수사학을 접 목시킬 현대 수사학이론을 개발하는 것이다. 수사학은 본래 언어적 형 태의 소통을 연구하는 학문이라서 기초이론의 개발도 이 점에 주력하 였다. 그 결과 언어적 소통의 관점에서 수사학의 역사를 개관하고 정치 수사학을 다루는 서적은 꽤 많지만, 수사학 이론을 현대적인 관점에서 새롭고 포괄적으로 다룬 연구는 눈에 띄지 않는다. 이 책은 수사학이 단 순히 언어적 행동에만 국한하지 않고, '소통이 있는 모든 곳에 수사학도 있다'는 가정에서 출발한다. 이를 토대로 크나페 교수는 현대 수사학 이 론을 체계적으로 개발하고, 문학, 음악, 이미지, 영화 등 실용적인 영역 에서 수사학적 분석이 어떻게 가능한지를 총체적으로 보여준다.

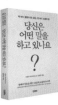

백 마디 불통의 말, 한 마디 소통의 말

당신은 어떤 말을
하고 있나요?

김종영 지음
248쪽 | 값 13,500원

리더십의 핵심은 소통능력이다. 소통을 체계적으로 연구하는 학문이 바로 수사학이다. 이 책은 우선 사람을 움직이는 힘, 수사학을 집중 조명한다. 그리고 소통의 능력을 필요로 하는 우리 사회의 리더들에게 꼭 필요한 수사적 리더십의 원리를 제공한다. 더 나아가서 수사학의 원리를 실제 생활에 어떻게 적용할 수 있는지 일러준다. 독자는 행복한 말하기와 아름다운 소통을 체험할 것이다.

● SK텔레콤 사보 <Inside M> 인터뷰
● MBC 라디오 <라디오 북 클럽> 출연
● 매일 경제, 이코노믹리뷰, 경향신문 소개
● 대통령 취임 2주년 기념식 특별연설

세계 초일류 기업이 벤치마킹한
성공전략 5단계

승리의 경영전략

AG 래플리, 로저마틴 지음
김주권, 박광태, 박상진 옮김
352쪽 | 값 18,500원

전략경영의 살아있는 메뉴얼

가장 유명한 경영 사상가 두 사람이 전략이란 무엇을 위한 것이고, 어떻게 생각해야 하며, 왜 필요하고, 어떻게 실천해야 할지 구체적으로 설명한다. 이들은 100년 동안 세계 기업회생역사에서 가장 성공적이라고 평가받고 있을 뿐 아니라, 직접 성취한 P&G의 사례를 들어 전략의 핵심을 강조하고 있다.

● 경영대가 50인(Thinkers 50)이 선정한 2014 최고의 책
● 탁월한 경영자와 최고의 경영 사상가의 역작
● 월스트리스 저널 베스트 셀러

언제까지 질병으로 고통받을 것인가?

난치병 치유의 길

앤서니 윌리엄 지음 | 박용준 옮김
468쪽 | 값 22,000원

이 책은 현대의학으로는 치료가 불가능한 질병으로 고통 받는 수많은 사람들에게 새로운 치료법을 소개한다. 저자는 사람들이 무엇으로 고통 받고, 어떻게 그들의 건강을 관리할 수 있는지에 대한 영성의 목소리를 들었다. 현대 의학으로는 설명할 수 없는 질병이나 몸의 비정상적인 상태의 근본 원인을 밝혀주고 있다. 당신이 원인불명의 증상으로 고생하고 있다면 이 책은 필요한 해답을 제공해 줄 것이다.

● 아마존 건강분야 베스트 셀러 1위

정신과 의사가 알려주는 감정 컨트롤술

마음을 치유하는
7가지 비결

가바사와 시온 지음 | 송소정 옮김 | 268쪽
값 15,000원

일본의 저명한 정신과 의사이자 베스트셀러 작가, 유튜브 채널 구독자 35만 명을 거느린 유명 유튜버이기도 한 가바사와 시온이 소개하는, 환자와 가족, 간병인을 위한 '병을 낫게 하는 감정 처방전'이다. 이 책에서 저자는 정신의학, 심리학, 뇌과학 등 여러 의학 분야를 망라하여 긍정적인 감정에는 치유의 힘이 있음을 설득력 있게 제시한다.

유능한 리더는 직원의 회복력부터 관리한다

스트레스 받지 않는
사람은 무엇이 다른가

데릭 로저, 닉 페트리 지음
김주리 옮김 | 308쪽 | 값 15,000원

이 책은 흔한 스트레스 관리에 관한 책이 아니다. 휴식을 취하는 방법에 관한 책도 아니다. 인생의 급류에 휩쓸리지 않고 어려움을 헤쳐 나갈 수 있는 능력인 회복력을 강화하여 삶을 주체적으로 사는 법에 관한 명저다. 엄청난 무게의 힘든 상황에서도 감정적 반응을 재설계하도록 하고, 스트레스 증가 외에는 아무런 도움이 되지 않는 자기 패배적 사고 방식을 깨는 방법을 제시한다. 깨어난 순간부터 자신의 태도를 재조정하는 데 도움이 되는 사례별 연구와 극복 기술을 소개한다.

젊음을 오래 유지하는 자율신경건강법

안티에이징 시크릿

정이안 지음
264쪽 | 값 15,800원

자율신경을 지키면 노화를 늦출 수 있다!

25년 넘게 5만 명이 넘는 환자를 진료해 온 정이안 원장이 제안하는, 노화를 늦추고 건강하게 사는 자율신경건강법이 담긴 책. 남녀를 불문하고 체내에 호르몬이 줄어들기 시작하는 35세부터 노화가 시작된다. 저자는 식습관과 생활 습관, 치료법 등 자율신경의 균형을 유지하는 다양한 한의학적 지식을 제공함으로써, 언제라도 '몸속 건강'을 지키며 젊게 살 수 있는 비결을 알려준다.

고혈압, 당뇨, 고지혈증, 골관절염...
큰 병을 차단하는 의사의 특별한 건강관리법

몸의 경고

박제선 지음 | 336쪽 | 값 16,000원

현대의학은 이제 수명 연장을 넘어, 삶의 질도 함께 고려하는 상황으로 바뀌고 있다. 삶의 '길이'는 현대의료시스템에서 잘 챙겨주지만, '삶의 질'까지 보장받기에는 아직 갈 길이 멀다. 삶의 질을 높이려면 개인이 스스로 해야할 일이 있다. 진료현장의 의사가 개인의 세세한 건강을 모두 신경 쓰기에는 역부족이다. 이 책은 아파서 병원을 찾기 전에 스스로 '예방'할 수 있는 영양요법과 식이요법에 초점을 맞추고 있다. 병원에 가기 두렵거나 귀찮은 사람, 이미 질환을 앓고 있지만 심각성을 깨닫지 못하는 사람들에게 가정의학과 전문의가 질병 예방 길잡이를 제공하는 좋은 책이다.

"이 검사를 꼭 받아야 합니까?"

과잉 진단

길버트 웰치 지음 | 홍영준 옮김
391쪽 | 값 17,000원

병원에 가기 전 꼭 알아야 할 의학 지식!

과잉진단이라는 말은 아무도 원하지 않는다. 이는 걱정과 과잉진료의 전조일 뿐 개인에게 아무 혜택도 없다. 하버드대 출신 의사인 저자는, 의사들의 진단욕심에 비롯된 과잉진단의 문제점과 과잉진단의 합리적인 이유를 함께 제시함으로써 질병예방의 올바른 패러다임을 전해준다.

● 한국출판문화산업 진흥원 「이달의 책」 선정도서
● 조선일보, 중앙일보, 동아일보 등 주요 언론사 추천

"질병의 근본 원인을 밝히고 남다른 예방법을 제시한다"

의사들의 120세 건강비결은 따로 있다

마이클 그레거 지음
홍영준, 강태진 옮김

❶ 질병원인 치유편 값 22,000원 | 564쪽
❷ 질병예방 음식편 값 15,000원 | 340쪽

우리가 미처 몰랐던 질병의 원인과 해법
질병의 근본 원인을 밝히고
남다른 예방법을 제시한다

건강을 잃으면 모든 것을 잃는다. 의료 과학의 발달로 조만간 120세 시대도 멀지 않았다. 하지만 우리의 미래는 '얼마나 오래 살 것인가?'보다는 '얼마나 건강하게 오래 살 것인가?'를 고민해야하는 시점이다. 이 책은 질병과 관련된 주요 사망 원인에 대한 과학적 인과관계를 밝히고, 생명에 치명적인 병을 예방하고 건강을 회복시킬 수 있는 방법을 명쾌하게 제시한다. 수천 편의 연구결과에서 얻은 적절한 영양학적 식이요법을 통하여 건강을 획기적으로 증진시킬 수 있는 과학적 증거를 밝히고 있다. 15가지 주요 조기 사망 원인들(심장병, 암, 당뇨병, 고혈압, 뇌질환 등등)은 매년 미국에서만 1백 6십만 명의 생명을 앗아간다. 이는 우리나라에서도 주요 사망원인이다. 이러한 비극의 상황에 동참할 필요는 없다. 강력한 과학적 증거가 뒷받침 된 그레거 박사의 조언으로 치명적 질병의 원인을 정확히 파악하라. 그리고 장기간 효과적인 음식으로 위험인자를 적절히 예방하라. 그러면 비록 유전적인 단명요인이 있다 해도 이를 극복하고 장기간 건강한 삶을 영위할 수 있다. 이제 인간의 생명은 운명이 아니라, 우리의 선택에 달려있다. 기존의 건강서와는 차원이 다른 이 책을 통해서 '더 건강하게, 더 오래 사는' 무병장수의 시대를 활짝 열고, 행복한 미래의 길로 나아갈 수 있을 것이다.

● 아마존 의료건강분야 1위
● 출간 전 8개국 판권계약

프랑스 역사의 숨겨진 진실을 파헤치는 결정판

세상에서 가장 짧은 프랑스사

제러미 블랙 지음 | 이주영 옮김
472쪽 | 값 26,000원

프랑스의 풍부하고 복잡한 역사를 쉽고 재미있게 풀어낸 책이다. 프랑스의 동굴 벽화와 고딕 건축의 기원부터 시작해, 모네와 드가 같은 예술가들이 활동한 시대, 1789년 프랑스 혁명, 1968년의 학생 시위, 그리고 최근의 노란 조끼 운동까지 다양한 역사적 사건들을 다룬다. 블랙은 프랑스 역사 속에서 일어난 예기치 못한 사건들과 그로 인한 예기치 않은 결과들을 강조하며, 이를 군사적, 정치적, 문화적 변화와 연결해 설명한다. 또한 프랑스의 철학, 문학, 예술 등이 어떻게 발전했는지, 그 발전을 이끈 배경과 맥락을 잘 보여준다. 색깔 있는 삽화와 함께 프랑스의 역사와 문화를 쉽게 이해할 수 있도록 돕는 이 책은, 프랑스가 어떻게 오늘날의 모습이 되었는지를 알아가는 데 유익한 길잡이가 되어준다.

인생의 고수가 되기 위한 진짜 공부의 힘

김병완의 공부혁명

김병완 지음
236쪽 | 값 13,800원

공부는 20대에게 세상을 살아갈 수 있는 힘과 자신감 그리고 내공을 길러준다. 그래서 20대 때 공부에 미쳐 본 경험이 있는 사람과 그렇지 못한 사람은 알게 모르게 평생 큰 차이가 난다. 진짜 청춘은 공부하는 청춘이다. 공부를 하지 않고 어떻게 100세 시대를 살아가고자 하는가? 공부는 인생의 예의이자 특권이다. 20대 공부는 자신의 내면을 발견할 수 있게 해주고, 그로 인해 진짜 청춘을 살아갈 수 있게 해준다. 이 책에서 말하는 20대 청춘이란 생물학적인 나이만을 의미하지 않는다. 60대라도 진짜 공부를 하고 있다면 여전히 20대 청춘이고 이들에게는 미래에 대한 확신과 풍요의 정신이 넘칠 것이다.

감동으로 가득한 스포츠 영웅의 휴먼 스토리

오픈

안드레 애거시 지음 | 김현정 옮김
614쪽 | 값 19,500원

시대의 이단아가 던지는 격정적 삶의 고백!

남자 선수로는 유일하게 골든 슬램을 달성한 안드레 애거시. 테니스 인생의 정상에 오르기까지와 파란만장한 삶의 여정이 서정적 언어로 독자의 마음을 자극한다. 최고의 스타 선수는 무엇으로, 어떻게, 그 자리에 오를 수 있었을까? 또 행복하지만은 않았던 그의 테니스 인생 성장기를 통해 우리는 무엇을 배 울 수 있을까. 안드레 애거시의 가치관과 생각을 읽을 수 있다.

독일의 DNA를 밝히는 단 하나의 책!

세상에서 가장 짧은 독일사

제임스 호즈 지음
박상진 옮김
428쪽 | 값 23,000원

냉철한 역사가의 시선으로 그려낸 '진짜 독일의 역사'를 만나다!

독일을 수식하는 말은 다양하다. 세계적인 경제 대국으로 삶의 질이 세계 최고 수준인 나라, 철학과 문학, 그리고 음악의 나라, 군국주의와 세계대전, 과학, 기술과 의학을 발전시킨 곳, 인구 대비 도서 출판 세계 1위, 게다가 찬연한 고성의 아름다운 풍경까지…. 세계사에서 유래가 없을 정도로 긍정적이고 또 부정적인 성격이 대비되는, 그 역사의 DNA가 궁금해지는 국가가 바로 독일이다.

『세상에서 가장 짧은 독일사』는 야만과 이성, 민주주의와 군국주의, 공존과 배제, 절제와 탐욕까지, 상반된 개념들이 뒤섞인 독일사의 본질을 냉철하게 파헤치고 있다. 고대 유럽을 지배했던 로마제국을 파괴하는 데 일조하면서, 한편으로 그들이 빛나는 그리스, 로마의 지적 유산의 복원에 어떻게 기여했는지 짚어준다. 나아가 종교개혁, 프랑스와의 대결, 세계대전, 분단과 통일까지 많은 역사적 주요 이정표를 면밀하게 검증하고 가차 없이 역사가로서의 메스를 가한다.

한국어판에는 책에서 언급되는 주요 인물이나 사건에 대하여 역사적 의미를 되새기고자 상세한 설명을 붙인 「역사 속의 역사」란을 추가하였다. 또한 독일의 유네스코 세계 문화유산과 7대 가도, 여행 추천 도시 등을 담은 「독일 여행자를 위한 핵심 가이드」를 부록으로 서비스했다. 독일을 여행하는 사람이라면 누구나 필히 참조할 수 있는 귀중한 정보를 모아놓았다.

● 영국 선데이 타임즈 논픽션 베스트셀러
● 세계 20개 언어로 번역

면접관의 모든 것을 한 권으로 마스터하다!

면접관 마스터

권혁근 · 김경일 · 김기호 · 신길자 지음
300쪽 | 18,000원

면접관의 철학과 직업관, 심리, 그리고 미래관

『면접관 마스터』는 네 면접관이 직접 저술한 지녀야 할 정의, 직업관, 심리, 그리고 그 시작을 하나로 모았다. 또한 이 책은 부록으로 111인의 면접관에게 물은 전문면접관의 인식, 갖추어야 할 역량, 조직이 가장 선호하는 인재상과 함께 전문면접관으로서 품고 있는 생각들을 정리해 담아보았다.

새로운 시대는 逆(역)으로 시작하라!

콘트래리언

이신영 지음
408쪽 | 값 17,000원

위기극복의 핵심은 역발상에서 나온다!

세계적 거장들의 삶과 경영을 구체적이고 내밀하게 들여다본 저자는 그들의 성공핵심은 많은 사람들이 옳다고 추구하는 흐름에 '거꾸로' 갔다는 데 있음을 발견했다. 모두가 실패를 두려워할 때 도전할 줄 알았고, 모두가 아니라고 말하는 아이디어를 성공적인 아이디어로 발전시켰으며 최근 15년간 3대 악재라 불린 위기 속에서 기회를 찾고 성공을 거두었다.

- 한국출판문화산업 진흥원 '이달의 책' 선정도서
- KBS 1 라디오 <오한진 이정민의 황금사과> 방송

상위 7% 우등생 부부의 9가지 비결

사랑의 완성
결혼을 다시 생각하다

그레고리 팝캑 지음
민지현 옮김 | 396쪽 | 값 16,500원

결혼 상담 치료사인 저자는 특별한 부부들이 서로를 대하는 방식이 다른 모든 부부관계에도 도움이 된다고 알려준다. 이 책은 저자 자신의 결혼생활 이야기를 비롯해 상담치료 사례와 이에 대한 분석, 자가진단용 설문, 훈련 과제 및 지침 등으로 구성되어 있다. 이 내용들은 오랜 결혼 관련 연구 논문으로 지속적으로 뒷받침되고 있으며 효과가 입증된 것들이다. 이 책을 통해 독자들은 무엇이 결혼생활에 부정적으로 작용하며, 긍정적인 변화를 위해 어떤 노력을 해야 하는지 배울 수 있다.

하버드 경영 대학원 마이클 포터의
성공전략 지침서

당신의 경쟁전략은
무엇인가?

조안 마그레타 지음
김언수, 김주권, 박상진 옮김
368쪽 | 값 22,000원

마이클 포터(Michael E. Porter)는 전략경영 분야의 세계최고 권위자다. 개별 기업, 산업구조, 국가를 아우르는 연구를 전개해 지금까지 17권의 저서와 125편 이상의 논문을 발표했다. 저서 중 『경쟁전략(Competitive Strategy)』(1980), 『경쟁우위(Competitive Advantage)』(1985), 『국가경쟁우위(The Competitive Advantage of Nations)』(1990) 3부작은 '경영전략의 바이블이자 마스터피스'로 공인받고 있다. 경쟁우위, 산업구조 분석, 5가지 경쟁요인, 본원적 전략, 차별화, 전략적 포지서닝, 가치사슬, 국가경쟁력 등의 화두는 전략 분야를 넘어 경영학 전반에 새로운 지평을 열었고, 사실상 세계 모든 경영 대학원에서 핵심적인 교과목으로 다루고 있다. 이 책은 방대하고 주요한 마이클 포터의 이론과 생각을 한 권으로 정리했다. <하버드 비즈니스리뷰> 편집장 출신인 저자는 폭넓은 경험을 바탕으로 포터 교수의 강력한 통찰력을 경영일선에 효과적으로 적용할 수 있도록 설명한다. 즉, "경쟁은 최고가 아닌 유일무이한 존재가 되고자 하는 것이고, 경쟁자들 간의 싸움이 아니라, 자사의 장기적 투하자본이익률(ROIC)을 높이는 것이다." 등 일반인들이 잘못 이해하고 있는 포터의 이론들을 명백히 한다. 전략경영과 경쟁전략의 핵심을 단기간에 마스터하여 전략의 전문가로 발돋움 하고자 하는 대학생은 물론 전략에 관심이 있는 MBA과정의 학생들을 위한 필독서다. 나아가 미래의 사업을 주도하여 지속적 성공을 꿈꾸는 기업의 관리자에게는 승리에 대한 영감을 제공해 줄 것이다.

- 전략의 대가, 마이클 포터 이론의 결정판
- 아마존전략 분야 베스트 셀러
- 일반인과 대학생을 위한 전략경영 필독서

사단법인 건강인문학포럼

1. 취지

세상이 빠르게 변화하고 있습니다. 눈부신 기술의 진보 특히, 인공지능, 빅데이터, 메타버스 그리고 유전의학과 정밀의료의 발전은 인류를 지금까지 없었던 새로운 세상으로 안내하고 있습니다. 앞으로 산업과 직업, 하는 일과 건강관리의 변혁은 피할 수 없는 상황으로 다가오고 있습니다.

이러한 변화에 따라 〈사단법인〉 건강인문학포럼은 '건강은 건강할 때 지키자'라는 취지에서 신체적 건강, 정신적 건강, 사회적 건강이 조화를 이루는 "건강한 삶"을 찾는데 의의를 두고 있습니다. 100세 시대를 넘어서서 인간의 한계수명이 120세로 늘어난 지금, 급격한 고령인구의 증가는 저출산과 연관되어 국가 의료재정에 큰 부담이 되리라 예측됩니다. 따라서 개인 각자가 자신의 건강을 지키는 것 자체가 사회와 국가에 커다란 기여를 하는 시대가 다가오고 있습니다.

누구나 겪게 마련인 '제 2의 삶'을 주체적으로 살며, 건강한 삶의 지혜를 함께 모색하기 위해 사단법인 건강인문학포럼은 2018년 1월 정식으로 출범했습니다. 우리의 목표는 분명합니다. 스스로 자신의 건강을 지키면서 능동적인 사회활동의 기간을 충분히 연장하여 행복한 삶을 실현하는 것입니다. 전문가로부터 최신 의학의 과학적 내용을 배우고, 5년 동안 불멸의 동서양 고전 100권을 함께 읽으며 '건강한 마음'을 위한 인문학적 소양을 넓혀 삶의 의미를 찾아볼 것입니다. 의학과 인문학 그리고 경영학의 조화를 통해 건강한 인간으로 사회에 선한 영향력을 발휘하고, 각자가 주체적인 삶을 살기 위한 지혜를 모색해가고자 합니다. 건강과 인문학을 위한 실천의 장에 여러분을 초대합니다.

2. 비전, 목적, 방법

| 비 전

장수시대에 "건강한 삶"을 위해 신체적, 정신적, 사회적 건강을 돌보고, 함께 잘 사는 행복한 사회를 만드는 데 필요한 덕목을 솔선수범하면서 존재의 의미를 찾는다.

| 목 적

우리는 5년간 100권의 불멸의 고전을 읽고 자신의 삶을 반추하며, 중년 이후의 미래를 새롭게 설계해 보는 "자기인생론"을 각자 책으로 발간하여 유산으로 남긴다.

| 방 법

매월 2회 모임에서 인문학 책 읽기와 토론 그리고 특강에 참여한다. 아울러서 의학 전문가의 강의를 통해서 질병예방과 과학적인 건강 관리 지식을 얻고 실천해 간다.

3. 2025년 프로그램 일정표

- 프로그램 및 일정 -

월	선정도서	인문학, 의학, 경영학 특강	일정
1월	철학의 쓸모 / 로랑스드빌레르	김광식 교수(인문학) 한승연 교수(의학)	1/8, 1/22
2월	빌헬름텔 / 프리드리히 실러	김종영 교수(인문학) 신세돈 대표(경제학)	2/12. 2/26
3월	다산선생 지식경영법 / 정민	노화	3/12, 3/26
4월	질병 해방 / 피터 아티아, 빌 기퍼드	심장병	4/14, 4/28
5월	관계의 미술사 / 서배스천 스미	폐병	5/14, 5/28
6월	파리의 노트르담 1, 2 / 빅토르 위고	위암	6/11, 6/25
7월	한국인의 탄생 / 홍대선	감염	7/9, 7/23
8월	페스트의 밤 / 오르한 파묵	당뇨병	8/13, 8/27
9월	동방견문록 / 마르코 폴로	고혈압	9/10, 9/24
10월	의무론 / 키케로	간질환	10/8, 10/22
11월	예술의 종말 이후 / 아서 단토	백혈병	11/12, 11/26
12월	위대한 유산 상, 하 / 찰스 디킨스	신부전	12/10, 12/24

프로그램 자문위원	▶ 인 문 학 : 김성수 교수, 김종영 교수, 박성창 교수, 이재원 교수, 조현설 교수 ▶ 건강(의학) : 김선희 교수, 김명천 교수, 이은희 원장, 박정배 원장, 정이안 원장 ▶ 경 영 학 : 김동원 교수, 정재호 교수, 김신섭 대표, 전이현 대표, 남석우 회장

4. 독서회원 모집 안내

▌운 영 : 매월 둘째 주, 넷째 주 수요일 월 2회 비영리로 운영됩니다.
　　　　1. 매월 함께 읽은 책에 대해 발제와 토론을 하고, 전문가 특강으로 완성함.
　　　　2. 건강(의학) 프로그램은 매 월 1회 전문가(의사) 특강 매년 2회.
　　　　　인문학 기행 진행과 등산 등 운동 프로그램도 진행함.
▌회 비 : 오프라인 회원(12개월 60만원), 온라인 회원(12개월 36만원)
▌일 시 : 매월 2, 4주 수요일(18:00~22:00)
▌장 소 : 서울시 강남구 테헤란로514 삼흥2빌딩 8층

▌문 의 : 기업체 단체 회원(온라인) 독서 프로그램은 별도로 운영합니다(문의 요망)
02-3452-7761 / www.120hnh.co.kr

"책읽기는 충실한 인간을 만들고, 글쓰기는 정확한 인간을 만든다."

프랜시스 베이컨(영국의 경험론 철학자, 1561~1626)

기업체 교육안내 <탁월한 전략의 개발과 실행>

월스트리트 저널(WSJ)이 포춘 500대 기업의 인사 책임자를 조사한 바에 따르면, 관리자에게 가장 중요한 자질은 <전략적 사고>로 밝혀졌다. 750개의 부도기업을 조사한 결과 50%의 기업이 전략적 사고의 부재에서 실패의 원인을 찾을 수 있었다. 시간, 인력, 자본, 기술을 효과적으로 사용하고 이윤과 생산성을 최대로 올리는 방법이자 기업의 미래를 체계적으로 예측하는 수단은 바로 '전략적 사고'에서 시작된다.

<관리자의 필요 자질>

새로운 시대는 새로운 전략!

■ 세계적인 저성장과 치열한 경쟁은 많은 기업들을 어려운 상황으로 내몰고 있다. 산업의 구조적 변화와 급변하는 고객의 취향은 경쟁우위의 지속성을 어렵게 한다. 조직의 리더들에게 사업적 혜안(Acumen)과 지속적 혁신의지가 그 어느 때보다도 필요한 시점이다.

■ 핵심기술의 모방과 기업 가치사슬 과정의 효율성으로 달성해온 품질대비 가격경쟁력이 후발국에게 잠식당할 위기에 처해있다. 산업구조 조정만으로는 불충분하다. 새로운 방향의 모색이 필요할 때이다.

■ 기업의 미래는 전략이 좌우한다. 장기적인 목적을 명확히 설정하고 외부환경과 기술변화를 면밀히 분석하여 필요한 역량과 능력을 개발해야 한다. 탁월한 전략의 입안과 실천으로 차별화를 통한 지속가능한 경쟁우위를 확보해야 한다. 전략적 리더십은 기업의 잠재력을 효과적으로 이끌어 낸다.

<탁월한 전략> 교육의 기대효과

① 통합적 전략교육을 통해서 직원들의 주인의식과 몰입의 수준을 높여 생산성의 상승을 가져올 수 있다.
② 기업의 비전과 개인의 목적을 일치시켜 열정적으로 도전하는 기업문화로 성취동기를 극대화할 수 있다.
③ 차별화로 추가적인 고객가치를 창출하여 장기적인 경쟁우위를 바탕으로 지속적 성공을 가져올 수 있다.

■ 이미 발행된 관련서적을 바탕으로 <탁월한 전략>의 필수적인 3가지 핵심 분야(전략적 사고, 전략의 구축과 실행, 전략적 리더십)를 통합적으로 마스터하는 프로그램이다.

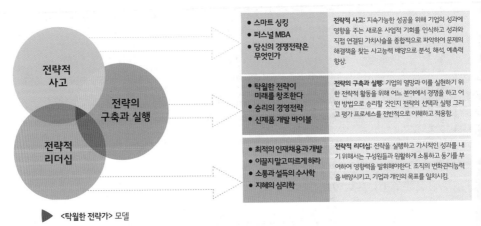

▶ <탁월한 전략가> 모델

특강 및 교육 신청 문의: 진성북스, 02-3452-7761